10만 독자가 선택한 쇼핑몰 분야 1위

쇼핑몰 창업&운영
무작정 따라하기 최신개정판

조은주 지음 clay0707@naver.com

길벗

10만 독자가 선택한 쇼핑몰 분야 1위

쇼핑몰 창업&운영 무작정 따라하기(최신개정판)

The Cakewalk Series - Start your own Shopping Mall Business

초판 발행 · 2013년 6월 28일
초판 10쇄 발행 · 2020년 12월 29일

지은이 · 조은주
발행인 · 이종원
발행처 · (주) 도서출판 길벗
출판사 등록일 · 1990년 12월 24일
주소 · 서울시 마포구 월드컵로 10길 56(서교동)
대표 전화 · 02) 332-0931 | **팩스** · 02) 323-0586
홈페이지 · www.gilbut.co.kr | **이메일** · gilbut@gilbut.co.kr

기획 및 책임 편집 · 정미정(jmj@gilbut.co.kr) | **디자인** · 박상희 | **제작** · 이준호, 손일순, 이진혁
영업마케팅 · 임태호, 전선하, 차명환 | **웹마케팅** · 조승모, 지하영 | **영업관리** · 김명자 | **독자지원** · 송혜란, 윤정아

전산편집 · 김수미 | **CTP 출력 및 인쇄** · 상지사 | **제본** · 경문제책 | **CD 제작** · 멀티미디어테크

ISBN 978-89-6618-563-4 03320
(길벗 도서번호 006637)

가격 22,000원

독자의 1초를 아껴 주는 정성 길벗출판사

길벗 | IT실용서, IT/일반 수험서, IT전문서, 경제실용서, 취미실용서, 건강실용서, 자녀교육서
더퀘스트 | 인문교양서, 비즈니스서
길벗이지톡 | 어학단행본, 어학수험서
길벗스쿨 | 국어학습서, 수학학습서, 유아학습서, 어학학습서, 어린이교양서, 교과서

페이스북 · www.facebook.com/gilbutzigy
네이버 포스트 · post.naver.com/gilbutzigy

: SPECIAL THANKS TO :

무작정 따라하기
500만 독자 여러분께
감사드립니다!

세상이 아무리 바쁘게 돌아가더라도
책까지 아무렇게나 빨리 만들 수 없는 없습니다.
인스턴트 식품 같은 책보다는
오래 익힌 술이나 장맛이 밴 책을 만들고 싶습니다.

길벗은 독자 여러분이
가장 쉽게, 가장 빨리 배울 수 있는 책을
한 권 한 권 정성을 다해 만들겠습니다.

독자의 1초까지 아껴주는
정성을 만나보십시오.

미리 책을 읽고 따라해 본 2만 베타테스터 여러분과
무따기 체험단, 길벗스쿨 엄마 2% 기획단,
시나공 평가단, 토익 배틀, 대학생 기자단까지!
믿을 수 있는 책을 함께 만들어주신 독자 여러분께 감사드립니다.

홈페이지에서 길벗출판사의 새 소식을 만나보세요!
• (주)도서출판 길벗 | www.gilbut.co.kr • 길벗스쿨 | www.gilbutschool.co.kr

감사와 보답의 마음을 가득 담은 세 번째 개정판을 발행하며……

그야말로 생존을 위해, 맨땅에 헤딩하기 식으로 쇼핑몰을 창업하고 운영하면서 체득했던 값진 경험과 노하우들을 힘든 시기에 창업하는 여러분들과 공유하고 싶었습니다. 저의 그런 바람과 열정이 기존 쇼핑몰 창업 서적과 차별화된 책을 써 보겠다는 생각으로 이어졌고, ㈜도서출판 길벗이 그런 제 뜻을 흔쾌히 받아들여 주어서 '쇼핑몰 창업&운영 무작정 따라하기'가 세상에 나오게 되었습니다. 그리고 출간 이후로 정말 많은 독자님들이 이 책을 읽고 칭찬해 주셨습니다. 최근 수년간 이 책이 쇼핑몰 창업의 친절하고 꼼꼼한 가이드이자, 든든한 바이블로 굳건히 자리를 잡은 것은 모두 독자 여러분의 성원 덕분입니다. 감사합니다!

이 책은 쇼핑몰 창업 바이블의 원조격이라 할 수 있지만, 그 명성만을 믿고 변화와 발전을 소홀히 한다면 독자에게 외면받는 것도 한순간일 것입니다. 그런 의미에서 이번에 세 번째 개정판을 내게 되었습니다. 고객과 시장의 트렌드가 계속 변하면서 쇼핑몰 창업과 성공의 관건도 조금씩 변화합니다. 따라서 성공 창업에 있어 창업준비 못지않게 중요한 관건인 창업 후의 마케팅 최신 경향을 한층 보강했습니다.

이번 세 번째 개정판의 포인트를 간략하게 소개하자면 아래와 같습니다.

첫 번째, 각 파트별 마지막 부분에 '스페셜 페이지'를 넣었습니다.

스페셜 페이지는 해당 파트와 관련된 요점을 한눈에 파악하기 쉽도록 정리하거나, 중요한 포인트들을 이해하기 쉽게 소개한 것입니다.

두 번째, 무작정 따라 하기에 사용되는 포토샵 프로그램의 버전을 CS6로 업그레이드했습니다. 상품사진 보정, 상품 상세페이지 제작, 쇼핑몰 사이트 유지보수에 필요한 기본 포토샵 스킬을 직접 따라 하며 배울 수 있는데, 책에서 설명한 7개의 미션만 2~3회 반복해도 포토샵에서 자주 쓰는 기능을 충분히 숙지할 수 있다고 자신합니다.

세 번째, 홍보와 마케팅의 최신 트렌드(SNS, 언론홍보, 모바일 쇼핑, 해외판매)와 상표권/저작권 관련 실무 핵심 정보를 수록했습니다. 쇼핑몰 홍보와 마케팅이 갈수록 전문화, 세분화되어 가는 현 상황에서 이 흐름을 전반적으로 조망할 수 있는 거시적 안목을 키우는 데에 도움이 될 것입니다.

이 책은 쇼핑몰 창업 준비부터 운영에 이르기까지 해야 할 일들, 공부해야 할 것들을 차근차근 단계별로 설명하고 있습니다. 실무진행에 입각한 문답식 내용의 전개로 여러분의 소중한 시간과 노력, 자금 낭비를 줄여드리고자 최선을 다했습니다. 회계, 고객상담, 상품매입, 웹디자인, 홍보와 마케팅 등 1인 다역을 감당해야 하는 분들에게 이 책이 힘이 될 수 있다면 필자인 저에게는 그보다 더 큰 보람과 기쁨이 없을 것입니다. 모든 온라인 쇼핑몰 창업 준비자들의 건승을 기원하며 세 번째 개정판이 나오게 해 주신 전국의 독자 여러분에게 깊은 감사의 마음을 전합니다.

저자 조은주

베타테스터와의 인터뷰

ONLINE SHOPPING MALL

출간하기 전에 부족한 점이 없는지 베타테스터가 먼저 원고를 읽고 따라하여 가장 편리하게 볼 수 있도록 꼼꼼하게 확인했습니다. 베타테스터가 따라하면서 어려웠던 부분과 따라해도 안 되는 부분을 모두 수정하고 보완했으므로 독자 여러분은 이 책을 무작정 따라하세요.

BETA TESTER
홍주경(주부)

오픈마켓을 디딤돌 삼아 전문 쇼핑몰 창업을 꿈꾸던 제게 이 책은 더없이 훌륭한 트레이너가 되었습니다. 경험과 인맥이 있어야 습득할 수 있는 상가 정보와 상품별 도매시장 소개, 거래처 확보 요령 등이 일목요연하게 정리되어 있어 구체적인 도움이 필요했던 제게 안성맞춤이더군요. 또한 이 책을 읽어 가면서 사업을 하고 있다는 실감과 책임감을 통감할 수 있어 매우 좋았습니다. 온라인 창업을 늘 머릿속에서만 하고 있던 분들에게 '행동'으로 옮길 수 있는 방법을 알려 주는 책인 것 같습니다.

BETA TESTER
이명열(프로그래머)

현재 직업을 가지고 있지만 쇼핑몰과 관련된 일을 해 보면 어떨까라는 생각으로 쇼핑몰 관련 서적을 뒤적거려 봤지만 어느 서적에서도 명쾌한 답을 구할 수가 없어 그냥 포기하기 일쑤였지요. 이런 저의 막막하기만 했던 궁금증이 이번 베타테스트를 통해 요모조모 다뤄진 내용들을 살펴보고 따라해 보면서 많은 부분을 해소할 수 있었고, 아무런 정보도 없어 헤매야 할 시간과 노력을 줄일 수 있었습니다. 초보자에게 작은 것 하나까지 알려 주는, 참으로 알차게 꾸며진 책이라고 생각합니다.

BETA TESTER
김승용(창업준비생)

평소 쇼핑몰에 관심이 많아 여러 서적을 뒤적이던 중 이 책을 베타테스트 하게 되었습니다. 오픈마켓이나 쇼핑몰 구축에 대한 개념이 이해하기 어려웠는데 질의응답 형식을 통해서 물품 등록과 배송, 자본금 등에 대한 답답한 부분을 속시원하게 해결해 주어 여러모로 도움이 되었습니다. 또한 스페셜 부분의 포토샵 활용편은 쉽고 적절한 따라하기를 보여 주어 초보자들이 창업뿐만 아니라 쇼핑몰 디자인에 필요한 기초적인 포토샵 기술을 익히는 데에도 좋은 길잡이가 될 것으로 생각합니다.

(사)한국공인전자상거래
관리사협회 협회장
김재철

이 책은 (사)한국공인전자상거래관리사협회에서 쇼핑몰 실무강의를 할 정도로 두각을 나타내고 있는 저자 조은주 님이 직접 인터넷 쇼핑몰을 창업, 운영해 오면서 쌓은 소중한 노하우를 오픈마켓과 독립 쇼핑몰 전 부문에 걸쳐 A부터 Z까지 공개한 책입니다. 따라서 정확한 실무지식과 풍부한 최신정보로 인터넷 쇼핑몰 운영을 준비하는 사람들뿐만 아니라 현업에 종사하고 있는 사람들에게도 '진정' 도움이 될 것이라 생각합니다.
(사)한국공인전자상거래관리사협회 협회장 김재철

길벗의 모든 책을 미리 맛볼 수 있는 베타테스터되기 ▶

길벗에는 책을 출간하기 전에 원고를 처음부터 끝까지 따라하고, 따라하면 정말 되는지, 어려운 부분은 없는지, 지루하지는 않은지를 확인하는 베타테스터가 있습니다. 책 만드는 과정에 참여하고, 길벗 포인트도 쌓고, 포인트로 책을 구매할 수 있어 일석이조죠! 베타테스터는 길벗 사이트(www.gilbut.co.kr)의 '독자광장 → 독자참여 → 베타테스터 모집공고' 게시판에서 수시로 모집합니다.

이 책을 보는 방법

이 책을 보기 전에 먼저 어떤 방법으로 책을 살펴봐야 하는지 알아 두세요. 각 코너들의 구성요소를 파악한 후에 이 책을 보면 더욱 효과적으로 학습할 수 있습니다. 이책을 구성하고 있는 요소들은 아래와 같습니다.

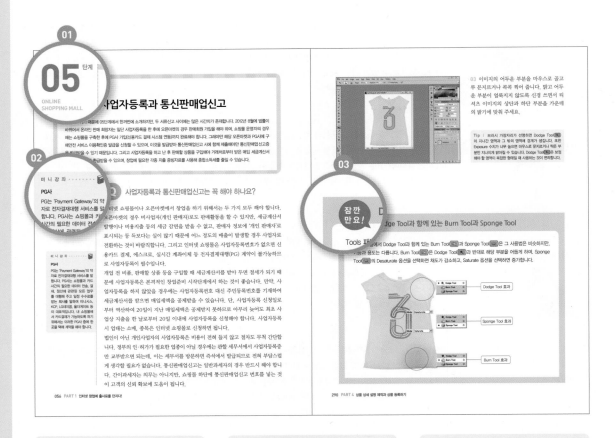

01. 단계
본문에 설명되어 있는 내용은 단계별로 학습할 수 있도록 구성되어 있습니다. 해당 단계에서 배워야 할 내용은 무엇인지, 자신이 어느 정도까지 준비되어 있는지 한눈에 알아볼 수 있습니다.

02. 미니강좌
본문에 설명되는 내용 및 관련 내용에 대한 보충 설명이나 단어 설명을 해 주는 코너입니다.

03. 잠깐만요!
추가 설명이나 특별히 알아 두어야 할 내용, 주의사항 및 TIP 등을 알려 주는 코너입니다.

04. 무작정 따라하기

직접 따라해 보는 과정으로, 복잡한 회원 가입이나 포토샵 작업 등을 단계별로 나누어 설명하여 초보자라도 쉽게 따라할 수 있도록 구성되어 있습니다.

05. TIP

따라하기 예제의 설명 중 추가로 알아 두어야 할 사항이나 다른 선택사항이 있을 경우 정보를 알려 주는 코너입니다.

06. Special Page

각 파트의 마지막 부분에 '한눈에 보는' 스페셜 페이지를 수록했습니다. 창업을 위한 실무 진행에 활용하세요.

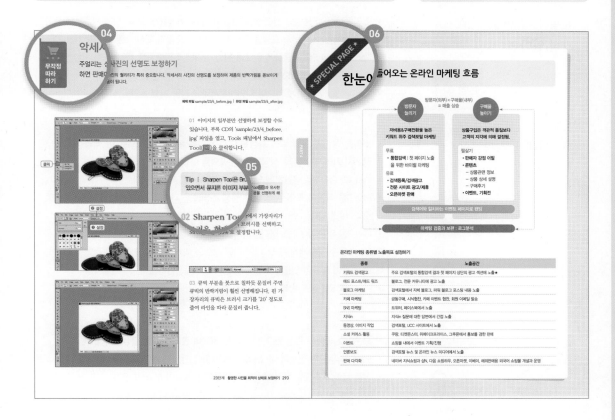

부록CD ▶

부록 CD에는 무작정 따라하기 실습 예제 파일과 색상 배색 가이드, 다양한 이미지 소스, 의류 사이즈 견본이 수록되어 있습니다. 이 책에서 설명하는 경로에 따라 알맞은 파일을 찾아서 사용하세요.

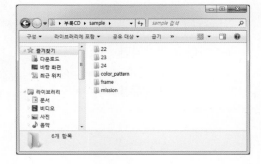

이 책에는 쇼핑몰 준비부터 오픈, 운영, 마케팅까지 모든 과정이 단계별로 자세하게 수록되어 있습니다. 창업 준비 단계부터 운영 후까지 늘 옆에 두고 도움이 필요한 부분이 생기면 수시로 이 책을 펼쳐 보세요.

쇼핑몰 창업에 관심 있다면
독자유형 : 1

- 쇼핑몰 창업과 운영의 전 과정을 간접 체험한다는 생각으로 이 책의 처음부터 끝까지 가볍게 읽어 가면서 쇼핑몰 창업의 전반적인 흐름과 최신 트렌드를 파악합니다.
- Part 1과 Part 2를 꼼꼼하게 읽으며 창업 아이템과 판매처를 생각해 봅니다.
- Part 4를 짬짬이 따라하며 포토샵과 HTML을 익혀 둡니다.
- Part 1~3을 꼼꼼하게 읽으며 사업계획서와 쇼핑몰 기획 초안을 작성해 봅니다.

1년 이내에 쇼핑몰을 오픈할 계획이라면
독자유형 : 2

- 쇼핑몰 창업과 운영의 전 과정을 미리 체험해 본다는 생각으로 이 책의 처음부터 끝까지 가볍게 읽은 후 성공을 향한 결의를 다집니다.
- Part 1과 Part 2를 꼼꼼하게 읽으며 사업계획서를 작성합니다.
- Part 5를 꼼꼼하게 읽은 후 다른 경쟁 쇼핑몰을 지속적으로 드나들며 운영 상태를 모니터링합니다.
- Part 3을 읽은 후 내 쇼핑몰을 기획합니다.
- Part 6을 꼼꼼하게 읽은 후 나는 어떤 홍보와 마케팅 전략에 주력할 것인지 결정하여 시간이 필요한 것들을 지금부터 준비하기 시작합니다.
- Part 4를 3회 정도 반복해서 따라하며 포토샵과 HTML을 집중적으로 익힙니다.

쇼핑몰 구축 후에 운영을 잘하고 싶다면
독자유형 : 3

- 오픈마켓 판매에 관심 있다면 Part 2를 읽으며 판매 여부를 결정합니다.
- Part 3을 읽으며 현재의 내 쇼핑몰 사이트를 진단하고 개선점을 파악합니다.
- 상품 등록과 쇼핑몰 유지 보수를 위한 포토샵 실력이 부족하다면 Part 4 따라하기를 3회 정도 반복해서 주요 기능을 익힌 후, 내 쇼핑몰에 적용해 봅니다.

현재 쇼핑몰을 운영 중인데 온라인 마케팅 기본기가 부족하다고 생각되면
독자유형 : 4

- Part 3을 읽으며 현재의 내 쇼핑몰 사이트를 진단하고 개선점을 파악합니다. 마케팅이 제대로 효과를 나타내기 위해서는 우선 내 쇼핑몰 상태가 최적화되어야 하기 때문입니다.
- Part 5를 읽으며 내 쇼핑몰의 운영상태를 체크한 후 미비점, 개선점을 보완합니다.
- Part 6을 꼼꼼하게 읽은 후 어떤 홍보와 마케팅 전략이 내 쇼핑몰에 효과적인지 결정하여 실행합니다.

창업을 준비하면서 각종 필요 서류와 신고 절차가 복잡하여 어려움을 겪는 경우가 있습니다. 창업에 필요한 서류와 신고 절차를 간단하게 알려드립니다. 자주 바뀌는 창업 관련 법규도 아래의 절차를 숙지한다면 크게 문제되지 않습니다.

1. 사업자 등록하기 ▼

신분증 들고 관할 세무서 방문해 신청하거나 인터넷 신청(홈택스 http://www.hometax.go.kr)을 이용한다.

2. 구매안전서비스 이용확인증 발급받기 ▼

에스크로(결제대금 예치계약) 제공업체에서 발급해 주는 일종의 보증서입니다. 구매안전서비스 이용확인증은 3군데에서 발급받을 수 있습니다.

▶ 사업자회원으로 판매활동을 하는 **오픈마켓**

옥션, G마켓 등의 오픈마켓에 사업자 판매회원으로 가입(기존 개인회원의 경우는 전환)한 후 오픈마켓에 발급신청을 하면 됩니다.

▶ 에스크로 서비스를 제공하는 **은행**

에스크로 서비스를 제공하는 은행(국민, 농협, 신한 등)의 인터넷 뱅킹에 접속해서 에스크로 가입을 하면 쇼핑몰에 적용 가능한 인증마크 삽입 소스가 제공되고 확인증도 출력할 수 있습니다. 은행에 가서 구매안전서비스 이용확인증 발급요청을 해도 됩니다. 카드결제를 하지 않는 공동구매, 중고거래 등에 사용하면 편리합니다.

▶ 쇼핑몰에서 사용할 **PG사**

쇼핑몰 구축완료 후(상품이 최소한 10개 이상은 등록되어 있어야 함) 카드결제를 위해 PG사에 온라인 신청을 하고 관련서류를 우편으로 보낸 후에 구매안전서비스 이용확인증 발급을 요청할 수 있습니다. 이때 통신판매업 신고증은 제출하지 않아도 발급할 수 있습니다. 당장 통신판매업 신고증이 필요하다면 PG사를 경유하는 것보다는 오픈마켓에 판매자 가입을 하고 발급받는 것이 가장 빠릅니다.

3. 통신판매업 신고증 발급받기 ▼

관할 시/군/구청이나 민원24(http://www.minwon.go.kr) 사이트에서 신청할 수 있습니다.

PART 1   인터넷 창업에 출사표를 던지다!

01 단계   쇼핑몰 창업을 결심하기까지!

02 단계   쇼핑몰 창업 목표 세우기

03 단계   판매할 상품 결정하기

04 단계   나에게 가장 적합한 상품판매 방법 찾기

PART 2

오픈마켓 판매하기

PART 3

인터넷 쇼핑몰 구축하기

PART 4

상품 상세 설명 제작과 상품 등록하기

26 단계   상품 등록 시 유용한 HTML 알아 두기

PART 5
온라인 쇼핑몰 운영하기

27 단계   만족도 100%에 도전하는 고객 전화응대

28 단계   회원과 단골고객의 마음 사로잡기

29 단계   각종 게시판 능숙하게 관리하기

30 단계   주문확인과 상품배송하기

인터넷 쇼핑몰 홍보와 마케팅

:PART 1:

인터넷 창업에
출사표를 던지다!

현재 오픈마켓을 통한 상품판매, 소호 쇼핑몰 창업을 염두에 두고 있는 사람들 중에서 생계를 걱정하지 않아도 될 정도의 경제적 여유를 갖고 있거나 창업을 여가활동 정도로 생각하는 사람은 아마 없을 것입니다. 대부분은 하루하루 열심히 생활해야 하는 사람들이자 불확실한 미래와 불안정한 경제상황 속에서 자신이 원하는 삶을 살기 위해 최선을 다하고 있는 평범한 사람들입니다.

이제 여러분 앞에 놓인 컴퓨터 한 대와 이 한 권의 책, 그리고 약간의 자금은 여러분의 꿈을 실현해 줄 든든한 기반이 될 것입니다. 이 책에 담긴 내용을 잘 숙지하고 실행에 옮긴다면 6개월 혹은 1년 후의 여러분 모습은 달라져 있을 것입니다. 자, 그럼 온라인 창업 무작정 따라하기 원정대 출발하겠습니다!

01 단계

ONLINE
SHOPPING MALL

쇼핑몰 창업을 결심하기까지!

망원경을 거꾸로 해서 세상을 보면 어떻게 보일까요? 세상이 더 크게 보이는 것이 아니라 바늘구멍처럼 작고 좁게 보일 것입니다. 온라인 상품판매도 이와 마찬가지입니다. 자본이 적게 들고 준비 기간도 비교적 짧기 때문에 많은 사람들이 쉽게 뛰어들지만, 점점 치열해지는 생존경쟁의 고비를 지나 비로소 매출 안정권에 접어든 생존자 수는 창업 당시에 비해 현저히 줄어듭니다. 온라인 창업은 비교적 쉽게 시작할 수 있기 때문에 별것 아닌 것처럼 보이지만 안정적인 운영궤도에 올려놓기까지는 많은 노력이 필요하고, 노력한 만큼 성취감도 큽니다. 철저한 계획과 꼼꼼한 준비로 여러분도 기쁨을 누려보세요.

Q 인터넷 창업을 결심한 사람들에게 가장 해 주고 싶은 이야기는 무엇입니까?

인터넷 쇼핑몰 창업에 대한 사람들의 생각은 크게 두 갈래로 나뉩니다. 너무 만만하게만 생각하거나, 어렵게만 생각하지요.

만만하게 생각하고 철저한 준비 없이 덜컥 시작하니 쇼핑몰은 하루에도 수십 개씩 생겨나지만 안정적으로 자리를 잡는 쇼핑몰은 1%에 불과합니다. 그 반대로 쇼핑몰 창업에 관심은 많은데, 너무 어렵게만 생각해서 나름대로 공부도 하고 아이템도 선정하느라 몇 년 동안 갈등만 하고 있는 경우도 많습니다.

인터넷 창업을 결심했다면 1~2년 정도 준비하는 것이 적당합니다. 이 기간 동안 집중적으로 준비한 후, 실전 경험을 쌓으면서 가장 효과적인 인터넷 사업 노하우를 터득하는 것이지요. 그런 의미에서 오픈 후 1년 정도의 기간은 오픈 전에 습득했던 이론과 오픈 후에 겪게 되는 실제 상황을 조합하여 문제를 해결해 나가면서 자신만의 사업 스타일과 아이템을 가다듬는 시간으로 삼는 것이 좋습니다.

인터넷 쇼핑몰 창업도 엄연히 '개인 사업'입니다. 주변에서 사업에 성공한 사람들을 살펴보면 일에 미쳐 있고, 근성 또한 대단하다는 것을 알 수 있습니다. 목표 매출과 수익을 달성하려면 철저히 준비한 후에 시작해야 하고, 일단 시작한 후에는 일에 미쳐야 합니다. 쇼핑몰 창업은 누구나 할 수 있지만 성공하는 사람은 많지 않습니다. 쇼핑몰 창업자 중에는 소자본, 소규모 인력으로 인생의 돌파구를 찾고자 뛰어든 절박한 사연을 가진 분들이 많습니다. 이러한 절박함을 에너지로 삼아 하루하루 최선을 다한다면 인터넷 창업 성공이 불가능한 일만은 아닐 것입니다.

Q 나이가 많고 인터넷 사용도 미숙한데, 쇼핑몰을 잘 운영할 수 있을까요?

나이가 얼마이든, 어떤 상황에서 쇼핑몰 창업을 하든, 기회와 위협은 동전의 양면처럼 항상 함께 할 수 밖에 없습니다. 본인의 나이가 약점이 될 수도 있지만 장점이 될 수도 있다는 적극적이고 긍정적인 생각을 바탕으로 아이템과 고객층을 선택하면 됩니다. 연령, 성별, 교육 수준, 소득, 직업, 지역, 라이프 스타일 등을 기준으로 특정 고객층을 집중 공략하거나 새로운 영역을 찾아 나만의 틈새 시장을 찾아보세요. 소자본, 소규모로 창업하는 사람이 치열한 시장 경쟁에서 입지를 다지기 위해서는 차별화, 세분화가 필수이며, 이 두 개념은 모든 장사에 통용되는 마케팅의 핵심입니다.

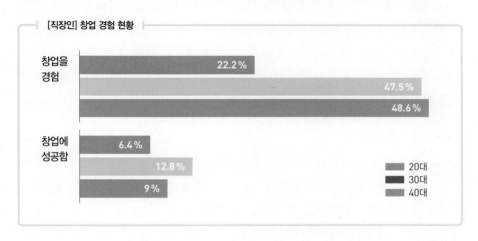

연령대별 인터넷 창업 계층의 기회 요소와 위험 요소

• 시니어(40~60대) 창업

쇼핑몰 창업은 인터넷 환경을 기반으로 하는 비즈니스이기 때문에 컴퓨터 사용이 미숙하다는 것은 약점이 될 수도 있습니다. 또한 인터넷 마인드 결여는 사업에 악영향을 끼치는 요소로 작용하기도 합니다. 하지만 시니어 창업은 기존의 직장생활이나 사업을 접고 시작하는 경우가 많기 때문에 창업자금 면에서는 다른 연령층보다 좀 더 여유가 있는 편이며, 사업수익에 대한 기대치도 그리 높지 않기 때문에 쇼핑몰이 안정되기까지의 시간을 좀 더 여유 있게 보낼 수 있습니다. 시니어는 대체로 업무속도가 빠르지 않지만, 일 처리가 꼼꼼한 편이므로 상품 단가가 조금 높고, 쇼핑몰 유지보수 업무가 과중하지 않으며, 단골고객 관리가 특히 중요한 아이템을 선정하는 것이 좋습니다. 쇼핑몰의 주요 고객층 연령대와 성별은 가급적 운영자와 일치하는 것이 단골고객 관리에 유리합니다.

• 청년(10~20대) 창업

취업 통계 자료에 의하면 대학생 100명 중 37명이 취업에 성공한다고 합니다. 이렇게 취업문을 뚫은 37명 중 26명이 이직을 희망하고, 그중에서 8명이 이를 실천에 옮깁니다. 이 가운데 원하는 자리를 찾아 둥지를 트는 사람은 고작 3명꼴입니다. 그리고 이 3명 중 자기 계발에 전력투구한 1명이 그토록 바라던 '성공' 타이틀을 거머쥡니다. 우연의 일치인지는 몰라도 이 숫자는 쇼핑몰 성공률과도 비슷합니다.

취업을 하지 않고 처음 사회생활을 시작하는 사람은 말할 것도 없고, 설령 직장경험이 있다 하더라도 창업에 투입할 자본은 얼마 되지 않을 것입니다. 따라서 적은 자본으로 시작할 수 있고, 노력한 만큼 성과를 거둘 수 있는 아이템이 적당합니다. 또한 체력이 좋고 인터넷을 잘 다루는 청년층에게는 자금 회전이 빠르고 대중적인 아이템이나 상품 업데이트가 잦은 아이템이 상대적으로 유리합니다. 앞으로의 인생에 치명적인 영향을 끼치지 않는다면, 순수하게 자신의 취향, 관심에 따라 사업방향을 결정짓는 것도 나쁘지 않습니다. 따라서 청년층은 어떤 분야를 고르든 그 선택의 범위가 가장 넓은 연령대라 할 수 있습니다.

• 장년(30~40대) 창업

시니어 창업과 청년 창업의 장단점을 모두 갖춘 연령대입니다. 이 연령대의 사람들은 대부분 충분하지는 않지만 자본이 어느 정도 준비되어 있고, 업무능력, 인맥, 대인관계 스킬 등의 기반도 골고루 갖추고 있습니다. 30~40대가 창업 성공율이 가장 높은 것은 바로 이 때문입니다. 하지만 기존의 자리를 박차고 나와 미래가 불확실한 세계에 뛰어들겠다는 결단을 내리기는 쉽지 않습니다.

라이프 사이클을 보면 앞으로 지출이 많아지기 시작하는 시기가 시작되므로 자신의 사업적성을 냉정하게 판단한 후 꼼꼼한 준비를 거쳐 창업해야 합니다. 이때에는 자신의 적성 및 기존 업무와의 상관관계를 고려하여 아이템을 선정하고 사회생활 및 일정 분야에서 닦아놓은 기반을 최대한 활용하여 창업하는 것이 중요합니다. 돈과 규모로 승부하고자 하는 사람은 이에 적합한 아이템을 골라 정면 승부를 하고, 전문성이나 경력으로 승부하고자 하는 사람은 자금을 대체할 만한 마케팅 전략을 잘 구사해야 합니다. 쇼핑몰에 관련된 업무는 많지만, 상품 단가가 조금 높고 온라인 수요도 많은 아이템을 골라 적극적으로 올인해 보는 것도 괜찮은 방법입니다.

• 여성(주부) 창업

인터넷이라는 환경은 여성, 특히 육아와 가사를 병행해야 하는 전업주부들의 창업 무대로 매우 효과적입니다. 정해진 틀에 맞춰 직장생활을 하는 것보다는 자신의 상황에 따라 시간을 융통성 있게 활용할 수 있기 때문입니다. 또한 '출산과 육아'에 관련된 지식과 노하우를 활용할 수 있는 아이템이라면 더욱 좋을 것입니다. 아이를 낳아 키워본 여성 특유의 친화력과 세심함도 쇼핑몰 고객을 관리하는 데 있어 장점으로 작용할 수 있습니다.

다른 계층과 달리 쇼핑몰 운영에 전적으로 매달릴 수 있는 상황은 되지 못하기 때문에 처음부터 너무 큰 욕심을 갖고 뛰어들면 오래 버티지 못합니다. 따라서 쇼핑몰 매출의 압박 없이 본인이 즐기고 좋아하는 아이템을 선택하여 소박하게 시작하는 것이 좋습니다. 출산과 육아, 가정생활 관련 상품이나 전문 서비스 제공, 수공예 성격이 강한 고부가가치 아이템, 재고 부담이 적은 아이템 위주로 선택하세요.

Q 평소 인터넷 쇼핑을 잘하지 않는 편입니다. 쇼핑몰 창업 성공 여부와 관계 없나요?

창업준비를 하기 위해 굳이 쇼핑몰 업체에 취업할 필요까지는 없지만, 인터넷 쇼핑은 가능한 한 자주 경험해 보는 것이 쇼핑몰 운영에 도움이 됩니다. 단, 지금까지 단순히 물건을 사서 쓰는 소비자 입장에서만 쇼핑을 했다면, 앞으로는 쇼핑몰 운영자 입장에서, 인터넷 마케터 입장에서 자신의 정보검색과 쇼핑패턴을 객관화하여 관찰하는 습관을 들여야 합니다.

온라인에서 필요한 상품을 검색하고 구매할 쇼핑몰을 결정한 후 결제와 배송 서비스를 경험하는 과정을 거치면서 온라인 쇼핑몰 고객들이 어떤 경로를 통해 사이트를 방문하고 어떤 기준으로 상품을 결정하는지를 소비자 입장에서 느껴보고, 장바구니 담기, 결제 완료, 상품 수령까지의 과정을 경험해 보아야만 앞으로 자신이 처리해야 할 업무의 흐름을 미리 파악할 수 있습니다. 특히 G마켓, 옥션과 같은 오픈마켓은 전문 쇼핑몰보다 구매(상품별 옵션이나 배송비 선택 등), 교환 및 반품, 구매확정 등의 단계가 복잡하기 때문에 이것이 어떻게 진행되는지 눈여겨보아야 하며, 고객 입장에서 자신이 어떤 경로를 거쳐 상품을 검색하고, 어떤 기준으로 구입할 상품을 결정하는지를 염두에 두어야 합니다.

미 니 강 좌 • • • • • • •

쇼핑몰 관련 통계 및 인터넷 쇼핑몰 현황 통계 자료

아래 사이트들을 이용하면 정보를 손쉽게 습득할 수 있습니다.
• 국가통계포털
　http://kosis.kr
• 랭키닷컴
　http://www.rankey.com

❶ 탐색 단계

구매할 상품을 판매하는 사이트와 상품을 검색합니다.

인터넷 이용에 익숙하고 온라인 쇼핑 경험이 있는 사람이라면 아래의 경로를 통해 상품을 구입할 사이트를 방문하고 상품을 결정합니다. 네이버, 다음, 야후 등의 검색엔진 검색창에 '컴퓨터 책상'을 입력해 관련 쇼핑몰을 검색하거나 과거에 이용했던 대형 쇼핑몰 중 가격과 서비스가 전반적으로 만족스러웠던 곳 또는 인지도가 높아서 쉽게 떠오르는 쇼핑몰 주소를 직접 입력해 방문합니다. 가격에 민감한 편이라면 G마켓, 옥션 등으로 이동해 '컴퓨터 책상'을 검색하거나 가격비교 사이트를 이용하는 것이 좋습니다. 또한 요즘은 SNS 지인의 사용기나 추천, 모바일 검색을 통해 후보 쇼핑몰을 물색하기도 합니다.

↓

❷ 결정 단계

구매할 사이트와 상품을 최종 결정합니다.

최종 구매 사이트와 상품 결정은 소비자의 성향과 상품의 특성에 따라 달라지며, 통상 2~3개의 후보 사이트 중에서 상품과 가격, 서비스, 판매자 신뢰도를 종합적으로 평가한 뒤 최종 결정합니다. 그렇다면 구매결정에 가장 큰 영향을 미치는 요소는 무엇일까요? 가격이라고요? 대답은 맞기도 하고 틀리기도 합니다. 대부분의 고객들은 상품가격을 중요하게 생각하기는 하지만, 터무니없이 비싸지 않은 업계의 합리적인 평균가격 정도나 그보다 약간만 더 저렴한 수준이라면 상품판매자(또는 쇼핑몰)의 신뢰성을 가장 중요하게 생각하는 경향이 큽니다.

↓

❸ 구입 단계

장바구니 담기와 주문 및 배송정보 입력, 결제를 완료합니다.

인터넷 상품구입과 결제과정은 거의 비슷하기 때문에 상품을 고른 뒤 장바구니에 담고 결제하기까지의 과정이 어떻게 인터넷 화면에서 전개되며 결제수단은 어떤 것들이 있는지 등에 대해 살펴보면서 실제로 결제를 해봅니다. 배송료 부분도 상품을 구입하는 소비자의 입장에서 한번 생각해 보세요.

↓

❹ 배송 단계

구매한 상품의 배송상황을 조회해 봅니다.

소비자는 주문해 놓고 상품이 도착할 때까지 주문한 상품에 대한 기대감을 가지고 배송이 늦어지거나 물건이 파손되지는 않을지, 불량품이 오지는 않을지 등 많은 걱정을 하게 됩니다. 판매행위는 고객이 상품을 수령하고 사용해야 비로소 완료되는 것인 만큼, 소비자를 단골로 만들기 위해서는 이 단계에서의 꼼꼼한 체크가 무척 중요합니다.

↓

❺ 상품 도착 단계

드디어 주문한 상품이 도착했습니다.

주문한 상품이 이틀만에 도착했습니다. 배송은 이틀이면 양호한 편이고, 포장도 꼼꼼하게 되어 있네요. 모니터에서 봤을 때보다 색깔이 약간 어둡기는 하지만, 가격에 비해 재질도 좋은 편입니다. 조립 설명서와 부속품도 빠짐없이 들어 있는지 꼼꼼하게 확인해야겠죠?

↓

❻ 상품 및 서비스 평가 단계

BEST PRICE

상품 및 서비스에 대한 평가를 합니다.

상품 구입자는 품질과 배송 서비스, 전화 및 게시판을 통한 상담내용 피드백을 종합적으로 평가해 판매자(쇼핑몰)에 대한 이미지를 머릿속에 각인합니다. 가격은 약간 비싸지만 믿을 수 있고 친절한 쇼핑몰, 가격은 싸지만 배송이 느린 쇼핑몰, 가격이 싼 것도 아닌데 품질이 기대 이하인 쇼핑몰, 배송이 느리기는 하지만 상품은 괜찮은 쇼핑몰 등으로 말입니다. 장차 여러분이 운영할 쇼핑몰은 고객에게 어떤 이미지를 심어 주게 될까요? 부지런히 노력해서 우량 단골고객들을 많이 확보하기 바랍니다.

Q 경쟁이 무척 치열한데, 지금 시작해도 괜찮을까요?

어느 분야의 창업이든 힘들지 않은 일은 없습니다. 막연한 장밋빛 환상에 젖어 준비 없이 창업하면 반드시 실패하고, 철저히 준비하고 악착같이 덤벼들면 반드시 성공할 것입니다. 창업은 회사생활과 달리 혼자서 모든 것을 책임지고 진행해야 하기 때문에 힘든 것은 당연하며, 그 힘든 여정 속에서 어떤 결과물을 얻게 될 것인지는 전적으로 여러분 자신에게 달려 있습니다. 저는 이 책을 통해 쇼핑몰 창업을 누구나 할 수 있다고 말하려는 것이 아니라, 노력한 만큼의 성과를 거둘 수 있는 방법에 대해 알려드리려는 것입니다.

초기 온라인 쇼핑몰 시장 형성기와 비교해 볼 때 최근에는 엄청난 수의 쇼핑몰들이 생겨났고, 이에 따라 가격 및 서비스 경쟁이 더욱 치열해지고 있으며, 광고비용 또한 급격히 상승했습니다. 하지만 그만큼 소비자의 지출에서 온라인 구매가 차지하는 비중이 초창기에 비해 많이 커졌고, 앞으로도 이러한 성장세는 계속될 것으로 전망됩니다.

여러분이 이해하기 쉽도록 온라인 시장 규모를 피자에 비유해 보겠습니다. 레귤러 사이즈 피자 한 쪽과 패밀리 사이즈 피자 한 쪽의 크기는 현격하게 다릅니다. 피자(시장 규모)가 클수록 내가 먹는 피자 한 쪽(나의 수익) 또한 크다는 것입니다.

현재 인터넷 판매자 가운데 판매를 제대로 이해하고, 시장의 변화에 적응해 나갈 수 있는 능력을 갖춘 판매자는 의외로 많지 않습니다. 따라서 지금 진입한다고 하더라도 준비만 잘하면 충분히 성공할 수 있습니다. 적성이나 자금 현황, 아이템의 특징 등을 기준으로 놓고 볼 때 인터넷 판매가 최선이라고 판단되면 지금이라도 당장 뛰어드세요. 달리기를 할 때 일단 출발선을 넘어서면 잡념 없이 앞만 보고 달려야 하듯이, 피땀 어린 노력과 힘들었던 시간을 어떻게 하면 더 크게 보상받을 수 있을 것인지에 집중하기 바랍니다.

어떤 사람이 쇼핑몰 창업에 성공할 확률이 높은가요?

쇼핑몰 창업에 유리한 사람의 요건은 아래와 같습니다. 여러분도 한번 체크해 보면서 창업자질과 성공 가능성을 알아보세요.

예 ☑ 아니오 ☐

소호 쇼핑몰에 유리한 사람은 누구일까요?

☐ 한 상품 분야에 전문가적인 식견과 경험을 가진 사람

☐ 한 상품 분야에 전문적인 식견을 가지고 있거나 이를 위해 꾸준히 노력하는 사람

☐ 한 상품 분야에 대하여 마니아적인 기질을 가지고 좋아하는 사람

☐ 전문적인 카페(동호회)를 운영 중인 사람

☐ 자기가 팔려고 하는 상품을 공급해 줄 공장이나 총판과 친한 사람

☐ 자기가 팔려고 하는 상품을 수입하는 사람과 친한 사람

☐ 자기가 팔려고 하는 상품을 수입할 루트를 알고 있는 사람

☐ 가업으로 경쟁력이 있는 상품을 제조하거나 채취, 양식하는 사람

☐ 오프라인에 매장을 갖고 있는 사람

☐ 남다른 이색 아이디어가 있는 사람

☐ 인터넷 중독에 빠져서 하루 종일 컴퓨터 앞에 앉아 있는 사람

☐ 어떤 상품이든 좋은 상품을 골라내는 안목이 탁월한 사람

☐ 값비싼 물건을 많이 알고 있고, 많이 사서 써본 사람

☐ 외국에 상업적으로 잘 아는 사람이 많은 사람

모든 직업에는 적성이라는 것이 있듯이, 쇼핑몰 창업과 운영에도 그에 적합한 적성과 자질이 있습니다. 하지만 분야를 막론하고 성공의 가장 큰 원동력은 '절실함'이라고 생각합니다. 성공에 대한 의지만 강하다면 아무리 힘들어도 근성으로 버틸 수 있습니다. 여기에 한 가지 덧붙인다면 '인터넷 마케팅 감각'인데, 아무리 공부를 하고 고민을 해도 이 부분이 취약하다면 독불장군식의 아집과 자존심은 버리고 외부 전문가나 직원의 의견을 적극 수용하는 마인드를 갖춰야 합니다. 물론 무엇인가를 알아야 효과적인 마케팅 전략을 취사선택할 수 있을 것이므로 인터넷 마케팅에 대한 공부는 꾸준히 해야 할 것입니다.

 나의 창업준비지수는 100점 만점에 몇 점인가요?

준비된 창업은 성공의 지름길입니다. 아래 내용은 온라인 창업 시 알아두거나 갖추

어야 할 기본 항목이라 할 수 있습니다. 물론 아래 항목과 100% 일치하는 사람들만 성공하는 것은 결코 아니므로 결과가 좋지 않다고 해서 너무 낙심할 필요는 없습니다. 그럴수록 이 책을 더욱 열심히 읽고 공부해 보세요. 이 책은 '아장아장' 단계의 예비 창업자는 기본기를 확실하게 다지고, '성큼성큼' 단계의 예비 창업자는 창업 계획을 구체화하는 실전 지침서가 될 것입니다.

온라인 창업 전반
예 ☑ 아니오 ☐

아장아장	성큼성큼
컴퓨터와 인터넷을 능숙하게 다룰 줄 아는 사람만이 온라인 쇼핑몰 창업을 성공으로 이끌 수 있는 것은 아닙니다. 하지만 아래 항목에서 '예' 답변이 많다면 앞으로의 쇼핑몰 창업준비가 훨씬 더 수월해질 것입니다.	쇼핑몰 창업에 대한 관심이 무척 많습니다. 아래 항목들은 창업준비의 핵심적인 요소들이므로 '예' 답변이 많다면 자신감을 갖고 창업준비에 박차를 가하셔도 됩니다.
☐ 매일 인터넷을 사용한다. ☐ 원하는 정보를 다른 사람의 도움 없이 검색할 수 있다. ☐ 게시판에 글을 쓰거나 댓글을 다는 행위가 익숙하다. ☐ 블로그나 커뮤니티 활동을 한다. ☐ 이메일 보내기가 가능하다. ☐ 파일 다운로드와 압축, 해제가 가능하다. ☐ 윈도우 탐색기에서 폴더 생성과 복사, 이동, 삭제를 할 수 있다. ☐ 키보드 타자속도가 200~300타 이상은 된다. ☐ 인터넷으로 상품을 구매해 본 적이 있다. ☐ 평소에 수입과 지출을 기록, 관리하는 편이다. ☐ 연말정산(직장인의 경우), 소득세·부가가치세 신고(사업자의 경우)를 직접 꼼꼼하게 체크하는 편이다.	☐ 온라인 상품구매가 익숙하고 편하다. ☐ 뉴스나 신문의 전자상거래 관련 기사에 관심이 많다. ☐ 국가나 기업체의 온라인 창업 관련 강좌를 수강한 적이 있다. ☐ 온라인 창업계획서를 간단하게나마 작성할 수 있다. ☐ 현재 창업을 고려하는 아이템이 있다. ☐ 창업 아이템의 공급처가 있다. ☐ 창업 아이템 경쟁 사이트를 5개 이상 알고 있다. ☐ 창업 아이템 경쟁 사이트에 자주 드나들면서 모니터하고 있다. ☐ 창업자금이 준비되어 있다. ☐ 부가가치세가 무엇인지 알고 있다. ☐ 전문가에게 창업상담을 받아본 적이 있다.

잠깐만요! 쇼핑몰 창업에 대한 몇 가지 오해들

개인 소자본 창업분야 중에서 온라인 상품판매 창업은 다른 창업 아이템에 비해 많은 장점을 가지고 있으며, 운영자의 역량에 따라 큰 결실을 거둘 수 있는 매력적인 분야입니다. 그러나 장밋빛 환상에 젖어 여러 가지 크고 작은 손해를 보는 경우도 많으므로 아래 사항만은 꼭 짚고 넘어가야 합니다.

❶ 쇼핑몰만 구축하면 상품이 팔릴 것이다!

많은 분들이 쇼핑몰을 구축해서 상품을 팔아야겠다는 막연한 생각만 할 뿐, 상품을 어떻게 알리고 팔아야 할지에 대해서는 깊이 고민하지 않습니다. 물론 쇼핑몰을 만드는 것은 중요합니다. 하지만 이제 막 탄생한 쇼핑몰을 고객이 어떻게 알고, 또 무엇을 믿고 선뜻 상품을 구매할까요? 쇼핑몰이 알려지고 신뢰가 쌓이기까지는 어느 정도의 시간과 노력이 필요하다는 점을 반드시 알고 창업해야 합니다.

❷ 쇼핑몰을 구축하면 검색엔진을 통해 손님이 들어온다!

예를 들어 'www.myshop.co.kr'이라는 내 소유의 쇼핑몰을 인터넷에 구축해 놓았다고 가정해 봅시다. 인터넷 주소창에 'www.myshop.co.kr'을 입력하면 내 쇼핑몰로 이동합니다. 그러나 이것이 검색엔진 키워드창에 'myshop'이나 '마이샵'을 입력하면 검색결과에 내 쇼핑몰이 나오는 것까지를 의미하는 것은 아닙니다. 왜냐하면 검색엔진에 내 쇼핑몰을 등록하지 않았기 때문입니다. 따라서 주소창에 도메인을 입력하면 쇼핑몰로 들어올 수 있지만, 검색엔진 검색을 통해서는 내 쇼핑몰로 들어올 수 없습니다. 검색엔진의 검색결과를 통해 쇼핑몰로 유입되기 위해서는 1차로 검색엔진 등록을 해야 합니다. 또한 검색엔진 등록만으로는 검색결과의 첫 페이지 노출 확률이 높지 않기 때문에 2차로 검색키워드 광고를 해야 합니다. 물론 카페나 블로그, 지식in 등의 검색결과에 여러분의 쇼핑몰이 노출되어 이를 통해 방문자가 들어올 수도 있지만, 이는 돈이 안 드는 대신 시간과 노력이 많이 투자되는, 이른바 '노가다' 홍보를 열심히 해야 한다는 것을 전제로 합니다.

❸ 검색엔진 광고를 하면 방문자가 들어오고 매출이 발생한다!

쇼핑몰을 이제 막 구축하여 검색엔진 등록을 하고, 검색키워드 광고도 진행한다고 가정했을 때, 검색엔진 광고는 방문자 유입과 매출 발생의 가능성을 높여주는 것일 뿐, 100% 보장하는 것은 아닙니다. 특정 키워드 검색결과에서 첫 페이지에 노출되는 광고업체는 여러분의 쇼핑몰 외에도 20~30개가 넘을 것이며, 광고노출 위치와 광고설명 문구에 따라 여러분의 쇼핑몰을 클릭하는 사람도 있고, 그냥 지나치는 사람도 있을 것입니다. 또한 여러분의 쇼핑몰로 유입된 방문자가 하루에 1,000명이라 하더라도 그 1,000명 중에 상품을 구매하는 사람은 극히 적습니다. 새로 생긴 쇼핑몰에서, 그것도 첫 방문자에게, 첫 번째 구매를 기대하는 것은 무리한 욕심입니다. 방문자가 있으면 매출도 그에 비례해 일어나지만 오픈 초기 단계에서는 여러분이 막연히 기대했던 것보다 확률이 낮을 수 있으며, 쇼핑몰의 완성도와 상품구색, 가격 등의 여러 가지 변수에 의해서도 그 확률이 많이 달라지게 된다는 사실을 알고 있어야 합니다.

❹ 쇼핑몰을 운영하면 당장 정기수입이 현금으로 들어온다!

예전에 큰 부도로 위기를 겪고 귀금속 도매상에서 힘겹게 일하고 계시던 분이 현금장사 수단으로 주얼리 쇼핑몰 제작을 문의하신 적이 있었습니다. 현재 자금난을 겪고 있는 상태에서 당장의 현금수익 수단으로 쇼핑몰 창업을 생각하는 것은 바람직하지 않습니다. 쇼핑몰에서 신용카드 결제비율이 점점 늘고 있는 추세이기 때문에 이 카드매출이 실제 운영자의 통장으로 돌아오기까지는 1~2주일의 시간차가 생기게 되며, 장사가 잘될수록 상품구입 자금부족의 압박에 시달리게 됩니다. 초기에는 상품이 잘 팔릴수록 오히려 통장의 잔고는 뚝뚝 떨어지는 상황을 경험하게 되는 것이죠. 오늘 물건이 100만 원어치 팔리면 당장 100만 원이 통장에 들어오는 것이 아니라는 점을 명심하세요.

❺ 쇼핑몰 창업은 쇼핑몰 구축이 제일 우선이다!

쇼핑몰 없이 쇼핑몰을 운영한다는 것은 말이 안 되지만, 그렇다고 제반 판매여건이 갖추어지지 않은 상태에서 쇼핑몰 제작을 서두다 보면 방문자도 없고 물건이 팔리지도 않는 휴면상태의 쇼핑몰로 몇 개월을 허비하게 됩니다. 더욱이 임대형 쇼핑몰의 경우에는 매달 임대료를 지출해야 하며, 기획을 제대로 하지 못한 상태에서 쇼핑몰을 급조했을 경우에는 나중에 이것저것 뜯어고쳐야 하기 때문에 제작비가 이중으로 소모됩니다. 따라서 판매상품의 안정적인 공급처 확보, 배송준비 완료, 꼼꼼한 사이트 기획을 거친 후 쇼핑몰을 만들어야 합니다.

02 단계

ONLINE
SHOPPING MALL

쇼핑몰 창업 목표 세우기

여러분의 온라인 상품판매 창업목표는 무엇인가요? 매달 생활비를 제외하고도 어느 정도 저축할 수 있을 정도의 넉넉한 수입, 아이들 양육과 교육에 보탬이 될 만한 정도의 수입, 내집 마련을 앞당기기 위한 저축 등과 같이 애매모호한 목표보다는 매출이나 방문자 수, 회원 수에 대한 구체적인 목표를 세워야 좀 더 실질적인 세부 전략이 도출될 수 있으며, 설사 목표 달성에 차질이 생기더라도 적절한 대응 전략을 마련할 수 있습니다.

Q 쇼핑몰 매출이 어느 정도 나와야 직장인 월급 이상으로 벌 수 있나요?

소호 쇼핑몰 창업자 중 약 1~2%가 월매출 1,000만 원을 넘기고, 약 10~20%는 월매출 500만 원을 넘깁니다. 어쨌든 월매출 500만 원을 넘기면 계속해서 운영해 볼 가치가 있는 것이죠. 하지만 전업으로 하는 창업의 경우 창업자 혼자 운영한다는 것을 전제로 하면 월매출에서 물품 구입비, 광고 홍보비, 기타 운영 유지비를 모두 차감한 순수익이 최소한 월 300만 원 이상은 나와야 안정적인 궤도에 올랐다고 할 수 있습니다. 월 300만 원 순수익을 목표로 한다면 월매출액이 2,000만 원 이상은 나와야 합니다. 이는 상품 마진을 약 15%로 잡았을 경우에 나오는 수치입니다.

온라인에서 슈퍼마켓을 운영하는 것도 아닌데, 마진이 15%면 너무 박한 것 아니냐구요? 이는 상품판매를 위한 제반 비용을 마진에서 제외하고 계산했기 때문입니다. 따라서 애초에 상품을 공급받을 때의 마진율이 최소한 30% 정도는 되어야 합니다. 여기서 광고비와 수수료, 세금 등의 모든 지출요인을 상품마진에서 공제하면 상품 최종 판매금액의 15% 정도가 순수익으로 남게 된다는 의미입니다. 물론 광고비를 효율적으로 지출하지 않고, 방만하게 지출한다면 수익이 15% 이하로 떨어질 수 있으며, 반대로 광고비 지출이 적을 때에는 수익률이 훨씬 높아질 수 있습니다.

물론 2,000만 원이라는 월매출과 여기서 나오는 순수익은 취급하는 품목의 마진율과 1회 총 주문금액, 그 밖의 여러 가지 요인에 의해 차이가 날 수 있다는 점을 감안해야 합니다.

목표를 세운다는 것은 그래서 중요합니다. '열심히 하면 먹고 살 정도로는 팔리겠지'라는 추상적인 낙관이 아니라, '월 매출 2,000만 원 달성'처럼 목표를 구체적으로 정해 놓으면 이를 좀 더 빨리 달성하기 위한, 말하자면 수익구조를 개선할 수 있는 기본 전략을 도출해낼 수 있습니다.

수익구조를 개선할 수 있는 기본 전략은 바로 온라인 판매상의 '최적화' 개념이라고 할 수 있습니다. 최적화를 달성하기 위한 방법은 이 책의 각 단계를 통해 구체적으로 소개할 것입니다.

비즈니스 모델 최적화 – 아이템과 판매방식

소호 쇼핑몰 창업 시에는 어떤 제품을, 어디에서 구입하여, 어떻게 팔겠다는 단순 명쾌한 비즈니스 모델(수익구조)을 갖춰야 합니다. 여기서 '제품'은 구체적이고 개념이 분명해야 전문 몰로서 독자적인 위치를 잡기가 용이하며, 광고의 효율성도 높아집니다.
괄호 안은 해당 전술 내용을 포함하고 있는 이 책의 단계를 의미합니다.

> **비즈니스 모델의 최적화를 위한 전술**
> - 아이템을 세분화하고, 틈새 시장을 찾는다(03단계).
> - 마진이 높은 아이템을 찾는다(03단계).
> - 경쟁 업체보다 좋은 조건의 공급처를 발굴한다(06단계).
> - 어디서 팔 것인지 결정한다(05단계).
> - 오픈마켓 판매를 전략적으로 병행한다(08, 09, 10, 11단계).
> - 객단가를 높일 수 있는 기획전과 판촉을 실시한다(32단계).
> - 쇼핑몰 이외의 판매 채널을 다양화한다(41단계).

사이트 최적화 – 쇼핑몰 디자인

사이트 최적화는 사이트의 전체적인 색감, 메인 화면의 이미지, 내비게이션, 콘텐츠(상품설명 포함), 커뮤니티, 주문결제 과정 등을 사이트 본래의 목적에 충실하게 설계하는 것을 말합니다. 사이트가 최적화되면 구매율이 눈에 띄게 높아지므로 본격적인 광고 개시 이전에 사이트 최적화를 통해 광고효과를 극대화해야 합니다.

> **사이트 최적화를 위한 전술**
> - 아이템의 특성을 잘 나타내는 디자인과 색감(14, 16단계)
> - 쇼핑에 편리한 카테고리와 내비게이션(14, 16단계)
> - 사진 촬영과 사진 보정(21, 22, 23단계)
> - 풍부한 상품설명(24, 25, 26단계)

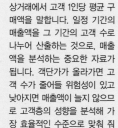

미 니 강 좌 ⋯⋯⋯

객단가

상거래에서 고객 1인당 평균 구매액을 말합니다. 일정 기간의 매출액을 그 기간의 고객 수로 나누어 산출하는 것으로, 매출액을 분석하는 중요한 자료가 됩니다. 객단가가 올라가면 고객 수가 줄어들 위험성이 있고 낮아지면 매출액이 늘지 않으므로 고객층의 성향을 분석해 가장 효율적인 수준으로 맞춰 줘야 합니다.

검색엔진 최적화 – 검색엔진 등록, 광고와 홍보

검색엔진 포털 사이트를 통한 홍보는 가장 기본적인 인터넷 홍보방법입니다. 인터넷 서핑(또는 쇼핑)의 관문이 되는 검색 포털 사이트에 자신의 쇼핑몰을 등록하여 검색엔진 사용자 중 상품 구매의사가 있는 고객을 내 쇼핑몰로 유입하는 것이 이른바 '검색등록'과 '검색광고'입니다. 검색등록은 검색 포털 사이트에 내 쇼핑몰을 등록하는 것을 말하며, 검색 광고는 취급상품과 관련 있는 검색키워드를 검색창에 입력하면 관련 쇼핑몰들이 나열되는 것을 말합니다. 모든 포털 사이트에서 개인과 비영리단체를 제외한 상업적 목적의 쇼핑몰은 모두 유료등록을 해야 하며, 등록이 되어 있더라도 유료광고를 해야 검색결과의 상단에 노출됩니다.

검색엔진 최적화를 위한 전술

- 검색엔진 노출에 유리한 쇼핑몰 도메인과 이름을 짓는다(13단계).
- 판매방식 및 취급품목에 적합한 검색광고를 적절히 구사한다(19, 35단계).
- 구매전환 효과가 큰 우량 키워드나 경쟁이 심하지 않으면서도 구매력은 어느 정도 있는 세부 키워드를 엄선한 뒤 예산에 맞춰 집행한다(35단계).
- 광고비용이 소기의 성과를 거두고 있는지 반드시 분석한다(36단계).
- 광고와 별개로 바이럴 마케팅을 꾸준히 실시한다(37, 38, 39단계).

서비스 최적화 – 고객관리

최소의 비용으로 최대의 효과를 거둘 수 있는 자신만의 고객관리 비법을 개발해야 합니다. 고객이 자주 하는 질문은 FAQ 게시판을 통해 미리 안내해 주고, 꼼꼼한 이용안내 정보를 제공해 초보자도 어려움 없이 주문과 결제를 마칠 수 있도록 배려해야 합니다.

서비스 최적화를 위한 전술

- 쇼핑몰에서 상품 정보를 충분히 보여줌으로써 교환 및 반품을 최소화한다(14, 24단계).
- 고객 게시판과 사용후기를 통해 운영자의 꼼꼼함과 쇼핑몰의 활성화 정도를 어필한다(27, 29단계).
- 비용은 적게 들지만 감동을 전할 수 있는 자신만의 서비스를 개발한다(28단계).
- 고객의 배송만족도를 높인다(20, 30단계).

조직 최적화 – 업무효율

매출이 많지 않은 중·소규모의 소호 쇼핑몰에서는 상품의 매입비용 다음으로 큰 지출이 '인건비'입니다. 고정인력의 유지비용을 최대한 줄이고 필요한 부분은 그때그때 저렴한 비용으로 외부에서 조달하는 것이 좋습니다.

미니 강좌

바이럴 마케팅이란?

블로그나 카페 등을 통해 소비자들에게 자연스럽게 정보를 제공하며 쇼핑몰의 신뢰도 및 인지도를 상승시키고 구매 욕구를 자극하는 마케팅 방식을 말합니다.

조직 최적화를 위한 전술

- 월매출 2,000만 원 이상, 월수익 300만 원 이상이 되기 전에는 1인 다역을 소화하고, 불가피할 경우에는 외부 인력을 적절히 이용한다(34단계).
- 쇼핑몰을 좀 더 효율적으로 관리할 수 있는 솔루션을 선택한다(15단계).
- 오픈마켓과 쇼핑몰 병행의 효율성을 높인다(34단계).
- 사이트 유지보수를 위한 포토샵이나 기초 HTML 정도는 익혀 둔다(22, 23, 26단계).

 창업자금은 얼마 정도 준비해야 할까요?

창업 방식과 창업 아이템에 따라 다르지만 예전에 비해 많이 상향조정되었습니다. 예전에는 500만 원 미만인 경우도 많았지만, 지금은 최소한 6개월 정도는 운영해 봐야 성공 가능성을 판가름할 수 있고, 가능성이 보이는 경우 장기적인 안목으로 1년 이상 운영해 봐야 사계절을 거치면서 자신의 쇼핑몰 아이템이 어떤 매출 주기를 보이는지 파악하고, 이를 마케팅에 반영할 수 있게 됩니다. 그리고 광고비도 많이 올라서 1,000~2,000만 원 정도 준비하는 것이 좋습니다. 물론 1,000만 원 이하의 돈으로 쇼핑몰을 시작하는 경우도 많지만, 자금의 열세를 보완할 만큼 마케팅이 획기적이거나 상품 구입에 큰돈이 들지 않는 경우, 광고는 전혀 하지 않고 노가다 홍보로 쇼핑몰을 알리려는 경우에만 가능합니다.

잠깐만요! **온라인 쇼핑몰 창업에 반드시 필요한 사무기기**

컴퓨터 : 대부분의 경우 현재 사용하고 있는 컴퓨터가 최소 한 대 정도는 있을 것이라 생각합니다. 포토샵 같은 그래픽 프로그램을 편하게 사용하려면 모니터는 23인치 이상, CPU는 펜티엄급 이상, 메모리는 4GB 이상이 좋지만, 사양이 현저하게 뒤떨어지지만 않는다면 굳이 컴퓨터를 새로 구입할 필요는 없습니다.

스캐너/팩스/프린터 : 프린터는 대부분 있을 것이고, 스캐너를 갖고 있는 경우도 많을 것입니다. 세 가지 중에서 팩스만 없다면 굳이 팩스를 구입할 필요없이 인터넷 팩스를 사용하면 됩니다.

디지털카메라 : 상품 사진이나 상품설명에 필요한 자료 사진을 직접 촬영할 경우에는 디지털카메라가 필수적입니다. 디지털카메라 역시 컴퓨터와 함께 보급률이 높은 가전제품이므로 우선 갖고 있는 것을 사용하면 되지만, 1,000만 정도의 화소급은 되어야 화질이 좋으며, 수동 기능도 포함되어 있는 것이 좋습니다.

조명 : 조명이 없는 경우 약간 흐린 날씨에 실외촬영을 하면 무난한 품질의 사진을 얻을 수 있지만, 매번 실외촬영을 하기가 힘들 수도 있습니다. 그럴 때에는 실내의 형광등만으로는 빛이 부족하기 때문에 조명이 있어야 합니다.

Q 창업자금, 교육 등 유용한 온라인 창업 지원 정보를 알고 싶습니다.

여유자금이 없다면 기존 금융권에서 대출을 받을 수도 있겠지만, 가능하다면 저금리, 좋은 상환조건의 정부나 공공기관 지원제도를 이용하는 것이 좋습니다. 여성 및 취업·창업분야 정부 산하기관에서는 3%대 저리의 창업자금 융자와 창업교육을 함께 제공하고 있으며, 몇몇 쇼핑몰 솔루션 회사에서는 다양한 커리큘럼의 쇼핑몰 창업 강좌를 개설하거나 창업보육센터를 운영하고 있기도 합니다. 구체적인 대출내용 및 교육과정은 각 홈페이지를 통해 확인하세요.

정부 산하기관/공공기관

• **소상공인포털** http://www.sbiz.or.kr

자영업 소자본 창업 희망자의 자금 및 교육, 창업 컨설팅을 지원합니다. 창업자금 대출을 받기 위해서는 소상공인지원센터에서 주관하는 창업교육을 수료해야 합니다. 교육을 수료하고 창업한 후 3개월 이내에 대출 신청이 가능합니다. 창업자금 대출의 경우 모든 교육 수료생은 최대 5,000만 원의 소상공인 정책자금 우선지원 대상이 됩니다. 한 가지 주의해야 할 점은 창업자금 대출의 경우 정부에서 계획한 자금이 소진되면 대출이 어렵다는 것입니다. 오프라인 점포 창업 위주이기는 하지만, 일부 관련 교육으로는 '인터넷 쇼핑몰 창업 이것만은 알고 하자', '온라인 도농 플랫폼 쇼핑몰창업과정', '전자상거래 경영전문가 과정' 등을 들 수 있으며, 일부 온라인 강의도 서비스되고 있습니다.

• **1인창조기업 비즈니스센터** http://1biz.ctp.or.kr

1인 창조기업을 지원합니다. 1인 창조기업은 창의성과 전문성을 갖춘 1인이 상시 근로자 없이 지식서비스업, 제조업 등을 영위하는 것을 의미합니다. 따라서 상품 소매 성격의 단순한 쇼핑몰보다는 IT, 디자인, 문화콘텐츠, 공예 등 창조업종이 주요 대상이기는 하지만, 전통식품 제조를 겸한 식품 쇼핑몰 창업 희망자, 창의성과 아이디어가 돋보이는 인터넷 서비스 제공업체에게 큰 도움이 되는 사이트입니다. 창업기업 지원자금(융자)은 해당년도 1월부터 자금 소진 시까지 매월 접수할 수 있으며, 청년 전용 창업자금도 배정되어 있습니다. 또한 서울과 지방 대도시 권역에 비즈니스 센터, 시니어 비즈플라자를 운영하고 있습니다. 비즈니스 센터에서는 사무(작업)공간 및 회의실, 상담실, 휴게실, 창조카페 등의 비즈니스 공간을 이용할 수 있습니다. 또한 SK 플래닛과 제휴하여 오픈마켓인 11번가에 1인 창조기업관을 개설했는데, 자격요건을 확인한 후 상시 신청·접수 가능하며 직접 개발한 제품을 1인 창조기업관에서 판매해 볼 수 있습니다.

문의 : 중소기업청 (042) 481-4553

- **K-스타트업(창업넷)** www.k-startup.go.kr

다양한 계층별 창업을 지원합니다.

시니어 창업스쿨 지원사업	시니어(40세 이상) 분야 유망 창업업종 위주로 경력, 네트워크, 전문성 등의 역량을 활용한 성공창업을 지원하기 위해 실습 및 코칭 교육 프로그램을 제공합니다. 총 80시간(집합교육 25%, 실습 및 코칭 75%), 1개월 이내 교육과정에 교육비는 20만 원(정부지원금 80%, 개인부담금 20%)이며, 소상공인 정책자금 중 시니어 지원자금 지원자격을 부여합니다. 신청기간은 4월 초~9월 말이며, 시니어넷(www.seniorok.kr)에 접수하면 됩니다. **문의** : 소상공인진흥원 지식서비스팀 (042) 363-7607
참살이 서비스 기업 육성	참살이 업종 전문인력 양성을 위해 전국 7개 실습터를 통한 교육 및 창·취업을 연계 지원합니다. 참살이 업종은 웨딩 플래너, 네일 아티스트, 바리스타, 소믈리에, 투어 플래너, 플로리스트, 공예 디자이너, 푸드 코디네이터, 애견 디자이너 등이며, 참살이 업종 관련 전공자, 초급 기술자 및 경력자로서 교육을 희망하는 예비 1인 창조기업이 지원 가능합니다. 신청기간은 연중수시이며, 희망지역 소재 참살이 실습터에 접수하면 됩니다. **문의** : 창업진흥원 (042) 480-4386, 4389
대학 창업교육 패키지사업	대학의 창업강좌, 창업동아리, 창업전담인력 인건비를 패키지로 일괄 지원합니다. 신청기간은 2월 말~3월 초 무렵이며, 창업지원온라인관리시스템(startbiz.changupnet.go.kr)에 접수하면 됩니다. **문의** : 창업진흥원 (042) 480-4352, 4353
글로벌청년창업 활성화	글로벌 경쟁력을 갖추고 해외진출 의지가 높은 예비창업자 또는 창업기업을 대상으로 국내외 창업교육 및 코칭, 현지 보육 등을 지원하여 성공적인 글로벌 청년창업을 육성하는 것이 목적입니다. 창업기업의 해외 진출을 위해 해당국가의 창업환경을 집중 코칭하며 업종분야별 차별화된 현지 창업연수 및 보육 프로그램을 제공합니다. 5~6월 무렵에 신청을 받으며 창업지원온라인관리시스템(startbiz.changupnet.go.kr)에 접수하면 됩니다. **문의** : 창업진흥원 (042) 480-4331, 4333
청소년비즈쿨 지원사업	전국 130개 초·중·고 비즈쿨 학교 지정을 통한 청소년 창업교육 및 창업유망주 발굴 및 육성을 목적으로 합니다. 초·중·고 학교 내 창업동아리 활동 지원, 창업교재 보급, 경제 및 창업 체험학습 프로그램(페스티벌, 창업캠프, Yes리더 특강 등)을 지원하며, 1월~2월 중 창업지원온라인관리시스템(startbiz.changupnet.go.kr)에 접수하면 됩니다. **문의** : 창업진흥원 (042) 480-4461, 4462

- **하이서울 창업스쿨** www.school.seoul.kr

만 20세 이상 서울 시민이면 누구나 참여할 수 있습니다. 참여를 희망하는 시민은 창업스쿨 홈페이지(www.school.seoul.kr)에서 신청서를 내려 받아 작성한 후 제출하면 됩니다. 교육시간은 9주, 80시간이며, 창업입문, 외식업, 카페형, 서비스업, 도·소매업, 쇼핑몰, 온라인 쇼핑몰 입점, 경영컨설팅, 제품기술벤처, 지식서비스벤처의 총 10개 과정으로 진행됩니다. 교육생들에게 맞춤형 컨설팅, 선배 창업자들과의 일대일 매칭 등을 통해 창업노하우를 전수받을 기회를 제공하며, 수료 후에는 특별보증과 마케팅 등을 지원합니다.

문의 : 서울시 창업소상공인과 (02) 2133-5551, 서울산업통상진흥원 교육팀 (02) 6003-3510

- **여성기업종합지원센터** http://www.wesc.or.kr

10평 내외의 보육실이 갖춰진 센터를 전국에 14개 운영하고 있습니다. 입주기간은 입주일로부터 1년(2회 연장 가능)이며, 입주부담금은 보증금 300만 원(만료 시 환불)이고, 월관리비는 별도입니다. 창업교육과 창업컨설팅이 가능합니다.

문의 : (02) 369-0931

- **경기도 여성능력개발센터** http://www.womenpro.or.kr

경기도에 거주하는 여성들의 취업·창업능력을 개발하기 위한 곳입니다. 보육과 온라인/오프라인 교육이 골고루 갖춰져 있습니다.

경기여성창업 보육센터	입주보증금은 무료, 관리보증금 50만 원 선납(퇴실 시 정산하여 잔액 환불)이며, 월관리비는 10만 원입니다. 입주업체당 9평 정도의 24시간 개방 사무공간을 제공하며, 사무집기(사무용 책상, 의자, 캐비닛 등), 컴퓨터(1업체당 2대)도 제공합니다. 그 밖에 복사기, 스캐너, LCD 프로젝터, 노트북 등은 공동이용이 가능합니다. 어린이집을 제공하고 셔틀버스도 운행합니다.
오픈 비즈니스랩	쇼핑몰 상품 촬영 장비 및 스튜디오 지원 영상편집 장비를 지원합니다. 경기도에 거주하는 여성이 사전 사용신청서 제출 후 정해진 사용시간에 이용하면 됩니다. 월~금요일 09:00~18:00에 이용할 수 있으며, 이용료는 무료입니다.
여성창업 아카데미	점포창업 교육이 많기는 하지만, 인터넷쇼핑몰 창업하기, 사업계획서 작성, Creative 여성마케터 과정, 상품촬영 및 편집 등 온라인 창업에 유용한 교육도 포함되어 있습니다.
IT 전문교육	온라인경력개발센터 꿈날개(www.dream.go.kr) 사이트를 통해 제공하는데, 공공기관의 온라인 강좌 사이트 중에서 단연 돋보이는 다채로운 강의를 제공하고 있습니다.

- **여성인력개발센터** http://www.vocation.or.kr

서울, 경기를 비롯한 대도시에 51개 센터가 있으며, 각 센터에 따라 커리큘럼 차이는 있지만, 쇼핑몰 창업, 오픈마켓 판매 과정을 개설한 곳이 많습니다.

- **서울특별시여성능력개발원** http://wrd.seoulwomen.or.kr

온라인쇼핑몰 창업 집중 과정, 포토샵 과정을 제공하고 있습니다.

쇼핑몰 솔루션 회사

• 메이크샵 http://www.makeshop.co.kr

메이크샵은 2009년부터 동대문에 쇼핑몰 운영자들을 위한 전문 교육 장소인 '샵인사이드(http://www.shopinside.net) 교육장'을 마련해 쇼핑몰 창업 준비부터 마케팅, 사진촬영, 포토샵 등 쇼핑몰 운영과 관련된 다양한 교육을 진행하고 있습니다. 파주출판단지 내의 렌탈 스튜디오(http://www.starntv.com), 서울 서교동 팝업성장센터를 운영하고 있으며, 서울과 경기도를 포함한 6곳에 쇼핑몰 운영에 필요한 사무공간과 사무시설 및 배송 시스템 등을 저렴한 가격에 이용할 수 있는 쇼핑몰 창업지원센터인 '벤처스퀘어'를 운영하고 있습니다.

• 카페24 http://cafe24.com

예비 창업자 및 쇼핑몰 운영자를 위한 다양한 강좌가 오프라인에서 진행되고 있습니다. 교육일정 확인과 신청은 http://edu.cafe24.com에서 가능합니다.

• 고도몰 http://www.godo.co.kr

오프라인 창업교육은 http://edu.godo.co.kr에서 확인 및 신청할 수 있으며, 창업센터(http://bizcenter.godo.co.kr)를 통해 사무실, 배송시스템, 스튜디오, 의류 사입, 교육, 쇼핑몰 인큐베이팅 서비스를 제공하고 있습니다.

• 후이즈몰 http://mall.whois.co.kr

후이즈 아카데미(http://study.whois.co.kr)를 통해 쇼핑몰 창업은 물론 취업, 자기계발, 비즈니스 등 다양한 분야의 오프라인 교육 및 인터넷 동영상 강의를 제공하고 있습니다.

• 이베이 코리아 http://www.ebay.co.kr

G마켓 판매자교육센터(http://www.gmarket.co.kr/ecenter)와 옥션 판매자교육센터(http://ecenter.auction.co.kr)를 통해 오프라인 교육 신청 및 온라인 강좌를 볼 수 있습니다. 그리고 서울 동대문에 온라인 예비 창업자를 위한 '지마켓-옥션 창업지원센터'(070-8285-1653)를 운영하고 있습니다. 1인 창업자들이 쓸 수 있는 공동 사무실 형태로, 온라인 판매를 위한 기본적인 사무 공간과 촬영을 위한 스튜디오 공간, 교육 공간 등을 갖추고 있습니다. 사업자 등록에 필요한 주소지 등록도 가능합니다. 이베이 코리아는 매월 40명씩 선발하여 6개월 동안 입주 기회를 주고 있는데, 입주자가 부담하는 비용은 월 15만 원 수준입니다.

03 단계

ONLINE
SHOPPING MALL

판매할 상품 결정하기

아이템을 선정한 후 거래처와 공급계약을 맺고, 상품을 판매할 온라인 쇼핑몰을 정하는 것은 창업에서 가장 중요한 과정이라고 해도 과언이 아닙니다. 첫 단추를 잘 끼워야 제대로 옷을 입을 수 있듯이, 여러분의 능력과 적성에 맞는 최선의 아이템을 선정해야 그 이후의 실질적인 창업준비를 좀 더 순조롭고 효율적으로 진행할 수 있습니다. 무조건 '쉬운 길', '남들이 많이 가는 길'이 아니라 여러분이 '즐겁게 갈 수 있는 길', '남보다 잘 갈 수 있는 길'을 찾아보세요.

Q 10년 후 온라인 상거래 시장은 어떻게 달라질까요?

지금까지의 소비시장이 예전에 비해 급속히 변했듯이 10년 후의 소비시장도 그만큼, 아니 그 이상의 빠른 속도로 변할 것으로 예상됩니다. 주목할 만한 소비시장의 변화 모습은 아래와 같습니다.

고령 인구 급증

통계청에 따르면 2015년 우리나라 고령인구(65세 이상) 비중은 13.2%(657만명)로 2010년 11.0%(536만명) 대비 2.2%(121만명) 증가했습니다. 여전히 출산율은 저조한 반면, 고령인구의 증가는 가속화되고 있는 것입니다. 최근 고령화 추세의 특징은 이전 노년층과 달리 자신에 대한 투자를 아끼지 않고, 자기계발과 여가활동 등에 적극적인 이른바 '액티브시니어'가 증가하면서 소비의 큰 손으로 떠오르고 있다는 것입니다. 이는 의료기기, 스마트헬스케어, 안티에이징 등 고령친화산업에 대한 성장기대감을 더욱 부각시키는 요인으로 작용하고 있습니다. 실제로 한국보건산업진흥회에 따르면 우리나라 고령친화산업의 시장규모는 지난 2012년 27조3000억원에서 2015년 39조2000억원으로 3년 만에 43.5% 성장했습니다.

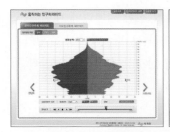 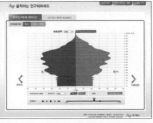

▲ 왼쪽의 2013년과 오른쪽의 2023년 인구 피라미드를 비교해 보면 고령화의 영향으로 40~60대 연령층이 점차 증가하는 것을 알 수 있습니다.

독신여성, 노인 등 1인 가구 증가

1인 가구가 증가하면서 이들의 취향과 라이프 스타일을 반영한 상품들의 수요가 크게 늘어날 것입니다. 삼성경제연구소에 따르면 아래의 4가지 욕구가 반영된 상품이 인기를 끌 것입니다.

> – **소형** : 콤팩트형 주택의 수요가 급증하고 소형 가전제품 판매가 늘어나며 소포장 식품이나 생활용품 시장이 확대될 것입니다.
> – **효율** : 빌트인 가전, 가변형 가구, 시스템 가구가 인기를 끌고, 레토르트 식품시장이 성장할 것입니다.
> – **안전(안정)** : 고령 1인 가구를 위한 생활/가사 종합지원 서비스 수요가 늘고, 생활안정을 위한 월 지급식 금융상품이 대거 출시되며, 정서적 안정을 위한 SNS, 메시징 서비스 수요가 증가할 것입니다.
> – **자기관리** : 외국어, 운동, 교양 등 성인학습시장이 확대될 것입니다. 특히 통계를 보면 20~30대 여성의 학습비는 평균 19.3만 원으로 2인 이상 가구의 10.8만 원보다 두 배 가까이 높은 현상이 나타나고 있습니다.

여가산업 미래 트렌드

대한상공회의소에서 제시한 여가산업의 4가지 미래 트렌드는 아래와 같습니다.

> – **대자연** : 웰빙을 찾아 떠나는 여행과 등산의 인기
> – **모바일** : 스마트하게 놀 줄 아는 엔터테이커의 증가
> – **몰링(Malling)** : 먹을거리, 즐길거리, 살거리를 한곳에서 해결하는 복합쇼핑몰의 인기
> – **해양** : 정부육성정책으로 마리나 휴양산업의 인기

전자상거래 품목의 다크호스로 부상하는 농수산/식품

인터넷 쇼핑몰의 대표적인 품목으로는 의류/패션, 여행/예약 서비스, 컴퓨터와 주변기기를 들 수 있습니다. 그러나 우리가 앞으로 더욱 주목해야 할 분야는 그것은 바로 '농수산/식품'입니다. 아직은 전체 거래품목 중에서 2~3%의 작은 부분을 차지하고 있지만, 그 성장 가능성은 다른 어느 품목보다 높습니다. 안전한 먹거리에 대한 요구는 이전이나 지금이나 변함없지만, 현실적인 제약으로 인해 검증되지 않고 유통되는 경우가 대부분이었습니다. 그러나 이제 온라인의 발달과 소셜 미디어의 활약으로 개인 각자가 주체가 되어 감시자 역할, 소비자 역할, 생산자 역할을 하는 적극적 프로슈머의 시대가 됨에 따라 안전한 먹거리에 대한 요구가 단순히 일부 소비자에 국한된 선택을 넘어서게 되었습니다. 따라서 쇼핑몰과 판매상품에 대한 검증과 신뢰가 확보된다면 농수산물 전자상거래 시장은 활짝 열려 있다고 생각합니다.

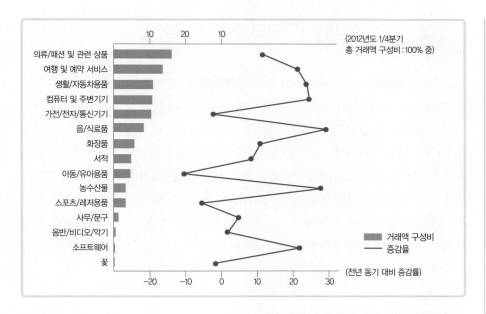

미 니 강 좌 ·········

사이버쇼핑 동향조사 통계자료

쇼핑몰 관련 통계가 궁금하다면 국가통계포털(http://kosis.kr) 사이트의 도소매 서비스 → 사이버쇼핑 동향조사를 참조하세요. 그리고 인터넷통계정보검색시스템(http://isis.kisa.or.kr)과 랭키닷컴(http://www.rankey.com)도 유용합니다. 특히 랭키닷컴은 다양한 쇼핑몰과 사이트들의 순위 조회를 통해 시장조사와 벤치마킹 등에 다양하게 활용할 수 있기 때문에 많은 쇼핑몰 운영자들이 즐겨 찾습니다.

Q 판매 아이템 선정 시 고려해야 할 사항은 무엇인가요?

자신이 좋아하고 자신 있는 아이템을 선택하는 것이 좋습니다. 하지만 쇼핑몰 창업은 취미생활이 아니라 엄연한 사업이기 때문에 창업자의 만족이 아니라 소비자의 만족을 먼저 생각해야 성공할 수 있습니다. 따라서 쇼핑몰 아이템을 소비자에게 맞추기 위해서 신문과 방송, 인터넷 커뮤니티를 통해 소비자들의 라이프 스타일과 유행 경향을 파악해야 합니다. 그리고 소자본 창업이므로 아이템은 가능한 한 세분화, 전문화해야 유리합니다. 그래야만 마케팅 전력을 집중할 수 있고 비용과 시간도 훨씬 효율적으로 투입할 수 있습니다.

미 니 강 좌 ·········

경험이 쌓여야 확신을 가질 수 있다.

인터넷으로 물건을 팔겠다고 결정했지만, 무엇을 팔아야 할지 결정하지 못한 경우가 많습니다. 팔아본 경험이 없고 품목에 대해 확신이 서지 않기 때문입니다. 거꾸로 말하면 팔아본 경험이 있어야 확신도 서는 것입니다. 완벽하게 계획을 세우고 100% 확신이 설 때까지 기다렸다가 시작하려면 아무것도 할 수 없습니다. 적은 돈이라도 마련되었다면 일단 시작해보는 것이 가장 빨리 원하는 길을 찾는 방법일 수도 있습니다.

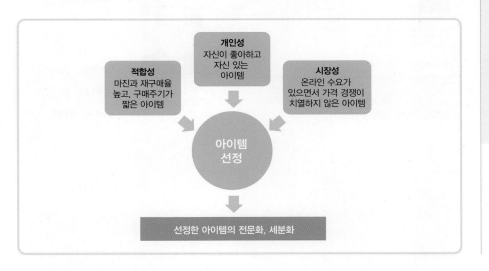

판매할 아이템의 온라인 수요와 시장성을 측정하는 방법이 있나요?

여러분이 생각하고 있는 아이템이 온라인에서 판매될 가능성이 얼마나 있는지 판매 전에 미리 예측해 보는 과정을 거쳐야 합니다. 즉, 온라인으로 상품을 구매하려는 사람이 얼마나 있으며, 그에 비해 판매자들은 어떻게 활동하고 있는지를 검토해 보는 것입니다. 물론 가장 좋은 것은 온라인 수요가 어느 정도 형성되어 있으면서 공급경쟁은 아직 치열하지 않은 아이템입니다. 또한 시장규모는 크지 않지만 마니아적인 성향을 갖고 있거나 재구매가 잦은 아이템이라면 단골고객 확보를 통해 안정적인 수익을 거둘 수도 있습니다. 대표적인 예로는 캠핑 상품이나 빅사이즈 의류 등을 들 수 있습니다. 아이템에 대한 온라인 수요와 공급은 아래와 같은 방법으로 예측해 볼 수 있습니다.

검색포털 사이트에서 키워드 노출수 조회

검색포털 사이트에서 노출수가 많고 광고판매가가 높을수록 온라인 수요가 많고 시장이 큰 키워드라고 할 수 있습니다. 국내 검색포털 시장에서 70% 이상을 차지하고 있는 네이버에서 키워드 노출수를 조회하는 방법은 아래와 같습니다.

▲ 네이버 하단의 '광고'를 클릭합니다.

클릭

▲ 네이버 광고 메인 페이지의 '검색광고' 메뉴를 클릭합니다.

▲ 광고주 로그인(무료가입 가능) 후에 화면 하단의 '키워드 도구 서비스'를 클릭합니다.

▲ 좌측 상단 '키워드' 입력란에 관심 있는 키워드를 입력한 후에 '조회하기' 버튼을 클릭하면 연관 키워드의 월간 조회수와 예상 광고비를 볼 수 있습니다.

검색포털 사이트의 키워드 광고 현황

창업을 염두에 둔 아이템을 키워드로 하여 각 검색포털에서 키워드 광고를 진행하거나 사이트에 등록되어 있는 동종 쇼핑몰의 현황을 살펴보면 현재 정상 운영 중인 경쟁 쇼핑몰의 수를 짐작할 수 있습니다.

▲ 통합검색을 통해 첫 페이지에 노출되는 광고진행 쇼핑몰과 해당 카테고리에 사이트 등록되어 있는 쇼핑몰들이 얼마나 되는지 살펴봅니다.

G마켓 인기 검색어

G마켓(http://gmarket.co.kr) 메인화면 하단의 '판매자광고' 메뉴를 클릭하여 GMC(http://gmc.gmarket.co.kr G마켓 판매자를 위한 광고샵)에 로그인한 후에 상단 메뉴의 'G마켓광고입찰〉검색광고'를 클릭합니다. 관심 있는 키워드를 입력하고 '조회' 버튼을 클릭하면 주간추정 조회수, 어제추정 조회수, 광고입찰금액을 확인할 수 있습니다.

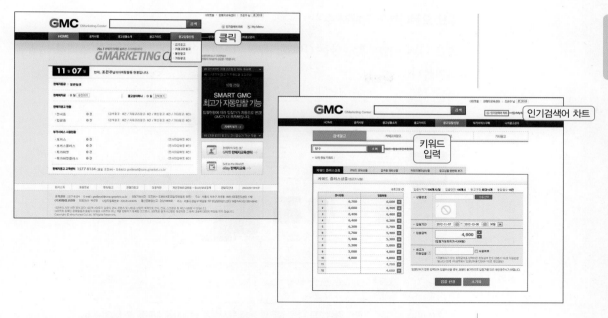

상단 검색어 입력창 옆의 '인기검색어차트'를 클릭하면 주간/일간 인기검색어, 주간/일간 급상승검색어, 카테고리별 주간인기검색어를 확인할 수 있습니다. 일간 인기/급상승 검색어는 조회일 기준 하루 전일의 순위이며, 주간 인기/급상승 검색어는 조회일 기준 하루 전일부터 일주일 간의 순위입니다. 카테고리별 주간인기검색어는 매주 월요일에 전주 일주일 간의 데이터를 업데이트하여 제공합니다.

주요 오픈마켓의 판매자 수

많은 판매자들이 활동하는 G마켓, 옥션, 11번가에서 해당 아이템의 판매자 현황을 살펴봅니다.

▲ '롱/원피스 티셔츠' 키워드 검색으로 나온 결과를 통해 유사상품 판매자를 살펴볼 수 있습니다.

랭키닷컴 분야별 쇼핑몰 방문자 수

분야별 사이트 순위집계 사이트인 랭키닷컴(http://www.rankey.com)에서 동종 쇼핑몰 순위와 경쟁 쇼핑몰의 방문자 수를 살펴보는 것도 도움이 됩니다. 단, 사이트의 하루 평균 방문자 수 정보는 유료회원에게만 제공합니다.

▲ 랭키닷컴은 인구 통계학적 근거에 의해 선정한 패널 6만 명의 웹서핑 내역을 바탕으로 시간당 방문자 수를 순위 측정 기준 지표로 사용합니다.

네이버 데이터랩

네이버에서 제공하는 빅데이터 조회 서비스입니다. 사람들이 요즘 무슨 키워드로 많이 검색하는지 대충 어림짐작 하는 것이 아니라 검색 데이터 분석을 통해 시간에 따른 소비자의 관심도변화를 확인할 수 있습니다. 네이버 데이터랩(http://datalab.naver.com) 사이트에서 이용 가능합니다.

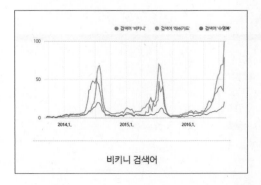

비키니 검색어

궁금한 주제어를 설정하고, 하위 주제어에 해당하는 검색어를 콤마(,)로 구분 입력합니다. 입력한 단어의 추이를 하나로 합산하여 해당 주제가 네이버에서 얼마나 검색되는지 관련 데이터를 제공합니다. 주제는 최대 3개 까지 설정 가능하며, 한 주제당 최대 20개의 검색어를 추가할 수 있습니다.

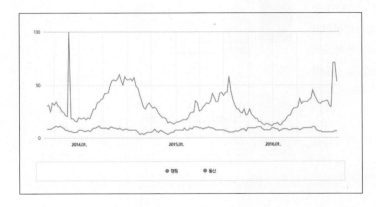

구글 검색 트렌드

구글 검색 트렌드(http://www.google.co.kr/trends)는 다음 트렌드 차트와 유사하지만, 좀 더 다양한 옵션을 이용하여 검색결과를 걸러낼 수 있습니다.

▲ 특정 키워드에 '트렌드 차트'를 붙여서 키워드 검색을 하면 해당 키워드의 최근 1주일 간 검색추이, 성별, 연령별, 지역별 검색결과가 나타납니다. 여러 개의 키워드를 추가하여 비교해 볼 수 있습니다.

> **잠깐 만요!** **객관적인 수치 계산으로 체크해 보는 내 아이템의 사업성**
>
> 관심 있는 아이템의 온라인 수요와 예상 판매량이 궁금하다면 검색엔진의 조회수를 바탕으로 하여 월간 예상 방문자 수와 예상 판매수량을 예측해 볼 수 있습니다.
>
> **❶ 네이버에서 키워드 광고현황 살펴보기**
>
> 네이버에서 검색 키워드 입력창에 '노트북가방'을 입력한 뒤 '검색' 버튼을 클릭하면 통합검색 결과 첫 페이지에 노트북가방을 키워드로 광고하고 있는 사이트들이 노출됩니다. 일단 네이버 통합검색 결과에서 노출되는 광고업체 수는 15개(지식쇼핑 노출은 제외)입니다. 물론 광고입찰 상황에 따라 수시로 변할 수 있습니다.
>
>
>
> ▶ 네이버의 파워링크, 비즈 사이트에 노출되어 있는 광고업체들

❷ 월간 방문자 수 계산하기

이제 네이버 키워드 광고 사이트에 접속하여 월간 방문고객과 구매율을 계산해 보겠습니다.

▲ 검색화면 하단의 '검색 키워드 광고안내'를 클릭합니다.　▲ 네이버 키워드 광고 사이트에 로그인한 후, '노트북가
　　　　　　　　　　　　　　　　　　　　　　　　　　　방'을 검색합니다.

'노트북가방' 키워드의 월간 조회수는 1만 3,062회로, 이는 잠재수요자를 의미합니다. 그러나 조회수가 1만 3,062회라고 해서 그 숫자만큼 여러분 사이트로 유입되는 것은 아니므로 예상 클릭률이라는 변수를 감안하여 좀 더 정확한 데이터를 산출해야 합니다. 예상 클릭률은 이미 광고를 진행해본 경험이 있는 사람들로부터 근사치의 데이터를 얻을 수만 있다면 가장 신뢰할 만한 데이터입니다.

여러분은 아직 정확한 데이터를 모르는 상태이므로 키워드 광고 평균치인 10%를 적용합니다. 이 확률은 광고업체 수가 많으면 내려가고, 적으면 올라갑니다. 또한 제목과 설명문구가 얼마나 매력적인지, 광고위치가 어디인지에 따라 10% 이하가 될 수도 있고, 그 이상이 될 수도 있습니다. 그리고 패션 관련 아이템은 구경하는 사람이 많기 때문에 클릭률이 좀 더 높은 반면, 공산품은 어디에서 사든 제품이 똑같고, 가격도 비슷하므로 클릭률이 낮습니다. 공산품은 평균 5~15%의 클릭률을 나타내며, 패션 관련 아이템은 10~30%의 클릭률을 나타냅니다. 이 확률은 현재 광고를 진행하고 있는 업체의 개수에 따라 적정값을 대입해보면 됩니다. 광고가 없는 상황에 최고 클릭률 값을 대입하고, 광고가 꽉 찬 상황에 최저 클릭률 값을 대입하면 큰 무리가 없습니다. 노트북가방은 광고경쟁이 치열하지만 패션상품의 경향을 강하게 띠는 아이템이므로 예상 클릭률을 10% 정도로 잡습니다.

> 월간 조회수 13,062회 X 예상 클릭률 10% = 예상 클릭률에 따른 월간 방문자 수 1,306명

❸ 월간 예상 판매수량 계산하기

월간 1,306명이 네이버 '노트북가방' 키워드 광고를 통해 신규로 쇼핑몰을 방문한다고 가정하고, 그중에서 몇 명이 상품을 구입할 것인지는 1% 정도로 잡는 것이 일반적입니다(아이템마다 차이가 있을 수 있음). 통상 오픈 초기에는 이보다 낮으며, 매출이 높은 우량 사이트는 2~3%를 넘기도 합니다.

> 월간 예상 방문자 수 1,306명 X 예상 구매율 1% = 월간 예상 판매수량 13개

위의 월간 예상 판매수량에 상품 한 개당 마진을 곱하면 월간 판매수익이 나오지만, 여기에서 광고비를 차감해야 합니다. 물론 카드결제 수수료나 배송료, 기타 비용까지 완전히 제외해야 판매자에게 돌아오는 최종 수익이 될 것입니다.

잠깐만요! **내가 관심을 갖고 있는 아이템은 과연 어떻게 팔리고 있을까?**

오프라인 매장

관심 있는 아이템이 오프라인에서도 판매되고 있다면 직접 방문해 보세요. 오프라인 매장의 예로는 백화점, 대형 할인점, 재래시장과 같이 주로 기초 생활필수품이나 보편적인 생활필수품을 판매하는 복합상가, 용산의 가전·컴퓨터 상가, 동대문·남대문의 의류상가 등과 같은 전문상가, 속칭 로드샵 혹은 스트리트샵이라고 불리는 단일매장, 명동·청담동 등의 고급상가, 지하철역 중심의 생활밀착형 상가 등을 들 수 있습니다. 이 중 여러분이 판매할 아이템의 고객층이 비슷한 곳을 선정하여 조사하는 것이 정확도가 높을 것입니다. 예를 들어 백화점이 주요 판매처인 고가품이나 수입품인지, 할인점이 주요 판매처인 저렴한 가격의 생활용품인지, 전문상가나 스트리트샵에서 판매하는 상품인지에 따라 주된 조사매장이 달라질 수 있습니다. 오프라인 매장은 여러분이 온라인 판매를 시작한 후에도 1~2주 간격으로 방문하여 신상품 출시, 유행상품의 동향, 가격변동 등의 사항을 조사하는 것이 좋습니다. 또한 고객들의 상품에 대한 반응이나 매장직원에게 얻는 정보도 많은 도움이 됩니다.

온라인 매장(쇼핑몰)

인터넷에 여러분이 판매하고자 하는 상품을 팔고 있는 사이트가 있다면 이를 통해 간접적으로 해당 상품의 상업성을 가늠해 볼 수 있습니다. 운영 중인 사이트에서 집중적으로 광고하거나 메인 페이지에 전시 중인 상품은 그만큼 수요가 있는 것으로 해석할 수 있으며, 끼워팔기나 할인판매를 하는 상품은 쇠퇴기에 접어들었을 가능성이 높으므로 피해야 합니다. 쇼핑몰에 회원으로 가입하여 안내메일이나 홍보메일 등을 받아보고 게시판에 올라온 고객들의 상품후기나 요청사항 등을 읽어보는 것도 도움이 됩니다. 또한 상품가격이 높지 않다면 테스트 삼아 구입해 보는 것도 좋습니다.

04 단계

ONLINE
SHOPPING MALL

나에게 가장 적합한 상품판매 방법 찾기

상품을 팔되, 어떤 방식으로 어느 곳에서 팔 것인지에 대한 문제는 자금의 규모와 아이템의 특성에 따라 결정되며, 이로 인해 쇼핑몰을 찾는 고객의 유형이나 수가 달라지고 매출과 수익도 달라집니다. 이제는 오픈마켓에서 개인 판매자로 활동할 것인지, 쇼핑몰을 별도로 운영할 것인지, 미니샵 형태로 입점할 것인지를 결정할 단계입니다.

 인터넷에서 상품을 판매하는 방법에는 어떤 것들이 있나요?

상품을 어디서, 어떻게 판매할 것인지는 장소와 방법의 문제입니다. 판매방식과 구축방법이라는 두 가지 기준을 적용하여 알기 쉽게 분류해 보겠습니다.

오픈마켓 판매

G마켓, 옥션으로 대표되는 오픈마켓에 상품을 등록하여 판매하는 것입니다. 오픈마켓에서는 사업자등록증이 없는 개인도 단발성판매나 중고판매를 할 수 있지만 지속적으로 판매활동을 하려면 가장 먼저 사업자등록을 한 뒤 판매자 회원으로 가입하는 것이 바람직합니다.

오픈마켓에서 판매를 시작한다면 초기자금은 적게 투입해도 됩니다. 별도로 사이트를 구축하지 않아도 되므로 물품 구입비와 등록 수수료를 가장 큰 지출요소라고 생각하면 됩니다. 그러나 오픈마켓 판매를 쇼핑몰 창업 이전의 상품판매 트레이닝 정도로 가볍게 생각하는 것이 아니라 본격적인 판매활동을 통해 단기간에 파워셀러로 등극하고 싶다면, 추가 비용(판촉비) 지출을 각오해야 하며, 마진을 적게 남기더라도 상품 가격이나 서비스에서 파격적인 조건을 제시해 판매량과 긍정적인 사용후기를 급속히 늘려 나가야 합니다.

> **오픈마켓 창업의 초기 투자비용**
>
> – 초도 물품 구입비용 : 50~2,000만 원
> – 상품 등록비용 : 무료~2,000원, 판매방식, 등록기간에 따라 차이가 남.
> – 판매대금 정산 전 물품 구입비용 : 200~1,000만 원
> – 판촉 아이템 구입비용 : 판촉 아이템 종류에 따라 많은 차이가 남.

 미 니 강 좌

오픈마켓 판매 시 사업자등록

G마켓, 옥션의 경우 과세기간(6개월) 동안 판매대금이 600만 원 이상인 판매자는 반드시 사업자등록을 해야 함을 사이트에 명시하고 있습니다.

▲ G마켓

▲ 옥션

▲ 11번가

쇼핑몰 판매

여러분이 평소에 인터넷 서핑을 하면서 보던 쇼핑몰은 겉으로 보기에는 다 비슷해 보일지 몰라도 구축방식은 크게 두 가지로 나눠집니다.

월 사용료를 지불하고 쇼핑몰 솔루션을 임대해서 사용하면 '임대형 쇼핑몰'이며, 솔루션 프로그램을 구입해 직접 구축하면 '독립형 쇼핑몰'이 되는 것입니다. 쇼핑몰 솔루션 임대회사와 쇼핑몰 솔루션 프로그램을 판매하는 회사는 별개이며, 임대형 쇼핑몰 솔루션으로 독립형 쇼핑몰을 구축하거나 독립형 쇼핑몰 솔루션으로 임대형 쇼핑몰을 구축할 수는 없습니다. 즉, 쇼핑몰을 운영하려면 임대형이든 독립형이든 쇼핑몰 솔루션이 반드시 필요하며, 둘 중 하나를 선택해야 합니다.

미 니 강 좌 ········

쇼핑몰 솔루션 임대형 쇼핑몰

별도 프로그램의 설치나 복잡한 처리 과정없이 운영자의 페이지상에서 상품 등록 및 디자인 관리 등을 초보자도 쉽게 할 수 있도록 개발된 서비스입니다. 결제 시스템이 기본으로 설치되어 있기 때문에 해당 PG사(전자결제 지불대행사)와 계약 후 별도의 결제 시스템 설치비 없이 자동으로 신용카드 등의 결제 서비스를 이용할 수 있습니다. 보통 호스팅 회사에서 임대형 쇼핑몰을 많이 운영하며, 매달 일정 사용료를 받는 형태로 제공합니다. 일반적인 호스팅과 구별하기 위해 'EC(Electronic Commerce) 호스팅'이라고도 합니다.

구분	임대형 쇼핑몰	독립형 쇼핑몰
상품 등록 개수	임대회사에 따라 무제한 또는 상품 등록 개수별 월 사용료 차등 적용	웹호스팅 용량 내 무제한
웹호스팅 사용 여부	웹호스팅 불필요 (상점에 기본 할당된 용량이 부족할 경우 유료로 추가 신청)	웹호스팅 필수
초기 비용	무료~월 사용료 지불	솔루션 1회 구입비 지불 매월 웹호스팅 요금 지불 월 사용료 없음
프로그램 변경	변경 불가능	자유롭게 변경 가능
디자인 변경	임대회사의 솔루션 기능에 따라 변경 범위의 차이가 심함.	자유롭게 변경 가능
영속성	임대회사가 없어지면 운영 불가	솔루션 제작사가 없어져도 쇼핑몰 운영 가능

※ 임대형 쇼핑몰 솔루션의 기능 및 서비스는 회사마다 다르며, 변경될 수 있습니다.

▲ 임대형 쇼핑몰 솔루션 점유율 1위인 카페24 솔루션으로 구축, 운영중인 대표쇼핑몰들

통상적으로 임대형 쇼핑몰 솔루션의 월임대비용은 무료~5만 5,000원선이며, 독립형 쇼핑몰 솔루션의 구입비용은 50~100만 원선입니다. 물론 솔루션 프로그램을 수정해야 한다면 이에 개조비용이 추가됩니다. 임대형 쇼핑몰에 대한 좀 더 상세한 내용은 이 책의 15단계 '쇼핑몰 솔루션 선택하기'에서 다시 알아보겠습니다.

> **쇼핑몰(임대형 기준) 창업의 초기 투자비용**
>
> – 초도 물품 구입비용 : 50~2,000만 원
> – 도메인 등록비용 : 1~2만 원대
> – 쇼핑몰 솔루션 임대비용 : 1개월에 무료~5만 5,000원
> – 쇼핑몰 디자인비용 : 100~200만 원대
> – 카드결제 건의 정산 전 물품 구입비용 : 200~1,000만 원
> – 검색엔진 등록비용 : 네이버 무료, 다음/야후 19만 8,000원
> – 검색키워드 광고비용 : 30~200만 원

미 니 강 좌 ········

웹호스팅이 무엇인가요?

쇼핑몰의 모든 이미지와 텍스트 정보들이 방문자 모두에게 보여지기 위해서는 해당 파일들이 웹에 모두 올라가 있어야 합니다. 이러한 웹상의 일정 공간을 임대받는 것을 웹호스팅이라고 합니다. 독립형 쇼핑몰의 경우 솔루션 프로그램과 모든 파일, 이미지들을 웹상에 올려놓기 위해서는 웹호스팅이 필수입니다.

임대형 쇼핑몰의 경우에는 쇼핑몰 솔루션 임대에 웹호스팅까지 포함된 것이므로 별도의 웹호스팅을 사용할 필요가 없습니다. 한 상점당 할당된 저장공간이 정해져 있기는 하지만, 상품 상세 설명에 사용되는 이미지들의 용량이 이를 초과하는 경우는 흔치 않습니다. 만약 할당된 이미지 저장공간을 초과할 경우 별도로 용량추가 신청을 하면 됩니다.

▶ 독립형 쇼핑몰 솔루션으로 구축된 의상 대
여와 판매를 병행하는 '날으는 바늘'

앞의 비교를 보면 독립형 쇼핑몰의 장점이 훨씬 많아 보이지만, 국내 소호 쇼핑몰
의 90% 이상은 임대형 쇼핑몰입니다. 그 이유는 솔루션 임대회사에서 자사 고객을
늘리기 위해 경쟁적으로 솔루션의 업그레이드에 노력하고 있어서 각종 기능을 다양
하게 제공하며, 오픈마켓(옥션, G마켓 등) 및 포털(네이버 지식쇼핑 등)을 통한 홍
보 마케팅 제휴에도 적극적이기 때문입니다. 국내 메이저급 임대형 쇼핑몰 솔루션
(메이크샵, 후이즈몰, 카페24 등)은 기능이 훌륭해서 일반적인 형태의 쇼핑몰을 구
축하는 데 전혀 지장이 없습니다.

그러나 일반적인 쇼핑몰과 다른 특이한 기능(예를 들어 의상 대여, 여행상품 예약
등)이 필요한 쇼핑몰의 경우에는 독립형 쇼핑몰 솔루션을 구입하여 원하는 대로 프
로그램을 수정해 사용하는 것이 적당합니다. 물론 프로그램을 수정할 때에는 별도
의 비용을 지불해야 합니다.

판매방식과 상관 없는 공통 지출요소

어떤 방식으로 상품을 팔든 공통적으로 지출되는 요소는 아래와 같습니다. 물론 아
이템이나 쇼핑몰 운영정책에 따라 필요없는 지출요소도 있습니다.

- 전화비용 : 3~10만 원
- 인터넷 회선비용 : 3~4만 원
- 카메라와 촬영장비 구입비용 : 50~200만 원
- 택배박스 구입비용 : 맞춤이 아닌 기성박스 구입 시 2~4만 원대(박스규격에 따라 개수는 100~400매 단
  위임)

상품판매 방법은 어떤 기준으로 결정해야 할까요?

창업목표와 기대치, 판매 아이템의 특성, 준비된 창업자금, 투자 가능한 시간과 여건에 따라 적절한 방식을 선택하거나 병행하면 됩니다.

오픈마켓 판매

오픈마켓 판매는 아래와 같은 경우에 우선적으로 고려해 보세요.

① 오픈마켓에서 판매하든, 쇼핑몰에서 판매하든 큰 차이가 없는 아이템을 좀 더 적은 비용으로 판매해 보고 싶을 때

② 쇼핑몰 창업의 전초 단계로 상품판매와 고객상담 경험을 쌓고 싶을 때

③ 경쟁 판매자와 같거나 유사한 제품을 훨씬 저렴한 가격에 판매할 수 있을 때

④ 자본과 시간을 많이 투자하기가 어려워서 투잡, 부업 차원으로 판매하고자 할 때

⑤ 향후 1~2년 내에 오픈할 계획인 쇼핑몰의 인지도를 미리 구축하고 단골고객을 확보하고자 할 때

⑥ 온라인 상품판매를 처음 시도하는 제조업체가 자사 제품의 온라인 상품판매 가능성을 검증해 보고자 할 때

쇼핑몰 판매

아이템의 특성상 처음부터 쇼핑몰로 시작해서 독자적인 브랜드와 사이트의 전문성을 쌓아가는 것이 바람직한 경우도 있습니다. 쇼핑몰 판매는 아래와 같은 경우에 우선적으로 고려해 보세요.

❶ 아이디어와 전문성이 강조되는 테마형 상품군

테마형 상품군이란 의류, 신발, 인형 등과 같은 일반적인 기준의 상품이 아니라, 군대에 간 애인을 둔 고무신들을 위한 상품을 판매하는 쇼핑몰, 커플들을 위한 쇼핑몰 등을 예로 들 수 있습니다. 오픈마켓에서도 의류, 신발, 인형 등이 판매되지만, 이 아이템들을 특정한 테마나 아이디어로 재결합, 재가공하여 고객에게 어필하는 것입니다.

❷ 개별 맞춤제작, 수공예, 고급스러운 이미지의 고가 상품군

옥션, G마켓 같은 오픈마켓은 저렴한 가격을 구매결정의 가장 중요한 기준으로 삼는 방문자가 가장 많습니다. 이러한 사이트에서 고급스러운 이미지가 강조되는 상품을 판매하면 대상 고객층이 다르기 때문에 판매효과가 저조할 수밖에 없습니다.

따라서 상품과 연계된 방대한 정보 콘텐츠 제공이 요구되는 아이템, 전문성과 차별화된 고객서비스로 승부를 걸어야 하는 아이템은 자본과 시간이 더 투입되더라도 쇼핑몰로 출발하는 것이 좋습니다.

Q 초보자가 큰 무리 없이 시작할 수 있는 판매방법을 추천해 주세요.

초보 온라인 창업자가 가장 선호하며, 시간 및 비용을 최소한으로 투자해 시작할 수 있는 것이 오픈마켓 판매입니다. 이를 통해 온라인 판매를 시작한 후 쇼핑몰 솔루션 임대를 통한 쇼핑몰 운영으로 확장해 나가는 것이 가장 좋습니다.

물론 쇼핑몰을 오픈한 후에도 판매채널의 다각화와 쇼핑몰 홍보를 위해 오픈마켓 판매를 병행하는 것이 좋습니다. 최근 들어 옥션과 G마켓 쪽으로 창업자들이 많이 몰리자, 옥션과 G마켓을 비롯한 메이저급 오픈마켓 사이트 및 검색포털 사이트와 판매제휴를 맺고 쇼핑몰 관리자 안에서 오픈마켓 상품도 함께 등록할 수 있도록 지원하는 쇼핑몰 임대회사들이 늘어나고 있습니다. 이에 따라 쇼핑몰을 운영하면서 무료 또는 저렴한 비용으로 오픈마켓 판매를 병행하는 것이 훨씬 간편해졌습니다.

미니 강좌

오픈마켓과 내 쇼핑몰

오픈마켓 판매는 쇼핑몰 구축 비용이 들지 않고 홍보를 따로 할 필요가 없어 편리합니다. 하지만 가격 경쟁이 심하고 일정한 수익을 올리려면 더 많은 물건을 팔아야 합니다. 결과적으로 오픈마켓 판매에만 의존할 경우 사업 안정성이 낮아질 우려가 있으므로 오픈마켓에서 잘 팔리는 상품 몇 개 정도만 파는 것이 유리합니다. 사업 안정성을 유지하려면 내 이름을 건 쇼핑몰을 운영해 볼 것을 권합니다. 회원유치를 통해 재구매율을 꾸준히 높일 경우 사업을 안정적으로 유지할 수 있습니다.

구분	오픈마켓	쇼핑몰
장점	– 쉽게 시작할 수 있다. – 카드결제 시스템이 구축되어 있다. – 도메인 및 쇼핑몰 유지비용이 들지 않는다. – 적은 품목으로 판매를 시작할 수 있다. – 검색엔진 등록이 필요없다.	– 솔루션이 지원하는 다양하고 강력한 쇼핑몰 기능을 활용할 수 있다. – 디자인을 개성 있게 꾸밀 수 있다. – 등록 및 판매수수료 지출이 없다. – 오픈마켓에 비해 경쟁 스트레스가 적다. – 독자적인 쇼핑몰 브랜드와 인지도를 구축할 수 있다.
단점	– 판매자 간 경쟁이 매우 치열하다. – 구매만족도, 판매등급, 신용도 등이 판매에 직접적인 영향을 끼친다. – 아이템 베끼기, 가격 출혈경쟁이 자주 일어난다. – 막강한 경쟁력을 갖춘 대형 유통업자, 제조업체와 동일한 공간에서 경쟁해야 한다. – 유료 판촉 아이템을 사용하지 않고는 노출우위를 확보하기가 힘들어졌다.	– 검색엔진 등록비용이 들어간다. – 광고와 마케팅을 운영자가 진행할 수 있어야 한다. – 별도의 쇼핑몰 홍보가 필요하다. – 매달 쇼핑몰 유지보수 비용이 들어간다. – 사업자등록, 통신판매업 신고, 카드결제 시스템 구축 등을 해야 한다.

잠깐만요! 사업계획서 작성하기

01~04단계를 거치면서 온라인 창업에 대해 구체적인 그림을 서서히 머릿속에 그려가고 있을 것으로 생각합니다. 사업계획서는 외부 기관과의 협력이나 제휴, 대출을 위한 대외적 용도가 아니더라도 이를 좀 더 명확히 구체화하는 의미에서 반드시 작성해야 합니다. 이 책을 읽는 도중이나 책을 끝까지 정독한 후 인터넷 서핑과 발로 뛰는 시장조사를 거쳐 반드시 작성해 보기 바랍니다. 소호 쇼핑몰 창업을 위해 필요한 요소들을 중심으로 사업계획서 샘플을 소개합니다.

- **취급품목** : 구체적인 품목을 쓰세요. 브랜드가 있다면 브랜드 이름까지 씁니다.
- **목표 고객층** : 어떤 성별, 연령층, 취향의 고객이 어떤 의도로 이 상품을 구입할지 생각해 보세요.
- **온라인 수요** : 판매하고자 하는 상품에 얼마나 많은 사람이 관심을 갖고 있으며, 잠재고객이 얼마나 되는지 조사해 보세요.
- **온라인 경쟁사 현황** : 어떤 사이트들이 온라인에서 내가 팔려는 것과 동일한 상품 내지 유사 상품을 팔고 있는지 조사해 보세요.
- **수요와 공급 관계를 바탕으로 한 수익성** : 수요에 비해 공급이 과다하지는 않은지, 가격파괴가 심하지 않은지, 연중 매출 안정성은 어떤지 검토해 보세요.
- **경쟁력 포인트** : 선발 사이트에 비해 내가 갖고 있는 경쟁력(가격, 배송, 서비스, 상품의 질, 전문적인 지식, 관련 커뮤니티 활동 등)이 무엇인지 차별화해 보세요.
- **예상 매출액** : 예상매출과 여기서 얻을 순수익을 책정해 보세요.
- **예상 방문자** : 하루 방문자 수가 얼마 정도 돼야 원하는 구매율과 매출이 발생할 수 있는지 계산해 보세요.
- **예상 광고비** : 예상 방문자 수 달성과 매출 달성을 위해 월평균 얼마 정도의 광고비를 지출할 수 있는지 책정해 보세요.
- **사업의 성장성** : 향후 사업이 성공적으로 운영될 경우, 매출 및 규모 면에서 어떤 방향으로 확장 가능한지 장기적인 비전을 세워 보세요.
- **창업예산** : 사이트 제작, 검색등록, 온라인 광고, 운영비, 예비비 등의 지출요소를 계산해 보세요.
- **인력계획** : 혼자서 할 것인지, 동업 또는 직원을 고용할 것인지 결정하세요.
- **일정** : 준비부터 오픈까지의 추진일정을 세워 보세요.

05 단계

사업자등록과 통신판매업신고

서류신고이기 때문에 05단계에서 한꺼번에 소개하지만, 두 서류신고 사이에는 많은 시간차가 존재합니다. 2012년 8월에 법률이 바뀌어서 온라인 판매 희망자는 일단 사업자등록을 한 후에 오픈마켓의 경우 판매회원 가입을 해야 하며, 쇼핑몰 운영자의 경우에는 쇼핑몰을 구축한 후에 PG사 가입(신용카드 결제 시스템 연동)까지 완료해야 합니다. 그래야만 해당 오픈마켓과 PG사에 구매안전 서비스 이용확인증 발급을 신청할 수 있으며, 이것을 발급받아 통신판매업신고 시에 함께 제출해야만 통신판매업신고증을 발급받을 수 있기 때문입니다. 그리고 사업자등록을 하고 난 후 판매할 상품을 구입해야 거래처로부터 받은 매입 세금계산서로 부가가치세를 환급받을 수 있으며, 창업에 필요한 각종 지출 증빙자료를 사용해 종합소득세를 줄일 수 있습니다.

Q 사업자등록과 통신판매업신고는 꼭 해야 하나요?

인터넷 쇼핑몰이나 오픈마켓에서 창업을 하기 위해서는 두 가지 모두 해야 합니다. 오픈마켓의 경우 비사업자(개인 판매자)로도 판매활동을 할 수 있지만, 세금계산서 발행이나 비용지출 등의 세금 감면을 받을 수 없고, 판매자 정보에 '개인 판매자'로 표시되는 등 득보다는 실이 많기 때문에 어느 정도의 매출이 발생할 경우 사업자로 전환하는 것이 바람직합니다. 그리고 인터넷 쇼핑몰은 사업자등록번호가 없으면 신용카드 결제, 에스크로, 실시간 계좌이체 등 전자결제대행(PG) 계약이 불가능하므로 사업자등록이 필수입니다.

개업 전 비품, 판매할 상품 등을 구입할 때 세금계산서를 받아 두면 절세가 되기 때문에 사업자등록은 본격적인 창업준비 시작단계에서 하는 것이 좋습니다. 만약, 사업자등록을 하지 않았을 경우에는 사업자등록번호 대신 주민등록번호를 기재하여 세금계산서를 받으면 매입세액을 공제받을 수 있습니다. 단, 사업자등록 신청일로부터 역산하여 20일이 지난 매입세액은 공제받지 못하므로 아무리 늦어도 최초 사업상 지출을 한 날로부터 20일 이내에 사업자등록을 신청해야 합니다. 사업자등록 시 업태는 소매, 종목은 인터넷 쇼핑몰로 신청하면 됩니다.

법인이 아닌 개인사업자의 사업자등록은 비용이 전혀 들지 않고 절차도 무척 간단합니다. 정부의 인·허가가 필요한 업종이 아닐 경우에는 관할 세무서에서 사업자등록증만 교부받으면 되는데, 이는 세무서를 방문하면 즉석에서 발급되므로 전혀 부담스럽게 생각할 필요가 없습니다. 통신판매업신고는 일반과세자의 경우 반드시 해야 합니다. 간이과세자는 의무는 아니지만, 쇼핑몰 하단에 통신판매업신고 번호를 넣는 것이 고객의 신뢰 확보에 도움이 됩니다.

초보자는 어떤 사업자로 시작하는 것이 유리한가요?

개인 사업자등록을 신청하기 전에 '일반 과세자'와 '간이 과세자' 중 하나를 결정해야 합니다. 두 유형은 세금 납부절차와 세부담에 차이가 있습니다. 부가가치세 과세사업을 하면 일반 과세자가 되는 것이 원칙이지만, 영세 소규모 사업자의 신고편의 및 세부담 경감을 위해 간이과세 제도를 두고 있는 것입니다.

사업체의 연간 매출이 4,800만 원이 넘고 세금계산서를 발행할 경우에는 '일반 과세자'를 선택하고, 그렇지 않으면 '간이 과세자'를 선택합니다. 물론 간이 과세자로 신청한 후 변경이 가능하며, 연간 매출액이 4,800만 원이 넘으면 일반 과세자로 자동변경됩니다. 따라서 부가가치세 부담 측면에서 일반과세자에 비해 상대적으로 유리한 간이과세자로 자동 일단 등록한 후 매출 변화에 따라 자진해서 전환신청을 하거나세무서의 일반과세자 변경 통보를 받으면 됩니다. 그러나 기업 차원의 고객을 상대하거나 도매를 겸할 경우에는 아예 일반 과세자로 신고하는 것이 좋습니다.

개인사업자의 세 가지 유형

일반과세자	– 공급가액의 10%를 부가가치세로 납부 – 납부세액 = 매출세액 – 매입세액 – 의무적으로 세금계산서를 발행하고 매입 – 장부 기장 의무 – 매입한 세금계산서의 세액 전액 공제 가능 – 예정고지 납부
간이과세자	– 일반과세자의 10%에 비해 2~4%의 낮은 세율 적용 – 매입세액의 20~40%만 공제 가능 – 납부세액 = 공급대가×업종별 부가가치율×10% – 매입세액×업종별 부가가치율 – 세금계산서 발행 불가 – 연매출 4,800만 원 미만인 경우로 제한 – 간이과세자 중에서 1과세기간(6개월) 매출액이 1,200만 원 미만인 경우 부가가치세 납부 면제 – 예정신고 및 예정고지 없음
면세사업자	– 부가가치세 면세혜택 – 가공되지 않은 식료품, 농산물, 축산물, 수산물, 임산물, 수돗물, 연탄, 여객운송 등의 상품 – 국민후생용역 상품으로 의료보건용역(의료용역, 장의용역 등), 교육용역(정부의 인가 또는 허가를 받은 학원, 교습소 등), 국민주택 규모 이하의 주택 – 문화 관련 재화와 용역으로 도서, 신문, 잡지 – 생산요소의 기본이 되는 상품으로 토지(토지의 임대는 과세), 인적 용역, 금융보험 용역 – 기타 우표, 담배(판매가격이 200원 이하인 경우) 등의 상품에 국한

Q 개인사업자 등록 절차와 필요한 서류를 알려 주세요.

사업을 시작한 날로부터 20일 이내에 사업장 관할 세무서를 방문하여 신청하거나 국세청 홈택스 사이트에서 온라인 신청하면 됩니다.

항목	사업자등록
신고장소	쇼핑몰 사업지 관할 세무서 또는 국세청 홈택스 사이트(www.hometax.go.kr)
구비서류	– 사업자등록신청서(세무서 비치) – 임대차계약서 사본 1부(사업장을 임차한 경우) – 사업허가증, 등록증, 신고필증사본 1부(허가를 받거나 등록 또는 신고를 해야 하는 경우) – 2인 이상 공동사업자의 경우 증빙할 서류(동업계약서 등) – 법인등기부등본 – 신분증, 도장
신고비용	수수료 없음

▲ 사업자등록신청서(개인사업자용) 양식

▲ 사업자등록정정신고서 양식

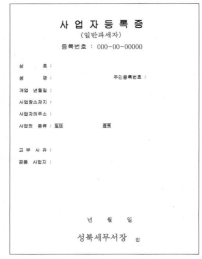

▲ 새로운 각오를 다지게 되는 내 명의의 사업자 등록증

잠깐만요! 기타 개인사업자 등록에 대한 FAQ

Q : 한 사람당 하나의 사업자등록만 가능한가요?

A : 개인이 사업장을 여러 개 갖고 있을 경우에는 사업장마다 별도로 해야 하며, 직매장도 사업자등록을 해야 합니다.

Q : 물품 보관을 위해 임대한 창고도 사업자등록을 해야 하나요?

A : 보관·관리 시설만 갖춘 하치장을 설치하고 그 날로부터 10일 안에 하치장 관할 세무서장에게 하치장 설치신고서를 제출한 경우, 기존 사업장이 있는 사업자가 각종 경기대회, 박람회, 국제회의 등이 개최되는 장소에 임시 사업장을 개설하는 경우 혹은 임시로 기존 사업장과는 다른 장소에 단기간 판매장을 개설하는 경우에는 사업자등록을 하지 않아도 되며, 사업 개시일 20일 전에 임시사업장 관할 세무서장에게 임시사업장 개설 신고서를 제출하면 됩니다.

Q : 사업자등록을 미리 해 놓아도 상관 없나요?

A : 사업자등록을 했다고 해서 무조건 세금을 내는 것은 아닙니다. 소득이 없으면 세금은 부과되지 않으므로 미리 해 놓아도 전혀 상관 없습니다. 사업을 개시하기에 앞서 상품을 구입하거나 시설투자를 하고자 하는 경우 매입할 때 부담한 부가가치세를 돌려 받으려면, 오히려 본격적으로 사업을 개시하기 전에 사업자등록을 하여 매입 세금계산서를 교부받는 것이 유리합니다.

Q : 친구와 동업을 하려고 하는데, 두 사람이 대표가 될 수 있나요?

A : 2인 이상의 사업자가 공동으로 사업을 하는 경우, 사업자등록 신청은 공동사업자 중 1인을 대표자로 합니다. 이때는 공동사업자 전원의 주민등록등본을 첨부해야 하며, 공동으로 사업하는 사실을 증명할 수 있는 동업계약서 등의 서류를 함께 제출해야 합니다.

Q : 사업자등록을 하지 않고 사업을 하면 어떻게 되나요?

A : 사업 개시일로부터 등록한 날이 속하는 예정신고기간(예정신고기간이 지난 경우에는 그 과세 기간)까지의 공급가액에 대하여 개인은 100분의 1(과세특례자는 1,000분의 5), 법인은 100분의 2에 해당하는 금액을 가산세로 물어야 합니다. 또한 구입한 상품에 대한 세금계산서를 교부받을 수 없기 때문에 물건을 사지 못하거나 구입 시 부담한 세금을 공제받지 못하게 됩니다.

Q : 아내 명의로 사업자등록을 했다가 나중에 제 명의로 바꿀 수도 있나요?

A : 개인사업자 등록은 대표자가 바뀌면 일단 폐업을 하고 새롭게 사업자등록증을 교부받아야 합니다. 단, 사업장 주소 변경, 업태 및 업종의 변경 및 추가 시에는 정정신청을 하여 재교부받으면 됩니다. 물론 사업자등록증 정정 시에는 통신판매업 신고증도 정정해야 합니다.

통신판매업 신고 절차와 필요한 서류를 알려 주세요.

사업자등록증에 기재된 사업 개시일로부터 30일 이내에 신청해야 합니다. 신고서 양식에는 인터넷 도메인 이름, 호스트 서버 소재지를 적어야 하므로 미리 준비하는 것이 좋습니다.

미 니 강 좌 ········

인터넷 도메인 이름
오픈마켓의 경우에는 해당 오픈마켓 도메인, 쇼핑몰의 경우에는 미리 등록해 둔 도메인을 적습니다.

호스트 서버 소재지
인터넷 사이트의 데이터를 저장하고 접속자들이 브라우저로 사이트 내용을 볼 수 있도록 데이터를 제공하는 컴퓨터를 말합니다. 임대형 쇼핑몰의 경우 해당 솔루션 업체에서 호스트 서버를 제공합니다. 따라서 해당 솔루션 업체 사이트에 안내되어 있는 호스트 서버 소재지를 적으면 됩니다.

항목	통신판매업
신고장소	쇼핑몰사업지 관할 시/군/구청의 지역경제과 또는 전자정부민원24 사이트(www.minwon.go.kr)
구비서류	– 통신판매업신청서(이메일 주소, 쇼핑몰 도메인, 호스트서버 소재지 기재 요망) – 사업자등록증(신고 후 30일 이내 제출) – 대표자 도장, 신분증 – 법인등기부등본(법인 설립 전에는 발기인의 주민등록등본) – 신분증(신고 당사자) – 판매할 오픈마켓 또는 계약한 PG사에서 발급해 준 구매안전 서비스 이용확인증
신고비용	1년에 4만 5,000원(간이과세자는 면제)

[별지 제1호서식]　　　　　　　　　　　　　　　　　　　(앞 쪽)

□ 통신판매업신고서

	처리기간
	3일

신고인	법인명 (상호)		사업자등록번호 : 법인등록번호 :
	소 재 지		(전화번호 :　　　　) (F A X :　　　　)
	대표자 (성명)	서명㊞ 주민등록번호	
	대표자 주소 (주민등록상주소)		(전화번호 :　　　　) (H·P :　　　　)
	전자우편주소		
	인터넷도메인이름		
	호스트서버소재지		
	참고사항	판매방식	TV홈쇼핑( ), 인터넷( ), 카다로그( ), 신문잡지( ), 기타( )
		취급품목	종합몰( ), 교육/도서/완구/오락( ), 가전( ), 컴퓨터/사무용품( ), 가구/수납용품( ), 의류/패션/잡화/뷰티( ), 레저/여행/공연( ), 건강/식품( ), 성인/성인용품( ), 자동차/자동차용품( ), 상품권( ), 기타( )

전자상거래등에서의소비자보호에관한법률 제12조제1항, 동법시행령 제13조 및 동법시행규칙 제8조제1항의 규정에 의하여 위와 같이 신고합니다.

년　　　월　　　일

신고인 :　　　　　(서명 또는 인)

※ 위 신고인과 동일인이 아닐 경우에만 기재합니다.

귀하

구비서류	민원인제출사항	담당공무원확인사항 (민원인제출생략)	수수료
			없 음
	법인의 설립등기 전에 신고를하는 경우에는 발기인의 주민등록등본 1부를 제출	1. 법인등기부등본 1부. 2. 사업자등록증 1부.	

▲ 통신판매업신고서 양식. 신청서 양식에 전자우편 주소, 인터넷 도메인 이름, 호스트 서버 소재지를 적어야 하므로 미리 메모해 가는 것이 좋습니다.

통신판매업신고증 발급에 꼭 필요한 구매안전 서비스 이용확인증 발급요령

쇼핑몰

사업자등록 → 쇼핑몰 구축(상품 등록) → PG신청/가입완료 → PG사에 구매안전서비스 이용확인증 발급신청 → 통신판매업신고증 발급

오픈마켓

❶ G마켓/옥션/인터파크 : 판매회원 가입 후 '상호/소재지/아이디/대표자성명/사업자등록번호'를 담당자 메일로 보내 발급 요청합니다.

[ESM Plus〉ESM＋계정(ID)관리〉G마켓 판매 계정(ID)관리]의 판매자 정보관리에서 '구매안전서비스 이용 확인증' 버튼을 클릭하여 다운로드하거나 출력할 수 있습니다.

❷ 11번가 : 사업자 회원가입 후, 승인대기 상태에서는 승인대기 페이지에서 '이용확인증 발급' 클릭, 사업자 회원가입 후, 승인완료 상태에서는 셀러오피스의 [회원정보〉판매자정보관리] 페이지에서 '구매안전서비스 확인증 출력'을 클릭합니다.

 부가통신업 신고란 무엇이며, 꼭 해야 하나요?

부가통신사업이란, 인터넷이나 전화 등으로 하는 여러 가지 사업을 말합니다. 이는 통신판매업 신고와 함께 쇼핑몰에 해당하는 행정절차 중 하나입니다. 인터넷을 이용해 물건을 파는 쇼핑몰도 부가통신사업에 해당하는 것이죠. 부가통신업 신고를 하지 않으면 통신판매업 신고와 마찬가지로 경고를 받거나, 경우에 따라서는 벌금 및 형사처벌을 받기도 합니다. 하지만 현실적으로 쇼핑몰 업체가 처벌받는 경우는 많지 않고 경고조치 등을 선행해 신고를 유도합니다. 다만 쇼핑몰 업체가 운영과정에서 문제를 일으키면 엄격한 법 적용을 받게 됩니다.

항목	부가통신업(쇼핑몰 오픈 후 신고, 자본금 1억 원 미만일 경우 신고의무 없음)
신고장소	방송통신위원회(www.kcc.go.kr) 또는 쇼핑몰 사업지 관할 체신청
구비서류	– 부가통신사업신고서 – 사업계획서 1부 – 법인등기부등본 1부(법인에 한함.) – 사업용 주요설비 내역, 설치장소 및 통신망 구성도 1부 – 이용자의 정보에 관한 보호대책 1부
신고비용	1년에 4만 5,000원

06 단계

ONLINE
SHOPPING MALL

조건 좋은 거래처 확보와 상품 구입하기

판매할 상품을 어디서 조달하느냐에 따라 판매마진과 거래조건, 상품구색 등이 크게 달라집니다. 동일한 상품의 경우 인터넷을 통해 소비자들에게 판매가가 오픈되어 있는 이상, 같은 상품을 같은 가격에 팔면서도 수익을 높일 수 있는 중요한 방법 중의 하나는 조건 좋은 거래처를 확보하는 것입니다. 따라서 남들보다 조금이라도 더 저렴한 가격 또는 유리한 조건으로 계약을 맺는 것이 중요하며, 관련 상품의 시장상황을 항상 주시하면서 쉽게 노출되지 않는 희소성 있는 상품의 공급처를 발빠르게 확보하는 것도 중요합니다.

Q 판매할 상품은 어디서 구입해야 하나요?

이제, 아이템의 공급처가 단 한 곳이거나 특정 공급처와 안면이 있어서 좋은 조건으로 공급 약속을 받은 경우를 제외하고는 선정한 아이템을 어디서 공급받을 것인지 조사하고 결정하는 중요한 단계로 넘어왔습니다. 유통업체의 상위단계에 있는 업체일수록 가격경쟁력이 있는 업체라고 볼 수 있습니다. 흔히 말하는 도매상, 총판 등이 이에 해당합니다. 유통단계는 각 상품별 특성에 따라 매우 다양하므로 시장조사를 통해 파악해두어야 합니다.

제조업체와 직거래하기

제조업체와 직거래할 경우 중간 유통단계가 없기 때문에 상품마진은 당연히 높아집니다. 하지만 대부분의 제조업체는 업무의 효율성을 높이고 도매업체와의 유통충돌문제를 방지하기 위해 소매업자에게 상품을 직접 공급하는 것을 꺼려합니다. 설령 공급한다고 하더라도 대량의 상품을 구입할 경우로 한정하고 있습니다.

하지만 유통망이 아직 제대로 정비되지 못한 도입기의 신상품일 경우, 좋은 조건으로 제조업체와 직거래할 기회가 생길 수도 있습니다. 구매수량에 상관없이 제조업체와 직거래할 가능성이 높은 상품으로는 시장규모가 작고 판매자가 많지 않은 틈새상품, 아직 유통망이 넓지 않은 신규업체의 상품, 판매자 확보에 적극적인 아이디어 상품 등이 있습니다.

제조업체 찾는 방법

– 상품에 표기된 제조업체 연락처나 주소로 찾기
– 인터넷에서 제조업체 홈페이지 검색하기
– 경쟁 쇼핑몰의 상품 정보에서 제조업체 이름을 확인한 후 인터넷이나 전화번호부로 검색하기

도매업체(도매시장)에서 공급받기

직접 돌아다니며 여러 가지 상품을 도매가로 구입할 수 있는 곳은 특정 상품의 도·소매상이 밀집한 전문상가와 남대문·동대문 등의 도매시장입니다. 전문상가는 서울과 지방 대도시에 산재해 있으며, 동대문은 의류와 패션잡화, 남대문은 각종 생활잡화 위주로 취급합니다. 이처럼 도매업체는 주로 밀집되어 있기 때문에 여러 제품을 매입하기가 쉽고, 소량매입도 가능합니다.

요즘에는 새로운 도매상 개념인 벤더를 통한 상품의 공급방식도 차츰 확산되고 있는 추세입니다. 벤더도 일종의 도매상이지만 몇 가지 종류의 상품을 대량으로 매입하여 창고에 쌓아 두고 소매업자에게 판매하는 전통적인 개념의 도매상과는 달리, 상품을 직접 대량으로 매입하거나 보관하지 않으며, 다품종 소량도매를 위주로 합니다. 이들 중 일부 업체는 자체적으로 운영하는 B2B 쇼핑몰을 통해 소매업자의 상품발주를 처리하기도 합니다.

벤더는 온·오프라인 모두에 존재합니다. 오프라인에서는 백화점, 할인점 및 기타 소매업소에 상품을 공급하며, 인터넷 벤더라고 통칭하는 업체들은 인터넷 쇼핑몰에 상품을 공급해 줍니다. 양쪽을 병행하는 업체들도 많습니다.

> **도매업체 찾는 방법**
> – 판매할 아이템의 도·소매업체가 몰려 있는 전문상가나 도매시장에서 찾기
> – 다수의 대규모 도매업체가 판매자로 활동하는 옥션에서 찾기
> – 상품에 표기된 도매업체의 연락처나 주소로 찾기
> – 인터넷에서 특정 아이템의 도매업체 검색하기
> – 인터넷에서 특정 아이템의 B2B(도매) 쇼핑몰 검색하기

수입업체에서 공급받기

과거 무역업에 종사하면서 상품의 수출입 경험을 풍부하게 쌓았고, 상품을 보는 안목도 있다면 마진을 최대로 높이기 위해 직접 수입을 시도할 수도 있습니다. 하지만 상품수입은 자금부담이 크고 실패위험도 높기 때문에 초보 창업자는 이미 자리를 잡은 수출입업자와 거래하는 것이 안정적이며, 직접 수입을 한다고 하더라도 가격을 낮추려는 욕심 때문에 처음부터 많은 양을 일시에 구입하는 것은 피해야 합니다.

> **수입업체 찾는 방법**
> 공식기관의 자료조사(기관 발행 서적 및 자료실 방문)를 통해 업체를 찾습니다.
> – 한국무역협회(www.kita.net)   – 대한무역투자진흥공사(www.kotra.or.kr)
> – 대한상공회의소 국제부(www.korcham.net)   – 사단법인 한국외국기업협회(www.forca.org)

미니강좌 ‥‥‥‥‥‥

B2B 쇼핑몰

앞으로 여러분이 운영하게 될 대부분의 쇼핑몰은 일반 소비자를 대상으로 하는 B2C(Business to Customer) 방식의 쇼핑몰입니다. 이와는 달리 기업이 기업을 대상으로 전자상거래를 하는 것이 바로 B2B(Business to Business)입니다.

B2B 쇼핑몰의 대표적인 형태로는 도매업자가 소매업자들의 상품발주를 온라인에서 처리하기 위해 만든 도매 사이트를 들 수 있습니다. 도매업자 입장에서는 일단 사이트만 구축해 놓고 운영하면 전화상담 및 발주처리가 효율적이고 업무착오도 줄일 수 있습니다. 또한 사이트를 통해 상품을 발주하는 소매업자의 입장에서도 주문내역이 보관되기 때문에 만에 하나 발생할 수 있는 공급자의 배송착오나 결제내역 확인에 대해 증거자료로 활용할 수 있습니다.

대표적인 B2B 쇼핑몰

– 나까마(www.naggama.co.kr) : 도매, 재고, 덤핑상품, 각종 생활잡화, 의류 도매

– 도매토피아(www.dometopia. com) : 생활잡화 대도매, 중국 직수입도매 전문. 판촉물, 사은품용 등 도소매판매

– 메이크B2B(www.makeb2b. com) : 의류도매 쇼핑몰

– 왕도매(www.wangdome. co.kr) : 종합 쇼핑몰처럼 다양한 카테고리로 구성된 도매 사이트

Q 구매대행 쇼핑몰을 운영하려면 어떻게 해야 하나요?

국내에 없는 해외 상품들을 인터넷을 통해 직접 구입할 경우, 수입상을 통하는 것보다 싸게 구입할 수 있습니다. 그러나 해외 쇼핑몰들 중에는 해외배송을 하지 않는 곳들이 많기 때문에 최근에는 이러한 문제를 해결하기 위한 구매대행 업체가 많이 생겨나고 있습니다.

해외 구매대행 사이트의 핵심은 현지의 쇼핑몰에서 상품을 배송받는 것에 있습니다. 해외배송을 하지 않는 경우, 해당 국가 내에 상품을 배송받을 주소지가 있어야 하고, 여기서 다시 한국으로 보내는 과정이 뒤따릅니다. 구매대행은 이 해외 주소지 해결에서부터 출발합니다. 해외 구매대행은 이러한 과정에서 수반되는 모든 비용들(제품가격, 해당 국가 배송비, 한국으로의 배송비, 관세, 업체마진)을 고객이 부담한다는 것을 전제로 합니다. 주문방식은 고객 스스로 정해진 현지 주소를 이용하여 주문하는 방법이 있고, 고객이 원하는 상품을 정하면 업체가 구입과정 자체를 대행하는 방법, 해외의 좋은 상품들을 업체에서 자체적으로 선정하여 고객들이 고르도록 하는 방법도 있습니다. 어떤 방식이든 해당 상품은 해당 국가의 주소지에서 한국으로 배송됩니다. 큰 업체는 자체적인 물류창고를 운영하고 있으며, 작은 업체들은 하다못해 대리인이라도 내세워 상품의 접수 및 한국으로의 배송을 맡기고 있습니다. 따라서 이런 사람 또는 업체를 찾거나 대규모로 할 경우 업체의 설립까지도 고려해야 합니다. 또한 일부 상품은 어떠한 경로를 통해서든지 한국으로의 반입이 금지되어 있는 것들도 있기 때문에 이에 대한 사전검토도 필요합니다. 관세는 고

잠깐만요! 재미있고 유익한 박람회 및 전시회 관람도 필수!

삼성동 코엑스 종합전시장, 여의도 전시장, 서울무역전시장 등에서는 매월 여러 분야의 박람회나 전시회가 끊임없이 열리고 있습니다. 대부분이 유료관람이기는 하지만, 상품에 대한 감각을 기르는 데에 도움이 되며, 관람료가 아깝지 않은 성과를 올릴 수도 있습니다. 행사에는 대외홍보에 적극적인 제조업체나 수출입 업체, 규모가 큰 유통업체들이 주로 참가하므로 관련 카탈로그와 명함을 입수할 수 있으며, 관심 있는 상품을 마음껏 테스트해 볼 수도 있습니다. 또한 사람들이 어떤 상품에 관심을 갖고 있는지를 관찰하는 것도 도움이 됩니다.

❶ 한국종합전시장(www.coex.co.kr)

❷ 서울무역전시장(www.setec.or.kr)

❸ 한국전시산업진흥회(www.kei.or.kr)

객이 부담하는 것이 원칙이지만, 이것이 어느 정도 액수일지 모르는 고객들이 대부분이기 때문에 고객의 신뢰확보를 위해 이에 대한 사전정보를 대략적으로라도 제공하는 것이 좋습니다. 다른 구매대행 사이트가 어떻게 운영되고 있는지 완벽하게 파악한 후 기존 업체에서 제대로 하지 못하고 있는 부분이 무엇인지 파악하여 차별화 포인트를 잡아낼 수 있어야 승산이 있습니다.

▲ 해외 구매대행 사이트 부동의 1위 '위즈위드'

❓ 의류와 패션잡화는 어디서 사와야 하나요?

동대문시장은 흥인문로를 경계로 동쪽과 서쪽 상권으로 나뉩니다. 동쪽은 도매중심 상권, 서쪽은 소매중심 상권이라 할 수 있는데, 점점 그 경계가 모호해지고 있기는 합니다. 더욱이 도매의 원조라 할 수 있는 평화시장을 비롯한 일부 상가와 원단, 부자재 도매상들은 위치상으로는 서쪽에 속해 있습니다.

주요 사입처

동대문을 방문하기 전에 상가별 개장시간을 파악하는 것은 기본입니다. 이곳은 저녁 8~9시 사이에 열리는 밤시장과 오전 8~12시 사이에 개장하는 낮시장이 있습니다. 밤시장의 경우 토요일이 휴무이기 때문에 전날인 금요일이 가장 붐빕니다. 낮시장은 밤시장의 도매상들이 팔고 남은 재고를 소진하기 위해 낮시간에도 판매를 하면서 형성된 시장인 만큼, 밤시장과 동일한 물품을 좀 더 저렴한 가격에 구입할 수 있다는 장점이 있습니다.

미니강좌

도소매를 같이 하는 상가

일반인이 동대문에서 저렴하게 낱장씩 구입하려면 도매와 소매를 함께 하는 제일평화시장이나 두타, 밀리오레를 이용하는 편이 좋습니다. 유어스나 디자이너스 클럽에 가 보면 소매 사절이라는 표시를 종종 볼 수 있습니다.

미니강좌

동대문 사입삼촌

의류 쇼핑몰 운영자들을 위한 동대문시장 내의 신종 직업입니다. 지방 운영자들의 경우 그날그날 들어오는 주문을 위해 매일 밤 동대문에 와서 상품을 매입할 수는 없으므로 운영자 대신 도매상으로부터 상품을 매입해서 배송까지 해 주는 역할을 하는 것입니다. 쇼핑몰에는 하나의 상품만 올리는 것이 아니기 때문에 매입한 물건의 상점에 운영자가 주문하면 여기저기 흩어져 있는 상점을 돌며 물건을 받아서 아침 일찍 고속버스나 기차로 보내 주는 것이죠. 이들은 상품에 관계없이 월급제로 계약하는 것으로 알려져 있습니다.

미니강좌

땡물건

동대문을 뒤지다 보면 종종 상상할 수 없는 가격에 물건이 나올 때가 있습니다. 업계에서는 '1년에 땡물건 딱 2번만 잘 잡으면 한 해가 편하다'라는 말이 있을 정도입니다. 하지만 이런 물건을 잡기 위해서는 현금이 있어야 하고, 어느 정도의 인맥도 필요합니다. 문제는 땡물건의 경우 한 품목을 완사입(대금을 모두 치르는 것)해야 한다는 것인데, 멋모르고 잡았다가 싼 가격에도 안 팔릴 경우 그 재고는 완전히 처리 곤란이 됩니다. 따라서 어느 정도 시장흐름을 잘 알고 있어야 하며, 초보자에게는 권하지 않습니다.

9시에 문을 여는 상가에는 중년 여성복, 단체복, 운동복, 스포츠용품, 양말 등을 판매하는 평화시장과 지하 1층부터 4층까지 언더웨어, 숙녀복, 캐주얼, 남성복 등을 갖추고 있는 신평화패션타운이 대표적입니다.

국내 브랜드의류를 도소매, 덤핑판매하는 동평화패션타운, 재래시장의 백화점이라 불리는 제일평화시장, 일본 보따리상들이 주로 찾는, 가죽옷으로 유명한 광희시장 등도 모두 이 시간대에 문을 엽니다.

이어 밤 10시에는 새로운 감각의 디자인 남성복, 여성복 전문매장인 APM, 여성복, 남성복, 구두, 악세서리와 패션잡화를 파는 누존, 서울과 지방 상인들의 발길이 끊이지 않는 디자이너 클럽 등이 문을 엽니다. 남평화시장은 지하 1층/지상 1층의 가방전문 도매상가, 2/4층 숙녀의류 및 남성의류, 청바지 전문 도매상가가 많으며 재고원단으로 생산하기 때문에 품질대비 가격이 저렴합니다. 남평화시장은 밤 12시(지하1층/지상1층, 2/3층은 저녁 8시)에 개장합니다. 한편, 가격이 저렴해 오픈마켓 판매자들이 주로 찾는 청평화시장은 밤 12시~다음 날 오후 2시까지 개장합니다.

가격흥정

물건을 사입할 때 소량을 사면 단가가 올라가는 것은 당연한 것이므로, 물건사입 시 첫 거래부터 흥정하는 것은 금물이며, 몇 번 거래하면서 단가를 내려달라고 하는 것이 좋습니다. 또한 언제까지 이 상품을 공급할 수 있는지와 반품 가능 여부를 체크하는 것도 잊지 마세요. 잘못하면 상품을 올리자마자 품절이 될 수도 있으니까요. 쇼핑몰은 신용이 생명입니다.

사입방법

경험도 없고 자본도 없는 소호 창업자의 경우 상품재고를 줄이고 현장감각을 빨리 익히기 위해서는 몸이 고달프더라도 초기에는 시장에 매일 나가는 것이 좋습니다. 주문이 들어오면 그날 밤에 사다가 다음 날 오후 배송해 주는 것이죠. 물론 자금에 여유가 생긴 데다가 믿을 수 있는 고정 거래처도 생겨나고 팔릴 만한 상품을 감지하는 감각도 길러진 후라면 도매상에 전화를 하여 상품주문을 할 수도 있습니다.

서울이 아닌 지방에서 의류 쇼핑몰을 하는 경우 매일 시장에 나가기가 힘들겠죠? 그렇다면 일주일에 한 번 정도 시장에 직접 가서 신상품을 선택하고, 그때그때 필요한 상품의 매입은 동대문 사입삼촌들을 이용하는 방법을 고려해 보세요. 동대문 사입삼촌들은 동대문에 가서 직접 상점 주인들에게 물어보면 쉽게 찾을 수 있습니다.

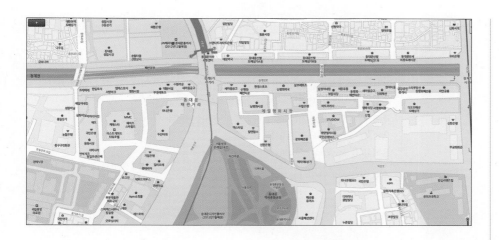

동대문 시장 주요상가 안내

평화시장	동대문 상권 내 가장 큰 규모의 시장입니다. **주력 상품** : 중년 여성복, 운동복, 아동복 **영업시간** : 월~토(오전 10시~오후 6시, 토요일은 저녁 8시까지, 토요일 밤에는 열지 않음) **홈페이지** : www.pyonughwa.com
유어스	최근 3층을 리뉴얼했으며, 의류부터 악세서리까지 모두 구입 가능합니다. **주력상품** : 의류, 악세서리, 신발 등 모든 제품 **영업시간** : 오후 8시~오전 6시 **홈페이지** : www.uus.co.kr
동대문신발상가	A동은 운동화, B/C동은 숙녀화를 주로 취급합니다. **주력상품** : 신발 **영업시간** : 오전 12시~오후 2시
신평화시장	지하 1층부터 지상 1층의 60% 이상 24시간 영업을 하고 있습니다. **주력상품** : 속옷 **영업시간** : 오후 9시~오전 12시(토요일 휴무) **홈페이지** : www.spa.co.kr
동평화시장	도소매 중심 시장으로, 일본, 중국, 외국인들이 가장 많이 방문합니다. **주력상품** : 국내 브랜드 의류, 덤핑의류 **영업시간** : 오전 8시~오후 10시(월~토) / 지하1층은 오후 9시~오전 10시(일요일 휴무)
청평화시장	인터넷쇼핑몰 운영자들이 자주 방문하는 의류전문 도매시장으로 다양한 디자인의 제품을 저렴하게 구입할 수 있습니다. **주력상품** : 의류 **영업시간** : 오전 12시~오후 2시(월~토, 일요일 휴무)
디오트	의류 쇼핑몰 운영자들이 반드시 방문하는 곳으로, 저렴한 가격에 디자인 제품을 구입할 수 있습니다. 오픈마켓에서 판매되는 70% 이상의 제품들을 판매하는 곳입니다. **주력상품** : 여성 의류 **영업시간** : 오전 12시~오후 2시 **홈페이지** : www.theot.net

테크노상가	과거에는 덤핑 제품이 많았지만, 최근에는 면 제품을 저렴하게 구입할 수 있습니다.
	주력상품 : 영 캐주얼 면 제품
	영업시간 : 오후 9시~오전 9시
apm	대다수 의류쇼핑몰 운영자들이 항상 방문하는 의류전문 도매상가로, 동대문 상권 중 가장 품질이 좋은 상품을 구입할 수 있다는 평가를 받고 있습니다.
	주력상품 : 지하 1층~지상 3층은 여성복, 4~7층은 남성복
	영업시간 : 오후 8시~오전 5시
	홈페이지 : www.apm-korea.com

※ 각 상가별 정보는 추후 변경될 수 있습니다.

잠깐 만요! **동대문 패션상가 파악에 유용한 사이트**

동대문 패션타운(http://www.dft.co.kr)
홈페이지를 통해 주요 상가별 영업정보와 위치를 확인할 수 있습니다.

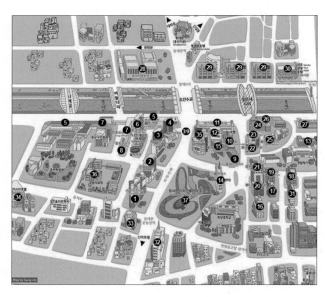

출처 : 동대문 패션타운(http://www.dft.co.kr)

❶ 굿모닝시티(goodmorningcity)
❷ 헬로apm(Hello apm)
❸ 밀리오레(Migliore)
❹ 두산타워(DOOTA)
❺ 평화시장(Pyunghwa Clothing Market)
❻ DD프레야(DD Freya)
❼ 통일상가 A, B, C동(Tong-il Market)
❽ 동화상가(Donghwa Market)
❾ 에리어식스(Area 6)
❿ 광희패션몰(Kwanghee Fashion Mall)
⓫ 신평화패션타운(Sinpyeonghwa Fashion Town)
⓬ 남평화시장(Nampyunghwa Market)

- ⑬ 디오트(TheOT)
- ⑭ 유어스(U:US)
- ⑮ 제일평화시장(Jeipyeonghwa Market)
- ⑯ 누죤(Nuzzon)
- ⑰ 에이피엠럭스(APM LUXE)
- ⑱ apm(apm)
- ⑲ 골든타운(Golden Town)
- ⑳ 디자이너클럽(Designer Club)
- ㉑ 팀204(Team 204)
- ㉒ 혜양엘리시움(Elicium)
- ㉓ W패션몰(W Fashion Mall)
- ㉔ 아트프라자(Art Plaza)
- ㉕ 테크노상가(Techno Market)
- ㉖ 동평화시장(Dongpyeonghwa Market)
- ㉗ 청평화시장(Cheogpyeonghwa Market)
- ㉘ 동대문종합상가(Dongdaemun General Store)
- ㉙ 동대문신발상가(Dongdaemun Shoes Store)
- ㉚ 동대문보세의류 도매시장, 신청계의류상가(Dongdaemun Bonded Wear Wholesale Market, New Cheonggye Store)
- ㉛ 실크로드(Silkload)
- ㉜ 라모도(Ramodo)
- ㉝ 패션TV(Fashion TV)
- ㉞ 아카시아호텔
- ㉟ 맥스타일(Maxtyle)
- ㊱ 국립의료원
- ㊲ 동대문 디자인플라자 & 파크(Dongdaemun Designplaza & Park)
- ㊳ 서평화상가(Seopyeonghw Market)
- ㊴ 청계6가 지하쇼핑센터(Cheonggye 6-ga underground shopping center)

동타닷컴(http://www.dongta.com)

동대문을 대표하는 전문 커뮤니티 사이트로, 상가, 교통정보, 도소매 상인들을 위한 창업, 구인구직, 비즈니스 공장정보를 제공합니다.

Q 공급업체와 거래계약서를 꼭 작성해야 하나요?

공급업체와의 계약은 구두계약 또는 약관(계약서) 방식의 계약 중 하나로 하게 됩니다. 상품의 단가가 낮거나 소액의 거래, 그리고 현금 선불방식으로 구입할 때에는 대부분 구두계약으로 대체합니다. 여러분들도 고가품보다는 중저가 상품의 소량판매로 첫발을 내디딜 것이기 때문에 선금지불에 의한 구두계약이 대부분일 것입니다.

정석대로 하는 것이 제일 좋기는 하지만, 도매업자 중에는 서면계약 행위에 익숙하지 않아서 번거로운 요식행위로 치부하는 사람들이 많습니다. 그런 상황에서 너무 깐깐하게 거래계약서를 고집하면 도매업자에게 자신을 신뢰하지 못한다는 인식을 주게 되어 오히려 역효과가 날 수도 있습니다. 따라서 일단 거래를 시작한 후에 도매업자의 사이트 또는 매장 운영상황을 자주 체크하고 연락을 주고받으면서 신뢰를 쌓아가는 것이 좋습니다. 그러다 보면 처음의 상품공급 조건보다 더 나은 조건으로 상품을 공급받을 수 있을 것입니다.

Q 거래계약 시 반드시 업체를 방문해야 하나요?

주력 아이템이라면 공급업체를 직접 방문해서 거래계약을 맺을 것을 권장합니다. 쇼핑몰에 따라서 지속적으로 상품을 공급받는 거래처가 단 한 곳일 수도 있고, 여러 곳일 수도 있습니다. 그중에서 쇼핑몰의 메인 상품, 즉 전체 매출의 절반 이상을 차지하는 주력 아이템 공급처를 정할 경우에는 반드시 업체를 직접 방문해 보고 거래계약을 맺기 바랍니다. 전화나 이메일로는 느낄 수 없는 회사 분위기, 직원들의 근무태도, 상품이 들어오고 나가는 물류상황을 직접 눈으로 확인하고 담당자와 면담도 해보면 회사의 안정성과 신뢰성을 판단하는 데 도움이 될 뿐만 아니라 훨씬 부드러운 분위기에서 계약을 맺을 수 있을 것입니다.

미 니 강 좌 ......

면담 시의 융통성

여기서 제시한 면담자료대로 진행하기 위해 너무 심문하듯이 질문을 하면 분위기가 경직되겠죠? 부드러운 분위기로 대화를 이어 나가는 과정에서 자연스럽게 요점이 도출되도록 요령껏 질문하세요.

인기 있는 상품, 주요 소비자층의 선호도, 계절 및 시즌별 상품 구성 전략, 성수기와 비수기 등에 대한 질문들을 하면 판매에 도움이 되는 여러 가지 자료들을 수집할 수 있습니다.

도매업체 방문 시 참고할 질문 리스트

도매업체와의 거래가 익숙하지 않은 경우에는 막상 어떤 것들을 물어봐야 하는지 모르는 분들이 많습니다. 아래 질문 리스트를 참고하세요.

1. 상품의 주요 판매처는 어디입니까?
2. 상품을 공급받기 위한 특별한 자격조건이 있나요?
3. 저에게 줄 수 있는 공급가는 얼마입니까?(단가표 출력이나 파일 형태로 받음.)
4. 거래 물량에 따라 단가를 조절할 수 있습니까?

5. 초도 물량은 어느 정도이며, 매번 주문 시 최소 주문수량은 몇 개입니까?

6. 상품 발주 양식과 방법은?

7. 발주한 상품의 수령 방법 및 배송비는?

8. 대금 정산일 및 대금정산 방식은?

9. 계약방식은 계약서 작성인가요, 구두계약인가요?

10. 회사 근무 시간과 통화 가능 시간은?

11. 발주 마감 시간 및 발주 당일 발송 가능 여부는?

12. 신상품 출시 주기는?

13. 반품, 교환 및 A/S 처리 여부는?

14. 사이트에 사용 가능하거나 참고가 될 만한 상품 사진과 자료 제공 여부는?

15. 기타 상품판매에 도움이 될 만한 사항들을 알려 주세요.

잠깐만요! 전국의 상품별 도매거리 소개

도매업체를 방문할 때 참고할 면담자료까지 알아 두었으므로 본격적으로 도매거리로 나가볼까요? 전국에 있는 상품별 도매거리를 바탕으로 자신이 둘러보아야 할 곳이 어디인지 체크해 보세요.

의류

보세/빅사이즈/이국풍	이태원시장
캐주얼	청평화시장 1/2/3/4층, 신평화시장 2/3층, 광장시장
명품 스타일	제일평화시장 지하/2층, 광희시장 지하
보세	삼우텍스프라자 1/2/3층, 청평화시장 지하, 동평화시장 4층, 광희시장 3층, 제일평화시장 3층
가죽제품	광희시장 2층, 골든타운 2/3층
40~50대 남성복	통일상가 1/2층, 평화시장 1층
남성복 맞춤	명보극장 옆 풍전상가
40~50대 여성복	광장시장 1층, 평화시장 2/3층, 신평화 3/4층, 흥인시장 1층
청바지	동평화시장 지하/4층, 신평화시장 2/3층, 남평화시장 2/3층, 통일상가 2/3층
의류 덤핑	테크노상가 1/2/3/4층, 동평화시장 지하/4층, 청평화시장 지하, 삼우텍스프라자 1/2/3층, 통일상가 2/3층, 광장시장 1층, 동대문 이스턴호텔 뒷편
속옷/란제리/양말	신평화시장 1층, 동평화시장 1층
아동복	남대문 삼익패션 지하, 대도상하 지하, 통일상가 3층
한복	동대문 종합시장
유니폼	평화시장 대로변, 남대문극장에서 숭례문 지하상가 방향

군복	동대문시장에서 청계천5가 방향의 곱창시장 골목
상복	청계천5가 광장시장
우의/장화	동대문에서 청계천4가 방향
가죽/털 원단	성동경찰서 맞은편, 청계천6가
의류 부자재/자수	거평프레야 옆 동화의류부자재 상가
의류용 기계/미싱	청계천4가 교차로에서 을지로4가 교차로까지의 도로변

패션잡화

화장품	화곡동, 남대문 대도상가 대로변
이·미용 기기	종로5가에서 6가까지, 숭례문 지하수입상가
운동화	동대문시장 맞은편
구두	동대문시장 맞은편, 서울역 앞, 청계천 신발도매상가(신평화시장 맞은편 건물과 뒷골목)
고무신	청계천5가 광장시장 내
가방	청계천6가, 남대문 삼익패션 도로변, 굿앤굿 상가 옆, 남평화시장 1층/지하, 청계천5가 가방도매상가(평화시장 맞은편)
모자	동대문 평화시장 1층 도로변
가발	남대문 남도 악세서리 옆
넥타이	거평프레야 옆 동화의류부자재 상가, 동평화시장, 청평화시장
지갑/벨트	신평화시장 뒷편
시계	종로4가 교차로에서 청계천 방향, 숭례문 지하상가 옆, 남대문 지하상가
악세서리	동대문, 남대문시장 내 남정/연세/코코 악세서리 시장
귀금속	종로3가 예지동, 종로2가, 종로4가, 퇴계로3가 진양상가, 고속터미널 상가
스카프	평화시장 1/2층
안경	남대문극장 맞은편 빌딩

인테리어/공예품

조명기기	용산전자상가, 세운상가 좌우 도로변
커튼	동대문시장, 청계천5가 광장시장, 고속터미널 상가
인테리어용품	남대문 대도상가 D동 2층
이불/침구	동대문시장 1층, 청계천5가 광장시장

| 꽃(생화/조화) | 남대문 대도상가 E동, 고속터미널 지하상가 |
| 골동품/공예품 | 인사동, 청계천7가 황학동 |

생활용품

통신/전기용품	세운상가에서 센추리호텔 방향
타올	평화시장 1층 대로변
그릇	남대문 중앙상가 C동, 대도상가 D동
수입식기	숭례문 수입상가, 청계천5가 광장시장 2층, 남대문 중앙상가 C동 지하도깨비시장
공구	청계천7가, 구로역 앞 구로공구상가, 청계3가에서 2가 방향
의료기	동대문에서 종로4가 방향
사진기자재	충무로 극동빌딩 뒷골목
카메라	숭례문 상가, 남대문 상가, 용산 전자상가, 청계천4가 뒷골목
계측기	종로3가 서울극장 맞은편

문구/완구/팬시

화구/화방	숭례문 수입상가 맞은편
문구	청계천, 남대문, 동대문 이스턴호텔 뒤편
팬시/캐릭터용품	청계천7가, 숭례문 수입상가에서 대도상가 방향
제도용품	청계천5가 광장시장 2층
잡지	명동 중앙우체국 뒤 중국대사관 옆, 청계천4가 바다극장 뒤 광장시장 골목, 청계천7가 벼룩시장 입구
완구 부속	청계천5가 광장시장에서 신당동 방향
완구	천호동(전자완구 고가품), 청계천(플라스틱 저가품)
오락기	청계상가 1층, 청계천7가 문구시장 주변
도장	동대문에서 흥인지묘 방향
과학용품	종로3가 대로변, 청계천7가
만화	동대문 종합상가 옆, 동대문 이대부속병원 옆
비디오테이프	청계천6가에서 마장동 방향
서예용품	종각에서 안국동 방향, 인사동, 청계천7가
우표	명동 뒷골목 중앙우체국 후문

레저/취미용품

스포츠용품	동대문운동장 외곽, 남대문 회현역 대로변
낚시용품	서울역에서 남대문 방향
자동차용품	장안평 일대
당구장용품	종로3가 대로변
등산용품	청계천5가 광장시장 맞은편
수영용품	남대문 중앙시장 1층, 청계천6가 평화시장 1층
악기	종로 낙원상가
종묘/묘목	양재동 화훼단지
애완동물	청계천7가 신발도매시장 옆
애완동물용품	충무로역 대한극장 옆
애완견	충무로역에서 퇴계로4가 방향
어항제작용품	청계천7가 황학동 벼룩시장에서 청계천6가 방향
비즈공예 재료	동대문 종합시장 B동 5층 전체

식품

한약/한의원용품	종로5가
폐백용품	청계천5가 광장시장 내 재래시장
특산물	남대문극장에서 남대문시장 방향 도로변
제과제빵 재료	청계천5가 방산시장 입구
약초/약재	경동시장
건어물	을지로4가 중부시장
건강식품	을지로4가 중부시장, 제기동 경동시장
농수산물	가락동 농수산시장
축산물	마장동 축산물 도매시장
가공식품/생활용품/잡화	청량리 과일도매시장 뒤편
수입식품	남대문 중앙상가 C동 지하도깨비시장
식품 재료	방산시장 상가
중화요리 재료	남대문극장 건너편 북창동

기타

치과 재료	서울역 염천교 맞은편에서 남대문 방향
천막	청계천6가
포장용 재료	청계천5가
포장지/상자	숭례문 상가 옆
플라스틱	청계천
판촉물	을지로4가 미싱시장 뒷골목, 을지로 입구에서 청계천 방향 사잇길
지물	을지로5가 교차로에서 방산시장 입구
화곡동 유통단지	덤핑상품, 문구, 생활가전, 중국 수입상품, 주방용품(경인고속도로 오른쪽으로 밀집, 5호선 까치산역에서 도보로 5분 거리)
신당동 덤핑/도매	신당동 떡볶이 골목 맞은편 덤핑 유통업체 10여 개 밀집
불교용품	종각에서 안국동 방향
기독교용품	고속터미널 맞은편 상가
소방설비	청계상가 부근 센추리호텔 옆
금고	을지로4가 교차로, 중구청 사거리
아크릴	종로3가 서울극장 주변
화공약품	종로3가 서울극장 맞은편 도로변, 을지로4가 중부시장 맞은편

07단계

주요 업종별 쇼핑몰 창업 포인트

요즘은 이월, 덤핑, 재고상품 같은 특수한 경우를 제외하고는 전반적으로 상품의 퀄리티가 중·상급 이상으로 표준화되어 있습니다. 이러한 상황에서 수많은 쇼핑몰들이 같은 품목, 비슷한 상품을 판매하더라도 고객의 주머니를 열게 하는 쇼핑몰이 있는 반면, 그렇지 못한 쇼핑몰도 있습니다. 판매상품의 특징에 따라서 경쟁력을 좌우하는 각 요소들간의 비중이 달라질 수 있으므로 여러분이 운영할 쇼핑몰은 특히 어떤 점에 신경을 써야 하는지 각자 생각해 보세요.

Q 내 아이템의 경쟁력 포인트는 어떻게 잡아야 할까요?

판매자에게 경쟁력을 부여하는 요소에는 여러 가지가 있지만, 그 요소들의 우선순위는 아이템에 따라 달라질 수 있습니다. 물론 어떠한 아이템이든 상품의 질이 중급(무난한 수준) 이상은 되어야 한다는 점을 전제로 합니다.

의류 및 패션잡화

기준 : 운영자의 개인적인 매력과 끼 〉 감각적인 상품 사진과 상품설명 〉 커뮤니티 활성도

소호 쇼핑몰 중에서 가장 많은 수가 이 아이템을 취급하는 만큼 경쟁이 매우 치열하겠죠? 더욱이 유명 브랜드가 아닌 보세의류 및 패션상품은 비슷한 디자인과 스타일이라 하더라도 타사 제품과 소재의 질이나 디테일이 다름을 내세워 가격을 달리 책정할 수 있기 때문에 가격 결정권이 소비자보다는 운영자에게 더 있습니다.

똑같은 상품이라 하더라도 평범한 B 운영자가 파는 것보다는 감각 있고 자신이 동일시 하고픈 매력을 소유한 A 운영자가 파는 상품을 사고 싶어하는 것이죠. 따라서 소규모의 보세의류 및 패션잡화 판매는 감각적인 상품 사진과 상품설명뿐만 아니라 사이트에서 풍기는 운영자의 개인적인 매력에 의해 매출이 좌우됩니다. 심지어 광고도 전혀 하지 않고 자신이 운영하는 커뮤니티 추종자들의 유입을 통해 오픈 첫 달에 1,000만 원이 훌쩍 넘는 매출을 올리는 경우도 있으니까요.

물론 특수층을 겨냥한 의류 및 패션상품, 이를테면 44사이즈 의류몰, 빅사이즈 의류몰, 여행용 가방 전문 몰 등은 운영자의 개인적인 영향력이 조금 덜할 수 있습니다.

생활소비재(공산품)

기준 : 저렴한 가격과 배송료 > 신속한 배송처리 > 사이트 및 운영자에 대한 신뢰

종이컵, 각종 문구류, 화장품 등 주변 점포에서 쉽게 살 수 있는 생활소비재를 굳이 인터넷에서 구입하는 사람이 많은 이유는 무엇일까요? 바로 가격 때문입니다. 생활소비재는 의류와 달리 상품비교가 용이하기 때문에 구매결정에는 가격이 가장 큰 변수로 작용합니다.

또한 신속한 배송과 저렴한 배송비도 한몫을 하며, 반복구매가 비교적 자주 이루어지기 때문에 운영자에 대한 신뢰가 단골확보에 중요한 역할을 합니다. 반복구매가 이루어지는 중저가의 생활소비재 외에 내구성 소비재에 속하는 고가의 가전제품과 컴퓨터도 인터넷 구매가 활발한데, 이 또한 상품사양의 비교기준이 명확하기 때문에 저렴한 가격과 신속한 배송, 사이트에 대한 신뢰도가 중요하게 작용합니다.

마니아 취향의 기호상품

기준 : 운영자의 전문지식 > 상품 정보의 전문성과 고급성 > 해당 분야를 총망라하는 막강한 상품구색

RC카 전문 몰, DIY 전문 몰, 등산/캠핑용품 쇼핑몰 등은 운영자의 전문성 및 취급상품에 대한 상세한 정보, 상품활용을 위한 고급정보 제공 등이 중요한 요소로 작용합니다. 경우에 따라서 초보자에게 적절한 상품을 추천해 줄 수 있어야 함은 물론, 중·고급 소비자에게도 수준에 맞는 차별화된 상품 및 정보를 제공해 주어야 합니다.

또한 해당 분야에 대해서는 타의 추종을 불허하는 막강한 상품구색을 갖춰야 합니다. 마니아들은 그 분야에 필요한 것들은 원스톱 쇼핑으로 모두 구입할 수 있기를 원하니까요. 특히 동호회 등의 커뮤니티 운영 여부와 활성화 정도가 매출에 많은 영향을 끼칩니다. 특정 동호회를 후원하면서 공식적(또는 암묵적)인 관련 용품 쇼핑몰로 활약하는 경우도 있으며, 동호회를 모태로 하여 오픈한 전문 쇼핑몰도 많습니다.

생활소비재(식품)

기준 : 상품 및 판매자에 대한 신뢰와 전문성 > 저렴한 가격 > 품질의 일관성 유지

특별한 맞춤식품이나 판매처가 흔하지 않은 희귀 수입식품 등은 인터넷에서 사는 것이 편리하다고 하더라도, 주변에서 흔히 살 수 있는 고구마, 고등어, 쌀 등을 인

터넷에서 구입하는 소비자들이 늘어나는 이유는 무엇일까요? 그것은 식품 제조 및 임가공자의 전문성, 저렴한 가격 때문입니다. 서울에 살면서도 각 지방별로 유명한 장인의 솜씨가 깃든 전통식품과 지방 특산물을 구입할 수 있으며, 산지와 직거래를 하기 때문에 가격이 저렴하고 맛이 좋을 것이라는 생각을 하기 때문입니다.

또한 식품은 사람들의 생활패턴에도 큰 영향을 받습니다. 장기보관이 용이하고 편리하다는 점 때문에 인터넷 판매가 호응을 얻는 경우가 있습니다. 아침식사 대용으로 먹을 떡을 1회 분량으로 깔끔하게 포장하여 판매하는 것이나 끓이기 번거로운 곰국을 소량씩 포장해 생각날 때마다 간편하게 먹을 수 있도록 한 것이 그 예입니다. 상품 및 판매자에 대한 신뢰와 전문성, 저렴한 가격 때문에 구입한 고객들을 단골로 잡기 위해서는 상품의 맛과 질, 양의 일관성을 유지하는 것이 매우 중요합니다.

Q 식품 쇼핑몰 창업은 절차가 복잡하다고 하던데, 어떻게 다른가요?

라면, 커피와 같은 공산품을 판매할 경우 사업자등록증과 통신판매업신고 외에 따로 갖추어야 할 행적적인 절차는 없습니다. 그러나 예를 들어 폐백 이바지 음식을 직접 만들어 인터넷 쇼핑몰에서 판매하는 경우에는 사업자등록, 통신판매업신고는 물론 제조에 필요한 시설을 설치한 후 식품제조가공업 영업신고를 해야 합니다.

인터넷 식품 쇼핑몰 창업에 필요한 행정절차는 크게 신고 사항과 허가 사항이 있습니다. 신고 사항은 조건만 갖추고 신고하면 관련 등록증이 발급되지만, 허가 사항은 모든 규격이 충족되어야 하기 때문에 신고 사항보다 훨씬 까다롭습니다.

신고 사항	허가 사항
• 사업자등록 • 통신판매업신고 • 부가통신사업자 신고	• 식품제조가공업 영업신고증 • 건강기능식품 일반판매업

이처럼 인터넷 식품 창업을 어떤 품목을 판매하느냐에 따라 갖추어야 할 서류와 시설이 다릅니다.

사입하여 오픈마켓, 인터넷 쇼핑몰에서 판매	직접 제조하여 오픈마켓, 인터넷 쇼핑몰에서 판매
– 사업자등록, 통신판매업신고	– 사업자등록, 통신판매업신고, 식품제조가공업 영업신고

식품제조가공업 영업신고

인터넷 쇼핑몰을 통해 식품을 직접 제조하여 판매하는 경우, 품목에 따라 판매자가 신고하거나 갖추어야 할 사항들이 있습니다. 예를 들어 인터넷 쇼핑몰에서 자신이 직접 만든 김치를 판매하기 위해서는 '식품제조가공업 영업신고'를 해야 합니다. 즉, 식품제조 공장으로 신고해야 하는 것입니다. 간혹 식당을 운영하는 분들이 김치를 판매하는 경우가 있는데, 사업자등록이 음식점(식품접객업소)으로 신고되어 있는 경우, 인터넷으로 판매하는 것은 식품위생법에 저촉됩니다.

생산제품을 인터넷 판매를 비롯하여 외부 유통, 판매하려면 '식품제조가공업 영업신고'를 따로 해야 합니다. 식품제조가공업 영업신고는 구청 위생부서에 하게 되는데, 신고가 즉석판매제조가공업보다 까다롭습니다. 내 상표를 붙여서 판매하기 때문에 제품검사, 위생점검 등 신경 써야 할 것이 많고, 제조하는 각 제품마다 품목허가를 따로따로 받아야 합니다. 판매자 본인이 직접 제조하지 않고 위탁 판매하더라도 공급업체가 보유하고 있는 '식품제조가공업 영업신고증'을 확인한 후에 판매해야 합니다. 취득한 업체의 신고증 사본을 인터넷 쇼핑몰에 이미지로 게재하는 것이 신뢰도 확보에 효과적입니다.

식품제조 가공업에 해당하는 사례

- 김치를 직접 담아서 인터넷 판매
- 재배한 사과를 사과즙으로 가공하여 인터넷 판매
- 수제 초콜릿을 만들어 인터넷 판매
- 식당의 인기메뉴인 부대찌개를 인터넷으로 판매
- 수산물을 받아서 젓갈, 식혜 등으로 가공한 후 인터넷으로 판매
- 한과를 만들어 인터넷으로 판매

식품제조가공업 영업신고 처리절차는 신청서(구비서류)를 갖추고 접수하면 3일 이내에 처리되는데, 식품제조가공업 영업신고 시 필요한 사항은 아래와 같습니다.

- 식품영업신고서
- 식품의 종류 및 제조방법 설명서
- 위생교육필증(식품위생법 제27조 2항 규정에 의하여 미리 교육을 받은 경우)

미 니 강 좌 ·········

즉석판매 제조/가공업

시장의 점포에서 두부를 만들어 파는 것과 같은 즉석판매 제조/가공업은 허가가 아닌 신고대상입니다.

식품소분/판매업

박스 단위로 물품을 구매한 후 소분하여 판매하는 경우에 해당하며, 신고 대상이므로 해당 시/군/구청에 관련 양식을 작성하여 신고하면 됩니다.

미 니 강 좌 ········· 📖

건강기능식품의 범주

예를 들어 사과즙은 건강식품, 흑염소즙은 건강기능식품에 해당합니다. 판매할 식품이 건강기능식품에 해당되는지의 판단은 식약청 홈페이지(www.kfda. go.kr)의 건강기능성 식품 정보란을 참조하면 됩니다.

위생교육은 어디서?

식품위생 교육은 한국식품공업협회(http://www.kfia.or.kr)에서, 건강기능식품 교육은 한국건강기능식품협회(http://www. hfood.or.kr)에서 주관합니다.

건강기능식품 구매대행

건강기능식품은 건강기능식품에 관한 법률에 따라 수입 시 식품검사 절차를 거쳐야 하는데, 대부분 구매대행을 하는 업자들은 통관단계에서 개인의 자가소비용이라는 이유를 들어 이러한 요건을 면제받고 있습니다. 그러나 구매대행은 구매대행 업체의 영업행위이므로, 관련절차에 따라 수입검사를 해야 한다는 것이 식품의약품안전청의 일관된 입장이며, 이러한 건강기능식품을 구매대행한 업체 중 대구지방식품의약품안전청으로부터 이러한 절차 없이 구매대행을 한 것이 적발되어 처벌받은 사례가 있으므로, 건강기능식품 등의 구매대행은 이러한 점에 있어서 문제가 있습니다.

Q 건강기능식품 쇼핑몰 창업은 더욱 절차가 복잡하다고 들었습니다.

영양제, 각종 즙 등 건강 기능에 관련된 식품을 판매하려고 할 때에는 '건강기능식품 일반판매업' 허가를 받아야 합니다. 제조와 인터넷 판매를 병행하기 위해서는 '건강기능식품 제조업' 허가가 필요하며, 건강기능식품 제조업 허가증이 있는 상태에서 제조한 식품만이 판매가 가능하고, 건강원 같은 즉석 판매제조가공업소에서 제조한 식품은 인터넷 판매를 할 수 없습니다.

건강기능식품 판매업 신고

소재지 관할 시/군/구청에 건강기능식품 일반판매업 또는 건강기능식품 유통전문판매업 영업신고를 해야 합니다. 신고 대상은 건강기능식품을 영업장에서 판매하거나 전자상거래(인터넷 쇼핑몰, 오픈마켓 등), 통신판매(TV 홈쇼핑 등)로 판매하는 영업자입니다.

> **영업신고 시 구비서류**
>
> – 영업신고증
> – 영업시설 배치도
> – 위생교육필증
> – 보관시설 임차계약서
> – 건강기능식품 전문 제조업체와 체결한 위탁 생산 계약서

건강기능식품 수입 판매

수입에 필요한 서류로는 성분배합비율, 제조공정도 및 영양 성분표를 들 수 있습니다. 아래 사항에 대한 신고를 마친 후 세관이나 식품의약품안전청의 검역을 거쳐야 하는데, 관세사에게 일정액의 통관 대행료를 지불하고 통관 대행을 의뢰할 수 있습니다.

> **건강기능식품을 수입 판매하기 위한 영업신고 사항**
>
> – 지방 식품의약품안전청에 건강기능식품 수입업 영업신고
> – 소재지 시/군/구청 위생계에 건강기능식품 일반판매업 영업신고
>
> **구비서류**
>
> – 영업시설 배치도(도면)
> – 위생교육필증
> – 보관시설 임대차 계약서(별도의 보관시설을 임차한 경우에 한함)

잠깐 만요! 식품 온라인 판매 시 유용한 가이드 라인

식품류의 허위표시·과대광고 해당사항

❶ 식품
- 질병의 치료에 효능이 있다는 내용의 표시나 광고
- 의약품으로 혼동할 우려가 있는 내용의 표시나 광고
- 체험기 및 체험사례 등 이와 유사한 내용을 표현하는 경우
- 사행심을 조장하는 내용의 광고를 한 경우
- 허위표시 등 위반사항
- 원산지 또는 종류를 허위로 표시한 경우

❷ 건강기능식품
- 질병의 예방 및 치료에 효능·효과가 있거나 의약품으로 오인·혼동할 우려가 있는 내용의 표시나 광고를 한 경우
- 사실과 다르거나 과장된 표시·광고를 한 경우
- 소비자를 기만하거나 오인·혼동시킬 우려가 있는 표시나 광고를 한 경우
- 의약품의 용도로만 사용되는 명칭(한약의 처방 명을 포함)의 표시나 광고를 한 경우
- 심의를 받지 아니하거나 심의 받은 내용과 다른 내용의 표시나 광고를 한 경우(단, 과대광고로 처분 받은 경우 제외)

상품의 설명 문구를 작성할 때 단속 기준이 헷갈리고 애매하다면?

❶ 일반 식품
소재지 관할 관청(행정처분기관)인 시·군·구 식품관련 부서(위생과 등)에 내용 검토를 요청합니다. 소비자를 오인케 할 우려가 있는 사용자 후기에 대해서는 자체 모니터링을 거쳐 삭제 등의 조치를 해야 합니다. 아래의 사이트 및 자료를 참고하세요.
- 식약청 홈페이지(http://kfda.go.kr)의 정보자료〉식품 허위·과대광고 정보공개 창〉식품 허위·과대광고 위반사례(http://www.mfds.go.kr/index.do?mid=405) 검색을 통해 동종 유사 아이템 위반사례 검색
- 사이버 상담 문의 http://call.kfda.go.kr/kfda
- 식약청 종합상담센터(1577–1255) 문의
- 식품 허위과대광고 위반사례 모음 파워포인트 파일 다운로드하여 참고(인터넷 주소창에 "http://kfda.go.kr/images/temp/misleading_advertisements.ppt"을 입력하면 파일 다운로드가 가능)
- 동종 유사업체 쇼핑몰 중 인지도 높고 운영기간이 긴 사이트, 오픈마켓 우량판매자 상품설명 참고(이미 시행착오를 거쳤기 때문에 단속대상 문구는 모두 걸러진 것으로 간주해도 무방함)

❸ 건강기능식품
'한국건강기능식품협회(02–3479–2105)'에 기능성 표시광고 사전심의

한눈에 쏙 들어오는 창업비용

품목	세부 사항	비용	참고
사무집기와 상품	컴퓨터, 전화기, 팩스, 카메라와 촬영장비, 사무용품, 임대료, 초도물품 구입	개인 상황과 아이템에 따라 많은 차이가 있음	카메라와 촬영장비 : 100~200만 원대
도메인 등록	com/co.kr/kr/net	1만 원대 후반~2만 원대 초반대 (1년 기준)	등록비가 도메인 등록대행 사이트마다 약간씩 다름
서류신고	사업자 등록	무료	관할 세무서
	통신판매업 신고	4만 5,000원(1년)	관할 시/군/구청
	부가통신판매 신고	4만 5,000원(1년)	관할 체신청
쇼핑몰 솔루션	솔루션 임대	무료~5만 5,000원(월)	임대회사별 차이
	솔루션 구입	100만 원 미만	솔루션별 차이
쇼핑몰 디자인	직접 디자인	무료	포토샵, 드림위버 숙련
	무료 템플릿 이용	무료	디자인 퀄리티 낮음
	유료 템플릿 구입	통상 10~80만 원대	추가 수정을 최소화해야 비용 메리트가 있음
	맞춤제작	통상 100~200만 원대	디자인 난이도, 작업량에 따라 가격 차이
결제 시스템 연동	카드결제	초기 가입비 22만 원 수수료 3.5%	
	실시간 계좌이체(에스크로)	초기가입비 무료 수수료 1.8%	
	휴대폰결제	초기 가입비 11만 원 수수료 2.8~6.5%	
배송준비	택배박스와 포장재	10만 원 미만	
	배송료	택배사와 계약	택배사, 물량에 따라 차이가 남
검색엔진 등록	네이버/파란	무료	
	다음/야후	19만 8,000 원	
	엠파스	17만 6,000 원	
검색광고	네이버/오버추어/구글	예산별 진행	
쇼핑광고	네이버 지식쇼핑/다음 쇼핑하우/옥션 오픈쇼핑	포털별 입점비 상이	쇼핑몰 솔루션과 제휴해 무료 입점, 광고비 지원 등 혜택
쇼핑몰과 오픈마켓 연동관리 서비스	10만 원 미만(매달)		쇼핑몰과 오픈마켓 주문, 상품, 고객 관리를 한 곳에서 할 수 있음

한눈에 들어오는 창업단계

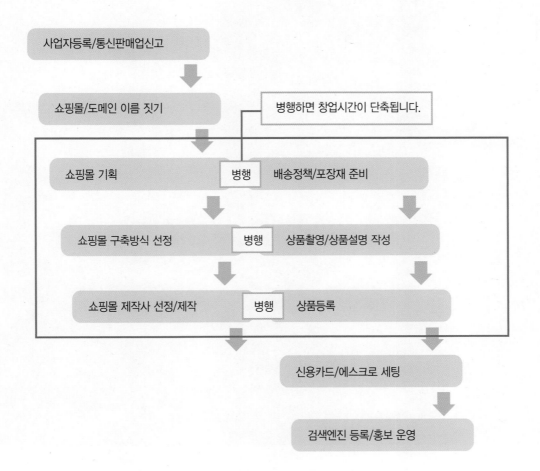

사업자등록/통신판매업신고

↓

쇼핑몰/도메인 이름 짓기

병행하면 창업시간이 단축됩니다.

쇼핑몰 기획　　병행　배송정책/포장재 준비

↓

쇼핑몰 구축방식 선정　　병행　상품촬영/상품설명 작성

↓

쇼핑몰 제작사 선정/제작　　병행　상품등록

↓

신용카드/에스크로 세팅

↓

검색엔진 등록/홍보 운영

PART2

오픈마켓 판매하기

드디어 본격적인 상품판매 첫 단계에 돌입하게 되었습니다. 일단 초기 투입자금 부담이 덜한 옥션과 G마켓에서 판매경험을 쌓기로 결정했지만, 많은 '선수'들이 모여 있는 오픈마켓은 만만치 않은 격전장입니다. 오픈마켓 판매를 쇼핑몰 창업 전의 준비학습 차원으로 생각한다고 하더라도 철저한 분석과 준비과정을 거친 뒤에 뛰어든다면 기대보다 좋은 성과를 올릴 수도 있으며, 나중에 쇼핑몰 창업을 좀 더 의욕적으로 준비하는 데에도 큰 힘이 될 것입니다. 비록 오픈마켓이라는 하나의 온라인 장터 안에서 판매하는 것이지만, 여기서 쌓은 판매지식과 경험은 쇼핑몰에도 그대로 적용할 수 있으므로 성과 여부를 떠나 온라인 창업공부를 톡톡히 할 수 있을 것입니다. 자, 그럼 오픈마켓에서 상품판매를 시작해 보겠습니다.

08 단계

ONLINE
SHOPPING MALL

오픈마켓 판매, 할까 말까?

온라인 상품판매의 궁극적인 목표가 여러분이 직접 운영하는 전문 쇼핑몰이라 하더라도 국내 전자상거래 시장에서 가장 큰 규모를 차지하고 있는 오픈마켓을 등한시할 수는 없습니다. 쇼핑몰 창업에 앞서 온라인 상품판매의 첫발을 내딛는 무대가 오픈마켓이 될 수도 있으며, 쇼핑몰 운영과 동시에 방문자 증대와 판매채널 다양화를 위해 오픈마켓 판매를 병행하는 경우가 많기 때문입니다. 따라서 이번 단계에서는 오픈마켓 판매에 대한 기본 방향을 설정해 보겠습니다.

Q 오픈마켓의 판매 시스템은 쇼핑몰과 어떻게 다른가요?

전문 쇼핑몰은 한 사업자가 운영하는 독립된 온라인 상점이며, 오픈마켓은 이보다 규모가 훨씬 큰 공간인 시장이나 상가라고 생각하면 이해하기 쉽습니다. 전문 쇼핑몰은 개인(기업)이 물건을 내 가게에서 판매하지만, 오픈마켓은 상가 소유주(옥션이나 G마켓 같은 오픈마켓 운영기업)가 각 상인(판매자)들에게 판매공간과 판매에 필요한 시설을 제공하고 그 대가로 상품 등록비와 판매수수료, 각종 부가서비스 요금을 받는 것입니다.

오픈마켓과 전문 쇼핑몰의 장단점

구분	오픈마켓	전문 쇼핑몰
장점	– 소자본으로 쉽게 시작 가능 – 적은 품목으로 판매 시작 – 카드결제 시스템 이미 구축 – 도메인 및 쇼핑몰 유지비용 관련 지출이 없음 – 검색엔진 등록 및 키워드 광고비 지출이 없음	– 다양하고 강력한 쇼핑몰 기능 활용 – 디자인을 개성 있게 꾸밀 수 있음 – 등록 및 판매수수료 지출이 없음 – 오픈마켓에 비해 경쟁 스트레스가 적음 – 독자적인 브랜드 인지도와 신뢰 구축에 유리함

| 단점 | – 판매자 간 경쟁 치열
– 구매만족도, 판매등급, 신용도 등이 판매에 영향을 끼침
– 아이템 베끼기, 가격 출혈경쟁이 빈번하게 발생
– 대형 유통업자, 제조자와 한 사이트에서 무한경쟁
– 유료 판촉아이템 사용 없이 노출우위 확보 어려움
– 고객과 신뢰 쌓기, 단골고객 확보가 어려움 | – 검색엔진 등록비용과 키워드 광고비 지출
– 운영자가 홍보 및 마케팅 감각을 갖추어야 함.
– 쇼핑몰 홍보에 많은 노력과 정성을 투자해야 함
– 매달 쇼핑몰 유지보수 비용 지출
– 자체적으로 카드결제시스템, 에스크로 서비스 구축 |

```
┌─────────┐        ┌───────────────┐        ┌─────────┐
│  소비자  │ ──────▶│ 오픈마켓 사업자 │ ⇄  │  판매자  │
└─────────┘        └───────────────┘        └─────────┘

  상품 구매         – 온라인 판매공간(사이트) 운영      상품 등록
  오픈마켓에 대금결제  – 사이트 홍보와 마케팅에 투자       배송 책임
                   – 판매자에게 판매수수료, 등록        오픈마켓에 수수료 지불
                     수수료 부과
```

Q 국내 오픈마켓 현황을 알려 주세요.

국내의 오픈마켓 시장은 G마켓 · 11번가 · 옥션의 3강 구도로 형성되어 있습니다. 국내 오픈마켓 시장은 전자상거래의 발달과 함께 발전되어 왔습니다. 1996년 대한민국 최초 인터넷 쇼핑몰 인터파크가 오픈을 했지만, 1998년 옥션이 인터넷경매 서비스를 시작한 것이 오픈마켓의 첫 출발이었습니다. 2014년 기준 국내 오픈마켓의 시장규모는 2013년 보다 12% 증가한 약 18조 6200억 원에 이릅니다. 이베이 코리아의 G마켓, 옥션과 SK플래닛의 11번가, 네이버의 스토어팜 그리고 인터파크가 국내 오픈마켓을 구성하고 있습니다. 국내 오픈마켓 시장 점유율은 G마켓이 1위인 35%, 11번가 30%, 옥션 28%, 스토어팜 5%, 인터파크가 3%를 차지하고 있습니다. G마켓, 11번가, 옥션이 간소한 차이로 1,2,3위를 앞다툼 하고 있고 특히 2014년 6월에 오픈한 스토어팜의 5% 점유율을 차지하기 위한 경쟁이 치열합니다. 이 밖에도 국외 업체와의 경쟁도 치열 할 것으로 예상됩니다. 중국의 알리바바 닷컴과 미국의 아마존이 국내 진출을 하면서 자체적인 글로벌 전자결제 서비스인 알리페이, 페이팔 등으로 해외 직구가 증가하고 있는 시점에서 국내 소비자에게 좀 더 저렴한 가격과 편리한 결제 시스템을 제공하여 국내 오픈마켓 업계도 이에 대비할 전략을 마련하고 있습니다.

G마켓

G마켓은 한국 온라인 상거래의 40%가 거래되는 한국 최대의 온라인 마켓 플레이스

입니다. 2000년 설립 이후 큰 두각을 나타내지 못하다가 2004년부터 매출 성장세가 두드러지기 시작했으며, 2009년에는 이베이가 G마켓을 인수하게 되었습니다.

11번가

11번가는 2008년 2월, SK텔레콤의 기존 인프라를 기반으로 국내 오픈마켓 시장에 진입하였습니다. 11번가는 110% 보상제를 이슈로 내세우고 있습니다. 또한 오케이 캐쉬백 포인트를 11% 추가 적립해 주는 정책으로 공격적인 단골고객 확보에 나서고 있습니다. 현재 스마트폰이 대중화되고 있으므로 11번가가 스마트폰 기반의 오픈마켓을 옥션, G마켓보다 빠르게 선점한다면 앞으로의 오픈마켓 시장판도가 뒤바뀔 가능성도 배제할 수 없습니다.

옥션

1998년 옥션은 국내 최초로 인터넷 경매 서비스를 선보였습니다. 오픈마켓 비즈니스 모델의 가능성을 입증하며 폭발적인 성장을 하던 옥션은 2001년 이베이가 대주주 지분을 확보했습니다. 그러나 옥션의 독주는 오래 가지 않았습니다. 오픈마켓의 가능성에 사활을 건 강력한 도전자, G마켓이 등장했기 때문입니다. 2007년에는 CI, 홈페이지 개편과 함께 다양하고 새로운 서비스로 변신을 꾀하고 있습니다.

 오픈마켓 판매는 어떤 경우에 유용한가요?

오픈마켓의 특징은 판매자들이 경쟁하여 소비자들에게 좀 더 좋은 제품을 싼 가격으로 제공하는 것이기 때문에 판매자 입장에서는 지나친 가격경쟁을 피할 수 없고, 오픈마켓에 지불하는 수수료 역시 만만치 않아서 매출은 많아도 순이익은 크지 않다는 단점이 있습니다. 그리고 오픈마켓이라는 제한되고 일률적인 시스템하에서 경쟁을 하기 때문에 다른 판매자들과 차별화하기가 어렵다는 단점도 있습니다. 따라서 상품의 대량매입이나 직접제조를 통해 가격경쟁력을 확실히 갖춘 사업자에게는 오픈마켓이 황금어장이 될 수 있지만, 초보 소호 창업자에게는 온라인 판매경험을 쌓는 것 이상으로 만족스러운 매출을 올리기가 쉽지 않습니다. 이러한 한계로 인해 오픈마켓 판매가 온라인 창업의 궁극적인 목표가 되기에는 부족함이 있습니다. 그러나 온라인 전자상거래 중 가장 규모가 크고 이용하는 고객 수도 많기 때문에 아래와 같은 경우에는 오픈마켓이 유용한 판매채널이 될 수 있습니다.

- 오픈마켓을 통해 첫 구매를 유도하여 쇼핑몰 단골고객을 만들고자 하는 경우
- 오픈마켓 판매에서 얻는 수익에 큰 비중을 두지 않고 기존 오프라인 판매의 보조 수단으로 활용하고자 하는 경우
- 최소 자본의 단기간 투자로 상품에 대한 시장성을 판단해 보고 싶은 경우
- 적은 종류의 아이템으로 온라인 판매를 시작해야 하는 상황에 있는 경우

어떤 오픈마켓에서 판매를 해야 좋을까요?

기본적으로 전업 오픈마켓 판매자 생활을 할 예정이라면, G마켓, 옥션, 11번가 모두 병행해야 합니다. 상품 상세페이지를 한 번만 제작하면 모든 오픈마켓에서 공통으로 사용할 수 있으므로, 이왕이면 주요 오픈마켓에서 모두 판매자 활동을 하시기 바랍니다. 최근에는 G마켓, 옥션, 11번가, 인터파크에서 동일 판매자가 같은 상품을 같은 가격에 팔더라도 각 오픈마켓의 판촉(할인쿠폰, 배송무료 등)에 따라 실제 판매가격에 약간의 차이가 생길 경우가 많습니다. 가격에 민감한 오픈마켓 고객들은 그런 것까지 꼼꼼하게 비교해 보고 구입을 결정하므로 이왕이면 다양한 오픈마켓에 등록되어 있는 것이 좋습니다. 인터넷으로 상품을 구입하는 소비자들 중에서도 오픈마켓을 이용하는 사람은 종합쇼핑몰, 전문 몰보다는 웬만하면 오픈마켓에서만 상품을 구입하는 경향이 강합니다.

각 마켓마다 주고객층이 다르므로 똑같은 상품을 동일한 노출조건에서 팔아도 매출이 다르며, 마켓별로 잘 나가는 상품도 다릅니다. 따라서 이 점을 감안하여 주력할 오픈마켓, 광고비 분배를 결정해야 합니다.

판매를 이제 막 시작한 경우에는 어느 마켓에 집중해야 할지 고민이 되는데, 위 데이터는 참고자료일 뿐이고 일단 어떤 아이템이든 오픈마켓 3사에 전부 등록해서 매출이 더 많이 나오는 마켓에 마케팅 예산을 더 투자하는 것이 가장 바람직합니다.

Q 앞으로 쇼핑몰을 운영하게 되면 오픈마켓 판매는 그만 둬야 할까요?

오픈마켓과 쇼핑몰을 모두 관리할 수 있는 여건이 되고, 제품의 가격경쟁력이 확실하다면 있다면 오히려 두 곳을 병행하는 것이 더 좋습니다. 쇼핑몰 솔루션 회사에서 쇼핑몰 시스템과 국내 주요 오픈마켓 판매 시스템을 연동하여 관리의 효율성을 높인 유료 부가 서비스를 제공하고 있으며, 쇼핑몰을 운영하지 않고 여러 개의 오픈마켓에서만 판매하는 사업자를 위해 플레이 오토, 사방넷, 헬프셀러, 고도몰의 셀리 등과 같은 오픈마켓 통합관리 솔루션도 나와 있습니다.

어느 정도 시행착오 기간을 거쳐 쇼핑몰 운영이 기반을 잡아감에 따라 자금운용에 여유가 생기고, 탄탄하게 다져진 사업인맥을 이용해 저렴한 가격으로 대규모 물량을 움직일 수 있는 힘이 키워지면, 오픈마켓 판매를 또 다른 판매채널로 하여 중저가 상품 위주로 박리다매에 도전해 보는 것도 좋습니다. 또한 쇼핑몰은 쇼핑몰대로 수익성 높은 주요 판매 채널로서 독자적인 영역을 구축해 나가기 바랍니다.

잠깐 만요! 쇼핑몰 솔루션을 통한 오픈마켓 판매의 이점

전문 쇼핑몰과 오픈마켓 사이에서 어느 것을 선택해야 할지 망설이는 사람들을 끌어들이기 위해 전문 쇼핑몰 시장을 대변하는 임대형 쇼핑몰 솔루션 회사와 오픈마켓의 전략적 제휴가 끊임없이 이루어지고 있습니다. 쇼핑몰 솔루션을 통해 옥션과 G마켓에 상품을 등록하면 등록수수료가 전혀 지출되지 않기 때문에 상품이 판매되기 전까지는 어떠한 수수료도 지불할 필요가 없습니다. 또한 오픈마켓에 접속하지 않고도 쇼핑몰 솔루션 관리자 페이지에서 상품/주문/문의 통합관리가 가능하기 때문에 본연의 쇼핑몰 운영업무에 많은 지장을 초래하지 않고도 옥션과 G마켓 판매를 병행할 수 있습니다.

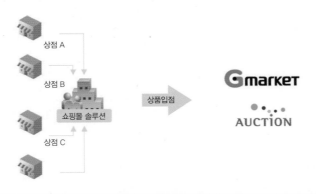

```
        오픈마켓    ≪ 판매 채널 다양화            쇼핑몰
                       방문자 유입 ≫
```

오픈마켓	쇼핑몰
중저가 박리다매 전략 위주 기획특가 신상품판매 이월/재고상품의 신속한 판매	부가가치 높은 중고가 상품 위주 독자적인 브랜드 인지도 구축 다양한 서비스와 양질의 콘텐츠

 Q 오픈마켓 판매를 위해 준비할 것들에 대해 알려 주세요.

일단 오픈마켓 창업비용은 쇼핑몰 구축이 필요없으므로 전문 쇼핑몰 창업에 비해 도메인 등록, 쇼핑몰 구축, 검색엔진 등록비 지출이 없다고 보면 됩니다. 그 대신 '상품등록비'라는 지출요소가 있으며, 쇼핑몰 키워드 광고비과 비슷한 성격의 지출로는 오픈마켓 내의 유료 부가 서비스(판촉 아이템 구입과 광고)를 생각해 볼 수 있습니다.

> − **상품 등록비** : 판매방식, 등록기간에 따라 차이가 남(등록상품 하나당 무료~2주간 등록노출 비용 2,000원선)
> − **판촉 아이템 및 광고상품 구입비** : 종류별로 차이가 많이 남
> − **카메라 및 촬영장비 구입비**
> − **컴퓨터 및 사무집기 구입비**
> − **택배박스 및 포장재 구입비**

┤ 오픈마켓 판매절차 ├

1단계 : 상품 사입	오픈마켓에서 저렴한 가격은 제1의 경쟁력입니다.
2단계 : 사진촬영	사진은 가격에 이어 두 번째로 중요한 경쟁력입니다.
3단계 : 상품등록	상세 정보(상품명, 가격, 배송비, 상품사진과 설명)를 작성하여 상품을 등록합니다.
4단계 : 구매자의 결제완료 확인	구매자가 경매 혹은 일반구매를 통해 사고 싶은 상품을 낙찰 또는 즉시구매합니다.
5단계 : 상품포장과 배송	구매자의 결제가 확인되면 상품을 배송합니다.
6단계 : 배송확인	구매자는 상품을 받은 후 구매결정을 합니다.
7단계 : 판매대금 송금	오픈마켓이 가지고 있던 상품금액을 판매자에게 송금합니다.

※ 오픈마켓의 교환/반품 : 구매자가 상품이 마음에 들지 않을 경우 판매자에게 교환/반품을 요청할 수 있습니다. 교환/반품에 관한 요청이 있을 때 판매자가 해당 건의 문제를 알아보고 처리(반품승인, 상품교환 등)해야 합니다. 환불할 경우에는 오픈마켓 측에서 갖고 있던 구매자의 결제대금을 구매자에게 다시 돌려 줍니다.

09 단계

ONLINE
SHOPPING MALL

경쟁판매자 분석하고 나만의 판매전략 세우기

오픈마켓은 쇼핑몰보다 경쟁이 심하고 상품 리스트의 노출순위도 시시각각 변화하는 곳이기 때문에 여러분이 오픈마켓에서 상품을 판매하기로 결심했다면 앞으로 1~2주 이내에 물품을 등록해야 한다는 것을 염두에 두고 좀 더 면밀하게 경쟁판매자 분석에 들어가야 합니다. 따라서 앞으로 판매할 각 상품들의 가격 및 판매조건, 서비스 내용을 결정하기 위한 근거 자료를 수집하고 분석해서 나만의 경쟁력 있는 판매전략을 세워야 합니다.

Q 가격경쟁이 치열한 오픈마켓에서 판매가는 어떻게 정해야 하나요?

오픈마켓에서는 상품의 질도 중요하지만, 무엇보다도 가격이 판매량에 가장 큰 영향을 끼칩니다. 경쟁판매자를 이기기 위해 조금이라도 더 저렴한 가격에 판매하고 싶은 마음은 굴뚝 같지만, 손해를 보면서 팔 수는 없겠죠. 판매자는 공급자에게 세금계산서를 받지 못했다고 하더라도 소비자가 요구할 경우에는 세금계산서 또는 간이영수증을 발급해 줘야 할 의무가 있습니다. 따라서 일반과세자의 경우 세금계산서 발행을 감안한 부가가치세는 상품가격에 포함해서 가격을 책정하는 것이 올바른 방식입니다. 물론 가격경쟁이 치열한 곳에서 부가가치세를 포함해 상품가격을 책정하는 것이 쉬운 일은 아니지만, 생각 없이 싼 가격으로 판매하다가는 '앞으로 남고 뒤로 손해보는' 상황이 될 수도 있음을 명심하세요.

옥션과 G마켓에서는 상품의 판매가에서 구입가와 택배비를 제외한 금액이 전부 다 판매자의 이익이 되는 것은 아닙니다. 처음부터 판매이익이 많을 것을 기대하기는 힘들지만, 최소한의 이익이라도 남기려면 일단 가격을 잘 정해야 하며, 상품을 구입할 의향이 있는 고객들이 여러분의 상품을 구입할 경우 다른 판매자의 상품보다 더 저렴하고 좋은 조건으로 구입하는 것이라는 생각을 갖도록 유도해야 합니다. 예를 들어 TV 홈쇼핑에서 판매하는 상품의 가격은 대부분 900원이나 9,000원, 9만 원으로 책정됩니다. 이러한 전략을 사용하는 이유는 상품가격이 고객의 입장에서 볼 때 좀 더 싸게 느껴지게 하려는 데 있습니다. 실제로 1만 원과 9,900원은 100원 차이에 불과하지만, 소비자가 직관적으로 느끼는 심리적인 가격은 만 원 단위와 천 원 단위이기 때문에 큰 차이가 있습니다.

또한 어떤 제품은 백 원 단위까지 붙여서 가격을 책정하기도 하는데, 이를테면 6만 3,200원으로 책정할 경우 화폐의 큰 단위로 대충 이익을 붙여서 손쉽게 정한 가격이 아니라 생산 및 유통 비용과 이윤의 최소한만 남기고 판매하는 합리적인 가격의 상품이라는 인상을 줄 수 있습니다.

 경쟁판매자 조사는 어떻게 하는 것이 가장 좋은가요?

대표적인 오픈마켓인 G마켓, 옥션, 11번가에서의 판매현황을 꼼꼼히 살펴본 뒤에 경쟁분석표를 작성합니다. G마켓과 옥션의 상품판매 관리 시스템은 하나로 통합되어 있기 때문에 대부분의 판매자들은 G마켓, 옥션에 함께 물건을 판매하고 있습니다. 따라서 G마켓과 11번가만 모니터링해도 괜찮습니다.

▲ 각 판매방식별로 등록된 상품현황을 보여 주는 상품분류 기준 탭을 이용하면 좀 더 편리하게 경쟁상황을 알아볼 수 있습니다.

경쟁판매자 조사 체크 포인트

- 판매상품이 소속된 중분류, 대분류 카테고리
  (두세 개 카테고리에 모두 해당하는 상품일 경우 경쟁이 덜 치열한 카테고리 등록이 유리)
- 상품 카테고리 리스트 또는 키워드 검색 리스트에서 눈에 잘 띄고 가독성 좋은 상품목록 이미지 스크랩
- 상위노출 판매자들이 사용하고 있는 광고, 판촉 아이템 종류
- 정상가, 실판매가, 할인율 등의 판매 가격대
- 가격할인 외에 고객에게 주는 혜택의 종류(스탬프, 적립, 마일리지 등)
- 배송비 유무 조사
- 상품평을 읽으면서 고객들이 해당상품군 구매 시 가장 신경 쓰는 점, 불안해 하는 점을 기록
  (나중에 상품 상세 설명 제작 시 이러한 부분들이 충분히 해소될 수 있도록 내용을 보강)
- 상품명에 인상적인 설명문구 삽입, 주요 단어 기록
- 판매량이 높은 상품의 상세 설명 페이지에서 정보전개의 흐름 분석

경쟁분석표 작성하기

	옥션	G마켓
물품 수와 경쟁상황	기능성 베개 카테고리 등록물품 610건 메모리폼 181건	기능성 베개 카테고리 등록물품 450건 메모리폼 132건
판매가격	9,000~1만 5,000원대가 주류를 이룸. 기능성 메모리폼은 9,000~1만 5,000원선에 판매	
배송비	착불/무료/조건부 무료	
판매방식	일반경매 66건/즉시구매 168건(즉시구매도 병행하는 일반경매 물품 포함)/공동구매 12건	오픈마켓 121건/공동구매 10건/경매 1건
입찰(신청)수량	233개(상위 1~2위 판매자가 전체 입찰수량의 90% 차지)	공동구매 Best 50의 기능성 베개 가운데 메모리폼 신청수량은 약 460개(상위 1, 2위 판매자가 전체 신청수량의 60% 차지)
부가서비스 (판촉 아이템)	프리미엄 등록, 시선집중 아이콘, 물품명 굵게 표시(프리미엄 등록 3,000원, 시선집중과 물품명 굵게 표시 서비스 이용료 각각 1,000원)	할인쿠폰, 마일리지, 후원, G스탬프 등을 통해 상품 1개당 약 500~1,000원 정도 지출. 오픈마켓은 무료이지만, 공동구매 코너는 2주 전시에 2,000원, 프리미엄 등록 2주 전시에 5,000원
인상적인 설명문구	특별할인판매/항균/알레르기/진드기예방/총알배송/선물용 박스/TV홈쇼핑 정품/2013 신제품	[단독특가] 딱 일주일만 ○○○○원!/배송조건/정통 몰드형/인체공학적/편안한/사용소재
상품 상세 설명	– 판매자의 신뢰도 굳히기에 주력하고, 정품이며 여러 기능을 갖춘 제품임을 강조 – 오프라인에서 도저히 살 수 없는 저렴한 가격임을 강조	

※ 옥션과 G마켓의 '기능성 메모리폼 베개'의 경쟁분석표 작성 예입니다.

경쟁판매자 분석을 통한 판매전략 수립하기

❶ 많은 판매자들이 상품을 등록한 상태이지만 상위 두세 개의 업체가 독점하고 있기 때문에 그들의 판매량을 일정 부분 가져와야 승산이 있습니다. 따라서 어느 정도 비용이 들더라도 공격적인 판매전략을 수립할 필요가 있는 것이죠.

❷ 분석 결과, 기능성 베개 판매자는 옥션에 더 많이 포진해 있지만, 제품수요와 실제 판매량은 G마켓이 더 많은 것으로 나타났습니다. 이미 G마켓에서 터를 잡은 파워딜러에게 상위노출의 선점권이 있는 상황에서 많은 판매자가 몰리는 오픈마켓은 상위노출의 기회가 거의 없다고 볼 수 있습니다. 더욱이 의류가 아니기 때문에 수십 페이지를 계속 클릭하며 상품을 찾을 소비자는 거의 없을 테니까요. 따라서 G마켓에 상품을 등록하되, 무료인 오픈마켓 등록만 할 것이 아니라 유료로 진행되는 공동구매 전시에 역량을 집중할 필요가 있습니다. 현재 공동구매 쪽은 리스트가 총 3페이지에 불과합니다.

기능성 베개는 저렴한 가격으로 알뜰하게 상품을 구입하고자 하는 주부 및 여성들이 주고객이므로, 저렴한 상품이 주로 소개되는 코너로 인식되는 공동구매를 공략해 보는 것이 효율적이라는 판단입니다.

❸ 판매할 기능성 메모리폼 베개는 토르마린 소재로 되어 있으며, 옥션이나 G마켓 상품 중에 이와 같은 기능성을 가진 상품은 거의 없습니다. 유일한 동일상품 판매자의 판매가는 1만 5,000원에 배송료 착불로 판매되고 있습니다. G마켓의 판매전략은 아래와 같이 정했습니다.

> – **배송비** : 조건부 무료배송을 원칙으로 1개 주문 시에는 착불 2,500원, 2개 이상 주문 시에는 무료배송
> – **판매가** : 개당 1만 4,000원
> – **판매방식** : G마켓 공동구매에 2주일 간 전시(2,000캐시), 오픈마켓에도 무료등록
> – **프리미엄 아이템 사용** : 프리미엄 전시권 2주일분 구매(5,000캐시)

❹ 옥션에 판매자회원으로 가입할 당시 3회의 무료등록 기회를 부여받았습니다. 이를 이용해 옥션에도 상품을 등록해 경험을 쌓고 G마켓 판매와 비교해 보는 것도 좋습니다. 옥션은 프리미엄 등록을 일단 해 놓으면 경매기간 내내 상위노출은 불가능하더라도 마감 임박시간이 다가오면 상위노출의 기회가 생깁니다. 따라서 프리미엄 등록, 물품명 굵게 표시 서비스를 이용하면서 경매기간은 7일로 정합니다.

> – **옥션 일반경매 시작가** : 1만 3,000원(즉시구매 시 1만 4,000원)
> – **부가서비스** : 포토갤러리, 프리미엄 등록, 물품명 굵게 표시 서비스 사용에 총 4,000원 지출

❺ 상세페이지의 구성은 토르마린이라는 다소 생소한 소재의 기능성을 친근하고 알기 쉽게 소개하는 데 중점을 두고 정확한 규격표시, 품질의 우수성과 저렴한 가격을 강조합니다. 대부분 경쟁판매자들의 상세페이지 디자인 수준이 낮으므로 조금만 더 깔끔하게 디자인하면 고객들에게 좋은 인상을 줄 수 있을 것입니다.

❻ 숙면에 대한 구매자의 욕구에 더욱 어필할 수 있도록 구입고객에게 아로마 향초를 증정할 계획을 세워보는 것도 좋습니다.

10 단계

G마켓/옥션 판매 시스템

앞으로 상품을 판매하게 될 각 오픈마켓의 판매관리 방법, 판매방식, 상품 등록, 정산, 미니샵 운영에 대해 살펴보겠습니다. 오픈마켓에서 상품을 처음 판매해 보는 사람에게는 상품 등록, 고객의 결제확인, 배송, 교환/반품 절차가 매우 복잡하고 어렵게 느껴질 수 있습니다. 물론 각 오픈마켓마다 판매관리 프로그램(또는 판매관리 사이트)의 사용법 강의를 운영하고 있기는 하지만, 직접 해보는 것이 가장 빠르고 정확하게 실무를 익히는 지름길입니다. 따라서 중고상품을 등록하여 판매하는 경험을 해보거나 판매할 상품을 시험 등록하여 오픈마켓에서 잠깐 노출한 후 자신이 고객이 되어 상품을 구입하고 배송, 교환 및 반품까지 처리해 보는 시뮬레이션을 몇 차례 해 볼 것을 적극 권장합니다.

 G마켓과 옥션의 판매/정산 시스템에 대해 알려 주세요.

이베이가 옥션에 이어 G마켓도 인수함에 따라 G마켓과 옥션의 판매 관리가 ESM Plus로 일원화되었습니다.

판매관리 방법

기존의 G마켓 판매관리 프로그램(GSM)과 옥션 판매관리 프로그램(Sell Plus)을 하나로 통합한 판매 관리 프로그램인 ESM Plus를 사용하게 되었습니다. ESM Plus(https://www.esmplus.com)는 별도의 설치 없이 인터넷이 연결되어 있다면 사용이 가능합니다. 기존에 GSM, Sell Plus 모두 사용하던 판매자와 둘 중 하나의 계정만 사용하던 판매자 모두 간단한 판매자 확인 절차를 거친 후 마스터 ID 하나로 로그인하여 ESM Plus를 사용할 수 있습니다.

ESM Plus 사용 시 유의사항

- 주문건의 경우, 전체/옥션/G마켓 탭을 선택하면 전체 또는 사이트별로 조회 가능합니다.
- 옥션에 있는 상품을 G마켓에 복사 등록할 수 있습니다.
- ESM Plus에서 상품 등록 시 G마켓/옥션 상품을 동시에 통합 등록할 수 있지만, 상품의 재고는 G마켓/옥션 각각의 사이트에서 관리됩니다. 즉, 옥션에서 판매한 재고량은 G마켓에 영향을 끼치지 않습니다.
- ESM Plus에서 상품의 정보 수정 시 동일한 항목을 수정할 때는 옥션과 G마켓의 수정 가능한 정보에 차이가 있습니다. G마켓은 설정되지 않지만 옥션은 수정이나 변경이 가능하고, 그 반대의 경우도 발생할 수 있습니다.
  예약판매 : 옥션(o), G마켓(x)
  소분류 카테고리 수정 : G마켓(o), 옥션(x)
  오늘출발 : G마켓(o), 옥션(x) 등

– ESM Plus에서 G마켓/옥션에 동시 등록하여 매칭한 상품의 동시 수정은 불가능합니다. 상품은 개별적으로 수정해야 합니다.

▲ ESM Plus 메인화면

메뉴명	내용
❶ 상품 등록/변경	등록상품의 조회, 수정, 연장이 가능하며, 종료된 상품 재등록, 신규상품 등록, 등록대기 상품 등록을 합니다.
❷ 긴급 처리사항	고객으로부터 받은 상품문의, 긴급알리미, 긴급 처리내역을 확인하고 답변합니다.
❸ 나의상품 정보	판매자의 전체 상품 현황을 확인합니다.
❹ 입금대기 중	구매자의 입금 현황을 확인합니다.
❺ 배송요청	구매자의 입금확인이 완료되면 이 페이지에서 상품을 확인할 수 있습니다. 구매자의 주문사항 및 주소를 확인하고 구매자에게 상품을 발송해 주는 단계입니다.
❻ 배송 중	배송상품의 위치를 확인합니다.
❼ 배송완료	발송처리된 이후 구매결정을 기다리는 상품을 조회할 수 있습니다.
❽ 정산예정	구매결정이 완료된 주문건을 확인할 수 있습니다(최근 1년).
❾ 부가서비스 신청현황	부가서비스 신청현황을 확인합니다.
❿ 광고현황	광고입찰 전체 내역을 확인합니다.

옥션/G마켓 판매방식과 수수료

15/30/60/90일간 판매기간을 설정할 수 있으며 등록 수수료는 무료입니다. 상품 카테고리별로 판매수수료에 차이가 나는데, 최고 12%입니다. 판매수수료는 개당 주문금액을 기준으로 부과되며 판매자에게 상품대금 송금 시 차감한 후 송금됩니다.

현재 경매는 개인판매회원 자격으로 옥션에서만 상품등록과 판매가 가능합니다. 경매의 판매서비스 이용료는 구매자가 카드 결제 시 3%, 현금결제 시 1.5% 부과됩니다.

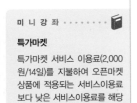

미니강좌

특가마켓

특가마켓 서비스 이용료(2,000원/14일)를 지불하여 오픈마켓 상품에 적용되는 서비스이용료보다 낮은 서비스이용료를 해당 기간 동안 적용받는 거래 방식

	SELL BASIC (일반 개인회원)	ESM PLUS (전문 판매자)
상품 노출 기간	30일(경매는 3/5/7일 중 선택)	제한없음
등록 이용료	없음	없음
판매 이용료	구매자가 카드 결제 시 판매대금의 3% 무통장 입금 시 1.5%	등록 카테고리별 자동
상품 재고수	1개	10만개 미만
등록 상품수	동시에 최대 10개까지	제한없음
경매 판매	고정가 또는 경매	고정가 또는 특가마켓
노출	종료일 마감순	판매실적, 각종 활동, 광고 등 종합 점수
특징	• 하나의 상품을 쉽고 빠르게 등록 • 옥션 계약 택배를 통한 배송 서비스 지원 • 안전 결제 이용	• 대량의 상품을 일괄 등록, 관리하기 편리 • 고객의 상품평 유지 가능 • 고객 히스토리 조회/관리 제공 • 각종 정산/세금계산서 발행 지원 • 옥션/G마켓 동시 등록 가능
제약사항	• 상품 당 재고 1개씩 최대 10개만 등록 가능하므로 사업적 목적의 판매활동을 하기에 적합하지 않음 • 판매가 완료되면 상품 페이지가 내려가므로 고객의 상품평이 판매자 ID단위로 관리됨	• 경매로 상품 판매가 불가하며 등록 관리할 상품정보 필수 항목이 많음

▲ 옥션에서의 상품판매는 일반 개인회원 판매, ESM PLUS를 통한 전문판매 방식으로 나뉘어져 있습니다.

상품 등록

G마켓과 옥션 동시 등록 또는 어느 한쪽에만 등록할 수 있습니다. 상품 등록은 ESM Plus의 '상품 등록/변경 > 상품 등록'에서 1단계, 2단계, 3단계 순서로 입력해야 하며, '필수'로 표시된 항목은 반드시 입력해야 합니다.

1.『1단계 기본정보』입력

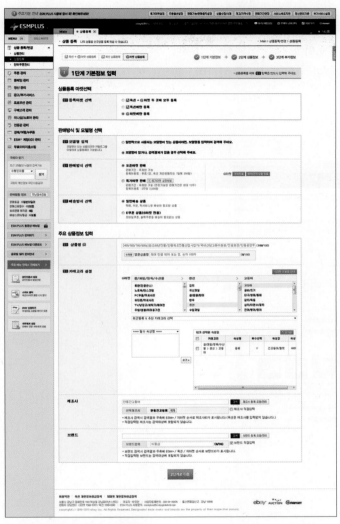

▲ 상품 등록 1단계 : 기본정보 입력

① 상품 등록마켓, 등록 ID를 선택합니다.
- 사이트 전체 또는 각 사이트(G마켓, 옥션)를 선택합니다.
- 등록 ID는 사이트별로 1개의 계정씩 선택합니다.
② 모델명, 판매방식, 배송방식을 선택합니다.
- 모델명을 검색하여 카탈로그를 선택합니다(모델명은 개별 입력 불가).
- 판매방식은 오픈마켓, 특가마켓, 경매, 예약/견적 상품 등록 중에서 선택합니다(예약/견적 상품 등록은 G마켓만 이용 가능).
- 배송방식을 일반배송상품, E쿠폰 상품(G마켓만 이용 가능) 중에서 선택합니다.

③ 상품명, 카테고리 설정, 제조사, 브랜드를 입력합니다.

- 상품명 입력 시 '공통입력', '개별입력' 버튼으로 공동 또는 각 사이트별 입력이 가능합니다.
- 카테고리는 옥션, G마켓 각각 선택해야 합니다.
- 제조사, 브랜드는 필수 입력사항이 아니며, 모델명 카탈로그 선택하면 자동으로 입력됩니다.

2. 『2단계 상품정보』 입력

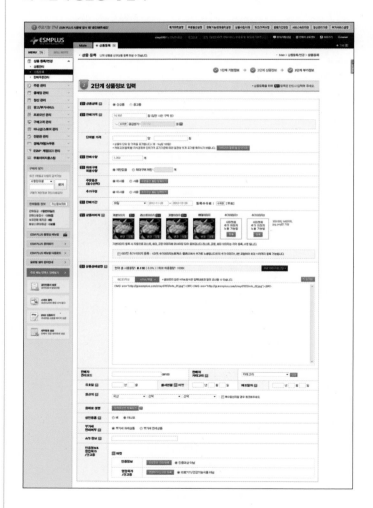

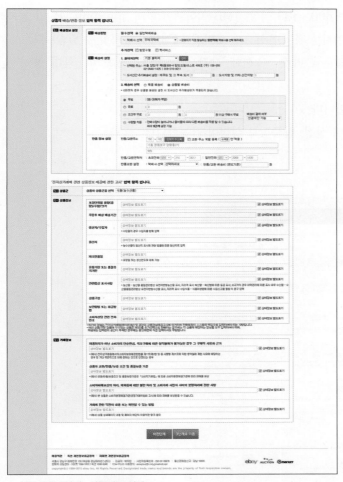

▲ 상품 등록 2단계 : 상품정보 입력

① 상품상태, 상품가격, 판매수량, 최대구매 허용 수량을 설정합니다.
  • 상품의 최대 입력 수량은 최대 99,999개까지입니다.
  • 상품상태의 중고품은 옥션 상품 등록 시에만 선택 가능하며, G마켓 중고품 등
    록은 카테고리에서 선택해야 합니다.
② 판매기간, 상품이미지, 상품 상세 설명을 입력합니다.
  • 판매기간은 최대 15일, 30일, 60일, 90일로 선택 가능합니다.

- 이미지 사이즈는 300×300 이상, 1MB 이하여야 하며, jpg, png 파일만 등록됩니다(추가 이미지는 최대 옥션 2개, G마켓 14개까지 등록할 수 있습니다).
- 상품 상세 설명은 G마켓, 옥션에 각각 등록할 수 있으며, 최대 용량은 1,000KB 입니다.
③ 배송정보를 설정합니다.
- 배송방법, 배송비 설정, 반품정보 설정이 가능합니다.

3. 『3단계 부가정보』 입력

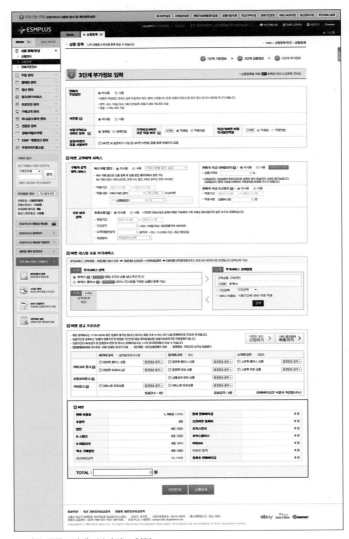

▲ 상품 등록 3단계 : 부가정보 입력

① 상품 부담할인설정, 고객 혜택 서비스 설정, 리스팅 유료 부가서비스, 광고 프로모션 등의 설정이 가능하며, 옥션/G마켓 사이트별로 입력해야 합니다.
   ※ 3단계 부가정보는 유료로 이용할 수 있으며, 부가정보에 필수로 입력해야 하는 항목은 없습니다.
② 상품 등록에 이용되는 이용료는 사이트별로 확인할 수 있습니다.

정산

판매 대금은 구매고객이 구매결정한 다음 날에 정산됩니다. 정산일은 옥션, G마켓 각 사이트별로 다릅니다. 옥션은 구매결정 후 판매 예치금으로 정산받는 경우 즉시 송금되며, 계좌로 정산받을 경우 다음 날 송금됩니다.

미니샵

G마켓에서 상품을 판매하는 판매자들이 G마켓 안에 개설한 개인매장으로, 판매자 회원가입과 동시에 자동으로 생성됩니다. 고객들은 판매자의 미니샵 방문 시 판매자가 등록한 상품을 한눈에 볼 수 있으며, 고객들이 미니샵을 단골매장으로 등록 시 단골매장 바로가기를 통해 다시 방문할 가능성이 높아집니다. 또한, 판매자는 미니샵에 단골 고객으로 등록한 고객들을 대상으로 홍보 메일 발송 및 다양한 프로모션 등을 통해 판촉 활동을 할 수 있습니다.
미니샵은 ESM Plus에서 관리하며, 주요 기능은 아래와 같습니다.

- **기본정보 관리** : 판매자 미니샵의 기본정보 관리
- **플러스 전시권 관리** : 유료 아이템인 플러스 전시권 보유 시 이를 관리
- **메인 관리** : 메뉴의 사용여부 및 이미지를 설정
- **문의 답변하기** : 고객의 문의 내용에 답변
- **쿠폰/G마일리지 현황** : 발급 중인 단골할인 쿠폰과 G마일리지 설정 현황을 확인
- **통계** : 미니샵 방문통계, 관심매장고객 등 미니샵의 통계현황 확인

판매자 교육

G마켓/옥션 판매자 교육 신청은 https://www.ebayedu.com을 이용하면 됩니다.

11 ^{단계}

11

ONLINE
SHOPPING MALL

오픈마켓 매출전략

오픈마켓 시장이 본격화된 2005년과 2006년에는 컴퓨터와 전자기기 분야가 인기였습니다. 2007년에는 사이즈와 연령을 특화시킨 패션 상품이, 2008년부터는 가공식품, 곡물, 과일, 정육과 같은 신선식품이 두각을 나타냈습니다. 오픈마켓은 다양한 규모의 업체들이 한 곳에서 무한경쟁하는 곳이므로, 특정 고객에 맞는 제품을 직접 생산해 가격 경쟁력을 확보하거나 브랜드를 고급화하고 배송속도를 높여 제품 신뢰도를 높이는 등 개인 판매자도 일반 기업 못지 않은 다양한 판매 전략을 채택해야 경쟁에서 두각을 나타낼 수 있습니다.

 오픈마켓에서 판매비중이 높은 카테고리는 무엇인가요?

패션 카테고리

패션 카테고리는 오픈마켓에서 가장 큰 매출을 차지하는 효자 상품군입니다. 오픈마켓에서 패션 카테고리는 여전히 강세지만, 시장이 성숙할수록 타깃 고객을 세분화하고 집중 공략해야 단기간에 파워셀러가 되는 데에 유리합니다. 20대 초반 여성을 겨냥한 할리우드 스타일, 10대 초반 남성을 겨냥한 스트리트 패션 스타일 등 상품 카테고리를 좀 더 세분화하거나 자신만의 패션감각을 살려 사업을 시작하는 20~30대 판매자가 선전을 하고 있습니다. 특히 여성 쇼핑몰 가운데는 직접 제작한 단독 상품을 가격을 낮춰 판매하는 사람들이 늘고 있습니다. 직접 디자인함으로써 패션 트렌드를 빠르게 반영하고, 가격은 낮추는 방식입니다.

식품 카테고리

식품 분야에서는 직접 생산과 기관 인증으로, 가격은 낮추고 제품 신뢰도를 높여 고객을 확보하는 것이 중요합니다. 식품 판매자는 단순히 싼 가격의 제품이 아니라, 맛과 안전성을 강조하며 고정 고객을 공략하는 전략을 채택해야 합니다. 점점 높아지는 소비자들의 눈높이에 맞춰 고급화 전략을 채택하는 경우도 늘고 있습니다.

유아동 카테고리

질 좋은 유아용품을 값싸게 구매하려는 주부들이 늘어나면서 유아동 카테고리도 단기간에 매출을 끌어올리기에 괜찮은 카테고리로 부각되고 있습니다. 엄마들이 주로 찾는 유아동 카테고리는 무조건 저렴한 제품을 발굴하기보다는 고품질의 브랜드 제품을 판매하는 사례가 늘어나고 있습니다. 또한, 엄마 고객들이 구입할 만한 연계 아이템을 늘려 재구매율을 높이고 있습니다. 기저귀를 팔 때 유아 칫솔을 싸게 구매할 수 있도록 하는 것과 같은 연계 마케팅 효과에도 주목해야 합니다.

Q 오픈마켓 파워딜러(우수 판매자)가 되는 자격요건은 무엇인가요?

우수판매자의 평균 매출은 카테고리마다 다른데, 평균적으로 패션은 1억 원, 식품은 3억 원, 유아동은 4억 원 정도인 것으로 조사된 바 있습니다. 일반적으로 파워딜러(판매우수셀러, 스타셀러)는 활동이 왕성한 판매자에게 부여되는 명칭으로 다양한 혜택이 제공됩니다. 파워딜러에 선정되면 'Best seller', 'Good seller'라는 명칭과 함께 로고를 부착할 수 있어 판매에 긍정적 영향을 미치게 됩니다. 또한 노출지수에 가산점을 부여해 검색 시 우선적으로 상단에 노출되고 우수판매자 전용 콜센터를 지원해주기도 합니다.

G마켓은 판매량을 수치화해 점수를 매기는 신용점수를 바탕으로 '파워딜러' 호칭을 부여합니다. 거래가 정상적으로 완료되면 1점을 더하고 배송이 4일 이상 지연되면 2점을 빼는 식입니다. 이 점수를 합계로 매월 1일 판매자의 신용등급이 변경됩니다. 이와는 별도로 판매실적이 높고 고객만족도 평가가 우수한 판매자에게 '고객만족우수판매자'라는 호칭이 추가로 부여됩니다. 1개월 판매금액이 1천만 원 이상, 판매건수 300건 이상, 3일 이내 배송 처리율(배송 완료) 90% 이상, 1일 이내 게시판 및 긴급메시지 응답률이 90% 이상이 조건입니다.

11번가 역시 유사한 방식입니다. 판매우수셀러 등급은 활발한 판매활동을 진행해 다수의 고객에게 상품을 판매한 판매자에게 부여합니다. 6개월 내에 판매 신용 점수가 1천 점 이상, 판매금액이 5천만 원 이상이며 최근 1개월 이내에 판매거부 횟수가 10회 미만이면 1등급을 받을 수 있습니다. 고객만족셀러 등급은 고객의 신뢰도를 기준으로 합니다. 구매자가 직접 평가하는 고객만족도 점수가 90% 이상, 결제완료 후 2일 이내 발송률이 90% 이상, 게시판 응대율 90% 이상, 판매율 30건 이상이 조건입니다.

옥션도 판매량과 고객만족도에 따라 두 가지 등급으로 운영되고 있지만 고객만족도에 따른 최우수판매셀러' 로고만 노출되고 있습니다. 배송률, CS고객응대, 상품평을 종합적으로 심사해 고객만족도가 높은 판매자에게는 '최우수판매자'라는 호칭이 부여됩니다. 또한 판매등급은 최근 12개월 동안 누적 판매건수와 판매금액에 따라 VIP~새내기 등급까지 총 7단계로 나뉩니다. 따로 판매등급에 따른 로고가 노출되지는 않지만 VIP등급이 되면 오픈마켓 내 전용고객센터 라인이 운영되는 등의 혜택을 부여합니다.

인터파크는 판매등급만을 기준으로 하고 있습니다. 전월 판매수량이 20개 이상, 판매금액이 300만 원 이상일 경우 '스타셀러'로 등급을 매깁니다.

오픈마켓 판매자 등급 기준

업체명	판매등급	등급 선정 기준
G마켓	파워딜러	판매신용점수 + 판매건수 및 취소/반품 건수
	고객만족우수 판매자	판매실적 + 고객만족도 평가 + 배송률 등
11번가	판매우수셀러	판매신용점수 + 판매금액
	고객만족셀러	판매건수 + 고객만족도 평가 + 배송률 등
옥션	판매활동등급(VIP)	판매건수 + 판매금액
	최우수판매자	고객만족도 평가 + 배송률 등
인터파크	스타셀러	판매건수 + 판매금액

 성공적인 오픈마켓 판매를 위한 전략을 알려 주세요.

일단 카테고리 리스트나 검색결과의 첫 화면에 노출돼야 하고, 매력적인 섬네일 이미지로 고객의 빠른 스크롤 와중에 클릭을 낚아채야 상품 상세 설명 페이지로 들어오게 할 수 있습니다. 장바구니 버튼을 누르게 하는 것은 가장 마지막 단계에서 할 일입니다.

오픈마켓의 경우 첫 화면의 1위에 랭크된 판매자가 전체 구매의 70%를 가져갑니다. 첫 화면을 광고 개념으로 구매할 수도 있지만 오픈마켓의 상품기획자(MD)에게 제안서를 보내기도 합니다. 물론 가장 선행해야 하는 것은 경쟁력 있는 아이템 선정입니다. 신발의 경우 내년 트렌드를 미리 예측해야 신제품을 디자인할 수 있고, 생산량과 재고량도 제대로 예측해야 배송 불만을 피할 수 있습니다. 구매확정이라는 절차를 거쳐야 하기 때문에 길게는 45일 후에 대금이 결제되는 시스템을 제대로 이해하는 것도 중요합니다. 최소한 사계절 한 번의 주기를 오픈마켓에서 판매해 본다면 시스템을 이해할 수 있고, 더 나아가 일부 판매감각이 뛰어난 판매자는 고객의 구매 트렌드까지 바꿀 수 있는 눈이 생기게 될 것입니다.

- 경쟁 판매자의 상품 페이지를 벤치마킹하여 장점은 수용하고 단점과 미비점은 보강합니다.

- 어설픈 상품 페이지 디자인에 시간과 노력을 허비하기보다는 외부 전문업체에 맡기거나 기존 상품 페이지 디자인 레이아웃을 구입하여 간단히 편집한 후에 사용하는 사이트를 이용하여 상품 페이지를 제작하고 여러분은 홍보와 판매에만 집중하는 것이 효율적입니다.

- 상품을 판매하는 중에도 다른 판매자 상품의 가격이나 서비스 등을 꾸준히 모니터하면서 노출경쟁에서 뒤처지지 않도록 해야 합니다.

- 매출액, 판매 건수보다는 마진이 중요합니다. 매출이 많으면 1년 후에 세금을 많이 내야 하므로 빛 좋은 개살구나 다름 없습니다.

> 순수익 = 판매가 − (원가 + 등록 수수료 + 판매 수수료 + 광고비 + 인건비 + 포장/배송비 + 사은품 구입비 + 이미지 호스팅비)

- 판매를 시작하면서 광고를 진행할 때에는 얼마나 적은 비용을 들여서 매출을 올리느냐가 관건이므로 오픈마켓 판매 시스템과 경쟁자들 간의 경쟁구조를 완전히 파악하기 전까지는 광고비를 무리하게 지출하지 말아야 합니다.

- 상품 페이지에 오픈로그(로그분석에 대해서는 이 책의 36단계를 참고하세요) 같은 무료 로그분석 소스를 심어서 G마켓, 옥션, 11번가 마켓별로 방문자 수, 페이지뷰, 검색횟수, 검색 키워드, 접속 경로, 현재 판매하고 있는 카테고리에서 내 순위를 파악하고 마켓별 비중, 광고전략을 수립합니다.

- 쇼핑몰 이름을 알릴 목적으로 오픈마켓에 광고하는 것도 고려해 볼만 합니다. 쇼핑몰 캐치 프레이즈를 오픈마켓 광고에도 일관되게 사용하여 지속적으로 노출하면 은연중에 고객들의 뇌리에 각인됩니다.

- 하나의 주력상품에 집중적으로 광고해야 매출이 집중되고, 그 분야에서 판매자 순위가 빨리 올라갑니다.

- 카테고리 광고와 키워드 광고를 모두 하기가 부담스럽다면 대체로 키워드 광고보다 더 저렴한 카테고리 광고에 집중하여 카테고리 내에서 노출순위를 올리고, 상품 등록 시에 조회수가 높은 키워드 위주로 상품명 키워드를 정확하게 입력한다면 검색지수 또한 높아지기 때문에 키워드 검색에서 상위권에 위치할 확률도 자연히 높아집니다.

- 판매자가 상품을 등록할 때 그냥 등록만 하는 것을 '일반 등록'이라고 하며, 이 일반 등록보다 더 상단에 노출되게 하는 유료 판촉 아이템이 기본 아이템입니다. 오픈마켓에 등록상품이 무척 많고 경쟁이 치열하다 보니 기본 아이템 광고는 이제 거의 필수가 되었습니다. 기본 아이템은 G마켓의 경우 '포커스 전시권', 옥션의 경우 '프리미엄 아이템', 11번가의 경우 '플러스 아이템'이라고 부릅니다.

- 광고비가 부담된다면 오픈마켓 내의 커뮤니티인 쇼핑웹진, Q&A, 샘플 프리마켓, 이벤트를 활용해 보는 것도 좋은 방법입니다. 물론 비용이 들지 않는 모든 마케팅 방법이 그렇듯이 시간과 노력을 투자해야 홍보효과가 서서히 나타난다는 점을 감안해야 합니다.

- 오픈마켓 내에는 각 판매자의 쇼핑몰인 '미니샵'이 있는데, G마켓은 '미니샵', 옥션은 '스토어', 11번가는 '미니몰'이라고 부릅니다. 동종의 상품을 판매하는 판매자가 수백 명씩 밀집해 있기 때문에 재구매를 유도하기 위해서는 내 미니샵을 단골샵으로 등록하도록 할인혜택을 주는 것도 좋습니다.

- 월별 이벤트를 미리 조사하여 오픈마켓에서 진행하는 프로모션에 참여하거나 판매자 자체적으로 기획전을 진행해 보는 것도 좋은 아이디어입니다.

글로벌 오픈마켓, 이베이에서 판매하기

대표적인 글로벌 오픈마켓인 이베이는 39개국에 진출해 있으며, 이용자는 200여 개국, 약 2억 명으로 추산됩니다. 해외결제가 가능한 신용카드만 있으면 누구나 판매자로 등록할 수 있습니다. 그러나 남들 다 파는 물건을 신규 셀러가 팔려고 하면 정말 만만치 않고 힘든 시장이기 때문에 전공, 경력과 관련된 상품이나 희소성 높은 특이한 아이템으로 끈기 있게 도전해 보는 것이 좋습니다. 첫 판매하기가 정말 힘들어서 흔한 공산품보다는 진귀한 상품이나 직접 만든 물건을 경매로 등록해야 비교적 수월하게 판매를 개시할 수 있습니다. 이베이 판매에 필요한 수수료는 20% 정도로 잡고 원가 계산을 하면 됩니다. 등록수수료, 판매수수료, 약간의 환차손도 감안해야 하기 때문입니다. 이베이 판매자 활동 시 작은 실수로도 계정이 정지될 수도 있으니 미리 충분히 공부하고 연습한 후에 활동을 시작할 것을 권해 드립니다.

이베이를 통한 해외판매의 장단점 분석

장점	– 사업자가 없어도 됩니다. – 주민등록번호를 입력하지 않아도 됩니다. – 이베이의 반품률은 1% 미만입니다. – 구매자가 구매한 직후 선입금을 받은 후 제품을 발송하면 됩니다. 고객이 결제한 금액은 국내 계좌에 입금되기까지 3~5일 정도 소요되므로 국내 오픈마켓 판매보다 자금회전이 빠릅니다. – 해외고객의 결제는 '페이팔'을 통해 온라인상에서 진행되며, 판매대금은 국내 거래은행에 원화로 송금됩니다. – 국제배송 특성상 15~20일이 소요되므로 재고부담이 적으며 배송이 여유롭습니다. 전 세계 물류망을 갖춘 우체국을 통해 상품을 배송할 수 있습니다. 청바지(500g 기준)를 미국의 구매자에게 보낸다면 약 5,500원이 소요됩니다. – 이메일로만 문의를 받으므로 CS가 수월하며, 이로 인한 심적 스트레스가 적습니다. – 수출은 부가가치세 영세율이 적용되어 이베이 판매 시 부가가치세가 비과세됩니다. – 국내 시즌상품을 연중 해외 판매할 수 있다는 장점이 있습니다.
단점	– 영어로 모든 업무 및 커뮤니케이션이 이루어집니다. – 하나의 ID에 하나의 IP 및 컴퓨터 사용을 권장합니다. – 운영하는 여러 ID 중 하나에 문제가 생기면 동일 IP의 ID가 모두 정지됩니다. – 초보 셀러의 리스팅이 제한 되어 있기 때문에 어느 정도 시간과 노력이 필요합니다.

그러나 판매 시스템과 언어, 국가별 인기 상품이 다르기 때문에 개인 판매자가 글로벌 오픈마켓에서 성공하기란 쉬운 일은 아닙니다. 판매자들이 겪는 어려움은 언어 문제로, 고객 관리를 체계적으로 하지 못해 판매자 계정을 정지당하거나 '짝퉁' 제품을 팔다가 수천만 원을 환불해준 사례, 배송 기간이 길어지거나 주소 미확인으로 반송돼 고객들의 항의를 받는 일, 물건을 수령해놓고 받지 못했다는 이들의 환불 요구 등입니다. 오픈마켓의 특성상 소비자가 남긴 부정적인 평가는 타격이 크기 때문에 '울며 겨자 먹기'로 손실을 감수해야 할 때도 있습니다.

초보 판매자가 과도하게 많은 상품을 등록하거나 한 판매자가 여러 계정을 만들어 운영할 경우, 판매 정지를 당할 수 있습니다. 아이템 선정 포인트를 가격경쟁력에 맞출 것인지, 상품의 특색이나 품질에 맞출 것인지를 결정한 후 마케팅 전략을 세워야 합니다.

전자상거래에서 통상적으로 많이 쓰이는 문장과 단어들을 구사할 수 있고 상품설명만 영어로 제작해서 등록할 수 있다면 그리 겁먹을 필요는 없습니다. 혼자 공부하고 준비하는 것이 어렵게 느껴진다면 이베이 코리아에서 정기적으로 진행하는 오프라인 교육에 참가해 보는 것이 좋습니다.

이베이 판매방식

입찰방식	물품을 판매하는 판매자(Seller)가 일정한 시간을 정해 두고(보통 7일) 자유롭게 입찰을 유도하여 마지막에 가장 높은 가격을 입찰한 구매자(High bidder)에게 판매하는 방식을 말합니다. 이때 판매가격은 가장 높은 금액을 제시한 구매자보다 한 단계 낮은 가격을 제시한 두 번째 높은 가격을 제시한 입찰자를 기준으로 이보다 한 단위 높은 금액으로 책정됩니다. 예를 들어 A(가장 높은 가격을 입찰한 구매자)가 50달러를 입찰하였고, B(두 번째로 높은 가격 입찰자)가 20달러를 입찰하였다면 A의 낙찰가는 21달러가 됩니다.
즉시구매 방식	물품을 판매하는 판매자(Seller)가 원하는 판매가를 정해 두고, 그 가격에 선착순으로 판매하는 방식을 말합니다. 이 경우 판매자의 판매량이 전량 판매되는 순간 종료시간과 관계없이 판매는 종료됩니다. 따라서 즉시구매의 구매대행을 원할 경우에는 빠른 결정이 필요합니다.
혼합방식	혼합방식은 입찰방식과 즉시구매 방식이 함께 진행되는 판매방식을 말합니다. 하지만 이 경우 입찰이나 즉시구매 둘 중 먼저 신청이 들어오는 방식으로 진행되며, 다른 방식은 자동 삭제됩니다.

초보셀러도 즉시구매 방식으로 상품 등록이 가능하지만, 초보셀러가 즉시구매(고정가)로 상품을 등록하면 거의 노출이 안 됩니다. 이베이는 광고가 따로 없고, 판매량이 많은 물건, TOP Raterd seller, Above standard seller들의 물건이 먼저 노출된 다음 신규셀러의 즉시구매 리스팅이 노출되기 때문입니다. 그러나 경매는 마감 임박 순으로 노출되기 때문에 낮은 가격으로 등록하면 판매될 가능성이 즉구보다는 훨씬 높습니다. 그래서 초보셀러들은 처음에는 경매로 리스팅을 시작합니다.

이베이 경매방식은 원칙적으로 상품을 등록할 때 1개의 수량만 등록할 수 있지만, 페이팔 계정이 있고, 피드백이 15점 이상이라면 경매방식으로 상품을 등록할 때 여러 개의 수량을 등록할 수 있습니다. 그런데 15건을 팔면 무조건 15점이 되는 것이 아니라 판매한 것 중에서 구매자가 받고 피드백을 남겨 줘야 그것이 1점이 되는 것입니다. 상품을 발송할 때 "당신은 내 물건을 처음 구매해 준 사람입니다. 정말 고맙고, 피드백을 주면 앞으로 내가 일하는데 큰 도움이 될 것입니다." 등 정성스러운 편지를 써서 동봉하면 구매자의 피드백을 받는 데에 도움이 됩니다.

점수는 판매 뿐 아니라 구매 시에도 받는 것이라서 구매로 점수를 올려도 됩니다. 피드백이 0인 셀러에게는 아무래도 물건을 사지 않으려는 고객들이 많고, 판매 전에 구매를 해 보는 것이 셀러 활동에도 도움이 되기 때문에 몇 건 정도는 구매를 하고 시작하는 셀러들이 많습니다. 그러나 구매로 올린 피드백 점수는 다음에 셀링 리밋 상향 등 셀러 심사에는 전혀 반영되지 않습니다. 리밋 상향 조정을 위해서는 판매로 받은 피드백이 있어야 합니다.

스토어 운영 여부에 따라 달라지는 등록비와 판매수수료

스토어가 없는 셀러	• 한 달에 경매/고정가 상관없이 50개까지 등록수수료를 부과하지 않습니다. • 50개 이상을 리스팅할 때는 한 개의 리스팅 당 $0.3의 수수료가 부과됩니다. • 판매가 되면 낙찰수수료로 상품가격과 배송비를 합산한 금액의 10%가 발생합니다.
스토어 있는 셀러	• 보유 스토어 종류(Basic/Premium/Anchor)에 따라 경매/고정가 구분 없이 매달 150~2500개를 무료 리스팅할 수 있으며 그 이상 리스팅 시에는 등록 수수료가 발생합니다. • 무료 등록 후에는 스토어에 따라 그리고 리스팅 방식에 따라 등록 수수료 $0.05~$0.25가 부과됩니다. • 판매가 되면 낙찰수수료는 카테고리에 따라 7~9%로 각기 적용됩니다.

※ 수수료 측면에서 리스팅 방식에 따라 스토어 사용여부를 결정할 수 있도록 계산해 볼 수 있는 Fee Illustrator(http://www.fees.ebay.com/
feeweb/feeillustrator)를 이용해 보세요.

페이팔(PayPal)

국내 쇼핑몰에서의 대표적인 결제 방법은 휴대폰 소액, 실시간 계좌이체, 신용카드 등이지만, 미국에서의 대표적인 결
제방법은 '페이팔'입니다. 페이팔은 1998년 12월에 설립하였는데, 이베이가 모회사입니다. 이는 인터넷을 이용한 결제
서비스로, 만 18세 이상 이용할 수 있으며, 페이팔 계좌끼리 또는 신용카드로 송금, 입금을 청구할 수 있습니다. 페이
팔에 가입한 후, 상품구매 시 사이트에서 제공하는 여러 가지 대금지불 방법 중 페이팔을 선택하면 페이팔 사이트로
연결되는데, 이 사이트에 로그인해 승인만 하면 되는 것입니다. 페이팔은 거래를 하면서 신용카드 번호나 계좌번호를
결제 사이트 측에 알리지 않아도 되기 때문에 보안에 안전합니다.

PART 3

인터넷 쇼핑몰 구축하기

온라인 쇼핑몰 성장의 상징적인 지표로 신문이나 TV에서 자주 언급하던 오픈마켓에서 실제로 상품을 등록하고 판매해보면서 많은 점을 느꼈을 것입니다. 소자본 창업이라는 편의성에 가려져 간과했던 높은 판매수수료, 불꽃 튀는 가격경쟁 등 만만치 않은 시장에서 살아남기 위한 방법을 몸소 체험했을 것입니다. 오픈마켓의 단점을 극복할 만한 여러분 나름대로의 노하우를 발견했다면 박리다매형의 수익을 올리는 데 있어서 오픈마켓만큼 좋은 곳도 없을 것입니다. 하지만 대다수의 소호 창업자는 상품의 직접 제조자가 아니며, 한꺼번에 몇천 개의 상품을 사입하여 판매할 만한 자금력도 없습니다. 따라서 소호 창업자의 온라인 판매의 승부수는 결국 고부가가치를 지향하는 전문 쇼핑몰 창업으로 귀결된다는 것이 필자의 생각입니다. 이번에는 오픈마켓의 한계를 뛰어넘는 전문 쇼핑몰 운영방법에 대한 노하우에 대해 알아보겠습니다.

12 단계

ONLINE
SHOPPING MALL

쇼핑몰 오픈을 위한 예산 책정하기

오픈마켓 판매준비를 할 때에는 물품 구입자금 외에 굵직한 자금지출이 거의 없었지만, 쇼핑몰을 오픈하기 위해서는 물품 구입자금 외에도 쇼핑몰 구축비용, 검색엔진 등록과 검색 키워드 광고비용 등이 지출됩니다. 물론 쇼핑몰을 어느 정도의 퀄리티와 규모로 제작할 것인지, 광고는 어느 정도 규모로 진행할 것인지에 따라 예산이 크게 달라질 수 있습니다. 중요한 것은 여러분에게 주어진 창업자금은 한정되어 있으며, 그리 큰돈은 아니라는 점입니다. 따라서 쇼핑몰의 특성과 취급 아이템의 특성을 감안하여 주요 지출항목 간의 예산을 가장 효율적으로 배분해야 할 것입니다.

미 니 강 좌 · · · · · ·

쇼핑몰 오픈 시점

쇼핑몰 제작이 완료되었다고 해서 쇼핑몰을 오픈한 것이 아니라, 대외적으로 쇼핑몰이 알려지면서 방문자가 들어오기 시작하는 시점이 진정한 의미의 쇼핑몰 오픈이 되는 것입니다.

쇼핑몰 오픈에 소요되는 시간

웹디자이너에게 의뢰할 경우 보통 2주일 정도면 제작이 완료되며, 상품 등록까지 포함해 판매를 위한 모든 것들이 준비되기까지 총 1개월 정도가 소요됩니다.

Q 기존에 오픈마켓에서 판매하던 상품만으로도 쇼핑몰을 운영할 수 있을까요?

옥션과 G마켓에서의 판매자 활동은 판매경험을 쌓기 위한 트레이닝 성격이 강했기 때문에 상품의 종류가 많지 않았을 것입니다. 아이템의 특성에 따라 쇼핑몰에서 판매하는 상품의 개수가 달라질 수 있지만, 전문 쇼핑몰을 오픈하려면 옥션이나 G마켓에서의 단품 위주보다는 상품구색을 더 다양화할 필요가 있습니다.

그러기 위해서는 판매할 상품을 추가구입할 자금이 필요할 것입니다. 단, 쇼핑몰을 오픈했다고 해서 당장 방문자가 쏟아져 들어오는 것은 아니기 때문에 준비해 놓을 상품의 양이 많이 필요는 없습니다.

쇼핑몰 제작과 상품 등록을 완료한 후 쇼핑몰을 검색엔진에 등록하고 유료광고도 조금씩 진행하면서부터 방문자가 생기기 시작하며, 매출 또한 급격히 증가하기보다는 몇 개월에 걸쳐 서서히 증가하는 것이 일반적입니다. 더욱이 신상품 출시가 잦은 의류나 패션잡화, 계절상품, 시즌별 인기상품 등은 쇼핑몰 제작에 소요되는 시간을 감안하여 너무 성급하게 구입해 놓지 말고 가급적이면 쇼핑몰의 실질적인 오픈 시점에 최대한 근접해서 구입하는 것이 좋습니다.

또한 검색엔진 광고를 진행할 계획이라면 여러분과 유사한 광고방식으로 쇼핑몰을 운영하고 있는 경쟁업체의 일일 방문자 수와 주문건수가 어느 정도 되는지를 살펴보세요. 여러분이 쇼핑몰을 오픈했을 때 들어오는 주문은 이 업체보다 적으면 적었지 많지는 않을 것입니다. 따라서 준비할 상품의 수량도 이에 맞춰서 정하는 것이 좋습니다.

Q 상품 구입비용 외에 쇼핑몰 오픈에 필요한 지출항목에는 어떤 것들이 있나요?

상품 구입비용을 제외한다면 쇼핑몰 제작비, 신용카드 지불대행사 계약에 필요한 보증보험 가입비, 쇼핑몰 솔루션 월사용료, 검색엔진 등록 및 광고비, 기타 소소한 경비지출 정도이며, 통상적으로는 총 300~400만 원 정도가 소요됩니다. 쇼핑몰 도메인이 들어간 스티커를 제작해 택배 박스에 한 장씩 붙여 주는 것도 저렴한 비용으로 쇼핑몰의 인지도를 높이는 방법이 될 수 있습니다.

또한, 블로그나 카페를 통한 홍보비용도 생각해 봐야 할 것입니다. 여러분의 블로그나 카페를 쇼핑몰 오픈에 앞서 최소한 1~2년간은 꾸준히 관리해야 쇼핑몰 오픈 시 이를 통한 방문자의 유입을 기대할 수 있습니다. 그러나 블로그나 카페를 통한 방문자 유입으로는 쇼핑몰 매출을 올리는 데 한계가 있기 때문에 이에 전적으로 의지하기보다는 홍보의 보조적인 수단으로 활용하는 것이 좋습니다.

물론 무료 쇼핑몰 솔루션을 이용하여 쇼핑몰을 직접 제작하고, 신용카드 결제 시스템 없이 블로그나 카페를 통해 홍보한다면 비용은 거의 들지 않겠지만, 여기서는 평균 정도의 지출항목을 알려 주는 것입니다. 또한 사무실을 따로 얻을 계획이라면 사무실 임대비용도 예산에 포함해야 할 것입니다.

미 니 강 좌 ·········

신용카드 지불대행사란?

쇼핑몰에서 신용카드 결제가 가능하게 하려면 각 신용카드사와 여러분의 쇼핑몰 중간에서 결제 서비스를 대행해 주는 회사가 필요한데, 이를 PG사(전자결제 지불대행사)라고 합니다. PG사와 계약을 하면 국내 모든 신용카드의 결제가 가능해집니다. 쇼핑몰 솔루션에는 제휴를 맺고 있는 지불대행사가 연결되어 있으며, 독립적으로 계약을 하는 것보다 훨씬 좋은 조건으로 계약을 맺을 수 있습니다.

잠깐만요! 쇼핑몰 오픈 시 주요 지출요소 세 가지

한정된 예산을 이곳저곳에 나눠 써야 할 경우, 용도의 중요성을 따져본 후에 예산분배를 해야 한다는 점은 재론의 여지가 없을 것입니다. 쇼핑몰 오픈의 주된 지출요소인 디자인, 광고, 상품구입 모두를 욕심대로 하자면 여러분이 가진 돈으로는 어림 없겠지만, 무조건 돈을 많이 투자한다고 해서 좋은 것은 아닙니다.

디자인비 : 100~150만 원이면 소호 쇼핑몰로서는 전혀 부족하지 않을 만큼 적당합니다. 이보다 낮으면 퀄리티가 많이 떨어질 우려가 있고, 이보다 높다고 해서 매출에 큰 영향력을 발휘할 것이라는 보장도 없습니다.

광고비 : 초기에는 절대 무리하게 광고해서는 안 됩니다. 게시판이 어느 정도 활성화되고, 홈페이지가 살아 있는 듯한 느낌이 들 때 광고를 조금씩 진행해 보는 것이 좋습니다. 초기에는 최소한의 금액으로 광고를 시작하다가 매출이 늘어나고 광고운용에 대한 감각이 키워지면 광고비를 늘리는 것이 가장 좋습니다.

상품구입비 : 소량씩 구입하면서 잘 팔리는 상품이 어떤 것인지 파악한 후 구입비용을 책정해야 합니다. 이 비용은 그야말로 여러분이 책정하기 나름입니다.

재택업무에서 벗어나 사무실을 얻는 것은 어떨까요?

옥션이나 G마켓 판매자는 재택업무를 하고, 쇼핑몰 판매자는 무조건 사무실을 얻어야 하는 것은 절대 아닙니다. 취급하는 상품의 특성을 감안할 때 별도의 업무공간이 있다면 판매 효율성이 높아질 수 있는지를 고려해 보는 것이죠. 인터넷 쇼핑몰을 하면서 사무실을 얻는 이유는 아래와 같은 세 가지에 속할 것입니다.

물품보관 용도

상품의 부피가 작고 물품 구입처가 근거리에 있어서 한꺼번에 물건을 사두지 않아도 된다면 굳이 사무실을 얻을 필요가 없습니다. 하지만 이와는 반대로 취급상품의 특성상 일정량의 재고확보가 불가피하고, 거래처에서 신속하게 상품을 공급받는 것이 어렵다면 물품보관 용도의 창고형 사무실을 얻는 것이 좋습니다. 그런데 아무리 창고라고 해도 단순히 물건만 보관하는 용도가 아니라 날마다 상품포장과 배송을 해야 한다면 교통이 불편하거나 너무 외진 곳에 있는 것은 곤란합니다.

물품판매 용도

온라인 판매상품 중에는 신상품 출시가 잦으면서 이월상품이나 재고상품의 교환, 반품이 어려운 것들이 있습니다. 의류나 패션잡화가 대표적이며, 이러한 상품들은 생활소비재의 성격이 강하므로 일반인들이 쉽게 관심을 갖고 구입할 가능성이 높습니다. 따라서 재고소진을 위해 공간은 크지 않더라도 방문객들에게 현장판매를 할 수 있는 위치에 사무실 겸 매장을 얻는 것이 좋습니다. 이를 통해 재고처분은 물론 매장영업에 따른 수익까지 기대할 수 있습니다.

강습장 용도

기성품이 아닌 수공예 아이템을 취급하는 전문 쇼핑몰의 경우, 수강생들의 교육장소를 겸해 사무실을 내도 좋습니다. 예를 들어 아로마테라피 쇼핑몰의 경우 천연비누와 화장품 만들기 강좌를 진행함으로써 교육을 통한 수익을 창출할 수 있을 뿐만 아니라 교육생들을 대상으로 한 재료판매 수익까지 기대할 수 있습니다.

ONLINE SHOPPING MALL

13 ^{단계} 쇼핑몰 도메인 등록하기

오픈마켓 상품판매와 달리 쇼핑몰은 이것저것 준비할 것이 많습니다. 상품촬영과 상품 등록은 기존의 오픈마켓 판매를 통해 어느 정도 익혔지만, 이제는 쇼핑몰 제작과 마케팅, 홍보업무도 여러분 스스로 진행해야 하기 때문이죠. 오픈마켓과 쇼핑몰의 중요한 차이점 중 하나가 바로 쇼핑몰에서 내 상점의 간판을 만들어 달 수 있다는 점인데, 그 간판이 바로 인터넷에서는 쇼핑몰 도메인입니다. 이번 단계에서는 도메인 등록 방법부터 하나씩 차근차근 살펴보겠습니다.

ⓠ 도메인의 종류는 어떤 것들이 있나요?

영문 도메인	.com | .kr | .co.kr | .net | .org | .or.kr | .biz(기업) | .info(정보) | .tv(미디어) | .co | .cc | .asia(아시아) | .cn(중국) | .tw(타이완) | .in(인도) | .pe.kr(개인) | .me | .name | .so(쇼핑몰에는 .com 과 .co.kr 이 가장 많이 쓰입니다.)	**· 사용 가능한 문자** ① 영문자 a~z, 숫자 0~9 또는 하이픈(–)의 조합으로만 표현됩니다. ② 콤마(,), 언더바(_) 등의 기호는 사용할 수 없습니다. ③ 전 세계적으로 중복되지 않도록 고유한 이름이어야 합니다(이미 사용하고 있는 도메인 이름은 사용불가). ④ 첫 글자는 영문자 또는 숫자로 시작해야 하며, 하이픈(–)으로 끝날 수 없습니다. **· 문자의 수, 대/소문자 구분** ① 문자의 수는 각 단계별로 최소 2자에서 최대 64자까지 가능합니다. ② 영문자의 대소문자는 구별하지 않습니다. **· 소요 시간** 도메인은 결제완료 후 등록까지 최대 24시간 소요됩니다.
한글 도메인	.com | .kr | .net | .org | .biz | .cc | .tv | .info | .name | .한국	인터넷 익스플로러 6.0 이하 버전에서는 한글도메인 접속을 지원하지 않습니다. 별도의 플러그인을 설치하거나 인터넷 익스플로러 8로 업그레이해야 합니다.
인터넷 키워드		사용자가 브라우저의 주소 입력창에 도메인 주소 대신 회사명, 상표명, 상품명, 서비스명 등을 입력하면 사이트로 연결되거나 검색결과 페이지 최상단의 바로가기로 연결됩니다. 광고의 개념이 접목된 것이기 때문에 등록비가 도메인보다 훨씬 비쌉니다. 신청한 키워드와 연결할 사이트와의 연관성 및 등록자의 적합성을 심사한 후 최종 등록됩니다(최대 5일 소요). 제휴 ISP인 KT, SK브로드밴드 환경 및 곰플레이어 등과 같은 플러그인 설치 환경에서 제공되거나 별도의 플러그인을 설치해야 합니다.

미 니 강 좌

도메인이란?

여러 개의 숫자로 된 복잡한 인터넷 주소(IP Address)를 사람들이 사용하기 쉽게 영문자로 표현한 주소를 말합니다.

어떤 도메인이 좋은지 추천해 주세요.

com/co.kr 도메인은 가급적이면 모두 확보하는 것이 좋습니다. 타인이 여러분이 등록한 도메인에 다른 확장자로 등록할 경우(shop.com/shop.co.kr) 유사 사이트 운영 또는 유해 사이트 운영으로 인해 매출 또는 이미지에 나쁜 영향을 끼칠 수 있기 때문입니다. 그리고 .kr 도메인은 2007년에 오픈하여 .co.kr보다는 인지도가 낮지만, 도메인은 짧을수록 기억하기 쉽고 입력하기도 편리하기 때문에 최근에는 .kr의 등록률이 매우 높아졌습니다. 따라서 com/co.kr 외에 kr까지 확보하는 것이 좋습니다. 여러 건의 도메인을 함께 등록할 경우 도메인 등록 대행사에서 무료로 제공하는 포워딩 서비스를 통해 한 쇼핑몰로 모두 연결할 수 있습니다.

도메인 포워딩/파킹 서비스는 어떤 서비스인가요?

포워딩 서비스

도메인과 운영하는 쇼핑몰 주소를 일대일로 연결해 주는 서비스로, 미니홈피, 카페, 기타 운영하는 홈페이지 등 인터넷에서 접근 가능한 주소라면 어디든지 연결 가능합니다. 보통 추가 등록한 도메인을 현 운영 쇼핑몰로 연결하여 사용하는 편입니다. mariweb.com과 mariweb.co.kr이라는 도메인을 모두 등록한 후 mariweb.com을 메인 도메인으로 사용하되, mariweb.co.kr을 주소창에 입력해도 mariweb.com 사이트에 연결되도록 하는 것을 일컬어 'mariweb.co.kr 도메인을 mariweb.com 도메인으로 포워딩한다'라고 이야기합니다. 포워딩에는 '고정 포워딩 방식'과 '유동 포워딩 방식'이 있습니다. 고정 포워딩 방식에서는 mariweb.co.kr을 mariweb.com이라는 도메인에 포워딩 신청해서 연결할 경우 브라우저의 주소창에는 'http://mariweb.com'이 나타납니다. 하지만 유동 포워딩 방식에서는 주소창에 'http://mariweb.co.kr'이 계속 남아 있게 됩니다. 따라서 메인 도메인으로 계속 노출해 주는 고정 포워딩 방식을 사용하는 것이 좋습니다.

파킹(원페이지) 서비스

도메인에 연결할 홈페이지가 없을 때, 공사중, 판매용, 홍보용 등 다양한 디자인의 파킹 페이지를 제공하는 서비스입니다. 도메인 등록 사이트에서 파킹 서비스를 신청하면 쇼핑몰 구축 완료까지 이 파킹 페이지를 보여 주게 됩니다.

마음에 드는 도메인의 만료일이 오늘인데, 바로 등록할 수 있나요?

도메인은 사용종료일 이후에 기존 소유자가 연장할 수 있도록 유예기간을 적용하므로 바로 등록할 수 없습니다. 국제 도메인은 등록기관마다 유예기간이 각각 다르게 적용되며 기간은 30~45일 정도입니다. 유예기간 이후에도 삭제대기기간, 삭제진행기간이 약 35일 가량 적용되므로 도메인이 삭제되어 등록 가능해지려면 사용종료일로부터 약 65~80일 가량이 소요됩니다. 또한, .kr 도메인(국내 도메인)은 사용종료일 이후 약 1개월 동안 유예기간이 적용되어 현 소유자가 연장할 수 있으며, 유예기간 동안 연장하지 않을 경우 도메인이 삭제되므로 타인이 등록할 수 있습니다(예) 사용종료일 2013.03.15인 도메인을 1개월 동안 연장하지 않을 경우 삭제 예정일은 2013.04.16 오전 9~10시경이 됩니다).

 도메인 작명 시 주의해야 할 점은 무엇인가요?

짧고 쉽게 만드세요

naver.com, nate.com, daum.net, empas.com, paran.com, dreamwiz.com 등 우리나라 홈페이지 종합순위 상위권에 드는 업체들의 도메인 평균 알파벳 숫자는 많아야 7자를 넘지 않습니다. 하지만 짧고 쉬운 도메인은 이미 소유자가 있는 경우가 대부분이죠. 영어 단어 중에서 7자리 이하인 단어의 대부분이 이미 도메인으로 등록되어 있더라도 조합된 단어나 사람의 이름, '다음'과 같이 순우리말에서 차용한 단어를 생각해 보면 의외로 짧고 쉬운 도메인을 찾아낼 수 있습니다.

숫자와 기호는 피하세요

사람들이 헷갈릴 수 있는 이원적 표기법은 사용하지 않는 것이 좋습니다. 예를 들어 lovetoyou의 철자를 줄이기 위해 love2u라는 도메인을 사용할 수도 있는데, 이는 사람들에게 도메인을 말로 알려 줄 때 오해의 소지가 많습니다. 또한 단어와 단어 사이에 하이픈(−)이 들어가는 것도 좋지 않습니다.

일반명사 도메인은 피하세요

판매할 상품이 국내 소비자들에게 잘 알려지지 않은 상품이라면 상품이름이 들어간 도메인이 유효할 수 있습니다. 하지만 대부분의 경우 유사 사이트가 많이 늘어나면 사이트의 정체성을 잃게 될 우려가 있으며, 갑자기 주력 아이템이 바뀔 경우, 도메인과 아이템 간의 연관성이 없어지게 됩니다.

유사 도메인, 상표권 분쟁의 소지가 있는 도메인은 등록하지 마세요

'나이키'의 짝퉁인 '나이스'가 우리에게 어떤 느낌을 주는지 생각해 보면 유사 도메인이 소비자에게 주는 역효과를 짐작할 수 있습니다. 동종의 경쟁 쇼핑몰과 철자 하나 다른 도메인을 사용해서 도메인을 잘못 입력하는 방문자들을 끌어오겠다는 근시안적인 사고는 쇼핑몰에 오히려 마이너스 요소로 작용합니다. 또한 유사업종 중에서 여러분이 등록하려는 도메인과 같은 회사가 있는지도 체크해 보세요.

 ## 도메인은 어떤 방법으로 만드는 것이 좋은가요?

유기농 상품 전문 몰의 도메인을 예로 들어 만들어 보겠습니다. 먼저 사업성격과 수익모델, 취급상품과 서비스를 몇 개의 문장 또는 단어로 정리해 보세요.

> – 유기농 상품을 판매한다.
> – 신선한 무공해 상품이다.
> – 30대 주부 및 독신여성이 주요 대상이다.
> – 고객의 생활수준은 중류층 이상이다.

그 다음 위의 문장이나 단어와 관련되어 연상되는 단어들을 연상해 보세요. 유기농 쇼핑몰 중 위의 조건을 충족하며 기억하기 쉽고, 어감도 좋은 도메인으로는 hegaon.com, mifarm.co.kr, orga.co.kr을 들 수 있습니다.

> – 유기농 상품을 판매한다. → organic/nature/wellbeing/eco/farm…
> – 신선한 무공해 상품이다. → green/fresh/safe/sun/day/…
> – 30대 주부 및 독신여성이 주요 대상이다. → 맑고 깨끗함, 아기자기한 어감, 한글
> – 고객의 생활수준은 중류층 이상이다. → 깔끔하고 투박하지 않은 어감

미 니 강 좌 ·········

도메인 등록은 어디에서?

도메인을 등록할 수 있는 사이트는 무척 많지만, 공신력 있고 일정 기간 이상 등록 대행업을 해온 곳에서 등록할 것을 권장합니다. 랭키닷컴의 도메인 등록대행 카테고리 중 상위 10개사는 가비아, 후이즈, 아사달, 닷네임코리아, 아이네임즈, 호스팅케이알, 넷피아, 인터넷나야나, 싼도메인, 오늘과 내일입니다. 등록대행 사이트마다 등록비가 약간씩 차이나므로 몇 개의 사이트를 비교해본 후에 선택하세요. 그리고 메이크샵, 후이즈, 카페24, 가비아 등 임대형 쇼핑몰 솔루션 회사에서 도메인 등록대행 사업까지 하고 있는 경우가 대부분인데, 도메인 등록과 쇼핑몰 솔루션 신청을 한 회사로 통일하면 나중에 도메인 네임서버를 변경할 필요가 없다는 장점이 있습니다.

14 단계

ONLINE
SHOPPING MALL

경쟁 쇼핑몰 분석해 내 쇼핑몰 기획하기

여러분보다 먼저 오픈한 쇼핑몰들이 많고, 먼저 자리 잡은 경쟁 쇼핑몰이 많다고 해서 의기소침하거나 낙담할 필요는 없습니다. 여러분들은 후발주자이기 때문에 선발 쇼핑몰의 장단점을 분석할 수 있는 기회를 좀 더 폭넓게 가질 수 있을 뿐만 아니라 이러한 점들을 여러분의 쇼핑몰에 발전적으로 수정·보완하여 적용한다면 경쟁 쇼핑몰을 앞지를 승산도 있는 것입니다. 그들과 다른 시각의 쇼핑몰 컨셉트와 아이템으로 여러분이 새롭게 창출한 틈새시장에서는 여러분이 1등이 될 수도 있을 테니까요.

Q 쇼핑몰 사이트를 구성하는 기본요소는 어떤 것들인가요?

텍스트

쇼핑몰에서 정보전달의 가장 기본적인 역할을 하는 요소는 단연 '텍스트'입니다. 텍스트 기반의 콘텐츠에 그래픽적인 요소를 가미하여 쇼핑몰이 시각적으로 단조롭거나 지루하지 않도록 구성하는 것이 중요합니다. 여기서 텍스트와 조합된 그래픽적인 요소는 정보전달에 오히려 방해가 되거나 혼란을 주지 않도록 텍스트와 시각적인 개연성을 갖추고 있어야 합니다.

모니터상의 쇼핑몰 화면에서 기본적으로 보이는 서체인 굴림체나 돋움체, 바탕체 등은 가독성은 좋으나 디자인적인 요소가 가미되기는 힘들기 때문에 쇼핑몰 메인 화면의 텍스트와 메인 메뉴, 각 페이지의 주요 타이틀 등은 다양한 서체를 활용한 이미지 파일로 표현하는 것이 좋습니다. 하지만 세부 상품설명의 경우, 정보수정을 용이하게 하고 방대한 상품설명의 로딩시간을 단축하기 위해 기본글꼴로 작성하는 것이 일반적입니다. 또한 메뉴 중에도 취급하는 상품이 워낙 많아 메뉴 카테고리가 두세 개의 트리를 이루는 복잡한 구조라면, 자주 바뀔 가능성이 높은 하위분류도 기본글꼴로 제작하는 경우가 많습니다.

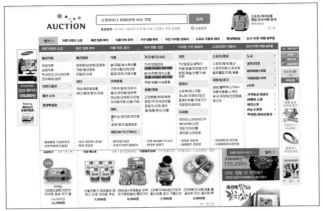

▲ 정보 수정이 용이하고 로딩시간을 단축하기 위해 수정이 잦고 복잡한 하위분류에는 기본글꼴을 사용합니다.

그래픽

정보전달의 기본은 텍스트이지만, 수십 줄의 텍스트가 전달할 수 있는 것을 하나의 그래픽으로 설명하는 것이 더 의미심장하고 강하게 어필할 수도 있습니다. 더욱이 쇼핑몰의 개성적인 이미지를 나타내고 방문자가 콘텐츠에 더욱 집중할 수 있도록 해 준다는 점에서도 그래픽은 중요합니다.

하지만 이처럼 중요한 요소인 그래픽도 용량이 너무 커서 로딩시간이 길다면 인내심이 약한 쇼핑몰 방문자는 단 몇 초를 참지 못하고 다른 페이지로 이동해 버릴 것입니다. 따라서 텍스트와 그래픽의 적절한 조화로 쇼핑정보가 방문자에게 빠르게 전달될 수 있도록 해야 합니다.

쇼핑몰에서 흔히 볼 수 있는 그래픽적 요소로는 메뉴를 나타내는 각종 버튼과 아이콘, 상품이미지, 사이트 분위기를 결정하는 메인 이미지 등이 있습니다.

▲ 이미지 파일 위에 마우스 오른쪽 버튼을 클릭하면 관련 메뉴가 나타나고, 맨 아래 '속성'을 클릭하면 해당 이미지의 주소와 형식, 그림 크기 등을 알 수 있습니다.

멀티미디어

텍스트와 그래픽을 제외한 기타 시청각적 요소라고 이해하면 됩니다. 플래시, VRML이 가능한 각종 오브젝트, 쇼핑몰에서 흘러나오는 배경음악, 쇼핑몰이나 상품소개용 동영상 등 다양하고 복잡한 오브젝트들이 멀티미디어에 포함됩니다. 초기의 쇼핑몰은 텍스트와 단순한 그래픽 중심이었지만, 최근 들어 인터넷 통신환경이 좋아지고 사용자의 수준이 높아지면서 그래픽과 텍스트에 식상한 방문자를 쇼핑몰에 끌어들이기 위해 멀티미디어를 적극 활용하고 있습니다. 메인 이미지나 메뉴에 사용하는 플래시 무비의 수준은 쇼핑몰마다 천차만별이지만, 플래시가 들어가지 않은 쇼핑몰은 찾아보기 힘들 정도가 되었으니까요.

대중화되지 않은 아이디어 상품이나 사용법이 생소한 상품, 시연이 상품구매에 큰 영향을 끼치는 상품, 대외적인 홍보영상이 준비된 상품을 판매하는 쇼핑몰이라면 관련 동영상이 매출증대에 큰 도움이 될 수 있습니다.

▲ 플래시 멀티미디어에 마우스 오른쪽 버튼을 클릭하면 관련 메뉴가 나타납니다.

프로그램

겉으로는 드러나지 않지만 모든 쇼핑몰에는 프로그램이 적거나 많이 또는 단순하거나 복잡하게 들어가 있습니다. 가장 흔한 것으로는 고객과의 의사소통 기반이 되는 각종 게시판을 들 수 있으며, 전자상거래가 이루어지는 쇼핑몰의 특성으로 인해 상품검색, 위시 리스트, 관련 상품 및 추천 상품 리스트, 주문 및 배송 조회, 회원관리 등 많은 프로그램이 쇼핑몰의 필수요소로 들어갑니다.

▲ 위시 리스트, 장바구니, 적립금, 쿠폰 등의 기능은 모두 쇼핑몰의 프로그램 요소에 속합니다.

Q 쇼핑몰 메뉴와 각종 페이지들의 효율적인 기획방법을 알려 주세요.

쇼핑몰과 기타 사이트의 가장 큰 차이점은 유·무형의 상품을 구입하는 상거래 행위가 인터넷에서 이루어진다는 것입니다. 따라서 전자상거래가 정상적으로 이루어지기 위해서는 필요한 요소들이 빠짐없이 들어가야 합니다.

메뉴(상품분류)

쇼핑몰에서의 상품분류는 적게는 1단계에서 많게는 4단계까지 사용합니다. 대형 종합 쇼핑몰과 오픈마켓의 경우 검색 편의를 위해 3~4단계의 상품분류를 사용하고, 중·소규모 전문 쇼핑몰은 1~2단계의 상품 분류를 사용합니다.

쇼핑몰에서 첫눈에 들어오는 대분류는 최대한 직관적이고 간결하게 정리하고 각 대분류별로 드롭다운이나 펼침 방식의 중·소분류 메뉴를 사용합니다. 인기상품은 원래의 분류기준에 의하면 중분류체계에 속하더라도 대분류처럼 첫눈에 들어올 수 있도록 밖으로 빼내어 고객들이 쉽게 찾을 수 있도록 해야 합니다.

▲ 종합 쇼핑몰, 오픈마켓은 3~4단계의 상품분류를 사용합니다. G마켓은 총 4단계의 복잡한 상품분류를 메인화면
에서 1~2단계, 2단계 카테고리 페이지에서 3~4단계로 나누어 보여 줍니다.

전문 쇼핑몰이라 하더라도 아래 화면과 같이 취급 아이템에 따라 상품분류가 많아
질 수도 있습니다. 대분류 롤오버 시 그에 해당하는 중분류가 나타나며, 해당 중분
류 상품 리스트 페이지에서 중분류를 다시 한 번 상단에 펼침식으로 정렬해 줌으로
써 상품검색의 편의성을 높였습니다.

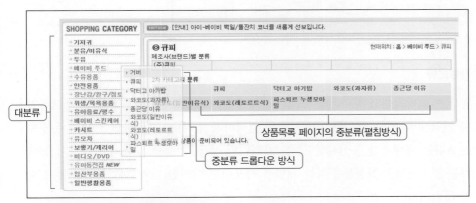

▲ 유아용품 전문 쇼핑몰의 2단계 상품분류 체계

수입신발 브랜드가 많이 몰려 있는 신발 전문 쇼핑몰 두 곳의 메뉴 분류방식을 비교
해 보겠습니다. 아래 화면의 왼쪽은 대분류와 중분류를 완전히 펼쳐 놓은 것이고,
오른쪽은 전통적인 메뉴 분류방식에 따른 것입니다. 왼쪽 메뉴는 마우스 움직임 없
이 한눈에 상품분류를 볼 수 있어 나름대로 편리한 점도 있습니다. 또한, 텍스트 메
뉴 사이에 신상품이나 고가상품 링크 배너를 넣어 주목성을 높이고 있습니다. 하지
만 이러한 펼침방식은 공간의 낭비가 많기 때문에 메인 페이지가 아닌 다른 페이지
에서는 오른쪽과 같은 전통적인 분류방식을 사용할 수밖에 없습니다.

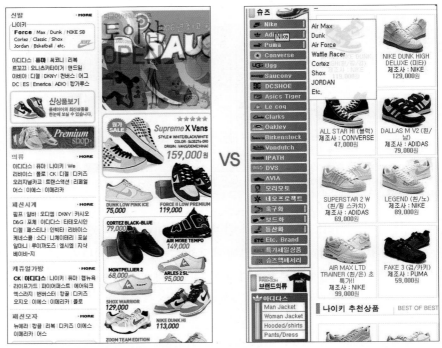

▲ 수입신발 쇼핑몰의 펼침 메뉴와 드롭다운 메뉴

가상분류

휴대폰 쇼핑몰에서 휴대폰을 구입하려고 할 때 보통 통신사별로 상품을 검색하거나 가격대별·기능별로 구입할 상품을 검색하게 됩니다. 그렇다면 쇼핑몰 운영자는 A라는 휴대폰을 통신사별 상품, 가격대별 상품, 기능별 상품에 중복해서 등록하는 것일까요? '가상분류'라는 개념을 사용하면 이러한 번거로운 수고를 할 필요가 없습니다.

판매할 아이템의 기본분류는 가장 보편적이고 사람들에게 익숙한 기준으로 정하는 것이 좋습니다. 그 밖에 소비자들이 상품을 선택할 때 고려하는 요소들(가격대별, 기능별, 제조사별 등)을 기준으로 하여 가상분류를 생성하는 것입니다. 그렇게 하면 이 쇼핑몰에 등록된 모든 상품들은 통신사별 기본분류에 필수적으로 등록되고, 각 상품의 특성별로 가장 적합한 가상분류 카테고리에도 등록됩니다.

예를 들어 통신사별 기본분류에서 'KT'에 속하는 A휴대폰은 가격대별 가상분류에서 '60만 원 이상' 분류에, 기능별 가상분류에서는 'DMB폰' 분류에, 제조사별 가상분류에서는 '삼성'에 등록되어 있어서 방문자에게 다양한 조건으로 자주 노출되는 것입니다.

휴대폰 쇼핑몰의 가상 분류 예

- **가격대별** : 10만 원 이하/10~20만 원/20~30만 원/30~40만 원/40~50만 원/50~60만 원/60만 원 이상
- **기능별** : 스마트폰/DMB폰/MP3폰/디카폰/게임폰/VOD폰/특수기능폰
- **제조사별** : 삼성전자/LG전자/HTC/애플/모토로라/팬택
- **기타 분류** : 최신폰/출시예정폰/초저가폰/중고폰

상품 상세 정보

쇼핑몰을 방문하는 가장 큰 이유는 상품을 구입하기 위해서입니다. 따라서 방문자들이 원하는 상품을 쉽게 찾을 수 있도록 상품을 진열해야 하며, 각각의 상품 정보는 가장 효율적이고 설득력 있게 보여질 수 있어야 합니다. 옥션과 G마켓의 상품 상세 설명 페이지와 큰 차이는 없지만, 상품 정보 자체를 제외한 기타 안내내용은 굳이 각각의 상품설명 안에 들어 있을 필요가 없습니다. 쇼핑몰은 옥션, G마켓처럼 구매절차가 복잡하지 않으므로 별도의 이용안내 페이지를 통해 안내해도 되는 것이죠. 다만 의류나 패션잡화와 같이 반품과 교환확률이 높은 아이템이라면 모든 상품설명의 하단에 관련 정보를 노출하여 고객의 주의를 다시 한 번 환기해 주는 것이 좋습니다.

◀ 원두커피 전문 몰의 상품 상세 정보 페이지

미 니 강 좌 ·········

옥션, G마켓과 전문 쇼핑몰의 상품 상세 정보 차이점

상품 정보 자체에는 큰 차이가 없지만, 전문 쇼핑몰에서는 해당 상품의 정보만 보여 주면 되므로 옥션, G마켓 상품 정보에 비해 군더더기가 필요없습니다.

PART3

❶ **상품 사진** : 쇼핑몰에서 사용하는 모든 상품 사진의 크기나 테두리의 형태, 워터마크의 위치와 디자인이 통일성을 갖고 있으면 보기에 좋습니다. 보통 쇼핑몰에서 사용하는 사진의 크기는 상세, 확대, 목록 이미지의 3종류입니다. 쇼핑몰 관리자에서 상세, 확대, 목록 이미지 중 제일 큰 이미지를 사용하는 확대 이미지만 등록하면 정비율로 자동 축소되어 상세 이미지와 목록 이미지가 나타나지만, 이미지가 찌그러지거나 깨질 가능성이 있기 때문에 세 가지 사이즈의 이미지를 모두 만들어서 개별적으로 등록하는 것이 좋습니다.

- • 목록 이미지 : 상품분류 목록 페이지에 나타나는 가장 작은 크기의 이미지
- • 상세 이미지 : 상품 상세 정보 페이지의 상단에 나타나는 중간 크기의 이미지
- • 확대 이미지 : 상세 이미지 확대보기를 클릭하면 나타나는 대형 크기의 이미지

❷ **상품선택 옵션** : 상품주문 시 옵션이나 사이즈, 색상 선택 등의 선택사항은 가급적이면 규격화하여 고객이 간편하게 선택만 하면 되도록 해야 합니다. 그렇지 않고 주문서 작성 페이지에서 '주문 시 메모사항' 같은 곳에 고객이 직접 작성해야 할 경우 내용이 정확하지 않거나 적는 것을 잊어버릴 확률이 높습니다. 만약 상품군별로 다른 선택사항이 필요하다면 이 부분의 설정도 바꿔야 합니다.

❸ **구매 버튼** : 바로구매는 해당 상품만 구매하기 위해 바로 주문서 작성 페이지로 넘어가며, '장바구니담기'는 해당 상품이 담긴 장바구니 페이지로 넘어갑니다. 두 버튼이 헷갈리지 않도록 버튼의 디자인을 달리하는 것이 좋습니다.

❹ **안내문구** : 상품주문 및 사용과 관련된 중요한 안내사항은 잘 보이는 곳에 배치하는 것이 좋으며, 이 부분은 눈에 잘 띄고 반복 노출되는 곳이므로 쇼핑몰 내에서 고객이 많이 보기를 원하는 콘텐츠나 페이지를 안내하는 문구, 안내 페이지의 이미지 링크를 넣어 주는 것이 좋습니다.

❺ **상품 상세 정보** : 상품 상세 정보는 모든 상품의 상세 설명을 일관된 디자인과 순서로 진행하는 것이 좋습니다.

❻ **특별히 제작한 구매 가이드 이미지** : 상품구매를 효과적으로 안내하기 위해 필요하다면 각 상품설명마다 특별히 제작된 이미지를 넣어 주는 것이 좋습니다.

콘텐츠

콘텐츠란 원래 서적, 논문 등의 내용이나 목차를 일컫는 말이었지만, 현재는 각종 유·무선 통신망을 통해 제공하는 디지털 정보나 그 내용물을 통칭하는 말로 자주 사용합니다. 예를 들어 인터넷이나 PC 통신 등을 통해 제공하는 각종 프로그램이나 정보 내용물, 시디롬(CD-ROM) 등에 담긴 영화나 음악, 게임 소프트웨어 등이 모두 이에 속하죠.

이러한 콘텐츠의 개념을 쇼핑몰에 적용할 경우, 광의의 개념으로는 판매하는 상품의 정보와 상품 관련 뉴스, 전문지식, 운영자와 고객에 의해 누적된 커뮤니티 내의 각종 정보를 의미하고, 협의의 개념으로는 상품 상세 설명을 제외한 상품 관련 뉴스와 전문지식만을 의미합니다. 상품 상세 정보에 대해서는 앞에서 따로 설명했기 때문에 여기에서는 쇼핑몰 콘텐츠를 협의의 개념으로만 설명하겠습니다.

콘텐츠는 상품판매에 직·간접적으로 힘을 실어 주는 역할을 합니다. 직접적으로는 고객의 상품구입에 결정적인 힘을 발휘하며, 간접적으로는 쇼핑몰 방문자를 증대하고 단골고객을 만들며 쇼핑몰의 전문성과 차별성을 부각하는 대외적 홍보수단이 됩

미 니 강 좌 .... 📖

해외 콘텐츠 활용

경쟁 쇼핑몰과 콘텐츠의 차별화가 어렵다면 상대적으로 접근이 어려운 해외 사이트에서 정보를 검색해 올리는 것도 좋은 방법입니다. 인터넷 쇼핑을 즐기는 네티즌들은 대체적으로 해외의 이국적인 문화와 신기한 상품에 관심이 많습니다.

메일 매거진·블로그·미니홈피

운영자가 회원관리 및 서비스 차원에서 발행하는 메일 형태의 매거진, 쇼핑몰 홍보를 위해 운영하는 블로그나 미니홈피도 넓은 의미에서는 일종의 콘텐츠나 커뮤니티로 볼 수 있습니다.

니다. 따라서 전문 쇼핑몰일수록 콘텐츠의 중요성이 더욱 크다고 할 수 있습니다. 예를 들어 DIY 리폼 전문 쇼핑몰인 '문고리닷컴'은 회원들 간의 정보교류 공간인 커뮤니티와 문고리닷컴에서 운영하는 DIY 자료실 게시판을 통해 유익한 정보를 제공함으로써 고객들에게 대표성을 인정받고 있습니다.

▲ 커뮤니티 장점을 잘 살린 DIY 리폼 전문 쇼핑몰인 '문고리닷컴'

고객센터

회사소개, 이용안내, 개인정보보호정책, 이용약관 등을 비롯한 회원 로그인 관련 페이지가 모두 이에 해당합니다. 이러한 페이지들은 어느 쇼핑몰 솔루션이나 기본적으로 제공하고 있으며, 가장 일반적이고 공통된 문구가 이미 삽입되어 있습니다. 하지만 제공하는 내용을 그대로 사용하는 것보다는 여러분의 쇼핑몰에 맞는 이미지로 바꾸거나 특별한 운영정책이 있는 경우, 이를 추가하거나 수정해서 사용하는 것이 좋습니다.

(1) 회사소개

쇼핑몰에 방문자가 들어오면 상품만 둘러볼 뿐, 회사소개는 보지 않을 것이라는 선입관은 버리세요. 쇼핑몰 운영자가 어떤 사람이며 어떤 생각을 갖고 쇼핑몰을 운영하는지 알려 주는 것은 신뢰감과 친밀감 형성에 매우 중요하게 작용합니다.

여러분의 성실성과 개성, 쇼핑몰 운영에 대한 소신 등을 겸손하면서도 친근감 있게 표출할 수 있도록 회사소개 페이지에 정성을 들여보세요. 효과를 배가하기 위해 사진을 사용하는 것도 좋은 방법입니다. 밝게 웃고 있는 운영자의 사진이나 전문성이 느껴지는 운영자의 업무장면도 좋습니다. 때로는 가상의 인물(캐릭터)를 내세워 친밀감과 개성을 표현할 수도 있습니다.

잠깐 만요! 콘텐츠의 힘

쇼핑몰에서 콘텐츠가 발휘하는 기능은 아래와 같습니다. 이 두 기능은 완전히 분리되었다기보다는 어느 쪽 역할이 더 큰지에 따라 구분합니다.

정보 제공

상품 사용후기 및 다양한 활용법, 상품과 관련된 뉴스와 각종 유용한 자료 등을 제공함으로써 구매를 망설이는 고객에게는 상품구입 욕구를 더욱 부추길 수 있으며, 이미 구매를 한 고객에게는 지속적인 재구매를 유도할 수 있습니다.

▲ 상품 관련 각종 고급 정보들이 전문 쇼핑몰의 가치를 높여 줍니다.

감성과 재미 제공

취급하는 상품과 직접적인 관련이 있는 것은 아니지만 감성과 재미를 제공하는 콘텐츠는 운영자와 고객 간의 친밀도를 높이며, 단골고객을 유치하고 쇼핑몰의 분위기를 활기차게 조성하는 데에 도움이 됩니다. 특히 취급 아이템의 고객층이 10~20대로 젊고, 온라인상에서 자신을 표출하는 데에 적극적인 세대일수록 더욱 큰 역할을 합니다. 운영자의 사진을 곁들인 신변잡기적인 일상사, 운영자의 전문 분야에 얽힌 에피소드, 맛집멋집, 여행정보, 별자리 운세, 혈액형 등이 이에 속하며, 대부분 게시판 형식을 취하게 됩니다.

▲ 정보와 감성을 담은 '문고리닷컴' 커뮤니티

(2) 이용안내

초보 창업자가 쇼핑몰 이용안내를 100% 창작해서 작성하려면 어떻게 작성해야 할지 막막할 것입니다. 그러한 점을 감안해 이용안내 페이지 또한 쇼핑몰 솔루션에서 제공하고 있습니다. 회원가입, 적립금, 상품주문 방법, 주문확인 및 배송, 배송기간과 방법, 주문취소 및 교환, 환불에 대한 내용들이 간략하게 소개되어 있죠. 이것들을 여러분의 쇼핑몰에 맞는 문구로 수정해 보세요. 수정방법은 쇼핑몰 솔루션 관리자 모드에서 기본으로 들어가 있는 내용을 간단히 수정하면 됩니다.

(3) 개인정보보호정책/이용약관

쇼핑몰의 개인정보보호정책과 이용약관은 대동소이합니다. 그러나 여러분의 쇼핑몰 이용자가 주지해야 할 특별한 이용약관이 있다면 그 내용을 기본 이용약관에 추가해야 합니다. 이용약관은 쇼핑몰 이용자들이 그다지 눈여겨보지는 않지만, 만에 하나 소비자와의 분쟁이 생겼을 때 여러분의 입장을 대변할 만한 객관적인 증거가 될 수도 있습니다.

(4) 회원 관련 페이지

회원 로그인 후 제공하는 페이지는 마이 페이지로, 이 또한 쇼핑몰 솔루션에서 기본으로 제공합니다. 쇼핑몰 회원만 이용할 수 있는 마이 페이지에서는 회원정보 수정, 과거 구매내역, 보유 중인 적립금 및 포인트, 위시 리스트, 운송장번호 조회 등의 기능을 제공합니다.

전문 몰일수록 매출안정을 위한 단골고객의 확보는 매우 중요합니다. 따라서 방문 횟수가 많고 구매액이 높은 우수회원은 별도 관리하여 다른 경쟁 쇼핑몰로 이탈하지 않도록 신경을 써야 합니다.

주문·결제·배송

고객이 고른 상품을 장바구니에 담고 주문서를 작성한 후 결제하는 과정, 주문한 상품의 내역 조회, 운송장번호 조회 페이지들은 쇼핑몰 솔루션에서 기본적으로 제공하며, 신용카드 지불대행 계약을 맺으면 신용카드 결제도 가능해집니다(신용카드 결제를 위한 PG사와의 계약은 17단계 참고). 그러나 각 절차에서 안내가 불충분한 곳은 없는지 체크하여 보충설명이 필요한 곳은 수정을 하고, 신용카드 사용을 위한 안내 페이지를 삽입하는 것도 좋은 방법입니다.

Q 어떤 쇼핑몰이 기획에 도움이 될까요?

동종의 경쟁 쇼핑몰 중 가장 활발하게 운영되고 있는 세네 군데 쇼핑몰을 집중적으로 분석해 보는 것이 좋습니다. 어떤 고객을 타깃으로 하고, 어떤 방법으로 고객을 모으며, 주로 사용하는 이벤트는 무엇인지, 특별히 눈에 띄는 운영정책은 무엇인지 파악한 후, 그 결과를 토대로 경쟁자들이 보유하고 있는 장점을 뛰어넘을 수 있는 방법을 모색하거나 차별화 포인트를 잡아내야 합니다.

분석대상은 '랭키닷컴'을 통해 매출과 방문자 수가 업계 상위에 속하는 쇼핑몰, 혹은 순위에는 들지 않더라도 쇼핑몰 이용자들 사이에서 입소문이 난 쇼핑몰 위주로 선정합니다. 업계에서 부동의 상위 랭킹을 고수하고 있으며 연혁도 최소한 2~3년 이상되는 터줏대감 쇼핑몰, 오픈한 지 1년 이내면서도 빠른 속도로 성장하고 있는 다크호스 쇼핑몰, 여러분이 판매할 상품이나 비즈니스 모델과 가장 유사한 컨셉트를 가진 쇼핑몰 등 여러 요소를 골고루 검토해 볼 수 있는 쇼핑몰이면 더욱 좋겠죠.

Q 다른 쇼핑몰을 비교분석할 때 어떤 점을 기준으로 해야 하나요?

아래의 사항을 기준으로 삼아 다른 쇼핑몰을 분석해 보고, 이와 비슷한 수준으로 나가면 될 듯한 보편적인 운영요소 및 철저하게 차별화해야 할 요소를 생각해 봅니다. 차별화의 포인트는 다른 쇼핑몰에서 취약한 부분, 혹은 간과하고 있는 부분을 집중적으로 부각하는 것에 있습니다. 소호 쇼핑몰은 육해공 전투력을 모두 갖출 필요가 없습니다. 공략할 적군이 해상전에 취약하다면 여러분은 해군을 집중적으로 육성해 바다에서만큼은 해상왕 장보고가 되면 됩니다. 또한 적군이 규모 키우기에만 눈을 돌리고 있으면 여러분은 소수정예 육해공 특공대를 집중 육성하세요.

분석요소	분석 쇼핑몰	내 쇼핑몰
사이트 운영자와의 커뮤니케이션	– 게시판에 답변이 올라오기까지 걸리는 시간 – 답변내용의 충실성 – 고객게시판 활성화 정도	게시판에 올라오는 질문의 내용을 보면 고객들이 쇼핑몰을 이용할 때 어떤 점에 가장 신경을 쓰고, 상품을 구입할 때 무엇을 중요하게 생각하는지 알 수 있습니다.
콘텐츠	– 제공하고 있는 콘텐츠의 종류 – 콘텐츠의 양 – 콘텐츠의 독창성과 질적 수준 – 각 콘텐츠별 게시물 조회수	쇼핑몰들이 공통적으로 제공하고 있는 콘텐츠는 기본으로 넣되, 그중 여러분이 집중해서 키울 수 있을 만한 인기 콘텐츠 한두 개를 선정한 후 그것만큼은 정보의 양이나 독창성 혹은 질적인 면에서 경쟁력을 확실히 갖추도록 하세요.

상품 및 가격정보	– 풍부하고 자세한 상품 정보를 제공 하는가? – 가격대 – 상품구색 – 인기상품 파악(게시판과 사용후기 등을 통해)	다른 쇼핑몰의 상품 정보에서 부족한 부분, 취약한 부분을 보완하세요. 상품의 종류를 경쟁 쇼핑몰과 비슷한 수준으로 갖춰 방문자 에게 규모나 구색 면에서 다른 쇼핑몰에 비 해 뒤떨어지지 않는다는 인상을 주되, 판매 에 주력할 상품을 5~10가지 정도로 정해 집 중적으로 판촉하는 것이 효율적입니다.
고객 흡인력	– 기획행사 및 이벤트 – 맞춤 서비스 – 방문자들 간의 커뮤니티 활성화 정도 – 사은품이나 무이자 할부	일단 쇼핑몰에 들어온 고객이 바로 나가지 않도록 해야 하며, 한 번 방문했던 고객이 쇼 핑몰을 다시 찾도록 하는 것이 중요합니다. 지속적인 기획행사나 이벤트로 쇼핑몰을 활 기차게 연출하고, 운영에 큰 부담이 되지 않 는다면 사은품이나 무이자할부 행사를 시도 해 보는 것도 좋습니다.
디자인상의 매력	– 쇼핑몰 분위기 – 로고와 디자인의 연계성 – 전용 캐릭터나 이미지 사용 여부 – 쇼핑몰의 시각적인 일관성, 통일성, 가독성	쇼핑몰의 기본인 시각적 일관성과 통일성, 가 독성은 반드시 갖추되, 동종의 쇼핑몰과는 차 별화한 분위기로 고객에게 어필해야 합니다. 고객이 쇼핑몰의 디자인을 보고 상품구입 여 부를 결정하지는 않지만, 쇼핑몰을 평가하는 고객의 심리에 직·간접적으로 많은 영향을 끼치는 것은 부인할 수 없는 사실입니다.
고객 서비스	– 고객센터 운영현황(업무시간 및 휴무일) – 교환/환불 처리방식 – 특별한 회원관리 방식	고객센터 운영 부분은 다른 쇼핑몰과 비슷한 수준으로 맞춰도 괜찮습니다. 교환/환불도 업계에서 통용되는 기준으로 맞추되, 그 처 리절차는 최대한 신속하고 간편하게 진행되 어야 합니다.
사용자 페이지	– 메뉴 구성 – 상품검색의 편리성	많은 쇼핑몰에서 사용하고 있고 소비자에게 도 익숙한 가장 일반적인 상품분류를 사용하 는 것이 좋으며, 좀 더 개성 있는 상품분류로 고객에게 어필하고 싶을 경우 가상분류를 병 행하면 됩니다.
거래의 편리성 및 안정성	– 결제수단의 종류 – 이용하는 택배사	신용카드와 현금구매가 결제수단의 가장 기 본이며, 구매금액에 따른 택배요금의 차이, 무료배송이 적용되는 최저 구매금액에 대해 살펴보고, 이와 비슷한 수준 또는 좀 더 경쟁 력 있는 수준으로 맞춥니다.
홍보방법	– 일일 방문자수 추정 – 검색엔진 광고진행 여부 – 기타 홍보방법	다른 쇼핑몰들은 어떤 방법으로 쇼핑몰을 홍 보하는지 살펴봅니다. 어느 검색엔진에 어떤 키워드로 광고하고 있는지, 광고 이외에 어 떤 홍보방법을 사용하는지도 관찰합니다.

여성화 전문 몰 벤치마킹의 예

벤치마킹할 동종업계 쇼핑몰은 사이트 순위정보를 제공하는 랭키닷컴(http://www.rankey.com)을 이용하는
것이 좋습니다. 랭키닷컴의 사이트 순위정보에서 쇼핑>패션잡화>여성화 전문 몰 순위는 아래와 같습니다.

여성화 전문 몰 상위권에 랭크되어 있는 쇼핑몰들은 여성화 쇼핑몰의 디자인 트렌드와 인기상품, 신상품
현황 등을 파악하는 데 많은 도움이 됩니다.

디자인은 웹디자이너에게 전적으로 맡겨도 되는 것인가요?

쇼핑몰 디자인 기획단계에서 가장 중요한 것은 전체적인 컬러 배색과 레이아웃입니다. 세부적인 디자인은 제작을 맡을 웹디자이너가 진행하더라도, 여러분 또한 기본적인 방향을 잡고 있어야 웹디자이너와의 의견교환과 합의가 좀 더 발전적인 방향으로 손쉽게 이루어질 수 있습니다.

컬러 배색

(1) 쇼핑몰에서 컬러의 역할

쇼핑몰 디자인에 있어서 컬러의 역할은 두 가지입니다. 첫째는 쇼핑몰의 이미지(인상, 분위기)를 결정하는 것이고, 둘째는 기능적인 측면에서 방문자가 정보를 보기 쉽고, 읽기 쉽게 하는 것입니다.

• 이미지(인상, 분위기)

쇼핑몰의 비즈니스 모델이나 판매상품을 연상하게 하는 역할을 합니다. 예를 들어 화장품 쇼핑몰이 분홍색이나 피부색을 사용하는 것은 색이 만들어 내는 이미지를 이용한 것입니다. 색의 이미지는 보는 사람의 공통인식에 의해 생겨납니다. '카레=노란색'처럼 한 가지 사물의 지배적인 색상이 그 사물을 대표하는 컬러가 되는 경우도 있고, '난색계=여성스러움', '한색계=남성다움'과 같이 어릴 때부터 습관화되어 온 이미지에 의해 만들어질 수도 있습니다.

▲ 컬러로 연상할 수 있는 이미지

• 기능(가독성)

메뉴나 중요한 배너 등을 직관적으로 알 수 있도록 눈에 띄는 컬러를 사용하거나 관련된 내용들을 같은 컬러로 표시해서 보기 쉽고 읽기 쉽게 합니다.

미니강좌 ‧‧‧‧‧‧‧‧
웹 전용 컬러

동일한 사이트가 서로 다른 컴퓨터에서 전혀 다른 색상처럼 보이는 경우가 있습니다. 이는 브라우저의 종류, 사용하는 컴퓨터 시스템 환경에 의해 그렇게 보이는 것인데, 색이 왜곡되는 것을 막고 싶다면 모든 환경에서 같게 보이는 웹 전용 컬러(Web Safe Color)를 사용하면 됩니다. 웹 전용 컬러는 브라우저에서 색을 선택할 때 사용하는 패널에서 공통으로 제공하는 216가지 컬러를 의미합니다. 하지만 최근에는 일반 컴퓨터 사양이 좋아지는 추세이므로 필요한 경우에는 트루 컬러(24비트)를 사용하는 경우도 늘고 있습니다.

(2) 쇼핑몰의 기본 컬러는 세 가지 이내로

일반적으로 홈페이지나 쇼핑몰을 만들 때에는 세 가지 컬러 위주로 제작하는 것이 무난합니다. 메인에서 보이는 이미지나 정보의 양이 많은 대형 쇼핑몰은 이러한 룰을 따르지 않기도 하지만, 전문 쇼핑몰일수록 쇼핑몰의 성격과 주요 고객층에 맞는 주조색을 정해 메인 컬러로 사용하는 한편, 이를 뒷받침할 서브 컬러와 변화를 주기 위한 포인트 컬러를 선정하여 사용하는 것이 좋습니다.

그렇다고 해서 여러분이 좋아하는 컬러 세 가지를 무작정 선택하여 사용하라는 것은 아니며, 이 세 가지 컬러 간에는 배색이 잘 이루어져야 합니다. 잘 어울리는 색들 간의 조합이 만들어 내는 분위기는 안정적이고 편안하며 세련된 반면, 어울리지 않는 색들 간의 조합이 만들어 내는 분위기는 조잡하고 불안정합니다. 특히, 고객에게 신뢰감과 안정감을 주어야 하는 쇼핑몰을 제작할 때에는 컬러를 더욱 신중하게 선택해야 합니다.

무조건 비슷한 컬러만의 조합이라고 해서 좋은 것은 아닙니다. 전체적인 분위기가 밋밋하고 촌스러워 보일 수도 있거든요. 서브 컬러와 포인트 컬러를 선택할 때에는 메인 컬러와 같은 계열의 색상 한 가지와 메인 컬러와 색상 및 색조가 많이 대비되는 컬러 한 가지를 선택하여 사용하는 것이 좋습니다.

▲ 메인 컬러의 색상에 따른 서브 컬러와 포인트 컬러 선택

(3) 쇼핑몰의 메인 컬러 선택 시 고려해야 할 사항들

• 상품의 주요 고객층

성별과 연령대에 따라 선호하는 컬러가 다소 다를 수 있습니다. 전통적인 색에 대한 고정관념이 예전보다 많이 허물어지기는 했지만, 그래도 타깃 연령대의 선호도와 너무 거리가 먼 컬러를 선택하는 것만은 피해야겠죠. 성별에 따른 제품의 색상 차이를 분석해 보면 여성이 남성보다 유행에 민감해 과감한 색에 대해서도 포용적이며, 여성의 경우 따뜻한 컬러를, 남성은 어둡고 견고하며 차가운 컬러를 선호하는 것으로 알려져 있습니다. 한편 연령별로는 20~29세의 연령집단이 컬러 트렌드에 가장 민감하고 새로운 컬러에 대한 욕구가 강한 편입니다.

• 상품의 용도와 이미지

상품의 용도와 이미지가 쇼핑몰의 컬러와 잘 어울리면 상품이 더욱 돋보이고, 전문몰의 이미지를 더욱 강하게 부각할 수 있습니다. 예를 들어 인라인 스케이트와 요가는 건강과 웰빙이라는 공통요소가 있기는 하지만, 전자가 활동적인 야외 레저활동이라는 점에 비해 후자는 실내에서 정적으로 진행되는 신체활동이라는 차이점이 있습니다. 따라서 관련 쇼핑몰의 컬러도 차이가 나기 마련입니다.

▲ 인라인 스케이트 쇼핑몰

• 쇼핑몰 이름 또는 쇼핑몰 이미지

'핑키걸'처럼 쇼핑몰 이름에 취급하는 상품의 이미지와 연관되는 컬러가 들어갔다면 회사이름과 이미지에 어울리도록 쇼핑몰의 메인 컬러를 사용하는 경우도 있습니다.

▲ 여성의류 쇼핑몰 '바가지머리'의 메인 페이지

(4) 이미지별 배색 가이드

지금부터 쇼핑몰에서 표현하고자 하는 대표적인 몇 가지 이미지에 적합한 컬러들을 소개하고자 합니다. 쇼핑몰의 세 가지 기본 컬러 및 간혹 사용되는 기타 컬러들을 아래에 소개한 해당 이미지의 컬러 중에서 선택해 사용하면 컬러 선택의 실패 확률은 거의 없다고 생각해도 됩니다.

• 내추럴(Natural)

자연에서 연상할 수 있는 정겨움, 친근함, 온화함, 평온함 등의 이미지가 담겨 있으며, 계속 봐도 싫증이 나지 않습니다. 내추럴한 이미지에 어울리는 컬러는 베이지, 아이보리 등을 중심으로 한 소박함과 편안함을 느끼게 하는 색상이 주조색이 되며, 그린의 조화로 자연의 느낌을 더해 줍니다. 내추럴한 느낌의 패턴으로는 자연의 이미지를 그대로 살린 흙이나 나무로 만들어진 공예품, 도자기, 나뭇결을 살린 가구 등을 그 예로 들 수 있습니다. 이러한 색감은 친환경상품, 웰빙/건강상품, 천연재료를 가공한 상품, 아로마용품, 목욕용품, 가구 및 인테리어 소품 쇼핑몰 등에 사용하는 것이 좋습니다.

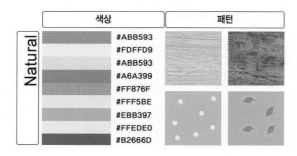

색상	패턴
Natural #ABB593 / #FDFFD9 / #ABB593 / #A6A399 / #FF876F / #FFF5BE / #EBB397 / #FFEDE0 / #B2666D	

• 로맨틱(Romantic)

꿈꾸는 듯한, 공상적인, 낭만적인, 감미로운 분위기를 의미합니다. 여성다운 부드러움, 우아함, 귀엽고 사랑스러운 이미지에 어울리는 컬러로는 가볍고 감미로운 느낌을 주는 색채인 핑크를 로맨틱 이미지의 대표적인 색으로 꼽습니다. 핑크는 빨강처럼 흥분을 나타내기도 하지만, 빨강보다 부드럽고 온화합니다. 따라서 핑크, 옐로, 퍼플 등의 색을 주조색으로 하여 저채도의 밝은 색을 배합하면 온화하고 부드러운 로맨틱 이미지를 잘 표현할 수 있습니다. 이러한 색감은 20대 젊은 여성들을 대상으로 하는 보세의류 쇼핑몰, 화장품 쇼핑몰에서 많이 사용하고 있습니다.

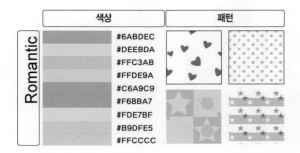

색상	패턴
Romantic #6ABDEC #DEEBDA #FFC3AB #FFDE9A #C6A9C9 #F68BA7 #FDE7BF #B9DFE5 #FFCCCC	

• 엘레강스(Elegance)

품위 있고 우아한, 기품이 있는, 고상한 이미지를 풍기는 색조를 의미합니다. 너무 밝지 않고 약간 그늘진 듯한 느낌, 부드러운 곡선이 흐르는 우아함, 안개빛 유리로 투과되는 빛의 파장 등은 은근한 정서가 감도는 운치 있는 이미지입니다. 화려함과는 정반대의 이미지이며, 품위를 손상하지 않고 온화한 분위기를 좋아하는 고객층이 선호합니다. 로맨틱 컬러와 엘레강스 컬러는 여성 고객층을 주로 상대하는 쇼핑몰에서 많이 사용하는데, 엘레강스 컬러는 여성고객 중에서도 20대 후반~ 30대 초·중반을 대상으로 하는 하이 퀄리티 패션 쇼핑몰, 명품 쇼핑몰, 수입화장품 쇼핑몰, 중·고가 주얼리 쇼핑몰 등에 적합합니다.

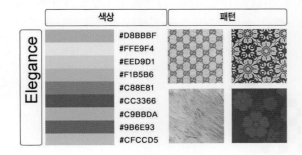

색상	패턴
Elegance #D8BBBF #FFE9F4 #EED9D1 #F1B5B6 #C88E81 #CC3366 #C9BBDA #9B6E93 #CFCCD5	

• 댄디(Dandy)

멋있는, 날씬한, 세련된 등의 칭찬이 포함되어 있는 이미지로, 특히 남성에 대한 이미지를 나타내는 말입니다. 고상한 듯하면서도 멋진 취미생활을 영위하고 안정된 생활 속에서 지성미를 간직하며 사는 라이프스타일을 '댄디 스타일'이라고 할 수 있죠. 댄디의 이미지는 강하고 깔끔한 이미지의 고품격 스타일을 선호하는 30~40대 장년층 남성을 떠올리게 합니다. 쉽게 말해 검정, 다크 그레이, 갈색, 청회색 등으로, 남성 양복에 많이 사용하는 색상입니다. 남성복 중에서도 캐주얼보다는 고급스러운 유럽풍 보세의류 쇼핑몰에 사용하는 것이 효과적이며, 30~40대 남성을 주고객으로 하는 고가상품 쇼핑몰에 적합합니다.

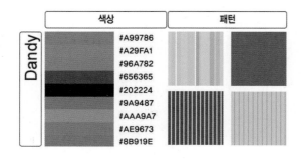

	색상	패턴

Dandy

#A99786
#A29FA1
#96A782
#656365
#202224
#9A9487
#AAA9A7
#AE9673
#8B919E

• 모던(Mordern)

현대적·근대적이라는 의미를 갖고 있으며, 도회적 감성과 하이테크한 분위기를 바탕으로 진취적이고 개성적인 이미지를 추구해 나가는 것을 의미합니다. 모던한 이미지를 부각하기 위해서는 일반적으로 차가운 색을 기본으로 하여 대담한 색상대비와 명암대비를 줌으로써 미래지향적 감각을 느끼게 하고, 이질적인 이미지와의 과감한 조화를 시도해 볼 만합니다. 기본색조인 한색계에 난색계의 색상을 첨가하면 캐주얼한 분위기와 강한 액센트 효과를 동시에 연출할 수 있습니다. 그러나 이 경우에는 악센트 컬러가 차지하는 면적을 적당하게 조절하여 전체적인 분위기가 흐트러지지 않도록 주의해야 합니다. 모던한 색감은 하이테크의 고가상품인 컴퓨터와 정보통신기기 쇼핑몰에서 사용해 볼 만합니다. 하지만 쇼핑몰에서 너무 딱딱하거나 차가운 이미지가 풍기지 않도록 빨강, 노랑, 주황 등의 악센트 컬러를 약간씩 가미하여 사용하세요.

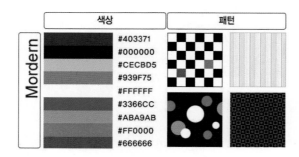

	색상	패턴

Mordern

#403371
#000000
#CECBD5
#939F75
#FFFFFF
#3366CC
#ABA9AB
#FF0000
#666666

• 클래식(Classic)

자연지향적인 면에서는 내추럴과 공통점이 있지만, 그보다는 좀 더 무게감이 있고 깊이가 있습니다. 고전적인, 고상한, 전통적인, 보수적인, 고품격의, 중후한, 깊은 맛 등의 의미를 담고 있으며, 풍요로움을 추구하는 여유 있는 사람들이 선호하는 이미지입니다. 색의 선택은 깊이감이 있는 어두운 색조를 기본으로 하여 따뜻한 인간애를 느끼게 하는, 그러면서도 오랜 세월 동안 많은 사람이 그 가치를 인정하는 컬러, 즉 갈색 계통을 중심으로 베이지, 와인골드, 다크그린 등의 중후한 색을 가미합니다. 이러한 색감은 40~50대 고객을 대상으로 한 중·고가의 기호상품 쇼핑몰, 즉 골프용품, 고품격 명함과 다이어리, 양복, 고급 패션잡화 쇼핑몰에 적합합니다.

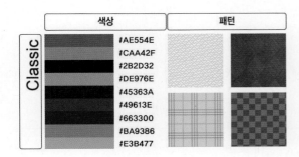

- **한국적(Korea Style)**

한국적 색감은 신토불이, 토속적인, 편안하고 자연스러운, 오랜 세월 사랑받아 온 이미지를 담고 있습니다. 한국적인 이미지의 색감은 초가, 옹기, 한복, 보자기, 천연염색 직물, 한지 등의 색감과 질감을 떠올리면 쉽게 이해할 수 있습니다. 전통상품이나 장인정신이 담겨 있는 수공예품을 취급하는 쇼핑몰에 사용하는 것이 효과적입니다.
한국적 의미의 좀 더 포괄적인 용어로 에스닉(또는 민속적)이라는 이미지도 있습니다. 예를 들면 남미의 정열적인 색감, 아프리카 미술의 토속적이고 강렬한 색감 등이 있는데, 이국적인 분위기의 상품이나 특정 국가에서 수입된 상품을 판매하는 쇼핑몰은 해당 국가의 민속적인 분위기를 잘 표현할 수 있는 컬러나 전통문양을 쇼핑몰 디자인에 응용해 보는 것도 좋습니다.

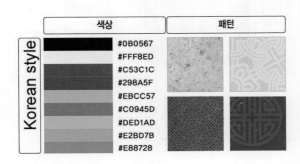

레이아웃

레이아웃은 색상과 함께 쇼핑몰의 인상을 좌우하는 요소입니다. 우리 눈에 보이는 쇼핑몰 화면에서 공간을 분리하는 큰 틀이라고 생각하면 되는데, 레이아웃에 따라 수준이 낮은 쇼핑몰로 보일 수도 있고, 독특한 레이아웃 하나만으로도 고급스럽고 개성 있는 분위기를 연출할 수도 있습니다.

(1) 레이아웃의 종류

• 왼쪽 메뉴형 레이아웃

상품분류와 고객센터가 왼쪽에 나열된 것으로서, 가장 대중적이고 편안한 느낌의 레이아웃입니다.

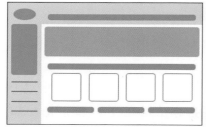 

• 오른쪽 메뉴형 레이아웃

상품분류와 고객센터, 배너의 위치가 사이트의 오른쪽에 위치하는 레이아웃입니다. 파격적이고 개성이 강한 패션 쇼핑몰에서 종종 볼 수 있습니다.

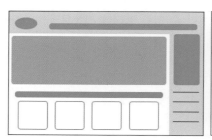 

• 양쪽 메뉴형 레이아웃

종합 쇼핑몰, 중대형 쇼핑몰, 취급상품 수가 많고 카테고리가 복잡한 전문 몰, 콘텐츠나 게시판 노출이 중요한 전문 쇼핑몰에서 주로 이용하는 레이아웃입니다.

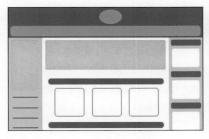 

• 상단 메뉴형 레이아웃

쇼핑몰 화면을 넓게 쓰기 위해 모든 메뉴를 상단에 집중 배치한 레이아웃입니다. 화면이 시원해 보이고 상품 사진에 집중이 잘 되기 때문에 패션 쇼핑몰에서 종종 시도하고 있습니다.

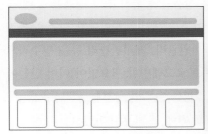 

15 단계

ONLINE
SHOPPING MALL

쇼핑몰 솔루션 선택하기

쇼핑몰 솔루션을 사용해 쇼핑몰을 운영하겠다고 결정한 이상, 쇼핑몰 솔루션을 선택하는 일은 무척 중요합니다. 임대형 쇼핑몰 솔루션은 말 그대로 솔루션을 임대하여 사용하는 쇼핑몰이기 때문에 서비스 제공회사의 안정성과 영속성이 무엇보다 중요합니다. 따라서 상위 5위 안의 메이저급 쇼핑몰 솔루션 중에서 선택하되, 여러분이 원하는 쇼핑몰의 모습을 최대한 구현할 수 있고, 취급 아이템의 특성을 가장 잘 반영할 수 있는 기능을 갖춘 솔루션을 최종 선택해야 합니다. 여러분의 쇼핑몰에 꼭 필요하다고 생각하는 기능, 경쟁 쇼핑몰과의 차별화를 위해 추가하고 싶은 기능이 있다면, 이를 염두에 두고 각 쇼핑몰 솔루션 회사의 관리자 기능을 미리 체험해보세요.

Q 쇼핑몰 솔루션이 무엇이며, 쇼핑몰 창업에 반드시 필요한 것인가요?

쇼핑몰과 일반 홈페이지와의 가장 큰 차이점은 상품을 등록하고 그 상품을 구매(결제)할 수 있는 기능이 들어 있다는 것입니다. 이를 위해서는 사이트가 상품 등록과 관리, 결제, 배송관리, 매출관리, 디자인관리, 회원관리, 게시판관리 등을 필수적으로 갖추고 있어야 하는데, 이것들을 모두 새로 프로그래밍할 필요없이 이미 만들어져 있는 일종의 쇼핑몰 전용 종합 프로그램이 쇼핑몰 솔루션입니다.

이 쇼핑몰 솔루션이 여러 회사에 의해 개발되고 판매 또는 임대되면서 소자본으로 단기간에 전문 쇼핑몰을 구축하여 창업하는 것이 대중화할 수 있었습니다. 여러분이 직접 개발팀(프로그래머, 웹디자이너)을 구성하여 쇼핑몰을 자체 제작하거나 개발회사에 의뢰하여 쇼핑몰을 개발하려면 엄청난 비용이 들어갑니다.

따라서 요즘은 기성 쇼핑몰 솔루션 중에서 기능이 가장 마음에 드는 것을 구입하거나 매달 서비스 이용료를 내고 특정 회사의 쇼핑몰 솔루션을 사용하면서 쇼핑몰을 운영하는 것이 기정사실화되었습니다.

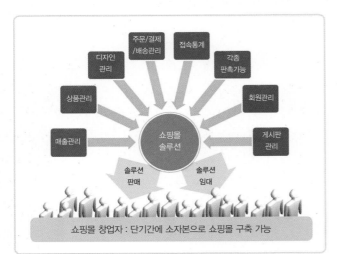

임대형·독립형 솔루션의 차이점 및 장단점이 궁금합니다.

앞에서 설명한 것처럼 구입하든, 임대하든 개인이 소자본으로 쇼핑몰을 만들려면 쇼핑몰 솔루션을 사용하는 것이 효율적입니다. 그러면 과연 구입하는 것과 임대하는 것 중 어떤 것이 더 좋으며, 사람들이 현재 더 많이 이용하고 있는 것은 무엇일까요?

운영자 취향과 판매 아이템에 따라 달라지기는 하지만, 전반적으로는 임대형 솔루션이 쇼핑몰 마케팅과 사이트 유지보수 측면에서 장점이 더 많다고 할 수 있습니다. 솔루션을 임대하는 회사의 입장에서는 더욱 많은 상점들이 자사 솔루션을 사용해야만 수익이 증대하므로, 솔루션의 기능 개선과 다양한 제휴 마케팅 서비스를 개발하는 등 지속적으로 많은 노력을 합니다. 예를 들면, 솔루션 기능을 지속적으로 업그레이드하고 검색포털, 오픈마켓, PG사 등과 회사 대 회사 차원으로 업무제휴를 맺어 독립형 쇼핑몰보다 유리한 조건으로 좀 더 편리하게 광고, 입점, PG사 계약을 맺을 수 있도록 하는 것 등을 들 수 있습니다.

하지만 임대형 솔루션은 다수의 상점들이 공동으로 사용하는 것이므로, 각 상점의 요구를 모두 충족할 수 없으며, 다수의 상점들에게 공통적으로 필요하고 유용한 기능이라고 판단하는 경우에만 기능 개선이 이루어진다는 단점이 있습니다. 그러나 일반적인 쇼핑몰 운영에 전혀 문제가 없는 기본 기능과 각종 부가 기능들이 포함되어 있기 때문에 대부분의 판매자들은 쇼핑몰 운영에 큰 불편함을 느끼지 못합니다. 임대회사가 사업을 그만두지 않는 한 쇼핑몰 운영에는 문제가 없으므로, 전통과 규모가 있는 회사를 선택하면 크게 걱정하지 않아도 됩니다. 이와 반해 독립형 솔루션은 일단 솔루션을 구입하면 그것으로 끝이기 때문에 기능을 수정 보완하려면 나중에 추가로 개조비용을 지출해야 합니다. 하지만 자신이 구입한 솔루션에 새로운 기능을 추가하거나 기존 기능을 수정하는 것이 자유롭다는 장점이 있습니다.

따라서 소자본으로 쇼핑몰 구축을 하려면 임대형 쇼핑몰 솔루션을 우선 고려하는 것이 여러모로 경제적입니다. 그러나 자신에게는 반드시 필요한 기능인데, 이것이 포함하고 있는 임대형 솔루션이 전혀 없다면, 독립형 솔루션을 구입하여 개조하는 것이 바람직합니다. 독립형 솔루션 구입 시에는 개조비용과 시간을 절약하기 위해 희망하는 쇼핑몰의 기능과 시스템을 최대한 많이 갖춘 것을 구입하여 쇼핑몰을 세팅한 후 디자인을 변경하거나 프로그램 추가 및 수정을 거치는 것이 좋습니다.

미니 강좌 ········

쇼핑몰 솔루션 이전
운영 도중에 이용하는 쇼핑몰 솔루션을 바꾸는 것은 상품과 회원 데이터베이스를 옮겨야 하므로 번거로움을 피할 수 없고, 게시판 데이터는 이전이 안 되므로 신중하게 선택하는 것이 좋습니다.

쇼핑몰 사이트 장애 발생 시
쇼핑몰이 제대로 나타나지 않는 사태가 발생할 경우, 임대형 솔루션 상점은 임대회사에, 독립형 솔루션 상점은 웹 호스팅 회사에 문의해야 합니다.

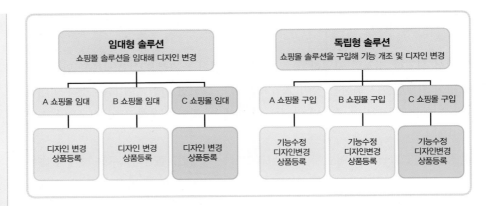

쇼핑몰 솔루션	특징	적합한 대상
임대형	– 초기 투자비 적음 – 유지관리 간편 – 웹 호스팅 불필요	– 소자본으로 쇼핑몰을 구축하려는 소호 및 중소기업 – 쇼핑몰에 특수한 기능이 필요없는 대중적이고 일반적인 쇼핑몰 　🏷 대부분의 중소규모 전문 쇼핑몰에게 무난한 선택
독립형	– 초기 투자비용 많음 – 특수한 쇼핑몰, 대형 쇼핑몰에 적합 – 웹 호스팅 필수	– 사업방향이 자주 바뀌거나 외부제휴 등 쇼핑몰 기능개발의 여지가 많은 일정 규모 이상의 기업 쇼핑몰 – 자체 디자이너와 프로그래머를 안정적으로 유지할 수 있는 기업 　🏷 지방자치단체에서 지역 농민을 위해 운영하는 오픈마켓 시스템의 종합 쇼핑몰

Ⓠ 쇼핑몰 솔루션 선택 시 고려해야 할 점은 무엇인가요?

쇼핑몰을 창업하려면 매우 특수한 업체를 제외하고는 임대형 쇼핑몰 솔루션을 사용하여 구축합니다. 쇼핑몰 솔루션은 고객에게 실제로 보이는 쇼핑몰과 그 쇼핑몰을 운영하는 데 필요한 각종 기능들을 모아 놓은 관리자가 한 세트로 구성되어 있습니다. 두 가지 모드는 실시간으로 연동되어 있죠. 쇼핑몰 솔루션의 기능은 운영자에게 매우 중요합니다. 아이템과 운영자의 취향에 따라 쇼핑몰의 운영전략이 달라지며, 쇼핑몰 솔루션은 이를 가장 효과적으로 반영할 수 있도록 최대한 많은 기능을 지원해야 합니다.

물론 임대형 쇼핑몰 솔루션은 다수의 상점들이 공동으로 사용하는 프로그램인 만큼 각 운영자의 요구를 100% 충족할 수는 없습니다. 100% 만족하는 쇼핑몰을 구축하기 위해서는 프로그래머를 고용하여 쇼핑몰 프로그램을 자체 구축하거나 쇼핑몰 솔루션을 구입한 후 프로그램 수정을 통해 최적화해야 합니다. 하지만 이러한 독립형 쇼핑몰 솔루션은 프로그램의 수정이 가능한 반면, 지원하는 기능 자체가 전반적으로 임대형 쇼핑몰 솔루션보다 많이 뒤떨어져 있는 것이 사실입니다. 또한, 쇼핑몰 시장의 트렌드를 반영한 기능 추가나 업그레이드, 외부와의 제휴 마케팅이나 프로모션도 많이 취약합니다.

간혹 쇼핑몰 제작을 의뢰하는 분 중에 임대형 쇼핑몰 솔루션의 기능변경이 제한된 것에 대해 불평을 하거나 솔루션 선택에 대해 후회하는 분들이 있습니다. 이는 사전에 독립형과 임대형의 차이점이 무엇인지 파악하지 않았고, 각 쇼핑몰 솔루션의 관리자 체험도 해 보지 않았기 때문입니다. 투자비가 적게 들고, 쇼핑몰 기능도 훌륭하며, 기능 업그레이드도 잘되고, 기능 수정과 추가도 용이한 쇼핑몰 솔루션은 어디에도 없습니다. 자신이 선택한 아이템의 효율적인 판매를 위해 어떤 기능이 최선이고 차선인지 잘 판단하여 이를 구현해 줄 솔루션을 선택해야 할 것입니다. 지식이 부족하다면 전문가에게 상담을 요청하거나 각 쇼핑몰 솔루션 회사에 문의해 보는 적극성도 가져야 합니다.

Q 국내 쇼핑몰 솔루션의 종류에는 어떤 것들이 있나요?

쇼핑몰 솔루션들은 쇼핑몰의 주요 기능인 장바구니, 결제, 배송, 회원관리와 같은 기본 기능들을 모두 제공하고 있지만, 기타 세부적인 기능들은 솔루션마다 많은 차이가 있으므로 각 회사의 홈페이지를 방문해 쇼핑몰 관리자를 직접 사용해 본 후 결정해야 합니다. 여러분의 쇼핑몰 운영전략을 잘 반영할 수 있고, 사용하기 편한 솔루션이 최선의 선택이므로 절대적으로 어떤 업체의 솔루션이 최고라고 단정지을 수는 없습니다. 여기서는 인지도 높고 많은 상점들이 사용하고 있는 솔루션 위주로 소개해드리겠습니다.

메이크샵 http://www.makeshop.co.kr

연예인 쇼핑몰 창업을 마케팅에 잘 이용하여 대중 인지도가 높고, 많은 사용자층을 확보하고 있습니다. 쉬운 디자인, 다양한 부가 서비스 제공으로 초보 창업자들의 선호도가 높은 솔루션입니다. 임대형 솔루션만 서비스하고 있습니다.

카페24 http://echosting.cafe24.com

솔루션 월이용료를 받지 않는 정책으로 단기간에 많은 사용자를 확보하면서 급성장했습니다. 단점으로는 디자인 작업에 익숙하지 않은 사람이나 HTML에 대한 기초가 없는 사람은 디자인 변경 작업이 어렵다는 것을 들 수 있습니다. 임대형 솔루션만 서비스하고 있습니다.

가비아 퍼스트몰 http://firstmall.kr

메이크샵과 유사하게 쉬운 디자인과 다양한 부가 서비스를 내세우고 있습니다. 프리미엄몰, 독립몰, 무료몰 솔루션 모두를 제공하고 있으므로, 이 중에서 선택하면 됩니다.

고도몰 http://www.godo.co.kr

무료형, 유료 임대형, 독립형 솔루션 모두를 제공하고 있으므로, 이 중에서 선택하면 됩니다. 무료 제공되는 디자인 스킨의 퀄리티가 전반적으로 좋은 편입니다.

후이즈 http://mall.whois.co.kr

임대형을 기본형, 파워셀러형 두 가지 등급으로 나누어 다른 가격에 서비스하고 있으며, 독립형 솔루션도 개발하여 판매하고 있습니다.

미 니 강 좌 ······

쇼핑몰 제작 전에 솔루션 결정하기

사용할 쇼핑몰 솔루션에 따라 앞으로 제작할 쇼핑몰의 기능구현에 제한이 따를 수도 있기 때문에 웹디자이너가 작업에 들어가기 전에 쇼핑몰 솔루션을 결정하여 알려 주어야 합니다. 혼자 결정하기 어렵다면 여러 쇼핑몰 솔루션을 사용해 본 디자이너의 자문을 구하는 것이 좋습니다.

아사달 http://solution.asadal.com

다양한 종류의 솔루션을 판매하는 사이트입니다. 소자본 창업, 중·대형 전문 몰, 오픈마켓 구축 솔루션, 패션 B2B 쇼핑몰, 소셜커머스, 외국어 쇼핑몰, 프랜차이즈/도매 사이트, 오픈마켓 통합관리 쇼핑몰 등의 독립형 솔루션을 판매합니다. 가격은 기능에 따라 20~200만 원대입니다. 임대형과 마찬가지로 사용자/관리자 체험 기능을 제공합니다.

쇼핑몰 솔루션 선택 시 체크해야 할 기능들

여러분의 쇼핑몰 운영전략을 잘 반영할 수 있고, 사용하기 편한 솔루션이 최선의 선택이므로 어떤 기능이 여러분에게 꼭 필요한지 혹은 없어도 괜찮은 기능인지 판단하여 솔루션 선택에 참고하기 바랍니다.

시스템	쇼핑몰 운영	마케팅	상품	디자인	업무 지원
– 서버당 쇼핑몰수 – 최신 서버 – 바이러스 방어 시스템 – 보안서버 – 보안로그인 – 데이터 백업 시스템	– 그룹별 회원 관리 – 주문확인 – 사입처관리 – 오픈마켓 연동 관리 – 웹메일 무료 제공 – 통계분석관리 – 게시판과 자료실 지원용량 – 게시판관리	– 소셜 미디어 연동 – 다양한 프로모션 – 해외판매 지원 – 모바일샵	– 상품 등록수 무제한 – 다양한 상품진열 방식 제공 – 관련상품 노출 – 대량 상품 등록 – 상품 다중옵션 – 상품별 배송비 설정 – 장바구니에서 상품옵션바로 수정	– 웹표준 준수 – 무료제공 스킨의 가짓수와 디자인 퀄리티 – 이지 디자인 관리 – 시간에 따라 설정변경 가능한 유동적 스킨관리 기능 – 플래시 배너 제작 이지웍 기능 – 웹FTP의 사용 편의성 – 제공하는 하드용량	– 일대일 문의 및 고객상담 창구 – 온/오프라인 교육 – 촬영 스튜디오 지원 – 해외배송+물류센터 운영

16 단계

ONLINE
SHOPPING MALL

쇼핑몰 제작하기

쇼핑몰 디자인은 사용할 될 쇼핑몰 솔루션의 기능에 의해 좌우되는 부분도 매우 많기 때문에 가장 먼저 쇼핑몰 솔루션을 결정한 뒤 쇼핑몰 제작을 의뢰해야 합니다. 초보인 여러분 혼자서 쇼핑몰 솔루션을 선택하기가 힘들다면, 쇼핑몰을 제작해 줄 회사를 선정해 담당 디자이너와 원하는 쇼핑몰에 대해 상담한 후 디자이너가 추천하는 솔루션을 사용하는 것도 하나의 방법입니다. 쇼핑몰 디자인도 웹디자인의 한 분야이기는 하지만, 회사 홈페이지와 쇼핑몰은 그 목적과 기능이 크게 다르므로 쇼핑몰 디자인 경력이 풍부한 회사나 웹디자이너에게 의뢰하는 것이 좋습니다. 경험이 풍부한 웹디자이너의 경우, 단순히 요구한 디자인을 구현해 주는 것에 그치는 것이 아니라 풍부한 경험을 바탕으로 여러분이 미처 생각하지 못했던 쇼핑몰 기획에도 큰 도움을 줄 수 있을 테니까요.

Q 솔루션만 구입하거나 임대하면 쇼핑몰을 바로 오픈할 수 있나요?

쇼핑몰을 구입하거나 임대 서비스를 신청하여 이제 막 세팅한 쇼핑몰은 사용자(우리 눈에 보이는 쇼핑몰)와 관리자(쇼핑몰을 관리하는 곳)가 한 세트로 이루어져 있습니다. 세팅 당시의 쇼핑몰은 각 상점에 맞는 인테리어가 되어 있지 않기 때문에 '장사를 하기에는 아직 부적합한 가게'에 비유할 수 있습니다. 가게마다 각기 다른 인테리어를 하고 상품을 진열하듯이 쇼핑몰도 운영자가 원하는 컬러, 이미지, 레이아웃, 메뉴 구성으로 변경해야 합니다. 이 디자인 변경 작업을 누가, 어떤 방법으로 하느냐에 따라 비용과 시간의 차이가 나게 됩니다.

▲ 쇼핑몰 솔루션은 쇼핑몰 사용자(왼쪽)와 관리자(오른쪽)가 한 세트로 이루어져 있기 때문에 초기 디자인은 각 상점에 맞게 변경해야 합니다.

▲ 임대형 쇼핑몰의 경우, 각 솔루션 회사에서 운영하는 디자인 센터를 통해 다양한 종류의 스킨을 판매하고 있습니다.

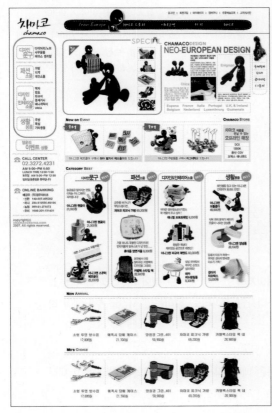

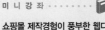 ◀ 100% 맞춤제작 쇼핑몰의 메인화면

상품 등록과 게시물 작성은 엄밀히 말해 쇼핑몰 제작에 포함되지 않는 것이므로 여러분이 직접 해야 합니다. 디자이너가 쇼핑몰 구축을 하는 중에도 상품 등록은 얼마든지 가능하기 때문에 틈나는 대로 상품을 등록해두면 디자인이 끝난 후에 상품을 등록하는 것보다 시간을 절약할 수 있습니다. 어느 정도 상품 등록을 하고 난 후 PG사 계약까지 완료하면 비로소 어느 정도 어엿한 쇼핑몰이 완성됩니다.

미 니 강 좌 ・・・・・・・

쇼핑몰 제작경험이 풍부한 웹디자이너를 선택하세요!

쇼핑몰을 전문으로 제작하는 웹디자이너는 다양한 쇼핑몰 솔루션을 사용하여 쇼핑몰을 제작해보았기 때문에 각 쇼핑몰 솔루션의 장단점을 어느 정도 파악하고 있습니다. 따라서 쇼핑몰을 제작해줄 웹디자이너를 아예 일찌감치 물색하여 쇼핑몰 기획과 쇼핑몰 솔루션 선택에 대한 자문을 구하는 것도 좋은 방법입니다.

디자인 방식	특징	설명
직접 디자인	– 포토샵, 드림위버, 해당 쇼핑몰 솔루션의 디자인 기능 숙련 – 일반인은 사실상 어려움	포토샵만 능숙하다면 직접 디자인한 뒤 쇼핑몰 코딩만 전문으로 하는 코더에게 코딩비를 지불하고 제작하는 방법도 있습니다.
무료 스킨 적용	– 무료 스킨이라 디자인 퀄리티가 전반적으로 낮고 평범함	로고, 카테고리, 배너 등은 수정이 불가피하므로 직접 할 수 없다면 약간의 비용이 발생합니다.
디자인 스킨 구입	– 디자인 스킨 구입 후 부분수정 – 비용 : 20~80만 원대(스킨 종류/수정범위에 따라 다름)	구입한 스킨의 기본 수정 서비스 범위는 상품 카테고리, 고객센터 배너, 메인 플래시(이미지 제공 시), 로고 정도이며, 그 밖의 수정 시에는 비용이 추가됩니다.
맞춤제작	– 원하는 대로 맞춤 디자인–비용 : 100~200만 원대 – 제작기간 : 15일 정도 소요	쇼핑몰 페이지들 중에서 얼마나 많은 페이지를 맞춤 수정하는지와 디자인 퀄리티, 난이도에 따라 제작비가 달라집니다.

임대형/
독립형
쇼핑몰
세팅

잠깐만요! 임대형 쇼핑몰 맞춤제작비 산정 기준

집을 어떻게 짓느냐에 따라 건축비용이 천차만별이듯 홈페이지나 쇼핑몰 제작도 이와 마찬가지입니다. 쇼핑몰 제작비는 아래와 같이 디자이너가 어느 정도 수준의 디자인 퀄리티로, 얼마동안 시간을 투자해야 하는지에 따라 산정됩니다.

디자인 퀄리티와 난이도

롤오버 방식의 버튼, 플래시 퀄리티, 자바 스크립트를 사용한 배너, 각 요소별 이미지의 퀄리티 등이 제작비에 영향을 끼칩니다.

작업량

쇼핑몰의 서브 페이지들을 기본상태 그대로 쓰지 않고 얼마만큼 많이 수정하느냐에 따라 디자이너의 작업량이 달라집니다. 저렴한 수준은 메인/상품 분류/상품 상세페이지 정도만 디자인하지만 제작비가 올라가면 로그인, 이용안내, 장바구니, 회사소개 등의 서브 페이지들이 모두 수정되어 사이트 디자인이 통일성을 갖추게 됩니다. 또한 콘텐츠 페이지를 추가로 삽입할 경우에도 작업량이 늘어납니다.

메인/분류/상세/롤링
플래시/회사소개
(심플한 텍스트 형식)

메인/분류/상세/
상세템플릿 · 롤링
플래시/타이틀/버튼 ·
이용안내/회사소개

메인/분류/상세 ·
상세템플릿/롤링
플래시/타이틀/버튼 ·
이용안내/회사소개(약도 포함) ·
팝업/추가 콘텐츠 5페이지

※ 제작비 산정
   오른쪽으로 갈수록 맞춤제작비가 높아집니다.

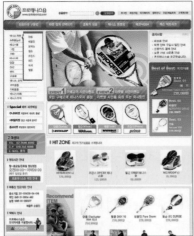

▲ 다양한 디자인의 쇼핑몰들

쇼핑몰을 제작할 때 웹디자이너에게 제공해야 할 자료는 무엇인가요?

물론 경험이 풍부한 중급 이상의 웹디자이너라면 여러분이 자료준비를 조금 미흡하게 하거나 제작 컨셉트를 제대로 표현하지 못하더라도 그럴 듯한 쇼핑몰을 만들어 냅니다. 하지만 쇼핑몰을 운영할 당사자는 바로 여러분이므로 웹디자이너와의 의사소통 및 업무협조에 적극적인 자세로 임해야 좀 더 만족스러운 결과를 얻을 수 있습니다. 일반적으로 여러분이 웹디자이너에게 제공해야 할 자료는 아래와 같습니다.

디자인 전반에 대한 컨셉트

디자인 전문가가 아닌 사람은 자신의 쇼핑몰에 대한 디자인 요구사항을 구체적으로 표현하기가 어렵습니다. 예비창업자가 쇼핑몰 디자인 방향에 대해 상담할 때 귀엽고 아기자기한 분위기, 깔끔하고 심플한 분위기, 부드러운 색감의 화사한 분위기 등으로 추상적인 컨셉트 정도만 이야기하는 경우가 많은데, 디자이너와 창업자 간에는 감각 코드가 다를 수 있으므로, 좀 더 구체적인 가이드라인이나 샘플을 제시해야 시행착오를 줄일 수 있습니다. 따라서 레이아웃이나 분위기, 색감이 마음에 드는 사이트를 찾아 구체적으로 제시하는 것이 좋으며, 디자인 퀄리티를 어느 정도 수준으로 맞추면 좋을지에 대해서는 동종 쇼핑몰 업계에서 2~3개의 경쟁 쇼핑몰을 제시하여 '퀄리티가 이 정도 수준이면 만족한다'든지, '이보다 좀 더 나았으면 좋겠다'라는 식으로 가이드라인을 정해 주면 앞으로 제작할 쇼핑몰의 퀄리티 수준과 제작비를 결정하기가 쉽습니다.

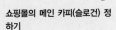

쇼핑몰의 메인 카피(슬로건) 정하기

쇼핑몰의 특징과 장점을 어필하는 슬로건을 하나 정한 후 사이트, 즐겨찾기 문구, 고객 메일, 택배박스, 명함 등에서 지속적으로 노출하는 것이 좋습니다.

- 색감과 레이아웃, 분위기가 마음에 드는 샘플 사이트를 2개 정도 제시합니다.
- 디자인의 퀄리티 수준이 비슷한 샘플 사이트를 2개 정도 제시합니다(위의 샘플 사이트와 같을 수도 있고, 다를 수도 있습니다).

상품분류

상위에 랭킹되어 있는 동종 쇼핑몰 여러 개를 참고하여 공통적으로 사용하고 있는 상품 카테고리를 뽑아냅니다. 물론 경쟁 사이트와 똑같이 분류하지 않고 창업자 자신의 감각을 가미하는 것도 나쁘지는 않지만, 상위 쇼핑몰의 카테고리가 공통적으로 정형화되어 있다는 것은 소비자들도 이러한 분류기준에 의한 상품검색을 가장 익숙하고 편하게 생각하고 있다는 것을 의미합니다. 만약 상품분류에 여러분의 개성을 표현하고 싶다면 기본 상품분류에 가상분류를 추가하여 사용해도 됩니다.

– 상품 카테고리를 정합니다. 단일분류가 아닌 대/중/소분류를 사용할 경우에는 각 단계별 분류 이름까지 정
  확히 지정합니다.
– 가상분류를 사용할 경우에는 가상분류 카테고리의 이름도 알려 줍니다.

상품 정보

상품설명 페이지 디자인에 대해 특별한 주문사항이 있다면, 그에 관한 정보도 제공
해야 합니다. 통상적으로 개별 상품 등록은 디자이너가 아닌 창업자(운영자)가 해
야 합니다. 판매할 상품에 대해 잘 아는 사람은 디자이너가 아니라 운영자 자신이
니까요. 차별화를 위해 상품 사진에 특별한 테두리를 넣고 싶다면 디자이너에게 만
들어 줄 것을 부탁하고 원본 파일을 넘겨받아 나중에 직접 상품을 등록할 때 사용합
니다.

– 상품 상세페이지 상단의 판매정보 부분에 특별한 문구나 옵션이 삽입되어야 한다면 사전에 그 내용을 알
  려 줍니다.
– 상품 상세페이지 하단의 상품설명 부분에 높은 수준의 이미지 정보가 필요하다면 사전에 그 내용을 협의
  하여 제작시 반영할 수 있도록 합니다.

콘텐츠

쇼핑몰에는 판매 아이템에 대한 전문성 확보와 고객 서비스 차원에서 다양한 콘텐
츠를 수록할 수 있습니다. 이러한 콘텐츠는 전문 쇼핑몰일수록 더욱 중요하며, 예
를 들어 사진을 첨가한 제작기법 강좌, 이미지 갤러리, 관련 정보 스크랩, 구입한
상품의 사용에 도움이 되는 각종 응용자료들이 있습니다. 콘텐츠는 개별 페이지 디
자인으로 수록될 수도 있고, 게시판 형식으로 만들어 계속 누적해 나갈 수도 있습
니다. 정보가 일회성의 단편적 내용이면서 대중성이 강하다면 개별 페이지 디자인
으로 삽입하고, 콘텐츠 분류가 많으면서 지속적으로 쌓아 나가는 것이 중요하다면
게시판 형식으로 만드는 것이 좋습니다.

– 콘텐츠를 어떤 방식으로 보여줄 것인지를 결정합니다.
– 콘텐츠의 타이틀을 정합니다.
– 콘텐츠에 사진이나 전문적인 정보가 들어간다면 사전에 준비해 두었다가 디자이너에게 제공합니다.

게시판

쇼핑몰의 가장 대표적인 게시판은 고객게시판(Q&A 또는 질문과 답변, 묻고 답하기 등)이며, 이 밖에도 고객과의 상호작용을 위해 사용후기, 운영자와 회원들 간 커뮤니티 성격의 게시판을 개설할 수 있습니다.

- 게시판의 타이틀을 정합니다.
- 게시판마다 그 게시판에 대한 약간의 설명이 필요하다면 그것도 작성합니다.

쇼핑몰 정보

쇼핑몰 하단에 명시되어 있는 쇼핑몰 관련 정보들은 쇼핑몰 메인 페이지에 반드시 노출해야 할 구성요소들입니다.

- 상호, 사업장 주소, 사업자등록번호, 통신판매업신고번호, 대표자 이름, 전화번호, 이메일 주소
- 개인정보보호책임자 이름

고객센터 정보

쇼핑몰 이용고객에게 필요한 쇼핑몰 운영 관련 정보를 알려 주어야 합니다.

- 업무시간과 휴무일 안내
- 무통장입금 시 은행계좌
- 거래할 택배회사

회사소개

단 몇 줄의 형식적인 회사소개로는 고객에게 쇼핑몰에 대한 신뢰를 주기가 어렵습니다. 운영자의 진실성과 정성이 느껴질 수 있도록 인사말을 작성합니다.

- 쇼핑몰의 장점을 부각할 만한 자료사진이 있다면 넣어달라고 요구합니다.
- 운영자의 사진을 넣는 것이 괜찮다면 사진을 넣어서 친근감을 주는 것도 좋습니다. 소호 쇼핑몰인 만큼 딱딱한 증명사진보다는 인상이 좋게 나온 스냅사진이 더 좋습니다.

기타 쇼핑몰에 삽입할 배너의 종류와 링크 주소

메인 페이지에 넣고 싶은 배너나 퀵 메뉴, 팝업이 있다면 그에 관한 자료를 준비해 주세요.

> – 제휴하고 있는 사이트나 자신이 운영하는 사이트(블로그, 카페 등)와의 링크를 원한다면 사이트의 성격과 링크 주소를 알려 줍니다.
> – 여러분이 중점적으로 부각할 홍보 포인트를 배너나 팝업으로 넣기 원한다면, 그에 관한 내용도 제시해 줍니다.

사용할 쇼핑몰 솔루션의 종류와 상점 관리자 아이디/비밀번호

솔루션에 따라 레이아웃이나 화면 크기 등에 다소 제약이 따를 수 있으므로 디자이너가 이 점을 미리 감안하여 작업할 수 있도록 쇼핑몰 솔루션의 종류와 상점 관리자의 아이디 및 비밀번호를 알려 주어야 합니다.

Q 수정하고 싶은 부분이 생길 경우, 웹디자이너와 어떻게 협의해야 할까요?

작업의 어느 단계에서 어떤 부분의 수정을 요구하느냐에 따라 웹디자이너가 쉽게 수정할 수 있는 것도 있고, 많은 시간과 노력을 들여야 하는 것도 있습니다. 여러분이 자료를 준비해서 넘겨 주면 웹디자이너는 아래와 같은 순서로 작업을 합니다.

> ❶ 포토샵과 같은 그래픽 프로그램을 이용해 디자인 시안작업에 들어갑니다.

> ❷ 시안이 한두 번 정도 오가면서 여러분이 만족할 만한 결과가 나오면 드림위버와 같은 웹에디터 프로그램을 이용해 코딩 작업에 들어갑니다.

> ❸ 코딩 작업을 완료하면 여러분의 상점 관리자에 접속하여 쇼핑몰 구축작업을 합니다.

따라서 이미지나 플래시가 모두 제작되고 코딩까지 완료한 후에 레이아웃을 변경한 다든지, 메뉴를 추가하거나 삭제해달라고 하면 웹디자이너는 난감해 합니다. 시안의 최종 OK에 대해서는 며칠이 걸리더라도 웹디자이너가 재촉하지 않으므로 차후에 수정의 여지를 최소화하도록 충분히 심사숙고하여 결정하세요. 물론 고쳐달라고 부탁하면 절대 안 된다고 할 웹디자이너는 없겠지만, 앞으로 쇼핑몰 디자인과 관련하여 여러 가지 도움을 받을 수도 있으므로 웹디자이너와의 관계는 원만하게 유지하는 것이 좋습니다. 따라서 시안을 결정하기 전에 충분히 의논하는 것이 좋습니다.

Q 쇼핑몰 사후관리와 관련하여 디자이너에게 요청할 것은 무엇인가요?

쇼핑몰을 오픈할 당시에는 전문가의 손길이 닿아서 전체적으로 퀄리티도 높고, 디자인도 일관성이 있었는데, 아마추어가 배너와 팝업을 수정하고 타이틀 이미지를 하나둘씩 수정하다 보면 디자인이 산만하고 엉성해질 가능성이 높습니다. 따라서 유지보수를 본인이 직접 해야 한다면, 쇼핑몰을 구축한 디자이너에게 디자인 가이드 라인을 제공받아야 합니다. 그래야만 본인이 직접 유지보수를 할 때는 물론이고 나중에 직원을 고용하여 유지보수를 할 때에도 일관된 작업을 할 수 있습니다.

미 니 강 좌 · · · · · · · 📖
사이트 유지보수 계획에 대해 디자이너와 공유하기

사이트 구축 후에 유지보수는 누가 할 것인지, 어느 정도 포토샵과 HTML 실력을 갖췄는지 디자이너에게 미리 알려 주는 것이 좋습니다. 그래야 담당자의 실력과 편의를 고려해 유지보수가 좀 더 수월하게 될 수 있도록 구축해 줄 수 있기 때문입니다. 예를 들어 담당자가 플래시를 전혀 다루지 못한다면 플래시보다는 이미지와 링크만 교체해 주면 되는 자바 스크립트 쇼핑 배너가 더 편리할 수도 있습니다.

쇼핑몰 디자이너에게 요청할 디자인 가이드 라인

1. 플래시 원본 파일(fla 파일)
쇼핑몰 디자인에 플래시가 사용되었을 경우에는 나중에 수정할 경우에 대비해 원본 파일(fla 파일)도 반드시 받아두어야 합니다.

2. 메인화면과 기타 주요 서브화면, 팝업창 디자인 원본 파일(psd 파일)

3. 주로 사용한 폰트 종류

4. 로고 원본파일(psd 또는 ai 파일)

5. 상품 상세 설명에 들어가는 이미지의 가로 폭 최대 사이즈 정보

6. 기타 유지보수 작업 시 참고사항

쇼핑몰 유지보수를 위한 이미지 수정과 제작은 이 책에서 배우는 포토샵을 기본으로 하여 7가지 테마의 스페셜 코너인 '무따기 원정대 포토샵 미션'을 따라해 보면 큰 어려움 없이 혼자서도 할 수 있습니다.

잠깐
만요!

쇼핑몰 디자인 제작 계약서

의뢰자(상호) : 코디코디 ○○○

제작자(상호) : 마리웹 조은주

제작내용 : 코디코디 의류쇼핑몰 신규제작

제작기간 : 계약서 작성일로부터 (   )일 이내

(※ 의뢰자의 쇼핑몰 제작에 필요한 자료제공 협조 여부에 따라 제작기간이 단축 또는 지연될 수 있습니다.)

제작비 : 총(   )원 선금(   )원 잔액(   )원

(※ 의뢰자는 제작자에게 계약서 작성 시 총 제작비의 30~50%를 선금으로 지급하고, 제작완료 시점에서 잔액을 지불합니다.)

[기타 사항]

1. 메인 디자인 1차 시안을 제시 후 총 2회의 수정이 가능합니다.

2. 콘텐츠 작성에 필요한 사진 이미지와 자료는 의뢰자가 제공하는 것을 원칙으로 합니다.

3. 의뢰자가 작업 원본 파일을 요구할 경우, 제작자는 쇼핑몰 제작 완료 후 이를 제공합니다.

2000. 00. 00.

의뢰자(상호) 코디코디 ○○○

제작자(상호) 마리웹 조은주

PART 3

17 단계

ONLINE
SHOPPING MALL

신용카드 결제 시스템 달기

통계자료를 보면 국내 쇼핑몰에서의 신용카드 사용이 70%를 넘고 있습니다. 따라서 특수한 판매경로를 갖는 극소수 쇼핑몰을 제외하고, 일반 소비자들을 대상으로 하는 쇼핑몰이라면 현금결제와 함께 신용카드 결제는 반드시 갖추어야 할 결제수단입니다. 쇼핑몰 제작이 완료되었고, 상품 등록도 어느 정도 진행되었다면 쇼핑몰에서 신용카드 결제가 가능해지도록 PG사와 계약을 해야 합니다. 신청을 하고 나면 쇼핑몰에서 국내 모든 카드로 상품결제가 가능해집니다. PG사 신청 후 모든 카드 사용이 가능해지기까지는 7~14일 정도 소요됩니다. 신용카드 결제 외에도 에스크로 서비스와 대부분의 쇼핑몰에서 사용하고 있는 실시간 계좌이체 서비스도 함께 소개하겠습니다.

 쇼핑몰 결제수단에는 어떤 것들이 있나요?

무통장입금

가상계좌를 부여받는 무통장입금 외에, 전통적인 무통장입금 방식도 여전히 많이 쓰이고 있습니다. 이는 쇼핑몰 사이트에 안내된 은행 계좌로 고객이 나중에 입금하는 것을 말하는데, 입금통보가 자동으로 되지 않고 구매자와 입금자 이름이 다른 경우 입금확인이 번거롭다는 단점이 있습니다.

신용카드

PG사와 계약하면 모든 국내 카드와 해외 카드 결제가 가능해집니다. PG사는 신용카드 거래 후 일별/주별/월별/카드사별/할부구분별 통계 및 조회기능을 제공하며, 자동/수동매입도 선택할 수 있습니다. 카드결제 수수료는 3.5% 내외입니다.

실시간 계좌이체

상품 및 서비스 요금을 구매자가 본인 거래은행의 계좌를 통해 지불하는 서비스입니다. 주민번호, 계좌정보, 공인인증서 및 보안카드나 OTP를 이용한 플러그인을 통해 실시간으로 계좌이체가 이루어지며, 입금 결과를 가맹점(쇼핑몰 측)에게 자동으로 통보해 줍니다. 은행계좌만 있으면 결제가 가능하므로 신용카드가 없는 학생, 미성년자도 이용할 수 있는 결제 서비스입니다. 고객의 주문과 동시에 입금결제가 되고, 확인도 가능하므로 업무량이 많이 감소하며, 주문 시 결제방식이기 때문에 고객 변심으로 인한 입금 지연, 주문 취소가 줄어들어 구매 완료율이 높아집니다. 실시간 계좌이체 수수료는 1.8%로, 신용카드에 비해 저렴한 편입니다.

가상계좌

고객이 원하는 은행의 가상계좌를 부여받고, 그 해당 계좌로 금융자동화기기, PC뱅킹, 폰뱅킹, 은행창구를 통해 입금하면 그 입금정보를 가맹점에게 실시간으로 통보해 줍니다. 구매자와 입금자의 이름이 다른 경우에도 가상계좌번호로 확인 가능하므로 동명이인으로 인한 입금확인 오류를 최소화할 수 있습니다. 가맹 은행은 PG사마다 조금씩 차이가 있습니다. 수수료는 건당 300원입니다.

휴대폰결제

휴대폰 SMS 인증번호를 통해 결제합니다. 결제한 금액은 다음 달 고객의 휴대폰 요금 고지서에 통합 청구됩니다. 이동통신사의 정책에 의해 휴대폰 요금은 거래한 월의 말일까지만 결제 취소가 가능합니다(예 3월 31일 결제건은 다음 날인 4월 1일 취소 불가). 결제 수수료는 정산방식에 따라 차이가 있는데, 2.0~3.5%입니다. 결제금액은 이동통신사가 설정한 한도 내에서만 가능하며, 한도는 고객별로 상이하게 적용됩니다.

이동통신사별 휴대폰결제 금액 한도

이동통신사	한도	비고
SKT	고객 등급에 따라 3, 6, 12, 20, 30만 원	신규/번호이동 고객 3만 원(3개월째) 주민등록번호별 한도 60만 원
KT	고객 요청에 따라 2, 4, 8, 12, 18, 30만 원	신규/번호이동 고객 12만 원(90일) 주민등록번호별 한도 45만 원
LG U+	30만 원	신규/번호이동 고객 5만 원(60일) 주민등록번호별 한도 90만 원

쇼핑몰 이용 시 고객의 결제수단

무통장입금
소비자와 쇼핑몰 간에 지불을 대행하거나 중개해 주는 제3자의 개입 없이 소비자가 인터넷 뱅킹이나 은행 방문을 통해 쇼핑몰에 직접 돈을 송금

+

PG사를 통한 인터넷 전자지불
신용카드 및 기타 전자결제 수단(가상계좌이체, 실시간 계좌이체, 휴대폰결제, 전화결제(ARS 전화결제), OK 캐쉬백, 각종 상품권 등)을 이용하여 결제

미 니 강 좌 ‥‥‥‥

무통장입금을 위한 쇼핑몰 은행 계좌 개설
상품구입비를 인터넷 뱅킹이나 은행창구, ATM기로 직접 송금하는 고객들을 위해 은행계좌를 개설할 때에는 여러분의 주거래 은행과 사람들이 가장 많이 사용하는 은행을 모두 고려하여 2~3개 은행계좌를 준비하는 것이 좋습니다. 너무 다양한 은행계좌를 이용할 경우 입금확인이 불편하고 신속한 배송처리에 지장을 줄 수 있기 때문입니다.

휴대폰결제
구매자가 휴대폰 번호와 주민등록번호만으로 결제를 한 후 이동통신 요금에 함께 청구하는 방식으로, 쇼핑몰보다는 소액의 유료 콘텐츠 이용요금 결제 사이트에서 주로 이용합니다.

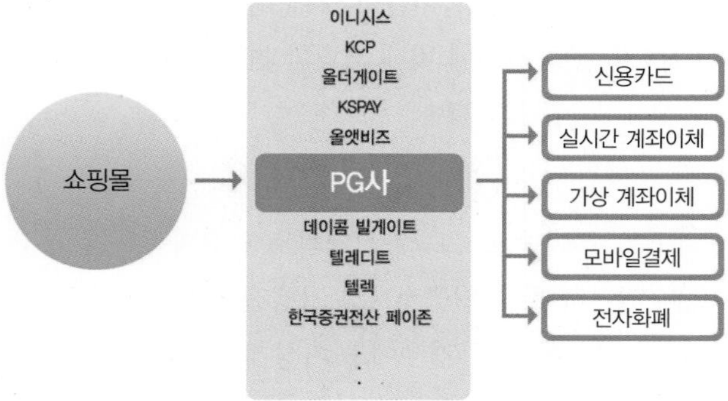

쇼핑몰에서 신용카드 결제가 가능해지려면 어떻게 해야 하나요?

여러분의 쇼핑몰에서 신용카드 결제가 가능하도록 하기 위해서는 PG사에 신용카드 결제 서비스를 신청해야 합니다. 한 군데의 PG사와 계약을 하면 모든 국내 신용카드(BC, 국민, 삼성, 외환, 신한, 현대, 롯데, 하나, 전북, 수협, 제주) 결제가 가능하게 됩니다. 일반 소비자가 쇼핑몰을 이용하는 데에 문제가 없도록 쇼핑몰이 완성되어 있어야 하며, 쇼핑몰 하단에 회사정보가 빠짐없이 기재되어 있어야 승인됩니다. 따라서 쇼핑몰 제작이 완료된 후에 신청해야 하며, 각 메뉴마다 상품 등록이 100% 완벽하게 되어 있지는 않더라도 최소한 메인 페이지에서만큼은 카드사 승인 담당자에게 미완성 쇼핑몰이라는 인상을 주지 않도록 제대로 된 모양새를 갖추고 있어야 합니다.

신용카드 결제 흐름

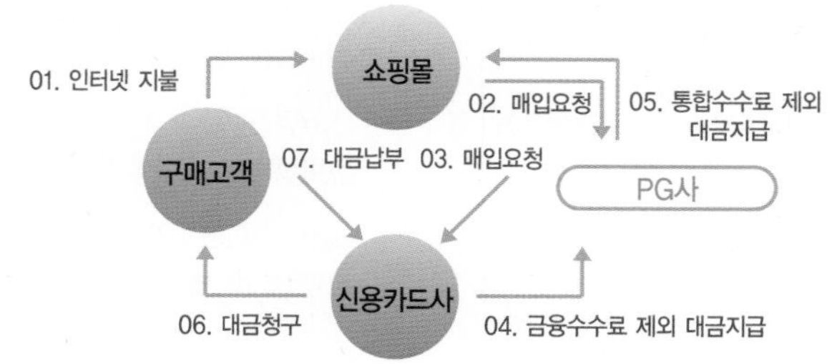

계좌이체 흐름

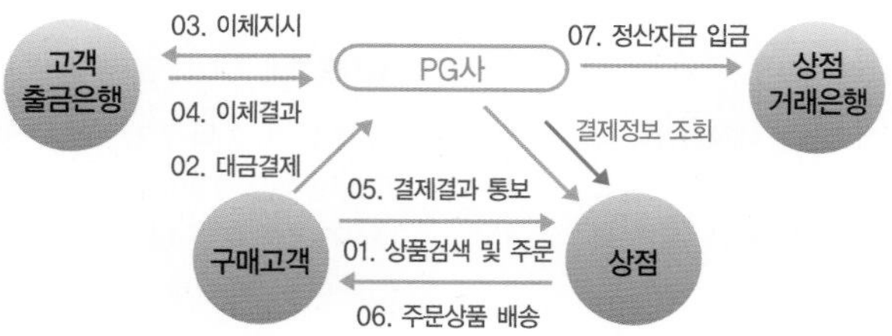

신용카드 결제 서비스 대표 업체

(1) PG사

국내의 대표적인 PG 서비스 업체로는 데이콤, 이니시스, 페이게이트, 올앳, 올더게이트 등이 있습니다. 쇼핑몰의 인터넷 카드 결제는 각 카드사와 가맹점 계약을 맺은 PG사를 통해 이루어지므로, 소비자의 카드 명세서에는 여러분의 상호가 아닌 이니시스, 데이콤, 올앳 등의 PG사 이름으로 카드 사용처가 찍히게 됩니다.

(2) VAN사(VAN : 부가가치통신망)

PG사가 온라인상의 신용카드 결제와 관련되어 있다면, VAN사는 오프라인에서의 신용카드 결제와 관련되어 있습니다. 우리가 자주 이용하는 식당이나 상점 등 일반 가맹점에서의 신용카드 조회기를 사용한 카드 결제 중계회사가 VAN사입니다. 신용카드 조회기의 특징은 가맹점이 각각의 실명으로 등록되어 있다는 것입니다. 따라서 '○○식당'에서 신용승인을 받으면 카드전표에 '○○식당'이라고 찍히게 됩니다. 매장판매를 병행할 경우에는 VAN 서비스도 신청하는 것이 좋습니다. VAN사에는 한국신용정보(KICC), 금융결제원(KFTC), 조선무역(KSVAN), 한국모바일페이먼트서비스(KMPS), KIS, CC케이벤, 나이스정보통신(NICE) 등이 있습니다.

 쇼핑몰에서 신용카드 결제가 불가능하거나 제한이 따르는 경우도 있나요?

PG사 계약이 불가능한 업종과 서비스 이용에 제한이 따르는 경우가 있으므로, 서비스를 신청하기 전에 아래의 계약불가 업종에 해당하는지 확인해 보세요.

PG사 계약 불가 업종

- **유가증권/환금성 상품** : 상품권, 선불카드
- **선불/유료 회원제** : 정기구독, 여행 예약, 회원제 여행할인 서비스, 인터넷 폰, 미팅 주선 등
- **분양** : 콘도 회원권, 토지 분양, 온라인 쇼핑몰 분양, 애완동물 분양 등
- **사행성 조장 업종** : 복권, 도박, 경마, 경륜, 경정, 복권 등
- **중개/직거래** : 중고 직거래, 부동산 중개료, 임대료, 경매, 게임 아이템 거래 등
- **고가상품** : 귀금속(순금, 다이아 등), 자동차, 휴대폰, 고가 약재(상황버섯, 산삼 등) 등
- **성인** : 음란물 유통, 성인 콘텐츠, 성인용품, 음란 화상채팅 등
- **기타** : 건당 5만 원 이상의 후원금/기부금

앞에서 예로 든 계약 불가 업종이 아니더라도 아래의 경우 신용카드 결제 서비스 이용에 제한이 있을 수 있으므로, 사전에 PG사로 문의하세요.

> **카드 결제에 제한이 있는 경우**
>
> – 홈페이지 제작 비용, 호스팅 비용
> – 펜션 예약, 숙박비 결제
> – 사이버머니 구매, 포인트 충전, 사주/운세 사이트
> – 20만 원 이상의 고가상품, 건강식품, GPS, 옥매트
> – 해외 구매대행 사이트
> – 통신판매 미신고업체
> – 카드–현금가 상이업체
> – 카드 결제 가능금액 제한업체(1,000원 이상이면 무조건 카드 결제가 가능해야 함)
> – 자유게시판이 없는 경우
> – 국세/지방세 체납, 카드 연체, 대표자 및 법인 신용에 이상이 있는 경우 등

PG사는 어떤 기준으로 선택해야 하나요?

대부분의 쇼핑몰 솔루션 회사는 PG사와 사업제휴가 되어 있기 때문에 개별적으로 PG 서비스를 신청할 때보다 저렴한 가입비, 관리비 면제, 공식 수수료보다 좀 더 저렴한 수수료율 등의 혜택을 누릴 수 있습니다. 쇼핑몰 솔루션 회사와 제휴되어 있는 PG사가 2개 이상이어서 그중 하나를 선택해야 한다면 아래 두 가지 사항을 살펴보세요.

수수료율

PG사의 카드 결제 수수료는 3.4~4.0% 정도이며, 이는 카드사 수수료와 PG사 수수료가 합해진 금액입니다.

정산주기

매입요청 완료 후 신용카드사가 PG사에 지급한 결제금액 중 관련 수수료 및 부가세 등을 차감한 금액을 상점에 지급해 줄 때 PG사마다 정해진 주기에 따라 정산이 이루어집니다. 따라서 매입요청 시점으로부터 얼마가 지난 후에 여러분의 계좌로 판매대금이 입금되는지 체크해 보세요. 자금회전이 원활하기 위해서는 정산일이 빠를수록 좋으며, 정산주기가 획일적이지 않고 판매자에게 선택권이 주어지는 것이 좋습니다.

고객의 카드 결제 승인건에 대해 매입요청을 하고 매입이 완료된 후 카드사와 PG 사를 경유해 판매대금을 입금받기까지 대략 10일 정도 걸리며, 일 정산이 아닌 특정 요일 정산일 경우에는 최장 15일 정도 걸릴 수도 있습니다. 선결제의 경우에는 카드 승인 후 1주일 안에 입금이 가능하지만, 수수료가 훨씬 높으므로 가급적이면 사용하지 않는 것이 좋습니다.

잠깐 만요! 카드 결제와 관련된 용어들

카드승인	신용카드를 이용하여 물품구매 등을 위한 결제를 할 때 가맹점에서 카드사에 회원의 카드 사용한도 및 카드 상태를 확인하여 거래승인을 확인하는 절차입니다. 그러나 엄밀하게 이야기해서 카드승인이 곧 여러분의 계좌로 돈이 들어오는 것을 의미하는 것은 아니며, 카드사에 매입요청이 되어야 합니다.
매입요청	카드 결제 후 거래승인된 데이터가 카드사로 전송되어 카드사로부터 거래승인 대금을 청구하는 절차입니다. 여러분이 카드사에 직접 요청하는 것이 아니라 계약을 맺은 PG사의 상점 관리자 모드에서 매입요청을 합니다. 그러면 PG사는 이를 카드사에 통보하고, 통보받은 카드사는 쇼핑몰 고객이 결제한 금액 중 수수료를 제외한 나머지 금액을 정산해 주고 카드 고객에게는 대금을 청구하게 되는 것입니다. 쇼핑몰 운영자가 매입요청을 건별로 직접 하지 않으면 대금을 받지 못하는 수동매입 방식도 있으므로(대개 결제승인 후 한 달 정도의 기간 안에만 하면 되므로 그리 큰 걱정은 안 해도 됨) 정상적인 거래의 경우 바로 바로 매입요청을 하는 것이 좋습니다. 또한 카드승인건에 대해 운영자가 매입요청을 하지 않아도 자동으로 매입요청이 되는 PG사도 있습니다. 아무튼 중요한 점은 매입요청을 운영자가 직접 하든, PG사가 정상 승인건에 대해 자동으로 해 주든 매입요청이 되어야 대금정산을 받을 수 있다는 것입니다.
매입완료	매입요청이 카드사에서 정상적으로 처리된 결과입니다.
매입취소	매입요청 중이거나 매입완료가 된 건에 대해 취소하는 절차로서, 승인취소와는 다릅니다. 매입취소 시 취소기간은 5박 6일이 소요됩니다.
월승인한도	상점에서 고객에게 신용카드로 결제를 받을 수 있는 한 달 간의 한도액입니다. 이 한도가 다 된 경우 카드 결제가 되지 않으므로 상점 관리자에서 현재 한도를 체크해 한도가 넘을 것 같으면 PG사 사전에 연락을 해야 한도증액이 가능합니다.
정산주기	정산주기 계산 시 토/일/공휴일은 제외하고 일자 계산이 됩니다.
인증수수료	고객이 카드 결제 시 고객 카드의 정보(카드정보, 고객정보)를 VAN망을 통해 카드사에 전송하는데, 이때 발생하는 VAN망 사용료입니다. 결제 시마다 110원(부가세 포함)씩 발생하며, 판매수수료와 함께 판매대금 정산 시 차감됩니다.
선결제	PG사가 쇼핑몰의 매출채권을 담보로 하여 자금을 빌려 미리 정산해 주는 서비스를 말합니다. 따라서 자금차입으로 인한 금융수수료가 추가되어 공식 수수료에 0.3~0.5% 정도의 수수료가 추가됩니다.

Q PG사와의 계약절차 및 비용에 대해 알려 주세요.

PG사와의 신용카드 지불대행 계약에 지출하는 비용은 보증보험 가입비, 연관리비, 보증보험료(카드사 유의업종은 별도 협의 필요)입니다. 임대형 쇼핑몰 솔루션과 제휴되어 있는 PG사 중에는 등록비, 연관리비, 보증보험료가 면제되는 곳이 많으므로 이를 잘 활용하면 무료로 PG사와 계약할 수 있습니다. 계약절차는 PG사에 따라 약간 차이가 날 수 있지만, 통상적으로는 아래와 같습니다.

1단계 : PG사 홈페이지에서 상점 아이디 등록하기

이때 신청한 아이디와 패스워드는 결제창 연동 및 매출내역 조회 등의 상점 관리자 서비스 이용에 필수적이므로 반드시 기억하고 있어야 하며, 외부에 노출되지 않도록 주의해야 합니다.

2단계 : 서비스 신청서와 관련 서류를 첨부하여 PG사에 우편 발송하기

서비스 신청서를 작성한 후 관련 서류를 첨부하여 PG사에 직접 우편으로 발송합니다.

3단계 : 보증보험 신청하기

미 니 강 좌 ·······

보증보험

쇼핑몰에서 문제가 발생할 경우 소비자에게 피해보상을 제일 먼저 해 주는 곳은 PG사입니다. 그렇기 때문에 향후 부실에 대한 보장 차원에서 쇼핑몰에 요구하는 것입니다. 또한 쇼핑몰에서 제출하는 보증보험 가입금액이 월간 카드승인 한도가 됩니다. PG사마다 약간씩 차이는 있지만, 쇼핑몰의 거래 데이터에 문제가 없을 경우에는 어느 정도씩 한도액을 증액해 주기도 합니다.

보증보험에 가입하지 않을 경우, 서비스 이용 및 신용카드 거래한도에 제한이 있을 수 있습니다. 보증보험 신청 결과는 보증보험에서 PG사로 직접 통보하므로 여러분이 PG사에 따로 알려 주지 않아도 됩니다. 보증보험의 청약절차는 각 PG사마다 제휴되어 있는 보증보험 회사가 있으므로 PG사 홈페이지에 안내된 사항에 따라 서류를 접수하고 보증보험료를 납부하면 됩니다.

보증보험료의 예

가입금액	실제 납부 보험료	비고
500만 원	12만 원	보험료율 2.4%,
1,000만 원	24만 원	보험기간 1년 기준

4단계 : PG사의 결제 시스템 쇼핑몰에 연동하기

독립 쇼핑몰이라면 여러분이 직접 하기 어렵지만, 임대형 쇼핑몰 솔루션의 경우, 관리자 모드에서 쉽게 설정할 수 있습니다.

5단계 : 카드사 등록기준에 적합한지 심사하기

계약서 확인 및 쇼핑몰 심사는 계약서 접수 후 1~2일(토/일/공휴일 제외)이 소요되며, 쇼핑몰이 카드사의 가이드라인에 따라 올바르게 제작되어 있는지와 PG사에서 사전심사를 거쳐 승인이 가능한지의 여부를 알려 줍니다. 따라서 미리 카드사의 쇼핑몰 제작 가이드라인에 미달되는 사항은 없는지 체크해 보아야 합니다.

- 사이트 하단에 상호, 사업자번호, 대표자 이름, 주소, 전화번호 기재 여부 확인
- 사이트 하단에 통신판매 신고번호 누락 시 삼성카드 이용 불가
- 사이트 하단 주소에 아파트 이름이나 빌라 이름 기재 시 삼성카드 이용 불가
   OO구 OO동 111번지 효성아파트 111동 11호 (×)
   OO구 OO동 111번지 (○)
- 사이트 하단의 연락처가 휴대폰 번호인 경우 불가. 반드시 일반전화 연락처 기재
- 신용카드 결제창 연동 여부 확인(쇼핑몰에서 상품주문서를 작성한 후 '신용카드 결제하기' 기능이 활성화
   되어 있어야 하는 것을 의미하는데, 이는 4단계를 통해 가능)

6단계 : 실거래가 가능한 상태로 쇼핑몰의 카드 결제 시스템 전환하기

앞의 모든 절차가 완료되면 이 사실을 온라인 등록 시 여러분이 입력한 이메일이나 문자 메시지로 알려 줍니다. 단, 신용카드는 카드사의 심사가 완료된 순으로 거래가 가능해집니다. 카드사 심사(카드사 접수 후 3~10일이 소요되며 토/일/공휴일 제외)에 소요되는 시간은 카드사별로 다소 차이가 있으며, 주요 심사내용은 아래와 같습니다.

- 불가 업종 여부
- 쇼핑몰의 완성도(계약서 확인 및 쇼핑몰 심사항목에 준하여 검토)
- 대표자 및 법인의 신용도 및 연체기록 존재 여부

7단계 : 쇼핑몰에서 카드 결제 승인

이제는 쇼핑몰에서 카드 결제가 정상적으로 이루어집니다. 만약 카드사로부터 심사가 거절된 상태라면 반송사유를 수정한 후 재심사를 받아야 합니다.

신용카드 무이자 할부 행사는 어떻게 진행하는 것인가요?

인터넷에서 신용카드 결제 시 무이자할부가 가능한 경우는 쇼핑몰에서 자체적으로 실시하는 무이자할부와 카드사에서 실시하는 무이자할부가 있습니다.

각 카드사에서 판촉을 위해 1~2개월의 짧은 기간 동안 무이자할부 행사를 하는 경우가 있는데, 이는 부정기적이고 모든 카드사의 무이자할부가 가능한 것이 아니기 때문에 중·고가상품을 취급하는 쇼핑몰이나 무이자할부 행사에 민감한 고객층이 많이 이용하는 쇼핑몰은 좀 더 많은 고객을 유치하기 위해 자체적으로 2~12개월의 무이자할부 행사를 상시 진행합니다. 물론 이때의 할부거래 수수료는 고객이 부담하는 것이 아니라 쇼핑몰이 부담합니다.

할부 개월별로 상점이 부담해야 할 수수료가 달라지는데, 고객이 선택한 할부 개월 수가 많아질수록 상점이 부담하는 수수료는 높아집니다. 고객이 12개월 할부를 선택했을 때에는 10%가 훌쩍 넘는 할부거래 수수료가 판매대금 정산 시 차감되는 것이죠. 따라서 무이자할부 행사는 길어도 6개월 정도로 하는 것이 적당합니다. 무이자할부 거래 가능 기간이 6개월로 설정되었다면 6개월 선택 시에만 무이자할부가 적용되는 것이 아니라 2~6개월까지 적용할 수 있다는 점을 명심하세요.

또 한 가지 주의해야 할 것은 PG사에 무이자할부 서비스 이용 신청서를 보낸 후 쇼핑몰 관리자 모드의 결제수단 설정 부분에서 일반할부가 아닌 무이자할부로 설정을 바꿔 주어야 비로소 무이자할부가 적용된다는 것입니다. 무이자할부 거래를 종료하고 싶을 때에는 이와 마찬가지로 해당 PG사에 무이자할부 서비스 해지신청서를 보내고 관리자 모드의 결제 설정을 무이자할부에서 일반할부로 바꾸면 됩니다. 무이자할부를 쇼핑몰에 공지하기 전에 여러분이 직접 신용카드 결제를 테스트해 보는 것이 좋습니다. 카드 결제가 되었더라도 바로 PG사의 상점 관리자에 접속해 승인취소를 하면 되니까요.

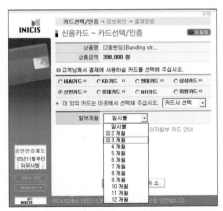

▲ 카드 결제 시 할부 개월수를 선택하면 그 옆에 무이자할부 여부가 표시됩니다(카드 종류에 따라 다름).

상점부담 무이자할부 가능 카드

할부 수수료를 상점이 부담하는 무이자할부 서비스가 가능한 신용카드는 인터넷 결제가 가능한 국내의 모든 신용카드에 비해 제한이 있을 수 있으므로 반드시 사전에 확인하고 이 사실을 고객에게 공지해야 합니다. 모든 카드의 무이자할부가 가능한 것으로 안내가 되어 상품을 구입했다가 카드 명세서에 할부이자가 추가 청구된 것을 알았을 경우, 고객이 맹렬히 항의하게 됩니다. 통상적으로 인터넷 결제가 가능한 신용카드는 국내 모든 신용카드(BC, 국민, 삼성, 외환, 신한, 현대, 롯데, 하나, 전북, 수협)인 반면, 상점부담 무이자할부가 가능한 신용카드는 BC, 국민, 삼성, 외환, 현대, 신한, 롯데로 제한됩니다.

잠깐만요! 인터넷 쇼핑몰 에스크로 서비스 사용 의무에 대한 FAQ

Q : 에스크로(ESCROW) 서비스란 무엇인가요?

A : 공신력 있는 제3자(에스크로 사업자이며, 주로 은행)가 소비자의 결제대금을 예치하고 있다가 상품배송이 완료된 후 판매자에게 지급하는 거래안전장치로, '결제대금예치제'라고도 합니다.

Q : 에스크로 서비스를 모든 결제에 의무적으로 적용해야 하나요?

A : 그렇지는 않습니다. 1회 결제금액이 5만 원 이상 현금거래에 대해서는 법적 의무사항으로 반드시 에스크로 서비스를 이용해야 하지만 신용카드 거래, 5만 원 미만 현금거래, 배송이 불필요한 거래는 제외됩니다.

Q : 에스크로를 적용하는 결제수단은 무엇인가요?

A : 가상계좌와 실시간 계좌이체에 대해서만 적용합니다. 에스크로 서비스 제공 사업자는 현재 금융사(은행)의 신규가입은 받지 않고 기존 상점의 연장만 가능하므로, 신규 쇼핑몰은 PG사에 신청해야 합니다. 수수료와 정산주기는 사업자마다 차이가 있습니다.

Q : 에스크로 거래건의 판매대금은 판매자에게 언제 입금되나요?

A : 구매고객이 상품을 받은 후 구매승인을 하면 판매자 계좌로 입금됩니다. 고객이 구매확인을 하지 않을 경우 상품발송일(에스크로 사업자는 국내 주요 택배사와 배송정보 공유가 되어 있음)로부터 일정 기간이 경과해야 대금이 지급됩니다. 며칠이 경과해야 대금이 지급되는지는 에스크로 서비스 사업자마다 차이가 있습니다.

Q : 에스크로 인증마크는 무엇인가요?

A : 공정거래위원회의 '구매안전서비스에 대한 통판업자의 표시등에 관한 고시'에 따라 쇼핑몰의 초기화면과 결제화면에 의무적으로 구매안전서비스를 사용하고 있다는 인증마크 표시를 해야 합니다.
에스크로 적용이 완료된 쇼핑몰은 에스크로 서비스 제공회사의 홈페이지에서 '판매자 인증마크 가져가기'를 클릭해 쇼핑몰의 메인화면과 결제화면에 삽입하면 됩니다.

18 단계

ONLINE
SHOPPING MALL

오픈 전 쇼핑몰 최종 점검하기

여러분은 쇼핑몰 방문자들이 사이트를 대충 둘러보고 구경만 하고 나가는 것을 원하지 않을 것입니다. 여러분의 쇼핑몰에서 상품을 구매하게 될 고객은 실제로 쇼핑몰의 주요 기능들을 골고루 사용해 보게 됩니다. 즉, 구매할 상품의 정보를 꼼꼼하게 살펴보고 회원가입을 하며, 주문서를 작성하고 현금 입금 또는 카드 결제를 하는 과정에서 도움이 될 만한 기타 페이지들을 읽어보기도 하는 것이죠. 따라서 이러한 과정을 여러분이 테스트 삼아 한 번씩 따라해 봐야 합니다.

Q 쇼핑몰이 모두 완성된 것 같은데, 이제 외부에 알려도 될까요?

쇼핑몰 제작이 완료되었고, 상품 등록과 진열도 만족스럽게 되었으며, 신용카드 지불대행계약을 신청했다고 하더라도 만에 하나 쇼핑몰 이용절차나 내용 중에 미완성된 부분이나 오류가 있는 페이지가 있고, 사진이나 설명, 가격이 잘못된 상품이 있어서 방문자가 여러분의 쇼핑몰에 대해 좋지 않은 인상을 받는다면 애써 광고비용을 지불하면서 방문자를 끌어들인 보람이 없어집니다. 따라서 방문자를 맞을 준비가 모든 면에서 완료되었는지 꼼꼼하게 최종점검을 해야 합니다. 하루라도 빨리 사이트를 알려서 상품을 판매하고 싶은 여러분의 마음은 충분히 이해할 수 있지만, 사이트를 점검해 보지도 않고 광고를 진행하는 것은 피해야 합니다.

회원가입과 회원정보 양식 수정하기

회원가입 시의 이용약관에 특별히 추가해야 할 내용은 없는지 살펴보고, 회원가입 양식이 필요 이상으로 너무 많은 정보입력을 요구하지는 않는지, 쇼핑몰 운영에 꼭 필요한 요소가 빠져 있지 않은지 등을 살펴보세요. 회원가입 양식이 너무 길거나 까다로우면 입력 중간에 포기하는 고객이 생길 수도 있습니다.

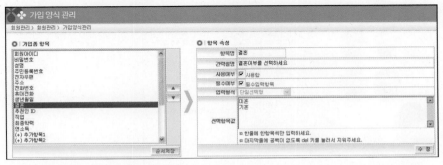

◀ 회원가입 양식

▲ 회원가입 양식을 관리하는 상점 관리자 페이지

상품 등록 및 상품 정보 상태 점검하기

모든 상품들이 분류별로 잘 등록되어 있는지, 각 상품 정보(가격, 선택사항, 상품설명
및 사진)가 잘못된 곳은 없는지 살펴보세요. 또한 상품설명이 사실과 다른 점이 있거
나 잘못 설명된 것은 없는지, 사진은 제대로 나타나는지 등을 체크해 보세요. 운영자
의 입장보다는 쇼핑몰 방문자의 입장에서 각 상품 정보를 꼼꼼히 읽어봅니다.

▲ 상품 정보 점검

링크 주소 확인하기

웹디자이너가 작업완료 전에 최종확인을 했겠지만, 미처 확인하지 못한 부분이 있을 수도 있습니다. 쇼핑몰의 모든 링크 버튼을 눌러 오류가 나타나지 않는지 점검해 보세요. 또한 상품 상세 설명은 운영자가 직접 작성하는 경우가 대부분이므로 오류가 없는지 꼼꼼히 확인합니다.

미니강좌 ·······

최종 점검 시 주변 인력을 활용하자!

여러분 혼자 쇼핑몰의 최종점검까지 하다 보면 미처 발견하지 못하는 오류도 있을 것입니다. 이럴 때에는 가족이나 친구들에게 사이트를 테스트해달라고 부탁해 보세요. 쇼핑몰에 대한 평가도 들을 수 있어 많은 도움이 됩니다.

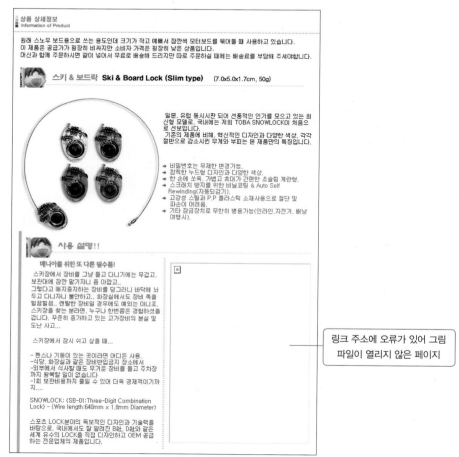

▲ 상품 상세 정보 점검

링크 주소에 오류가 있어 그림 파일이 열리지 않은 페이지

각종 안내문구 점검하기

쇼핑몰의 이용약관, 이용가이드, 개인정보취급방침, 회원가입안내, 주문안내, 결제안내, 배송안내, 비회원구매약관, 청약철회방침, 사용자 동의 설정, 교환안내, 환불안내, 적립금 및 기타 안내문을 읽어보고 논란이나 오해 발생의 문구는 없는지 점검하세요.

임대형 쇼핑몰의 경우 각각의 내용을 입력하는 란에는 일반적인 내용이 입력되어 있습니다. 이를 기본으로 하여 적절하게 수정하면 됩니다. 이러한 각종 규칙들은 출력해서 별도의 클리어 파일에 보관하고 중요 사항은 기억해야 고객이 전화나 게시글 등으로 문의했을 때 빠르게 답변할 수 있습니다. 특히 반품, 교환 조건에 대해서는 동종 쇼핑몰의 경우를 참고하여 사이트에 꼼꼼하게 안내해 놓아야 합니다.

게시판 점검하기

아무리 신규 쇼핑몰이라고는 하지만 게시판에 게시물 하나 없이 썰렁한 것은 고객에게 신규 쇼핑몰에서 상품을 구입하는 것에 대한 불안감을 증폭합니다. 오픈기념 이벤트, 적립금 혜택, 무이자할부 행사 등 공지사항 게시판에 게시물을 4~5개 정도 올려놓으세요. 특히 메인화면에 게시판을 미니출력 형태로 4~5단 정도 자동출력되도록 디자인한 경우, 게시판이 비어 있으면 디자인이 미완성인 것 같은 느낌을 주게 됩니다.

메인 페이지의 공지를 채워 주세요.

내 쇼핑몰에서 첫 번째 고객이 되어 보기

의외로 많은 분들이 하지 않는 것 중 하나가 쇼핑몰 정식 오픈 전 시뮬레이션입니다. 상품검색, 상품주문, 결제과정에서 불편한 점은 없는지 직접 쇼핑몰의 모든 기능을 이용해 봅니다. 이는 주문과정의 오류를 체크할 뿐만 아니라 주문이 들어왔을 때 입금확인을 어떻게 하고, 카드결제 확인은 어떻게 하는지 예행연습을 해보는 기회가 되기도 합니다. 카드결제 테스트의 승인취소는 PG사 가맹점 관리자에서 여러분의 카드승인 매출의 취소 버튼을 누르면 됩니다. 또한 주문 후와 입금 후, 결제한 후에 문자 메시지, 고객 메일이 제대로 전송되는지 직접 확인해 보고, 문구가 적절하지 않은 경우에는 수정하세요.

만약 신용카드 무이자할부 행사를 한다면 무이자할부가 정상적으로 적용되는지도 반드시 확인하세요. 카드결제를 테스트할 때 할부 개월수를 선택하면 일반할부인지 무이자할부인지 확인할 수 있습니다.

19단계

검색엔진 등록하기

검색엔진 등록은 영업준비가 완료된 쇼핑몰을 네이버, 다음과 같은 검색포털에 출생신고를 하는 것이라 할 수 있습니다. 쇼핑몰이 엄청나게 많아진 지금은 매우 특수한 아이템을 판매하는 쇼핑몰을 제외하고 검색엔진 등록을 하는 것만으로 검색포털의 검색결과에서 잠재고객에게 노출될 확률이 거의 없어졌습니다. 그러나 고객이 여러분의 쇼핑몰을 재방문하기 위해 검색포털에서 쇼핑몰 이름을 검색해 볼 때 정식으로 사이트 URL과 쇼핑몰 소개 문구가 나타날 수 있다는 것만으로도 검색엔진 등록의 의미는 충분합니다.

Q 검색엔진 등록은 검색 키워드 광고와 어떻게 다른가요?

두 가지 모두 검색엔진과 연관된 개념이고, 검색결과에서 노출되는 것이기 때문에 혼동하기 쉽습니다. 그러나 실제로는 큰 차이가 있습니다.

검색엔진 등록

예전에 오프라인 홍보에서 전화번호부가 중요한 역할을 하던 시절에는 가게를 내면 일단 전화번호부에 가게 이름과 전화번호부터 등록했습니다. 이와 마찬가지로 쇼핑몰을 오픈하면 검색 포털에 쇼핑몰 이름과 도메인을 등록해야 합니다. 현대의 네티즌에게 있어서 사이트로 이동하는 가장 보편적인 방법이 검색엔진을 이용한 검색이라는 것을 감안한다면, 주요 검색 포털에 여러분의 쇼핑몰을 등록해야 하는 것은 당연한 일이겠죠.

검색엔진 등록은 인터넷 초창기에는 무료였지만, 사실상 요즘은 거의 100% 유료화되었다고 생각하면 됩니다. 소규모의 무료 검색엔진들이 있기는 하지만, 거의 유명무실하며, 국내의 주요 검색 포털들은 모두 유료로만 등록할 수 있습니다. 그러나 2007년 12월 27일부터 네이버 검색엔진 등록이 무료화되었습니다. 또한 대표적인 무료 검색엔진으로 구글이 있지만, 우리나라 네티즌들 중에서 검색을 할 때 구글을 이용하는 사람은 많지 않습니다.

그럼, 비용을 들여 검색엔진에 등록하면 검색결과 페이지에서 맨 위에 노출될까요? 안타깝게도 그렇지는 않습니다. 검색엔진에 등록한 사이트는 통합검색 결과 페이지의 아래쪽, '사이트'라고 보이는 부분에 노출되는데, 해당 키워드로 검색엔진에 등록된 사이트가 많다면 당연히 버튼을 수십 번은 클릭해야 해당 사이트를 발견하게 될 것입니다. 검색엔진 등록은 예를 들어 검색창에 '클럽모'라고 입력하면 검색결과에서 www.clubmo.com이 노출되는 것뿐입니다. 하지만 이렇게라도 하지 않는다면 클럽모 사이트는 인터넷 주소창에 도메인을 직접 입력하는 방법을 통해서만 찾을 수 있습니다.

이렇게 검색엔진 등록만 해서는 검색결과의 첫 페이지 상단에 올려지지 않기 때문에 별도로 돈을 내고 광고를 하는 것이 검색 키워드 광고입니다.

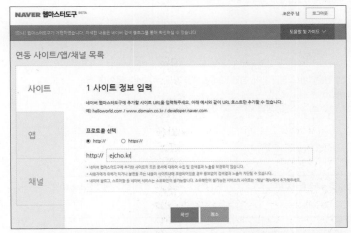

▲ 네이버 지도 검색에 업체정보가 노출되기 위해서는 '네이버 마이비즈니스'에서 업체정보를 등록해야 합니다. 정보의 수정과 관리도 여기에서 하면 됩니다.

▲ 사이트를 새로 만들었다면 네이버 '웹마스터도구'에서 사이트를 연동하고 블로그, SNS는 채널에 연동해야 합니다. 이렇게 하면 네이버 검색 수집 정보 및 웹문서 노출에 도움이 됩니다.

검색 키워드 광고

이 책의 03단계인 '판매할 상품 결정하기' 부분에서 소개한 네이버 검색 키워드 조회로 내 아이템의 사업성을 직접 체크해봤다면, 검색 키워드 광고의 개념에 대해 잘 이해하고 있을 것입니다.

그래도 다시 한 번 정리하면, 네이버에서 '비데'라는 키워드로 검색하여 통합검색을 한 결과 상단부터 나오는 파워링크, 비즈 사이트 섹션에 노출되는 쇼핑몰이 해당 키워드로 검색 키워드 광고를 하는 쇼핑몰들입니다. 검색 포털에서 광고상품을 키워드(검색어)별로 판매하기 때문에 '검색 키워드 광고'라고 부르는 것이죠.

검색엔진 등록보다 검색의 절대적인 우선순위에 놓이는 것이 검색 키워드 광고입니다. 사이트 최초 등록 시 비용이 1회성으로 지출되고, 금액도 저렴한 검색등록보다는 매월 수십~수백만 원을 내고 검색 키워드 광고를 하는 광고주 사이트를 우선으로 할 수밖에 없으니까요.

각 키워드마다 광고금액은 천차만별입니다. 예를 들어 '신혼여행'이라는 키워드에 광고를 하면 '신혼여행'이라고 검색했을 때에만 상단에 나타납니다. 즉, '신혼'이나 '여행' 키워드는 따로 판매되는 것이죠.

예제를 통해 본 검색엔진 등록과 검색 키워드 광고의 차이

(1) 검색엔진 등록

사이트

마리웹 지도보기
쇼핑몰 창업 전문업체, 쇼핑몰 제작, 창업 강의, 포토샵 강좌, 유지보수 등 안내.
http://www.mariweb.co.kr/   창업, 소호 〉 소호 〉 쇼핑몰창업

- 검색 키워드 : 쇼핑몰 창업, 창업강의
- 업체이름 : 마리웹
- 설명문구 : 쇼핑몰 창업 전문업체, 쇼핑몰 제작, 창업 강의, 포토샵 강좌, 유지보수 등 안내
- 도메인 : www.mariweb.co.kr
- 디렉토리 : 창업, 소호 〉 소호 〉 쇼핑몰창업

(2) 검색 키워드 광고

쇼핑몰창업강의전문 마리웹 - 쇼핑몰창업강의, 포토샵강의, 창업 컨설팅, 창업서적 집필, 창업교육 컨텐츠 개발

http://mariweb.co.kr

- 검색 키워드 : 쇼핑몰 창업강의
- 업체이름 : 쇼핑몰창업강의전문 마리웹
- 설명문구 : 쇼핑몰창업강의, 포토샵강의, 창업 컨설팅, 창업서적 집필, 창업교육 콘텐츠 개발
- 도메인 : mariweb.co.kr

쇼핑몰제작전문 마리웹 – 메이크샵/카페24/후이즈몰 쇼핑몰디자인, 쇼핑몰기획, 상세페이지 제작, 포토샵강의

http://mariweb.co.kr

- **검색 키워드** : 쇼핑몰 제작
- **업체이름** : 쇼핑몰제작전문 마리웹
- **설명문구** : 메이크샵/카페24/후이즈몰 쇼핑몰디자인, 쇼핑몰기획, 상세페이지 제작, 포토샵강의
- **도메인** : mariweb.co.kr

키워드의 분류

아이템에 따라 키워드 분류체계는 복잡할 수도 있고, 단순할 수도 있습니다. 단순하고 명확한 키워드를 가진 아이템이라면 검색엔진 등록이나 검색 키워드 광고를 하기가 수월합니다. 하지만 복잡한 분류체계를 가진 아이템일수록 고도의 키워드 선정 요령이 필수입니다. 그렇지 않으면 너무 많은 광고비 지출로 크게 타격을 입게 되거나 엄청난 광고비에 기가 죽어 아예 광고를 포기해 버리고 마는 두 가지 경우 중 하나가 되기 쉬우니까요.

키워드에는 주요 키워드인 핵심 키워드와 브랜드 키워드, 세부 키워드인 주변 키워드와 확장 키워드, 테마 키워드인 시즌 키워드와 기념일 키워드가 있습니다. 여러분의 이해를 돕고자 복잡한 분류체계를 사용하는 아이템을 예로 들어 설명하겠습니다. 이러한 속성을 지닌 대표적 아이템이 '의류'입니다.

(1) 주요(메인) 키워드

핵심 키워드와 브랜드 키워드를 합쳐 '주요 키워드' 혹은 '메인 키워드'라고 합니다.

• 핵심 키워드

주로 큰 상위개념의 단어들을 의미합니다. 이러한 키워드들은 조회수가 높기 때문에 광고단가도 높습니다. 또한, 많은 경쟁자들이 몰려 있기 때문에 경쟁상황을 감안한 상대단가도 높아집니다. 반드시 상위개념이 아니더라도 조회수가 상대적으로 높은 청바지나 재킷 같은 키워드들 역시 핵심 키워드라 할 수 있습니다.

> **예** 남성복, 남성의류, 보세의류, 수입의류, 브랜드의류, 명품의류, 청바지, 재킷, 모자, 구두, 티셔츠 등

• 브랜드 키워드

브랜드 이름을 그대로 사용한 단어들이 브랜드 키워드입니다. 검색 타깃이 분명하여 구매율도 높고 조회수도 매우 높아 재정이 허락된다면 추천할 만한 키워드입니다.

> **예** 아베크롬비, 나이키, 아디다스, DKNY, 폴로, 리바이스, 레스포삭 등

(2) 세부 키워드

주변 키워드와 확장 키워드를 합하여 '세부 키워드'라고 합니다. 세부 키워드는 정액제 광고에서는 비효율적이지만, 오버추어나 애드센스, 클릭초이스 등 클릭당 과금을 하는 광고체계에서는 비용 대비 효과가 높다고 할 수 있습니다. 일반적으로 큰 쇼핑몰들은 이러한 키워드를 잘 사용하지 않는 편이므로, 소호에게 유리한 키워드들이죠. 또한 경쟁률이 낮은 만큼 광고단가도 낮지만, 구매율은 오히려 상대적으로 높아 가장 추천할 만한 키워드입니다.

• 주변 키워드

핵심 키워드에서 한 단계 혹은 두 단계가 더 구체화되어 매우 복잡한 단어로 조합되지만, 그래도 사용자들이 검색할 만한 키워드들이 주변 키워드입니다. 구체화되었다는 것은 더욱 높은 구매율로 연결된다는 것을 의미합니다. 따라서 소호의 경우이러한 키워드를 이용하는 것이 유리합니다. 주변 키워드에는 지역 키워드를 넣을수도 있습니다. '부산꽃배달'이나 '광주퀵서비스' 같은 것이 이에 해당합니다. 하지만 '이천쌀'처럼 지역성을 초월하여 거의 브랜드화되다시피한 단어들은 주요 키워드군에 넣어야 할 것입니다.

> **예** 나이키신발, 나이키가방, 아동용인라인스케이트, 여성수입보세의류, 여성수입명품의류, 여성브랜드스타일의류, 여성청바지, 여성재킷 등

• 확장 키워드

앞에 소개한 키워드들의 앞뒤에 사람들이 검색을 할 만한 단어들을 덧붙여 만들어낸 단어들로서 사실 조합하자면 끝도 없죠. 이러한 키워드들은 일일이 조합하기 힘들기 때문에 오버추어의 확장검색을 이용하는 것이 효율적입니다. 오버추어에서는지난 달 기준으로 사람들이 검색해본 확장 키워드들을 조회수와 함께 보여 줍니다.

> **예** 싼 여성의류 파는 곳, 예쁜 보세의류 쇼핑몰, 명품의류 구매대행 쇼핑몰, 남성의류 싸게파는 곳 등

(3) 테마 키워드

시즌 키워드와 기념일 키워드를 합쳐 '테마 키워드'라고 합니다.

• 시즌 키워드

이러한 키워드들은 주로 선물용품이나 꽃배달 사이트들이 이용했는데, 요즘에는 규모가 있는 쇼핑몰에서 고객을 빼앗아 오기 위한 수단으로 사용하기도 합니다. 이광고의 특징은 업종구분이 없이 특정한 시즌에 맞춰 광고가 집중적으로 몰리며, 시즌이 끝나면 아무도 사용하지 않는다는 것입니다. 보통 이러한 시즌 키워드를 잡으

려면 시즌이 시작되기 최소한 한 달 이전에 광고를 등록해야 겨우 광고위치를 확보할 수 있습니다.

> **예** 졸업식, 입학식, 설날, 추석, 어버이날, 발렌타인 데이, 크리스마스, 다이어리 등

- **기념일 키워드**

기념일은 개인적인 행사이므로 특정한 시즌이 아니라 연중 고르게 분포되어 있는 것이 특징이며, 사실상 가장 핵심적인 키워드로 활용하기도 합니다. 또한, 이러한 주제로 묶은 상품들만을 집중적으로 판매하는 쇼핑몰들이 대다수이므로 키워드 하나를 쇼핑몰의 컨셉트 아이템으로 생각할 수도 있습니다.

> **예** 결혼기념일, 약혼식, 100일째 만남, 돌잔치, 생일선물, 회갑기념, 칠순잔치, 프로포즈, 사랑고백, 깜짝이벤트 등

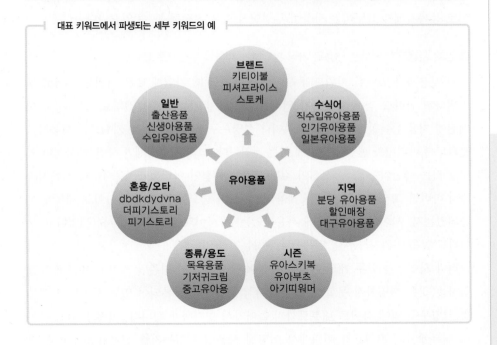

대표 키워드에서 파생되는 세부 키워드의 예

브랜드
키티이불
피셔프라이스
스토케

수식어
직수입유아용품
인기유아용품
일본유아용품

일반
출산용품
신생아용품
수입유아용품

지역
분당 유아용품
할인매장
대구유아용품

혼용/오타
dbdkdydvna
더피기스토리
피기스토리

유아용품

시즌
유아스키복
유아부츠
아기띠워머

종류/용도
목욕용품
기저귀크림
중고유아용

미 니 강 좌 ·········
검색엔진 키워드
인터넷 광고에서 키워드는 검색엔진 이용자들이 여러분의 쇼핑몰이나 판매하는 상품을 어떤 검색어를 이용하여 검색할 것인지에 대한 해답으로 이해하면 됩니다. 따라서 취급상품의 특성을 가장 정확하고 구체적으로 표현하는 키워드를 선정해 최초 등록 시 효과적으로 분류, 배열하는 것이 중요합니다. 검색엔진을 거쳐 쇼핑몰로 유입되는 방문자는 대부분 이 키워드에 의해 방문하는 것이므로 여러분의 쇼핑몰을 어떤 키워드로 소개하는지에 따라 방문율과 구매율에 많은 차이가 나타납니다.

Q 검색엔진에서 상위에 등록되는 원리는 무엇인가요?

여러분이 직접 검색엔진을 통해 원하는 정보나 사이트를 검색해 봤기 때문에 이미 알고 있겠지만, 특정 키워드를 입력하면 이와 관련된 수십여 개의 카테고리와 수천 개의 사이트가 나타납니다. 만약 여러분의 쇼핑몰이 뒤에서 두 번째 페이지에 나타난다면 인터넷 쇼핑몰의 주요한 방문자 유입경로인 검색엔진을 통해 여러분의 쇼핑

몰에 유입되는 방문자는 한 명도 없을 것입니다. 네티즌들은 평균적으로 검색 결과물의 약 2페이지 정도를 본다고 합니다. 한 페이지에 보통 20개의 검색결과가 나타나므로 최소한 40등 안에는 들어야 검색결과를 보고 고객이 찾아오며, 첫 페이지에 노출될 경우에는 당연히 노출경쟁에서 유리한 고지를 점유하게 됩니다.

검색엔진 상위등록에 대한 원리는 검색엔진마다 다르고, 또 구체적인 내용은 1급 보안사항입니다. 그렇다고는 해도 필요한 정보를 검색하는 네티즌의 욕구에 검색엔진이 최대한 부합하도록 해야 한다는 것은 불변의 진리입니다. 그래야만 해당 검색 포털에 대한 네티즌의 인지도나 선호도가 증가됨은 물론 광고수익도 늘어날 테니까요.

검색엔진의 기능은 검색 사용자가 원하는 내용과 가장 가깝게 검색결과를 보여 주는 것입니다. 이를 염두에 둔다면 검색엔진이 본연의 기능에 충실할 수 있도록 사이트 등록자에게 요구하는 사항이 무엇인지 쉽게 짐작해 볼 수 있습니다.

❶ 검색 사용자가 원하는 내용과 가장 부합하는 내용을 우선으로 합니다

검색 사용자가 입력한 키워드와 사이트를 등록할 때 기입해 넣은 키워드가 서로 부합된다면 아마도 검색 사용자가 원하는 사이트일 가능성이 높겠지요. 따라서 검색엔진에 처음 등록할 때 사이트 제목이나 설명문구에서 관련 없는 키워드를 사용하지 못하도록 에디터가 편집할 수밖에 없는 것입니다. 그러나 이렇게만 하면 '유사성이 있다'까지는 해결되는데, '유사성이 깊다'까지는 해결이 어렵겠죠. '유사성이 깊은지를 파악'하려면 그 키워드가 어디에 사용되었는지가 중요할 것입니다. 사이트 제목에 사용되었는지, 사이트 설명문구에 사용되었는지, 사이트 설명문구에 사용되었다고 하더라도 앞쪽에 위치하는지, 뒤쪽에 위치하는지 말입니다.

그러나 사이트가 한두 개도 아니고 수없이 많으므로 이 기준만 가지고 유사성을 결정하는 것은 현명하지 못합니다. 따라서 검색엔진에 등록되어 있는 사이트의 제목과 설명문구 외에 사이트 내부로까지 들어가서 평가하게 됩니다. 이렇게 해서 사이트 내부에서도 키워드가 어디에서 어떻게 사용되고 있는지를 살펴보겠지요. 먼저 사이트의 헤드(head)를 살펴볼 것입니다. 타이틀(title)과 메타태그(meta tag)가 그 대상이 되겠죠. 그 다음에는 본문(⟨body⟩~⟨/body⟩)을 살펴볼 것입니다. 먼저 메뉴를 살펴보고, 그 다음에는 본문내용도 살펴볼 것입니다.

❷ 검색 사용자에게 우수한 콘텐츠를 제공하는지 검토합니다

단순히 유사성만 깊다고 해서 그 결과를 검색 사용자에게 그대로 보여준다면 실망할지도 모릅니다. 위의 내용들은 어느 정도 조작이 가능하기 때문이기도 합니다. 그렇다면 어떻게 사이트가 우수한 콘텐츠를 보유하고 있는지를 알 수 있을까요? 우선 우수한 콘텐츠를 담고 있는지 직접 눈으로 확인하는 것이 좋지만, 전문지식의 경우 눈으로 확인하는 것만으로는 쉽게 식별할 수 없을 것입니다.

❸ 사이트의 인기도를 봅니다

해당 사이트가 인기가 있으면 우수한 콘텐츠를 보유하고 있을 가능성도 클 것입니다. 인기도 측정은 얼마나 많은 사람들이 그 사이트를 찾았는지를 파악해보면 쉽게 알 수 있습니다. 즉, 검색엔진 내에서 검색 사용자가 그 사이트를 몇 번이나 클릭했는지를 체크해 봅니다.

또 하나의 방법은 그 사이트가 다른 사이트로부터 얼마나 참조되고 있는지를 알아보는 것입니다. 다른 많은 사이트가 그 사이트를 링크하고 있다면 우수한 콘텐츠를 보유하고 있을 가능성이 높을 테니까요.

Q 검색엔진 상위등록 원리를 실제로 적용하는 방법은 무엇인가요?

이제는 검색엔진 상위등록을 위해 여러분이 무엇을 해야 하는지를 알았을 것입니다. 사이트의 인기도는 여러분이 쇼핑몰을 운영하면서 꾸준히 노력해야 할 부분이지만, 검색엔진 사용자가 원하는 내용과 가장 부합되는 제목과 설명문구, 본문내용을 갖추어 검색엔진에 등록하는 것은 지금 당장 여러분이 실천해야 할 사항입니다. 따라서 이러한 원리를 바탕으로 좀 더 구체적인 방법을 알아봅시다.

검색엔진 등록 시 제목과 설명문구 작성

해당 검색 포털에서 요구하는 사항이 다소 까다롭더라도 이를 잘 활용한다면 디렉터리 분류의 노출에서 좋은 점수를 얻을 수도 있습니다. 검색엔진에 등록할 수 있는 제목과 설명문구에서의 제목은 사업자등록증상의 상호로 등록해야 하므로 어쩔 수 없는 부분이지만, 설명문구는 어느 정도 융통성이 있습니다. 이때 경쟁이 심한 아이템과 경쟁이 심하지 않은 아이템의 키워드 등록요령에는 차이가 있으므로 잘 숙지하기 바랍니다.

(1) 경쟁이 심하지 않고(경쟁 사이트 약 30개 이하) 핵심 키워드가 분명한 아이템

일단 여러분이 등록할 만한 키워드를 생각나는 대로 적어 보세요. 예를 들어, 남성용 남방과 와이셔츠 전문 쇼핑몰이라면 '와이셔츠', '남방'과 같이 핵심 키워드가 명확하지만, 네이버 키워드 스테이션의 유사검색 기능을 이용하였더니 유용한 유사 키워드들이 여러 개 있었고, 각각의 노출수는 아래와 같았습니다.

▲ '와이셔츠'의 유사 키워드 검색 결과

▲ '남방'의 유사 검색어 검색 결과

키워드별 월간 조회수

와이셔츠 12,490	남자정장 9,089	체크남방 12,729
셔츠 10,586	남성정장 23,888	수트 11,931
정장 37,346	유로스타일 21,256	넥타이 21,707
남방 10,049	남자셔츠 3,605	
남성셔츠 3,429	세미정장 10,225	

가장 조회수가 많은 키워드 순으로 글자수를 맞추어 자릅니다. 이렇게 하면 경쟁력이 약한 아이템의 경우에는 많은 효과를 발휘할 수 있습니다. 여기에 가장 중요한 키워드를 3회 정도 기술적으로 반복하면 금상첨화겠죠.

> 남성의류 전문 몰, 유로스타일 남성정장, 와이셔츠, 세미정장, 수트, 체크남방, 넥타이

여기서 주목할 만한 것은 '남방'과 '셔츠'라는 핵심 키워드를 3회 반복했다는 점입니다. 검색엔진은 설명문구에서 앞쪽에 쓴 단어를 더 중요하게 생각하고, 반복해서 사용한 단어를 중요하게 생각합니다. 따라서 정말 중요한 핵심 키워드는 다른 키워드와 조합해서 반복적으로 써 주면 훨씬 좋은 효과를 낼 수 있습니다.

▲ 네이버 검색등록 신청 페이지

▲ 네이버 등록 분류 검색창

(2) 경쟁이 치열한 아이템

경쟁이 치열한 경우에는 앞에서 말한 조회수가 높은 순서대로 등록하면 안 됩니다. 어차피 등록해 봐야 여러분의 쇼핑몰은 수백 개의 쇼핑몰들 중에서 후순위로 뒤처지게 될 것이 뻔하니까요. 이 경우에는 일단 넣고자 하는 키워드를 모두 적습니다. 경쟁이 치열하지 않은 아이템은 핵심 키워드 위주로 리스트를 작성했지만, 경쟁이 치열한 아이템은 핵심 키워드뿐만 아니라 세부 키워드도 생각나는 대로 모두 적습니다.

예를 들어 '수제화'라면 아래와 같이 엄청난 수의 키워드들이 노출될 것입니다. 참고로 이와 같은 키워드들을 생각해 내기가 힘들다면 오버추어(www.content.overture.com/d/KRm/ac/index.jhtml)의 관련 검색어 조회기능을 이용해도 됩니다.

수제화 쇼핑몰/여성 수제화/남성 수제화/수제화 구두/수제화 샌들/고급 수제화/명품 수제화/남자 수제화/여성 수제화 쇼핑몰/맞춤 수제화/수제화 부츠/수제화 세일/예쁜 수제화/동대문 수제화/수입 수제화/키높이 수제화/수제화 여성/구두 수제화/럭셔리 수제화/여자 수제화/수제화 브랜드/수제화 전문점/저렴한 수제화/수제화 도매/수제화 여성 구두/일본 수제화/여성 수제화 브랜드/가죽 수제화/수제화 스니커즈/수제화 신발/수제화 싼 곳/이대 수제화/홍대 수제화/수제화 사이트/패션 수제화/수제화 예쁜 곳/수제화 쇼핑몰 추천/싼 수제화/수제화 맞춤/수제화 웨스턴 부츠/수제화 추천/수제화 매장/수제화 공장/여성 수제화 명품/수제화 할인/캐주얼 수제화…….

이상의 키워드들을 검색창에 일일이 입력해서 나타나는 웹 검색결과의 리스트 순위가 1~2페이지 이내인 키워드들만을 고릅니다. '여성 수제화'나 '수제화 구두'라는 키워드는 이미 너무 많은 사이트들이 앞쪽에 노출되어 있기 때문에 사용해도 소용이 없습니다. 하지만 '예쁜 수제화'나 '신상구두', '저렴한 수제화' 같은 키워드는 아직 웹 검색에서 노출되는 사이트가 그리 많지는 않습니다. 따라서 중요한 핵심 키워드(수제화 전문 쇼핑몰)는 노출순위에 상관없이 사용해야겠지만, 이처럼 조회수는 높지 않더라도 일단 조회가 되었을 경우 앞쪽에 노출될 확률이 높은 키워드는 반드시 설명문구에 넣어 주는 것이 좋습니다. 이렇게 해서 선택한 키워드들을 전달 노출수가 많은 순서대로 배열하여 검색엔진 설명문구수의 제한에 따라 끊습니다.

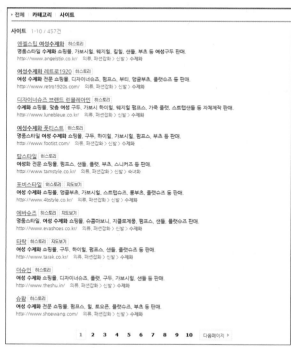

▲ 너무 많은 업체들이 이미 등록되어 있는 '여성 수제화'

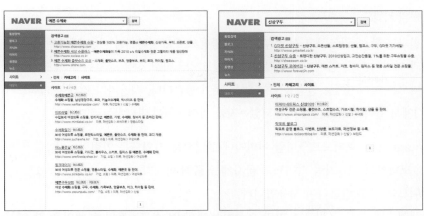

▲ 상대적으로 경쟁이 덜한 '예쁜 수제화', '신상구두' 키워드

아무리 경쟁률이 치열한 아이템이더라도 키워드가 많이 나오다 보니 상대적으로 경쟁이 낮은 키워드들이 분명히 존재합니다. 핵심 키워드들 사이에서 뒤로 밀려 경쟁할 것이 아니라, 비록 조회수는 적지만 확실하게 검색결과에서 상단에 노출되는 나만의 키워드를 포착하는 것이 훨씬 유리한 것이죠.

쇼핑몰 HTML 본문 점검

검색엔진은 HTML 파일에 삽입된 텍스트만을 정보로 사용합니다. 따라서 파일 이름이나 텍스트에서 핵심 키워드를 자주 사용하는 것이 좋습니다. 하지만 메타태그가 적용되는 검색엔진은 적으며, 웬만한 쇼핑몰은 이 방법을 이미 다 사용하고 있기 때문에 너무 큰 기대는 하지 마세요. 단지 쇼핑몰을 최대한 알리기 위한 노력 중에서 시간이 걸리는 것도 아니고 별도의 비용이 드는 것도 아니기 때문에 안 하는 것보다는 낫다는 것입니다. 여기서 유의해야 할 점은, 너무 많이 사용할 경우에는 오히려 인위적으로 순위를 올리기 위해 사용한 것이라 판단하여 순위에서 제외할 수 있으므로 지나치게 사용하는 것은 좋지 않습니다.

(1) 타이틀

html 태그의 윗부분을 보면 〈title〉~〈/title〉이 있습니다. 이 부분에 사이트 이름, 주요 키워드를 삽입합니다.

(2) 메타태그

html 태그에는 사이트의 성격을 대략적으로 명시하는 부분이 있습니다. 〈meta name="description" content="~"〉와 〈meta name="keywords" content="~"〉에 사이트 이름과 주요 키워드를 삽입합니다.

(3) 본문의 키워드

미 니 강 좌 ‥‥‥‥

장기적인 상위노출의 요건

웹 검색에 정답은 없습니다. 검색엔진마다 정책이 다르고 담당자의 성향도 다르기 때문에 쇼핑몰 운영자의 입장에서는 어느 장단에 춤을 춰야 할지 헷갈리기도 할 것입니다. 가장 중요한 것은 쇼핑몰에 일반적인 내용이 아닌 다른 사이트와 다른 정보를 제공한다거나 디자인이 우수한 사이트, 고객관리를 잘하는 사이트가 상위에 등록될 가능성이 높다는 것입니다. 이것이 장기적인 상위노출 요건의 핵심입니다.

노트 필기를 할 때 강조하고 싶은 부분은 형광펜으로 표시하거나 다른 색의 펜으로 적는 것과 마찬가지로, 홈페이지를 작성할 때에도 강조하고 싶은 글자는 굵게 표시하고 자주 나오는 이미지에는 설명을 달아 놓는 것이 좋습니다. 사용자가 검색한 키워드가 페이지에서 얼마나 중요하게 사용되었는지를 검색엔진이 판단하는 것이죠.

❶ 〈image alt="모터보드"〉처럼 이미지에 설명으로 키워드를 입력합니다.
❷ 〈b〉모터보드〈/b〉처럼 키워드의 글자체를 굵게 합니다.
❸ 키워드를 자주 반복하여 사용합니다.
❹ 검색엔진의 로봇은 링크를 따라 이동하는데, 자바스크립트나 프레임은 잘 인식하지 못합니다. 따라서 〈a href="~"〉 태그를 사용해 작성하는 것이 좋습니다.

어떤 쇼핑몰은 편법으로 주요 키워드를 반복하여 페이지의 여백에 기입해 놓기도 하고, 일반 사용자에게는 보이지 않도록 폰트의 크기는 1로, 색은 바탕색과 동일하게 설정하기도 합니다. 하지만 이 방법은 권하고 싶지 않습니다.

(4) 링크 참조

해당 키워드에 대해 다른 사이트로부터 여러분의 쇼핑몰로 링크가 많이 걸려 있다면, 여러분의 사이트는 콘텐츠가 우수한 사이트로 인정받을 확률이 높아집니다.

잠깐만요! 랭키툴바를 이용해 업계 서핑을 편하게 하자

랭키닷컴의 '랭키툴바(http://toolbar.rankey.com)'를 설치하면 현재 열려 있는 사이트의 순위가 등록된 랭키사이트 카테고리에서 몇 위인지 알 수 있습니다. 랭키툴바는 브라우저 주소창의 바로 아래에 나타나는데, 설치 후에도 보이지 않는다면 브라우저의 보기 메뉴 > 도구모임 > 랭키툴바에 체크 표시를 하면 됩니다. 랭키닷컴에 등록된 사이트들만 순위집계 대상이 되지만, 나름대로 업계의 흐름을 판단하는 데에 많은 도움이 됩니다.

랭키툴바에서 보여 주는 순위의 기준

랭키툴바의 순위는 매주 발표하는 랭키닷컴의 랭키순위를 기준으로 합니다. 랭키순위는 전체 랭키툴바 사용자가 방문한 웹페이지를 1시간 단위로 측정하여 사이트 순위를 결정합니다. 1시간 동안 같은 사이트를 아무리 많이 방문하더라도 1회로 집계되도록 하여 고의적인 목적의 사이트 순위상승을 배제하였으며, 팝업창이나 프레임을 사용하는 사이트의 순위측정 공정성 문제도 해결하였습니다.

또한 랭키순위는 최근 12주(3개월) 동안의 방문기록을 합산하여 산출합니다. 1주(7일) 동안의 단시간 데이터가 아닌 12주 동안 누적된 데이터이므로 각 사이트의 트래픽을 비교적 객관적으로 보여 주게 됩니다.

업종별 주목할 만한 쇼핑몰 살펴보기

[의류/잡화 쇼핑몰]

여성의류 쇼핑몰 '스타일난다' http://stylenanda.com

2004년 오픈마켓에서 의류판매를 시작한 이듬해인 2005년 '스타일난다' 사이트를 개설하여 본격적인 여성의류 전문몰로 성장하기 시작했습니다. 여성의류 쇼핑몰에서 시작해 자체개발한 코스메틱 브랜드에서도 성공적인 매출을 올리고 있으며, 2012년 가을에는 서울 홍대에 총 3층 규모의 매장까지 오픈하기에 이르렀습니다. 일반 내셔널 브랜드에서도 패션과 함께 진행하기 힘든 코스메틱 라인은 온스타일 '겟잇뷰티'에 방송될 정도로 가파른 상승곡선을 그리고 있으며, 브랜드 특유의 스타일리시한 감각으로 무장한 난다 리빙 라인까지 영역을 확대하고 있습니다. 2005년 사이트 오픈 이후 꾸준한 성장을 계속하여 국내 쇼핑몰 대형화의 상징적인 존재가 된 스타일난다는 경쟁과 부침이 심한 여성의류 쇼핑몰에서 모범적인 성공사례로 손꼽기에 손색이 없습니다. 초기의 캐치 프레이즈인 '난 노는 물이 달라!'에서 최근에는 '하루도 잊을 수 없어요! 당신의 스타일난다!'로 변했는데, 이 한마디의 문장이 스타일난다의 성장과 추구하는 방향을 단적으로 보여 준다고 할 수 있겠습니다.

▲ 스타일난다 메인화면

흑백톤의 심플한 컬러는 상품에 시선이 집중되도록 하며, 기존의 쇼핑몰과 매우 다른 레이아웃을 사용하여 스타일리시하고 톡톡 튀는 감각을 보여 주고 있습니다. 통상적으로 상단과 좌측에 주요 메뉴를 배열하는 데 반해, 스타일난다는 우측에 주요 메뉴와 배너를 넣었는데, 이는 사람의 시선이 왼쪽에서 오른쪽으로 움직이는 것이 일반적이기 때문에 눈으로는 상품을 구경하고, 오른손잡이가 대부분인 국내 고객들이 편리하도록 마우스 조작이 필요한 상품 카테고리나 각종 배너들은 우측에 배치한 것입니다.

▲ 스타일난다 상품 상세페이지

스타일난다의 상품 상세 설명은 퀄리티 높고 풍부한 양의 사진들, 친근감 넘치는 설명글, 상품의 규격과 성분을 꼼꼼하게 정리한 자료를 빠짐없이 수록하여 상품 정보의 양과 질 모두를 충족하고 있습니다. 고객이 마우스 스크롤을 하며 자연스럽게 상품에 대한 모든 것을 파악하고 공감할 수 있도록 코디컷－이미지 연출 피팅컷－앞/뒤/옆에서 본 피팅컷－컬러뷰－디테일컷－피팅모델 신체 사이즈－사용후기－질문과 답변 순으로 나열하고 있습니다.

[식품 쇼핑몰]

강화도 특산물 쇼핑몰 '강화도 토박이' http://www.ghtobagi.com

식품 쇼핑몰, 특히 특산물, 농수산물을 직접 재배, 수확하여 판매하는 경우에는 규모가 작고 사진 퀄리티가 조금 떨어지더라도 판매자 및 상품에 대한 신뢰와 안전성만 어필할 수 있다면 승산이 있습니다. 이번에 소개하는 '강화도 토박이'라는 쇼핑몰은 쇼핑몰의 이름, 쇼핑몰 디자인, 사진, 글 모든 면에서 객관적으로 본다면 퀄리티가 그리 높지 않지만, 판매자(재배자)의 진솔하고 정직한 모습을 쇼핑몰에서 느낄 수 있고, 꼼꼼한 상품설명과 게시판 관리가 좋은 인상을 주어 수년 째 꾸준하게 운영되고 있습니다. 더 멋지고 퀄리티 높은 식품 쇼핑몰은 얼마든지 있지만, 이렇게 소박한 모습으로 꾸준히 운영되고 있는 쇼핑몰이 있음을 알려드리기 위해 수록했습니다.

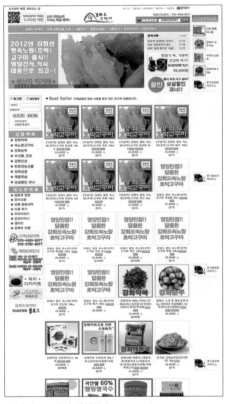

▲ 강화도 토박이 메인화면

직접 재배하는 것은 호박고구마이지만, 이 밖에도 인지도 높은 강화도 특산물을 다양하게 판매하여 매출이 고구마 수확철에만 편중되는 단점을 최소화하고 있습니다. 메인화면의 상단 메뉴를 보면 재배자 소개, 농특산물 소개, 요리와 건강 관련 게시판을 운영하고 있습니다. 좌측의 게시판 목록 중에서 가장 눈에 띄는 것은 '상품 발송내역'입니다. 관리자에서 운송장 번호를 입력하면 자동으로 고객에게 SMS가 발송되지만 주고객층이 인터넷 사용이 능숙치 않은 연령대임을 감안해 이름, 주소(시군 정도까지만 언급), 발송상품 내역, 운송장 번호를 매일 게시물로 올리고 있습니다. 번거롭게 일을 만들어서 이렇게까지 할 필요가 있을까 생각할 수도 있지만, 다소 구식으로 보이는 이러한 방법이 오히려 고객의 신뢰를 얻는 데에는 무척 유용하겠다는 생각이 듭니다.

▲ 강화도 토박이 상품 상세페이지

다른 쇼핑몰에 비하면 상품설명 디자인이 많이 어설프고 구성도 어수선하지만, 고객이 알고 싶어하는 모든 내용은 빠짐없이 꼼꼼하게 넣어 놓았습니다. 재배환경과 수확현장 사진, 몇 시까지 결제완료하면 당일 발송이 될 수 있는지 써 놓았으며, 무농약 농산물에 대한 인증정보도 명시했습니다. 강화도 주민인 부모님이 수확하시는 고구마를 아들이 쇼핑몰에서 판매하고 있음을 사진과 함께 공개하여 신뢰를 얻고 있습니다.

[유아/아동 쇼핑몰]

유아용품 쇼핑몰 '퀸시' http://www.quincee.co.kr

퀸시는 기존의 유아용품 쇼핑몰과는 차별화된 비즈니스 모델을 표방하고 있습니다. 중고가의 퀄리티 높은 해외 브랜드 유아용품을 중심으로 중산층 이상의 젊은 감각을 지닌 엄마들의 쇼핑을 유도합니다. 상품도 사이트에 무한정 노출하여 판매하는 것이 아니라 매일 아침 8시 다양한 브랜드의 유아용품을 소개하여 정해진 기간 동안만 한시적으로 판매합니다.

▲ 퀸시 메인화면

기존 유아용품과 상품구성, 판매방식이 다르기 때문에 선호하는 고객층의 취향도 다를 수밖에 없겠지요. 사이트 디자인이 매우 감각적이고 고급스럽게 꾸며져 있습니다. 상품목록 이미지가 무척 큰 편이라서 시원한 느낌을 주며 여기에 마우스를 올려놓으면 판매마감일, 가격, 성별, 연령 등의 기본 상품 정보가 나타납니다.

▲ 퀸시 이벤트 안내 페이지

브랜드 유아용품을 파격적인 할인가로, 한시적으로 판매하는 퀸시의 매력은 매일 상품이 바뀌면서 진행하는 파격할인 이벤트라고 할 수 있습니다.

[취미/선물 쇼핑몰]

전통공예품 쇼핑몰 '우리살림' http://www.urisalim.com

전통 민속공예품, 전통문양 문화상품, 외국인 선물, 관광기념품, 한지 온라인, 규방공예소품 등을 판매하는 우리살림은
필자가 5년 전 쇼핑몰창업 성공사례로 직접 인터뷰한 적이 있습니다. 우리살림은 경기도여성능력개발센터의 창업지
원을 적극 활용하여 창업한 사례로서, 디자인 소품 중에서도 전통공예품으로 전문화, 세분화하여 자리를 잡았습니다.
5년 전에 비해 사진촬영 실력도 많이 늘었고, 사이트의 퀄리티도 훨씬 높아졌음이 느껴집니다.

▲ 우리살림 메인화면

기본 종류별 상품 카테고리는 물론, 전통공예품을 구입하는 고객들
의 구입목적을 분석하여 가격대별 추천상품, 비즈니스 선물용, 기
업체/관공서 맞춤선물 상담 등의 메뉴를 마련해 놓았습니다.

▲ 우리살림 기획전 페이지

선물 쇼핑몰은 어떤 종류의 선물을 사야겠다고 결정한 후에 들어온
방문자보다는 상품을 구경하면서 구매를 결정하는 경우가 많기 때문
에 쇼핑몰 측의 센스 있는 상품 구성과 제안이 고객의 구매를 유도하
는 데에 중요한 변수가 됩니다. 우리살림은 단체 구매고객을 위한 페
이지를 별도로 구성하여 예산에 맞는 가격대별 상품을 쉽게 선택할
수 있도록 배려하고 있습니다.

[가정/생활 쇼핑몰]

홈인테리어용품 쇼핑몰 '다원몰' http://www.dawonmall.com

다원몰은 홈패션 전문 생산업체인 (주)다원물산이 설립한 홈인테리어용품 쇼핑몰입니다. 네이버 검색창에 '다원몰'을 입력하면 다원몰 특가세일, 다원몰 바겐세일이 연관검색어로 나올 만큼 고객들에게 다년간 합리적인 가격의 침구, 커튼 전문 몰로 인정받고 있습니다.

▲ 다원몰 메인화면

다원몰 메인화면은 색감, 구성이 모두 깔끔하게 잘 짜여 있습니다. 각 카테고리별로 공간을 깔끔하게 구획하여 메인 화면에 엄청나게 많은 수의 상품을 진열하고 있음에도 불구하고 스크롤이 과하게 길어지거나 시각적으로 어수선하지 않습니다. 또한 고객들의 시즌별 인테리어 변화욕구를 자극할 수 있도록 다양한 테마의 기획전을 제시하고 있습니다. 중앙 상단의 플래시 배너 내용은 메인화면이 아닌 다른 화면에서도 모두 다시 볼 수 있도록 최상단에 이미지 배너로도 삽입해 놓은 점이 눈에 띕니다.

▲ 다원몰 콘텐츠 페이지

우측은 업계 대표 쇼핑몰답게 침구와 커튼에 대한 제품설치 가이드 콘텐츠를 꼼꼼하게 제작하여 제공하고 있습니다.

PART 4

상품 상세 설명 제작과 상품 등록하기

오픈마켓이든, 전문 쇼핑몰이든 온라인에서 상품을 팔기 위해서는 상품 상세 설명을 제작하여 등록하는 방법을 배워야 합니다. 물론, 전담 직원이나 외부에 맡길 수도 있지만 처음부터 그런 금전적 여유를 갖고 온라인 판매를 시작하는 경우는 드물 것입니다. 그리고 직원 교체의 공백, 외주 제작사의 피치 못할 사정으로 인해 상품 업데이트가 지연될 경우, 그 막대한 손해는 여러분이 고스란히 떠안게 됩니다. 따라서 본인이 직접 상품등록과 쇼핑몰 유지보수를 대행하든, 전담 직원을 따로 배치하든 상품 상세페이지 제작과 쇼핑몰 유지보수에 자주 사용하는 포토샵 기능을 익히고 기초 HTML도 알아두면 훨씬 든든할 것입니다. 이번 파트에서는 쇼핑몰 운영에 필수인 포토샵 프로그램을 사용해 사진을 보정하고 상품 상세페이지를 제작하는 방법, 자주 사용하는 기초 HTML을 따라하기식으로 배워 보겠습니다.

20단계

판매할 상품구입과 배송 준비하기

판매할 상품의 구입 시점은 쇼핑몰이냐, 오픈마켓이냐에 따라 약간 달라질 수 있습니다. 쇼핑몰은 사이트 제작기간과 신용카드 결제 시스템 세팅이 필요하기 때문에 시기나 유행에 민감한 상품인 경우, 너무 일찍 준비하면 판매 시기를 놓쳐 고스란히 악성재고가 될 위험이 있습니다. 이에 반해 오픈마켓은 상품을 등록할 때 판매시작 기간을 특별히 예약해 놓지 않으면 상품 등록 후 사이트에서 바로 노출됩니다. 따라서 주문이 들어오면 최대한 신속하게 발송할 수 있도록 판매할 상품 및 배송준비를 완료해 놓아야 합니다. 첫 판매일 경우 하루에 몇 개가 판매될 것인지 예측할 수 없기 때문에 상품은 자주 구입하는 번거로움이 따르더라도 자금부담이 없는 최소한의 수량만 준비해 놓는 것이 좋으며, 포장박스와 기타 포장재 구입, 택배사와의 거래계약 등도 진행해야 합니다.

Q 초도상품은 어느 정도 구입해 놓는 것이 좋을까요?

상품 매입물량과 매입주기는 밀접한 관계가 있습니다. 매입물량이 적으면 매입주기가 짧아지고, 반대로 매입물량이 많으면 매입주기가 길어지는 것이죠. 창업 초기에는 매입주기가 짧더라도 매입물량이 적은 것이 좋습니다. 아직은 판매량을 예측할 수 없기 때문에 매입주기를 짧게 하여 재고부담을 줄이고, 현금회전이 잘 되도록 하는 것이 좋습니다. 초보 판매자의 경우 초도상품 구입비는 가급적이면 1,000만 원을 넘지 않도록 하는 것이 좋습니다.

Q 의류 쇼핑몰을 준비 중인데, 재고부담을 최소화하는 사입 요령이 궁금합니다.

첫 사입은 경험을 쌓는다는 생각으로 하는 것이 좋습니다. 동대문 시장에서 의류를 사입할 때에는 양이 아니라 샘플 수집 위주로 해야 합니다. 이렇게 수집한 샘플은 다른 악세서리와 함께 코디하여 피팅 모델이 직접 착용해 본 후 큰 문제가 없을 경우에 판매 상품으로 채택하는 것이 좋습니다. 채택된 샘플은 사진 촬영과 편집 과정을 거쳐서 쇼핑몰에 상품으로 등록하게 되죠. 여기까지는 샘플로만 작업하면 되므로 특별한 문제가 없습니다.

문제는 쇼핑몰에 상품을 등록한 이후입니다. 등록한 상품에 대해 고객들의 반응이 좋으면 물건을 더 확보해야 하는데, 고객의 구매 숫자와 장바구니에 담긴 숫자를 파악하여 제품의 인기 정도를 판단한 후 인기제품이라 판단되면 즉시 도매상에게 연락하여 재고량을 확보해 두는 것이 좋습니다. 재고량은 구매 숫자와 장바구니에 담긴 개수를 합한 수의 두 배 정도를 미리 확보하여 추가 주문이 있을 때 신속한 배송이 이루어질 수 있도록 하고, 고객들로부터 별 반응이 없는 제품은 필요할 때마다 구입하여 재고를 최소 상태로 유지하는 것이 부담스러운 재고를 피하는 방법입니다.

의류 쇼핑몰의 상품구색을 갖추기 위한 초도 사입 비용은 500~1,000만 원 정도가 적당합니다. 물론 사입 비용은 아이템에 따라 다르기 때문에 초도 사입 금액은 무리하지 않는 선에서 스스로 결정해야 합니다. 자신이 오픈할 쇼핑몰과 비슷한 규모 또는 스타일의 경쟁 쇼핑몰 상품 카테고리와 상품 구성을 참고하여 노출된 상품의 절반 정도로 초도 사입하면 됩니다. 첫 사입에서는 총 50장 내외의 의류를 구입하는 것이 좋습니다. 혼자 창업하는 초보자의 경우 제품을 촬영해 인터넷에 올리는 시간이 생각보다 오래 걸리는데, 처음부터 물품을 많이 구입하여 상품 등록을 하지 못하고 일주일 이상 방치하면 제작이 중단되어 재주문을 할 수 없게 될지도 모릅니다. 그러므로 하루, 이틀 준비하여 올릴 수 있는 수량만 사입하는 것이 좋습니다.

의류의 경우 디자인마다 보통 3~5가지 정도의 색상과 사이즈로 만들어지는데, 블라우스처럼 단가가 높은 제품은 잘 나가는 2~3가지 색상만 판매하고, 티셔츠처럼 저렴한 제품이나 기본형 제품은 색상별로 다양하게 구비하여 고객선택의 폭을 넓혀주는 것이 좋습니다. 막상 사입을 하다 보면 많은 도매업체들이 디자인마다 다른 색상, 모든 사이즈를 구입하도록 권하는데, 불필요한 상품을 억지로 구입하지 말고 발품을 팔면서 다른 가게를 찾아보는 것이 좋습니다. 노력한 만큼 얻는다는 말이 있듯이, 이곳저곳 돌아다니다 보면 오히려 더 마음에 드는 상품을 좋은 조건에 사입하게 되는 경우도 많기 때문입니다.

Q 상품구입비는 카드와 현금 중 어떤 것으로 결제하는 것이 유리할까요?

한마디로 말해 현실적으로 물품대금의 결제수단 선택권은 초보 판매자인 여러분에게 있는 것이 아니라 공급자에게 있다고 해도 틀린 말이 아닙니다. 대부분의 도매상은 카드결제를 선호하지 않으며, 심지어는 현금결제만 고집하기도 합니다.

미니 강좌 .... 📖

현금영수증을 사업지출 증빙자료로 사용하기 위해서는?

현금영수증은 '소득공제용'과 '지출증빙용'의 두 가지로 구분됩니다. '소득공제용'은 개인의 소득 중에서 공제를 해 준다는 것이고, '지출증빙용'은 회사경비로 인정해 준다는 것입니다. 따라서 개인사업자가 '소득공제용'으로 현금영수증을 발급받으면 회사경비로 인정받을 수 없으므로 '지출증빙용'으로 발급받아야 합니다. 사업자번호를 알려 주면서 '지출증빙용'으로 발급해달라고 요청하면 됩니다.

B2B 사이트를 통해 온라인으로 소매상의 주문을 받는 업체조차도 상품주문만 가능할 뿐, 대금결제는 선택의 여지 없이 무통장입금만을 고수하고 있는 경우가 대부분입니다. 물품대금의 현금결제 시 거래처가 일반과세자라면 세금계산서를 요구할 수 있지만 이를 거부하는 업체가 많으며, 세금계산서 수령을 고집할 경우 공급가를 그만큼 올려받는 경우도 많습니다.

오픈마켓에서 개인회원으로 상품을 판매할 경우에는 소득공제를 위해 물품대금을 카드로 결제하거나 현금결제 시에는 소득공제용 현금영수증을 받는 것이 유리합니다.

그러나 이미 사업자등록을 했고, 개인이 아닌 사업자회원으로 상품을 판매하기로 마음을 먹었다면 물품구입 시 세금을 감면받기 위해 카드결제를 하거나 현금결제 시에는 세금계산서 또는 지출증빙용 현금영수증을 받는 것이 좋습니다.

간이영수증인 경우, 구입금액 5만 원 이하에 대해서는 비용으로 인정받을 수 있지만, 초과금액에 대해서는 원칙적으로 인정받을 수 없으며, 비용으로 처리하고자 할 경우 증빙 불비 가산세 2%를 부담해야 합니다. 반면에 지출증빙용 현금영수증은 필요경비로 인정되며, 5만 원 이상일 경우에도 신용카드 매출전표처럼 정규지출 증빙으로 인정됩니다. 또한 사업과 관련하여 현금(지출증빙)이 기재된 현금영수증을 발급받은 경우, 부가가치세 매입세액을 공제받을 수 있습니다.

 위탁배송이란 무엇이며, 어떤 경우에 사용하나요?

위탁배송이란, 상품을 직접 구입하여 보유한 상태에서 주문이 들어왔을 때, 직배송을 하는 것이 아니라 주문접수 시 미리 계약해 둔 거래처에 발주서를 넣어 거래처에서 고객에게 바로 상품을 배송하는 방식을 말합니다. 이 경우 판매자 입장에서는 물품구입에 당장 돈이 들지 않고 재고부담이 없지만, 공급자 입장에서는 개별 주문건을 접수받아 배송업무를 대신해야 하므로 배송착오나 배송지연 시의 책임까지 떠맡아야 합니다. 따라서 취급상품의 판매를 어떻게 해서라도 늘리고 싶은 공급자를 제외하고는 위탁배송을 그리 달가워하지 않습니다. 판매자 측의 재고부담이 전혀 없는 위탁배송 방식으로 상품을 공급해 준다는 점을 내세워 훨씬 낮은 상품마진을 책정하기도 합니다.

단가가 높고, 초기에는 판매량이 많지 않을 것으로 예상되는 고가의 내구성 소비재일 경우에는 위탁배송 방식을 고려해 볼 수도 있지만, 빠른 배송과 가격조건이 중요한 옥션과 G마켓의 경우, 이러한 상품 외에는 자체 매입에 의한 판매가 유리합니다.

위탁배송이 적합한 상품

(1) 부피가 크거나 물품보관 창고가 확보되지 않은 상태인 경우

부피가 큰 고가품인 경우에는 위탁판매가 유리할 수 있습니다. 또한 가격 경쟁력 확보를 위해 물건은 직접 구입할 의사가 있지만, 이를 보관해둘 창고가 마땅치 않을 때 공급업체 측에 상품보관과 배송을 부탁할 수 있습니다. 하지만 이 경우에는 배송이 원활하지 않거나 재고관리가 불편할 수 있으므로 공간이 여의치 않으면 1주일 정도 판매할 분량씩이라도 갖고 있는 것이 좋습니다.

(2) 주력상품은 아니지만 고객유인 효과가 있고, 전문 쇼핑몰 구색 맞추기에 도움이 되는 상품

이는 옥션과 G마켓에는 해당하지 않는 사항입니다. 독립 쇼핑몰의 경우에는 해당 분야의 전문성과 다양한 상품구색을 과시하기 위해 판매량이 많지 않은 주변상품까지 취급하는 경우가 있습니다. 단가도 높지 않고 고작 1주일에 한두 개밖에 판매되지 않는 상품인데 색상이나 사이즈가 여러 가지라면 굳이 재고위험을 감수하면서까지 상품을 들여놓을 필요는 없습니다. 그럴 때에는 이 상품 팔아 돈을 벌겠다는 생각은 접고 그냥 고객 서비스 차원에서 취급을 해야 하는 것이죠. 경쟁 쇼핑몰에는 이 상품이 없기 때문에 여러분의 쇼핑몰에서 구입하면서 다른 필요한 상품도 함께 구입하는 소비자가 있기 때문에 수익이 적더라도 취급해서 나쁠 건 없습니다.

 어떤 배송방식이 가장 적당할까요?

상품을 배송하는 데에는 택배, 화물, 고속버스 화물, 퀵서비스, 우편서비스 등과 같은 여러 방법이 있습니다. 이 중에서 배송할 상품의 특성과 경제성, 신속성, 정확성, 안전성, 안정성을 고려해 결정하면 됩니다.

택배는 아래 항목 중에서 여러 가지 요건들을 비교적 두루 충족하기 때문에 가장 널리 사용되고 있습니다. 현재처럼 택배시장이 커진 데에는 전자상거래 활성화로 인한 인터넷 쇼핑몰의 성장이 가장 큰 역할을 했다고 해도 과언이 아니죠. 간혹 취급 상품의 특수성에 따라 우체국 등기나 트럭 화물을 이용하기도 하고, 시간이 촉박할 때에는 퀵서비스를 이용하는 경우도 있지만, 인터넷 쇼핑몰의 주요 배송수단은 단연 택배라고 할 수 있습니다.

배송방식 선정 시 점검사항

경제성	배송될 상품의 무게와 부피를 기준으로 했을 때 가장 저렴한가?
신속성	인터넷 쇼핑몰의 가장 일반적인 배송기간인 1~2일을 초과하지 않는가?
정확성	지정한 고객에게 정확히 배달되는가?
안전성	배송 도중 상품의 파손과 변형, 오염은 없는가?
안정성	지속적이고 정기적인 이용이 가능한가?

 택배사 선택기준은 무엇인가요?

택배사는 편의상 대형과 중소 규모의 택배사로 양분할 수 있는데, 배송을 맡기는 쇼핑몰 입장에서는 장단점이 있으며, 한 택배사 내에서도 개별 담당 택배기사들에 따라 고객이 체감하는 서비스가 많이 달라집니다. 국내 택배회사 중 빅5는 대한통운, 한진택배, 현대택배, CJ GLS, 우체국택배입니다. 이 업체들은 모두 비슷한 외형과 시스템을 가지고 있으며, 시장 점유율도 별 차이가 없습니다. 그 밖에 옐로우캡, KGB, 로젠, 동부익스프레스 등의 택배사들이 있고, 이 밖에도 이름이 다소 생소한 택배회사나 화물 위주의 택배사 등 다양한 업체들이 있습니다.

빅5 택배사의 장점은 아래와 같습니다. 우선 물동량이 많기 때문에 한 사람의 기사가 담당하는 지역이 그리 넓지 않습니다. 따라서 이동에 따른 부담이 줄어들고 배송이 좀 더 원활하게 이루어진다는 장점이 있습니다. 도심지가 아닌 지방의 경우에는 인구밀도가 낮기 때문에 배송 지역이 상대적으로 넓은데, 택배사의 규모가 작으면 배송이 제때 이루어지지 않는 문제가 발생합니다. 왜냐하면 빅5 업체에 비해 배송물량이 적기 때문에 지점이나 영업소, 택배기사는 더 적지만 배송해야 하는 지역의 넓이는 동일하기 때문입니다. 다시 말해서 더 넓은 지역을 이동하면서 배송과 픽업을 하게 되고, 경우에 따라 매일 방문할 수 없는 지역도 생기게 됩니다. 이는 배송시간 지연을 유발하여 고객의 쇼핑 만족도를 떨어뜨리는 결과를 초래합니다.

중소 규모 택배사들은 단점만 있나요?

그렇지는 않습니다. 아무래도 빅5가 아닌 중소 규모의 택배사들은 가격적인 면에서 유리할 수 있습니다. 일률적으로 그렇다고는 할 수 없지만, 빅5 택배사의 경우 수량이 적으면 저렴한 가격에 계약하기가 쉽지 않은 반면, 중소 규모의 택배사의 경우 같은 수량에 조금 더 저렴한 가격으로 융통성 있게 계약할 수 있는 경우가 많습니다. 그리고 빅5 택배사들은 가능한 한 정해진 룰에 의해 움직이기 때문에 택배접수가 안 되는 상품들이 많습니다. 특히 특정한 종류의 농산물이나 너무 무거운 상품들은 접수하기가 어려운 경우가 많아서 중소 규모의 택배업체들이 특수를 누리는 현상도 발생합니다. 물론 지점에 따라 차이가 있을 수 있지만, 대형 택배사들 가운데는 박스 도장을 했다는 이유로 접수를 거부하거나 과다한 요금을 청구하는 경우가 있습니다. 중소 규모의 택배사들은 이러한 경우에 좀 더 관대한 편입니다. 융통성을 발휘해 주는 것이지요.

택배사의 가장 큰 선택기준은 '안정성'과 '철저한 약속이행'입니다. 이 두 가지를 고려한다면 초보 창업자에게는 우체국을 포함한 소위 빅5 택배사가 적당합니다. 특히, 택배업체 선정에 대한 노하우가 생기기 전까지 우체국 택배의 신뢰성과 대외적 이미지를 이용하는 것이 가장 무난한 선택입니다. 특히 깨질 염려가 있는 상품은 우체국의 등기를 이용해 보내는 경우가 많은데, 그 이유는 저렴한 가격으로 상품 배송을 책임져 주기 때문입니다. 전국 방방곡곡에 우체국이 산재해 있다는 것도 장점입니다. 우체국 택배는 전문 택배사와 달리 제주도나 도서 산간 지역 등 특수 지역에도 일반 택배비를 그대로 적용하기 때문에 원거리, 오지일수록 쇼핑몰과 고객 모두의 비용이 더욱 절감됩니다. 하지만 경우에 따라서는 이러한 일반적인 기준에 따르지 않고 사무실과 특정 택배사 영업소가 근접해 있을 경우, 배송픽업 시간이나 물량, 상품의 종류에 따라 융통성 있게 선택하는 것이 더 효율적일 수도 있습니다. 배송에 신경이 많이 쓰이는 특수상품일 경우, 몇 개 회사를 선정해 다양하게 실제 배송을 시험해 본 후 어떤 업체가 적당한지 판단하는 것도 좋습니다.

 택배요금 협상은 어떻게 하는 것이 유리한가요?

처음에 배송비를 흥정할 때에는 실제의 배송물량보다 좀 더 과장해서 말할 필요가 있습니다. 초기에는 보통 2~3배 정도 물량을 부풀려 이야기해도 큰 문제는 없습니다. 계약서의 물량보다 적게 나온다고해서 불평을 하는 업체는 거의 없으며, 설령 있다고 하더라도 요일이나 시기에 따라 상품 매출이 달라지는 것이지, 한 달을 기준으로 하면 처음에 말한 물량과 별 차이가 없다고 말하면 됩니다.

택배 요금이 일단 정해지면 물량이 적어지더라도 변동이 없는 것이 보통입니다. 이와 반대로 물량이 많아져도 크게 변동이 없습니다. 따라서 물량이 많아진 경우, 택배사를 옮기면서 협상하는 것이 가격 면에서 좀 더 유리합니다.

상품 픽업시간은 가능한 한 늦은 시간이 좋습니다. 그래야만 고객에게 배송이 빠르다는 느낌을 줄 수 있으니까요. 저녁 6시에 주문한 사람이 다음 날에 물건을 받으면 빠른 배송에 감탄할 것입니다. 택배 마감시간은 지역과 사정에 따라 다르지만, 오후 6~7시 정도라고 보면 됩니다.

 상품포장은 어떻게 하는 것이 효율적인가요?

산업디자인 중에 포장디자인이라는 것이 있습니다. 그만큼 포장이 상품의 가치를 좌우하기 때문이죠. 옥션과 G마켓 내의 수많은 상품판매자들 중에서 여러분의 존재를 고객에게 한 번이라도 더 각인하기 위한 방법의 하나로 포장에 포인트를 주는 것도 고려해 볼 만합니다.

택배사를 이용한 상품운송의 경우, 기본적으로 상품이 겉으로 노출되지 않게 포장재로 완전히 감싸야 하며, 상품이 파손, 변형, 오염될 가능성이 있는 경우에는 완충재 및 내부 포장재를 사용해 이중 포장을 해야 합니다. 상품에 비해 박스가 커서 공간에 여유가 있을 경우에는 배송 중 파손위험이 높기 때문에 가능한 한 비슷한 크기의 박스를 사용하는 것이 좋으며, 사정상 불가능할 경우에는 완충재를 넣어서 빈 공간이 없도록 하는 것이 좋습니다.

▲ 빈 공간이 없게 포장한 상품

 포장재는 어떤 것들이 좋을까요?

포장재는 상품에 맞는 크기와 모양 및 특성을 고려하여 외포장, 내포장, 포장 부자재를 결정해야 합니다. 예를 들어 깨지기 쉬운 물건, 작은 물건 등은 상품이 훼손되지 않도록 주의해야 하며, 악세서리, 향수, 의류 등은 각 상품의 콘셉트에 맞는 내부포장으로 포인트를 주는 것이 좋습니다.

• **외포장** : 택배사의 운송장이 부착되는 최종 포장재로서, 상품보호가 1차적인 기능입니다.

택배용 골판지 박스	가장 많이 사용하는 포장재이며, 다양한 크기와 두께를 가진 기성박스와 주문제작이 가능한 맞춤박스가 있습니다. 최근에는 검은색, 오렌지색 등 여러 가지 컬러의 박스도 선보이고 있습니다.	
택배용 봉투	의류배송 시 많이 사용하는 포장재로, 봉투의 여밈 부분에 접착 띠가 붙어 있는 제품과 비닐접착기를 사용해 여밈을 봉하는 제품이 있습니다.	
스티로폴 박스	유통과정에서 온도유지가 필요한 신선식품 및 냉동식품 배송 시 사용합니다.	

• **내포장** : 2차적인 상품보호, 상품들 간의 분리, 상품가치를 높이기 위한 수단으로 사용합니다.

끈 비닐색	의류 및 패션잡화를 박스 포장하기 전에 상품의 가치를 더욱 높이기 위해 사용합니다.	
비닐백	상품이 매우 작아서 박스 틈새에 낄 위험이 있거나 작은 상품들 간의 분리를 위해 사용합니다. 여밈 부분에 지퍼가 달린 것과 접착 띠가 달린 것이 있습니다.	
에어캡	상품의 파손을 방지하기 위한 완충재 역할을 하며, 봉투 형태와 롤 형태가 있습니다. 형태가 일정하지 않고 부피가 큰 경우에는 롤 형태의 에어캡을 사용하는 것이 편리합니다.	
발포지	상품의 파손을 방지하기 위한 완충재 역할을 하며, 봉투 형태와 롤 형태가 있습니다. 형태가 일정하지 않고 부피가 큰 경우에는 롤 형태의 발포지를 사용하는 것이 편리합니다.	

• **포장 부자재** : 기타 포장에 사용하는 재료들입니다.

완충재	종이, 부직포, 스티로폴 소재로 되어 있습니다. 발포지나 에어캡처럼 완충재 역할을 하기도 하지만, 여러 가지 색의 종이와 부직포로 된 완충재는 상품의 가치를 높이기 위한 미적인 기능이 더욱 강합니다.	
박스 테이프	투명, 불투명(노란색), 컬러 테이프가 있습니다. 박스 포장 시에는 불투명 테이프를 가장 많이 사용합니다. 컬러 박스에는 박스 색상과 어울리는 테이프를 사용하는 것이 좋습니다.	
취급주의 스티커	실제로 택배사에 주의를 주는 것보다는 고객에게 상품배송에 최대한 정성을 기울인다는 표현을 하는 데 더 유용하게 사용할 수 있습니다.	
쇼핑몰 스티커	포장에 판매자의 아이디나 쇼핑몰 이름이 인쇄된 스티커를 부착하면 이미지를 고객에게 다시 한 번 각인할 수 있습니다.	

잠깐만요! **상품과 함께 배송하면 좋을 것들**

상품을 받아본 고객에게 다시 한 번 각인할 필요가 있는 정보

상품 구입자들이 상품을 수령한 후에 판매자에게 연락하는 이유는 십중팔구 교환 및 반품 의사가 있기 때문입니다. 옥션과 G마켓은 상품교환 및 반품 절차가 독립 쇼핑몰에 비해 복잡하고 까다롭습니다. 판매자와 구매자 사이에 옥션과 G마켓이라는 매매중개자가 개입되어 결제와 정산이 이 회사들을 통해 이루어지기 때문이죠.

구매자들이 교환이나 반품 절차를 잘 몰라서 게시판에 질문을 하거나 불평하면 다른 손님들의 구매에까지 부정적인 영향을 끼치게 되며, 이로 인해 같은 내용의 전화상담이 빈번하게 반복될 경우 업무에도 차질이 생깁니다. 따라서 사이트의 상품 상세페이지 안에 관련 내용을 올려놓았다고 하더라도 교환 및 반품에 따른 환불정책 안내서를 한 장 정도 넣어 주는 것이 좋습니다. 구매가 많이 이루어지고 고객들의 변심이 잦은 의류나 패션 상품은 더욱 필요합니다.

조립설명서나 상품의 활용자료 등 상품 관련 자료

조립설명서나 사용법, 사용 시 주의사항 등의 상품 관련 자료도 동봉하는 것이 좋습니다. 조립식 가구나 전자제품 등은 상품 제조자가 매뉴얼을 제작해 상품과 함께 유통하는 경우가 많지만, 사용이 까다롭거나 제품의 작동 및 성능 유지에 중대한 영향을 끼칠 수 있는 사항을 판매자가 다시 한 번 강조해 주면 구매자도 고마워할 것입니다.

명함

아무리 개인성이 강한 옥션과 G마켓 판매자라 하더라도 명함을 상품과 함께 보내 주면 구매자의 신뢰를 확보하는 데 도움이 될 것입니다. 오프라인 매장을 함께 운영하고 있다면 이를 명함 문구에 포함하는 것도 좋습니다.

카탈로그나 신상품 정보

판매자가 취급하고 있는 다른 상품이나 취급 예정인 신상품에 대한 자료를 함께 넣어 주면 홍보 효과가 클 것입니다.

유형 또는 무형의 사은품

가격경쟁이 심해서 그야말로 최소한의 마진만 남기고 파는데, 사은품까지 끼워 줄 여유가 어디 있느냐는 부정적인 생각을 할 수도 있을 것입니다. 하지만 기존의 사은품에 대한 고정관념에 얽매이지 말고 좀 더 폭넓은 발상으로 사은품을 개발해 보세요.

예를 들어, 의류의 경우에는 너무 강한 향이 아닌 섬유유연제 계통의 은은한 향을 하나 정한 후 그 향기가 곧 판매자 이미지와 연상되도록 하는 것이 좋습니다. 저렴한 국산 향수 하나로 수십 개의 사은품을 대체할 수 있어 경제적이고, 새 옷에서 나는 좋지 않은 냄새도 없애 주며, 판매자의 개성적인 이미지도 형성할 수 있으므로 일석삼조의 사은품이라 할 수 있습니다.

이 밖에 내용은 짧지만 판매자의 정성이 들어간 손글씨 메모도 좋고, 막대사탕이나 껌 한 통이라도 좋습니다. 특히 주위의 여러 사람과 나눠 먹거나 사용할 수 있는 사은품, 특이한 사은품이라면 홍보효과도 크겠죠? 구입상품과 관련된 저가의 소모품을 한두 개 정도 넣어 주는 것도 좋습니다. 다만 공짜로 준다는 미명 하에 첫눈에 보아도 싼티가 나고, 상태가 좋지 않은 저급 사은품을 넣는 것은 삼가야 합니다.

▲ 판매자의 정성이 돋보이는 배송편지

21 단계

상품 사진 촬영하기

이제 흥미로우면서도 어려운 상품 사진 촬영에 대해 알아보겠습니다. 다른 단계도 마찬가지겠지만 상품 사진은 온라인 상품판매에 있어서 매우 중요한 요소이기 때문에 특히 더 소홀히 할 수 없는 부분입니다. 제조사에서 제작한 사진을 공통적으로 사용하는 전자제품이나 생활공산품을 제외하고, 인터넷에서 판매되는 상품은 사진의 퀄리티에 의해 상품의 가치가 크게 좌우되곤 합니다. 이번 단계에서 사진촬영의 모든 것을 상세하게 설명하기는 어렵기 때문에 쇼핑몰에 올릴 상품 사진 촬영에 적합한 카메라의 선택요령과 필요한 최소한의 촬영장비에 대해서만 간단히 소개하겠습니다.

Q 카메라 종류에는 어떤 것들이 있나요?

인터넷 쇼핑몰은 오프라인 매장에서처럼 판매자의 설명을 듣거나 상품을 구석구석 살펴볼 수 없기 때문에 대부분의 사람들은 사진을 보고 상품의 구매 여부를 판단합니다. 따라서 구매자가 상품을 직접 눈으로 보고 산다는 착각이 들도록 상품 사진을 촬영하여 고객과 소통해야 합니다.

인터넷 쇼핑몰 제품 촬영에 성공하기 위해서는 상품 상세페이지가 고객의 시선을 사로잡아야 하는데, 이때 최상의 사진을 얻기 위해서는 카메라 선정이 중요합니다. 디지털카메라의 종류는 크게 콤팩트 카메라와 DSLR로 구분할 수 있으며, 콤팩트 카메라와 DSLR의 중간에 해당하는 하이엔드 카메라도 있습니다. 그리고 최근에는 하이브리드 카메라도 제법 다양한 종류가 출시되고 있습니다. 갈수록 경쟁이 치열해지는 쇼핑몰 시장에서 퀄리티가 높은 상품 사진은 판매에 큰 영향을 끼치므로 직접 상품 사진을 촬영할 생각이라면 상품촬영용 카메라와 최소한의 사진장비를 따로 준비하는 것이 좋습니다.

콤팩트(Compact) 카메라

휴대가 간편하고 가격이 저렴하지만, DSLR에 비해 화질이 다소 떨어지고, 순간 조명을 사용할 수 없기 때문에 빛이 부족한 실내 촬영에는 부적합합니다.

▲ 콤팩트 카메라, 작고 간편한 것이 장점

하이엔드(High-End) 카메라

콤팩트 카메라 중 최상위(Hi-End) 모델로, 콤팩트 디지털카메라로 구현할 수 있는 모든 기능과 그에 걸맞은 사양을 갖춘 최고급 모델을 의미합니다. 콤팩트 디카에 비해 더 높은 심도 표현과 좋은 화질의 사진을 얻을 수 있습니다. 하지만 하이엔드 카메라는 기본적으로 콤팩트 카메라의 범주에 속하기 때문에 렌즈교환식인 DSLR과는 달리 렌즈 교환을 할 수 없습니다.

▲ 하이엔드 카메라. 콤팩트 카메라와 DSLR의 사이에 있는 카메라

DSLR(Digital Single Lens Reflex) 카메라

상품 촬영시 사용하는 카메라 중에서 가장 선호도가 높고, 가격도 비쌉니다. 많은 기능을 가지고 있기 때문에 사진에 대한 지식과 경험이 많을수록 촬영자의 의도에 따라 섬세한 표현을 할 수 있습니다.

▲ DSLR 카메라

미러리스(mirrorless) 혹은 하이브리드(hybrid) 카메라

DSLR 카메라와 달리, 내부에 반사경(거울)이 없기 때문에 '미러리스'라고 하며, 콤팩트 카메라와 DSLR 카메라의 특성을 모두 갖고 있기 때문에 '하이브리드(hybrid: 혼합) 카메라'라고 부르기도 합니다. DSLR 카메라처럼 렌즈를 교환할 수 있지만, 본체의 크기는 콤팩트 카메라만큼이나 작은 것이 가장 큰 특징입니다. 성능 면에서 DSLR 카메라보다 뛰어나지는 않지만 콤팩트 카메라보다는 월등히 우수하며, 구경이 큰 렌즈를 장착하지만 않는다면 콤팩트 카메라와 유사한 휴대성을 기대할 수 있습니다. 미러리스 카메라는 2008년에 출시된 파나소닉 DMC-G1, 2009년에 출시된 올림푸스 E-P1 등이 인기를 끌면서 카메라 시장의 새로운 블루오션으로 떠올랐는데, 거의 고사 상태에 이른 하이엔드 카메라 시장을 성공적으로 대체했다는 평가를 받고 있습니다.

▲ 미러리스(하이브리드) 카메라. 크기는 작지만 렌즈 교환이 가능한 것이 특징

Q 많은 종류의 카메라 중에서 쇼핑몰 상품 사진 촬영용 카메라 선택 요령을 알려 주세요.

카메라의 종류는 촬영할 상품의 특징과 촬영 여건을 고려하여 선택하는 것이 좋습니다.

촬영할 아이템이 무엇인가?

악세서리 같은 작은 아이템이라면 DSLR을 추천합니다. 단, 작은 아이템이기 때문에 접사가 가능한 매크로 렌즈를 별도로 구입하는 것이 좋고, 초점에 민감하기 때문에 튼튼한 삼각대를 활용하는 것이 효과적입니다. 또한, 실내 촬영일 경우 풍부한 광량의 조명을 확보하는 것이 좋습니다.

사진의 종류와 스타일은 어떻게 설정할 것인가?

의류 쇼핑몰처럼 야외에서 모델을 촬영하는 경우가 많다면 DSLR을 추천합니다. 실내에서 악세서리나 인테리어 소품을 촬영한다면 셔터속도가 좀 느려도 지장이 없지만, 움직임이 있는 피사체를 야외에서 촬영할 경우에는 모델의 자연스러운 모습을 담기 위해 밝은 렌즈를 사용하는 것이 좋습니다. 실내촬영이 잦다면 보조조명을 편하게 사용할 수 있으므로 그만큼 카메라 선택의 폭이 넓어지겠죠.

촬영 시 순간조명의 사용 여부는?

실내에서 균일한 광량으로 많은 제품의 사진을 일정하게 촬영하려면 대형 조명이 효율적입니다. 야외 촬영 중 커피숍과 같은 실내로 들어갈 경우, 광량이 부족하기 때문에 이에 대비하려면 휴대용 플래시가 필요합니다. 이처럼 외부 조명이 필요한 촬영을 할 때는 순간 조명을 연결할 수 있도록 핫슈가 있는 카메라를 선택해야 합니다.

촬영장비 구입을 위한 예산은 얼마인가?

너무 고가의 카메라에만 집착하지 말고 창업자금의 10%(창업 자금이 2,000만 원이라면 200만 원) 미만으로 사진 장비를 구입할 것을 권장합니다. 이에는 카메라뿐만 아니라 렌즈, 조명, 배경 등의 사진장비를 모두 포함해야 합니다. 예산이 부족하다면 신제품이 아니라 중고품을 구입해도 무방합니다. 카메라를 선정하기가 어려울 경우에는 지인이나 관련 업체에게 빌려서 사용해 본 후 장단점을 파악하는 것도 좋습니다.

결론적으로, 용도에 따라 렌즈만 교환하면 아이템의 종류나 크기에 상관없이 모두 좋은 결과물을 얻을 수 있는 DSLR 카메라를 추천합니다. 물론 하이브리드 카메라도 렌즈를 교환할 수는 있지만, DSLR처럼 렌즈 종류가 다양하지 않고 호환성도 떨어진다는 단점이 있습니다. 가격도 DSLR과 비교해 크게 저렴한 편이 아니므로 굳이 휴대성에 집착하지 않는다면 DSLR을 권장합니다.
예산 때문에 DSLR 구입이 부담된다면 하이엔드급 카메라를 구입하되, 상품촬영에 큰 문제가 없는지 체크해야 합니다. 렌즈는 가능한 한 밝은 것이 좋고, 수동모드(조리개 수치, 셔터 스피드 자유세팅), 화이트 밸런스, ISO 감도 조절도 가능해야 합니다. 또한 작은 제품을 주로 촬영한다면 접사기능이 뛰어난 카메라를 선택하는 것이 좋습니다.

DSLR을 구입할 경우, 렌즈는 어떤 것이 좋을까요?

DSLR 카메라의 가장 큰 특징과 장점은 바디와 렌즈가 분리되는 것입니다. 이는 피사체(사진을 찍는 대상)의 종류, 특징, 촬영환경 등의 조건에 따라 렌즈를 교체함으로써 효과적으로 촬영할 수 있다는 것을 의미합니다.

피사체(모델이나 상품)와 배경이 적당히 어우러지는 사진을 원한다면 표준계 줌렌즈 하나면 충분합니다. 일반적인 상품촬영에서는 표준계 줌렌즈 하나면 거의 해결됩니다. 반면에 뽀얗게 흐린 배경 속에서 피사체가 선명하고 밝게 도드라져 보이는 사진을 원한다면 피사계 심도를 얇게 만들 수 있는 렌즈를 사용하는 것이 효과적입니다. 표준계 줌렌즈라 하더라도 렌즈의 밝기가 더 밝은 렌즈를 선택하는 것이 좋으며, 망원계통의 렌즈를 선택하는 것이 효과적입니다. 렌즈는 조리개의 최대 개방 수치가 낮을수록 밝은 렌즈라고 하며, 밝은 렌즈일수록 가격도 비쌉니다. 또한 주얼리처럼 작은 피사체를 촬영하는 판매자들은 표준계 줌렌즈와 마크로 렌즈(접사전용 렌즈)를 함께 구입하는 것이 좋습니다.

미니강좌 ········

표준계 줌렌즈

사람이 한쪽 눈으로 볼 때의 화각이 46° 정도라고 합니다. 이렇게 46°의 화각을 가지고 있는 렌즈가 '50mm 렌즈'이며(크롭바디에서는 32mm 정도) 다른 말로 '표준렌즈'라고도 합니다. 즉, 표준계 줌렌즈는 50mm를 포함하고 있는 줌렌즈이고, 크롭바디에서는 32mm를 기준으로 하고 있는 번들렌즈(18-55)와 17~55mm렌즈이며, 풀바디에서는 50mm를 기준으로 하고 있는 24-70mm, 28-75mm 렌즈입니다. 일반적으로 '기본렌즈'라고 하면 '표준계 줌렌즈'를 말하며, 렌즈 중에 활용도가 가장 높고, DSLR과 묶어 패키지로 많이 판매합니다.

 ## 핫슈란 무엇인가요?

핫슈란, 외부조명(스트로보)을 사용 또는 장착할 수 있도록 카메라 상단에 설치한 외부조명과의 동조장치로, 핫슈에 핫슈 어댑터를 연결해 외장 플래시에 전기신호를 보내고 플래시를 발광하는 역할을 합니다. 일반 보급형 디지털카메라나 콤팩트형 디지털카메라의 경우, 핫슈가 없는 경우가 대부분이므로, 아직 카메라를 구입하지 않았다면 핫슈 단자가 장착되어 있는 카메라를 구입하는 것이 좋습니다.

▲ 카메라의 핫슈 단자

미니강좌 ········

외부조명과 동조하는 방법

싱크로 코드선을 카메라와 스트로보에 연결하여 동조하는 유선동조, 무선동조기 수신기와 송신기를 카메라와 스트로보에 장착하고 주파수 방식을 이용하여 동조하는 무선동조, 카메라에 내장된 플래시를 이용해 카메라의 플래시를 발광하면 스트로보의 수광센서에 빛이 전달되어 스트로보가 발광하는 빛동조가 있습니다.

좋은 카메라로 찍으면 사진 보정작업은 하지 않아도 되나요?

많은 사람들이 좋은 카메라와 풀 세트의 촬영세트를 구입하면 포토샵 보정을 하지 않아도 된다는 생각을 합니다. 상품 사진 전문가가 보더라도 손색이 없을 정도로 완성도가 높은 상품 사진을 촬영하기 위해서는 작업이 디지털카메라 30%, 조명기기 및 촬영세트 35%, 후보정작업 35% 정도의 비중으로 이루어져야 합니다. 이 비중은 중요도의 기준이 될 수도 있고, 작업분량의 기준이 될 수도 있습니다. 세 가지 중 한 가지의 비중을 높이면 상대적으로 다른 작업의 분량이나 투자는 덜해지겠죠. 간혹 디지털카메라를 최고급형으로 구입하면 나머지 조명과 후보정 등의 작업비중이 다소 떨어질 수 있습니다. 또한 좋은 조명기구를 구입했다면 디지털카메라를 좋은 것으로 구입하지 않고도 나머지 작업분량을 현저히 줄일 수 있습니다.

▲ 후보정을 하기 전 사진(왼쪽)과 후보정을 한 후 사진(오른쪽)

사진이 아무리 깔끔하게 나오고 원래의 색이 제대로 표현되었다고 하더라도, 상품 사진으로의 멋진 변신은 포토샵을 통해 이루어집니다. 큰 쇼핑몰에서도 사진을 찍고 후보정하는 단계에서 상품의 가치를 150% 정도로 끌어올리는 작업을 합니다. 그만큼 상품 이미지가 매출에 큰 영향을 끼치기 때문에 실제 눈으로 보는 것과 사진으로 가장 예쁘게 표현할 수 있는 것의 접점을 찾아 작업을 하면 됩니다. 과도한 후보정 작업은 고객의 신뢰를 잃게 하는 원인이 되기도 하지만, 제품의 모습을 너무 있는 그대로만 보여 주면 매출이 오르지 않는 기현상이 발생합니다.

오프라인 매장에서 인테리어 시공 시 조명과 벽지에 신경을 쓰는 이유는 제품을 돋보이도록 하기 위해서입니다. 온라인 상품 사진 또한 이와 마찬가지로 제품이 돋보이도록 하기 위해 촬영과 후보정 작업 모두 최대한 신경을 써야 하며, 원래 상품과 현저하게 차이가 나지 않는 이상 '허위상품'이라고 생각하지는 않기 때문에 판매하려는 상품의 이미지 보정작업에 많은 투자를 해야 합니다.

카메라로 촬영할 때 반드시 알아야 할 사항은 무엇인가요?

화이트 밸런스

화이트 밸런스는 쉽게 말해 흰색을 흰색답게 표현해 주는 것이라고 생각하면 됩니다. 즉, 카메라가 흰색을 인식하도록 하는 기능이지요. 화이트 밸런스를 이용하기 전에 색온도를 먼저 이해한다면 화이트 밸런스를 좀 더 제대로 사용할 수 있습니다.

우리에게 사물을 볼 수 있도록 해 주는 태양과 실내의 조명들은 일정한 색온도를 갖고 있습니다. 같은 태양 빛이라 하더라도 아침, 낮, 저녁의 색온도가 다르고, 백열등, 형광등과 같은 광원들은 저마다 다른 색온도를 갖고 있습니다. 환경에 따라 촬영한 사진의 색이 다르게 표현되는 것은 바로 이 때문입니다.

평상시에 우리가 태양 아래에서 사물들의 색은 파란색은 파랗게, 흰색은 희게 보입니다. 실내조명 아래에서 사물들을 보면 어떨까요? 이와 마찬가지로 파란색은 파랗게, 흰색은 희게 보일 것입니다. 그 이유는 사람의 눈이 매우 우수한 오토 화이트 밸런스 기능을 갖고 있기 때문입니다.

하지만 카메라는 다릅니다. 색온도가 낮은 백열등이나 촛불 아래에서는 붉은색으로, 색온도가 높은 흐린 날이나 형광등 아래에서는 푸른색으로 표현되지요. 대부분의 디지털카메라는 오토 화이트 밸런스 기능을 지원하기 때문에 이처럼 광원에 따라 다르게 보이는 색을 조절해 줍니다. 즉, 우리의 눈과 같이 화이트 밸런스를 맞춰 주는 것이지요.

AWB	자동	카메라가 자동으로 화이트 밸런스 설정
☀	태양광	밝은 야외에서 촬영 시 사용
☁	구름	그늘이나 일몰 시 사용
☀	텅스텐	텅스텐등이나 백열전구 아래에서 사용
▓	형광등	흰색 계열의 형광등 또는 3파장 형광등 아래에서 사용
AWB	형광등 H	밝은 낮에 형광등 아래에서 또는 3파장 형광등 아래에서 사용
⚡	플래시	플래시를 이용한 촬영 시에 사용
🔲	커스텀	흰 종이나 그레이카드를 이용한 수동 화이트 밸런스 설정

이 중에서 프리셋(커스텀) 모드를 이용하면 촬영자가 임의로 화이트 밸런스를 설정할 수 있습니다. 보통 화이트 밸런스를 맞추기 위해서는 프리셋 모드로 설정한 상태에서 카메라 앞에 흰색 종이를 갖다 대고 셔터를 누르거나 설정 버튼을 눌러 흰색

으로 표시할 부분을 선택합니다. 그러면 카메라는 그 색상이 흰색으로 표현되도록 빨강, 파랑, 녹색의 밝기를 조절합니다. 이 모드를 이용하면 형광등이나 태양광, 백열등 아래에서 좀 더 정확하게 흰색을 표현할 수 있습니다. 일정한 화이트 밸런스로 정확한 색을 촬영하고 싶다면 흰색 종이를 갖고 다니는 것이 도움이 됩니다.

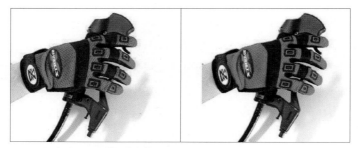

▲ 푸른 톤이 감도는 사진(왼쪽)과 화이트 밸런스가 잘 맞은 사진(오른쪽)

노출

카메라에는 노출계라는 장치가 내장되어 있는데, 이 장치를 통해 찍고자 하는 피사체의 밝기가 결정됩니다. 세상의 모든 물체는 제각각의 반사율을 가지고 있으며, 이 모든 반사율을 일일이 카메라가 알 수 없기 때문에 제조사에서는 공통적으로 카메라의 반사식 노출계의 반사율 기준을 18%로 맞추어 제작하고 있습니다. 18% 반사율은 회색을 띠는데, 우리가 제품을 찍을 때 흰색 배경이 회색으로 나오는 것은 바로 이 때문입니다. 다시 말해서 카메라는 거의 100%의 반사율을 가지는 흰색을 18% 반사로만 보기 때문에 회색으로 보이는 것이지요.

그렇다면 이러한 문제를 해결하기 위해서는 카메라가 측정한 노출값에 + 혹은 − 값으로 노출을 보정해 주어야 합니다. 이러한 기능을 '노출보정 기능'이라고 하는데, 대부분의 카메라에는 이 기능이 내장되어 있습니다. 상품촬영용으로는 노출보정의 단계를 세밀하게 설정할 수 있는 카메라가 좋습니다.

▲ 노출이 맞지 않은 사진(왼쪽)과 노출이 잘 맞은 사진(오른쪽)

조리개

인간의 눈에 있는 홍채와 카메라의 조리개는 매우 비슷한 역할을 합니다. 인간의 홍채는 광량이 많은 곳에서는 너무 많은 빛이 들어오는 것을 막기 위해 팽창되어 빛을 느끼는 동공이 작아지게 합니다. 반대로 광량이 적은 곳에서는 홍채는 수축되고 동공은 커져 적은 양의 빛에서도 시야를 확보할 수 있도록 합니다. 이와 마찬가지로 조리개는 렌즈가 열려 있는 크기를 조절하여 CCD에 도달하는 빛의 양을 조절해 줍니다. 조리개는 렌즈 사이에 위치하며, 보통 링 모양으로 얇은 판이 겹쳐진 것과 같은 형태로 되어 있습니다. 이 얇은 판이 빛의 양에 따라 많이 열리기도 하고, 조금 열리기도 하면서 들어오는 빛의 양을 조절합니다.

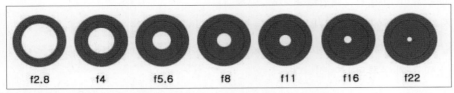

| f2.8 | f4 | f5.6 | f8 | f11 | f16 | f22 |

▲ 조리개의 크기를 표시하는 f 스톱의 표준수치

조리개의 크기는 f 넘버(f-number) 또는 f 스톱(f-stop)으로 표시합니다. 위 그림과 같이 f 스톱의 표준수치들은 f1, f1.4, f2, f2.8, f4, f5.6, f8, f11, f16, f22, f32, f45, f64이며, 숫자가 작을수록 더 많은 빛을 받아들입니다. 각 수치는 바로 앞 단계 1/2만큼의 빛을 받아들이며, 이와 반대로 다음 단계보다 2배 더 많은 광량을 받아들입니다.

이러한 조리개값은 피사계심도에도 영향을 끼칩니다. 피사계 심도란, 사진에서 선명하게 초점이 맞는 범위를 말하는데, 조리개값이 클수록 피사계심도는 깊어져(초점이 맞는 부분이 넓어져) 근거리의 피사체와 원거리의 피사체가 모두 선명하게 촬영됩니다. 반대로 조리개값이 작을수록 피사계심도는 얕아져(초점이 맞는 부분이 좁아져) 초점을 맞춘 부분을 제외한 다른 부분들은 흐리게 나옵니다.

예를 들어 긴 물체인 정장 한 벌을 마네킹에 입혀 찍을 때 벨트 부분에 포커싱을 하면 어깨선이나 바지 끝단 부분이 흐려지는 것이죠. 따라서 가능한 한 최소 개방 조리개값이 높은(f8.0 이상) 카메라를 사용하는 것이 바람직합니다.

미니 강좌

디지털카메라의 화소수

옛날에 비해 전반적으로 카메라의 화소수가 무척 높아졌기 때문에 카메라 구입 시 굳이 화소수를 신경 쓸 필요는 없습니다. 1,000만 화소 이상이면 웹용 이미지로 사용하는 데에는 전혀 문제가 없기 때문입니다. 상품 사진은 컴퓨터 모니터를 통해 고객에게 보이므로 디지털카메라 해상도 300만 화소급 사진의 최대 크기는 2,048×1,536 픽셀인데, 이 정도면 모니터 화면 전체를 채우고도 남습니다. 다만 화소수가 높은 것이 유용한 경우는 사진 한 장을 크게 찍어서 세부 컷을 여러 개 활용해야 할 때, 인쇄를 해야 할 필요가 있을 때입니다.

카메라 외의 촬영장비에는 어떤 것들이 있나요?

촬영세트를 선정하기 위해서는 보조용품들의 종류와 특성을 파악해 둘 필요가 있습니다.

삼각대

주간에 야외에서와 같이 충분한 빛이 있을 경우 디지털카메라의 셔터 속도가 충분히 빠르기 때문에 흔들리지 않은 사진을 찍기가 쉽지만, 실내촬영의 경우에는 의외로 흔들린 사진, 즉 초점이 잘 맞지 않은 듯한 사진이 찍힐 가능성이 높습니다. 이때 필요한 것이 삼각대입니다.

삼각대는 단순히 흔들림을 방지하는 용도 이외에도 소품을 촬영할 때 같은 각도, 같은 높이에서 여러 장의 사진을 찍는 용도로도 쓰입니다. 삼각대도 그 용도에 따라 몇 가지 종류로 나눠집니다.

> ❶ **일반 삼각대** : 의류촬영(마네킹, 인물 모델, 옷걸이 등) 등 소품류의 제품을 촬영할 때 사용합니다.
> ❷ **접사 삼각대** : 귀금속, 악세서리, 소형 소품류 등 근접거리 촬영이 필요할 때 사용합니다.
> ❸ **수직 앵글촬영 스탠드** : 바닥에 펼친 의류의 촬영 등, 위에서 아래로 촬영할 때 앵글 확보를 위해 사용합니다.

▲ 일반 삼각대   ▲ 접사 삼각대   ▲ 수직 앵글촬영 스탠드

조명기기

실내촬영의 경우 실외에 비해 광량이 현저하게 부족하기 때문에 보조조명은 필수적입니다. 촬영용 조명은 크게 지속조명과 순간조명으로 나눌 수 있습니다.

(1) 지속조명

형광등처럼 빛이 계속 발산되는 조명을 말합니다. 지속조명은 외부조명 기능이 없는 카메라나 어떠한 카메라의 촬영 시에도 사용할 수 있을 뿐만 아니라 빛을 계속 비추고 있기 때문에 그림자가 생기는지의 여부를 판단하기에 좋다는 장점이 있습니다. 또한 촬영 순간의 상황을 미리 예측할 수 있기 때문에 상품촬영 시의 오차를 미리 파악하고 대처할 수 있다는 장점이 있습니다. 지속조명에는 텅스텐, 할로겐, 삼파장 등이 있습니다.

▲ 할로겐   ▲ 텅스텐   ▲ 오파장/삼파장 스탠드

(2) 순간조명

순간조명은 말 그대로 카메라의 셔터 작동에 반응하여 빛이 발산되었다가 꺼지는 조명입니다. 전기료가 절감되고 전문가급 사용자에게 편리하다는 장점이 있는 반면, 미리보기가 안 되고 가격이 비싸다는 단점이 있습니다. 예전에는 쇼핑몰 상품 촬영 시에 잘 사용하지 않았지만, 최근 1~2년 사이에 가격이 저렴한 스트로보가 많이 출시되고, 고급형 카메라를 사용하는 쇼핑몰이 늘어남에 따라 스트로보의 사용률이 점차 높아지고 있습니다. 순간조명에는 스트로보, 카메라 옵션 플래시 등이 있습니다.

◀ 스트로보

빛 조절용품

상품의 어느 한쪽에만 강하게 비추는 빛을 상품 전면에 고루 분산하고, 빛을 부드럽게 만들어 주기 위해 사용합니다.

PART 4

▲ 반사판   ▲ 반사우산   ▲ 소프트박스   ▲ 소프트돔

◀ 반사우산과 스트로보의 결합

배경지

야외촬영이 아닌 실내촬영의 경우, 상품의 배경처리를 위해 여러 가지 재질과 색상의 배경지가 필요합니다.

❶ 종이 롤 배경지 : 일반 종이의 경우 광원의 둥근 원이 강하게 생기는 것에 비해 둥근 원이 생기지 않으며, 부드럽게 사방으로 빛을 확산함으로써 배경을 좀 더 깨끗하게 만들어 주는 효과가 있습니다.

❷ 필름 타입 배경지 : 물에 젖지 않고 잘 찢어지지 않습니다. 그러데이션 효과를 줄 때 많이 사용합니다.

❸ 컴퓨터 실사 프린팅 배경지 : 다양한 그래픽 이미지를 컴퓨터 실사 프린팅한 배경입니다. 원하는 특정 풍경이 그대로 출력되므로 실내에서도 야외촬영의 효과를 낼 수 있지만, 상품과 모델이 부조화를 이루면 조잡해 보일 우려도 있습니다.

❹ 모슬린 천 배경지 : 흔히 스타샷 같은 곳에서 사진을 찍었을 때 배경으로 많이 보게 되는 것입니다. 기본색상을 갖는 대형 면직천을 이와 어울리는 다른 색상의 염색액에 구긴 채 담갔다 꺼내어 다양한 부정형의 무늬를 만들거나 에어브러시로 그림 또는 패턴을 그린 배경입니다.

❺ 천 배경지 : 빛을 모으는 효과가 떨어지고 반드시 어두운 곳에서 촬영해야만 배경 색상을 흰색으로 표현할 수 있을 정도로 빛 투과율이 높아 창문이나 기타 빛이 발산되는 곳 가까이에서 촬영하기가 쉽지 않습니다. 또한 재질이 헐렁하여 배경지로 선택해 찍었을 때 천의 주름진 자국이 그림자로 표현되어 나오기 때문에 조잡해 보이기가 쉬워 거의 사용하지 않습니다.

미니 스튜디오

미니 스튜디오는 촬영용 광원의 빛을 부드럽게 하여 강한 콘트라스트에 의한 지저분한 반사광을 없애는 것은 물론, 어지러운 주변 풍경(사무실, 주변 조명 등)이 제품에 비치는 것을 막아 더욱 깔끔한 촬영이 가능하도록 해 줍니다. 촬영할 대상의 크기나 종류에 따라 미니 스튜디오의 크기와 형태도 조금씩 달라집니다.

▲ 다양한 종류의 미니 스튜디오

DIY 촬영 보조용품

(1) 디퓨저(Diffuser)

디퓨저의 역할은 조명 빛을 곱게 확산(산란)하여 상품 사진이 좀 더 잘 나올 수 있도록 하는 것입니다. 디퓨저의 재질에는 여러 가지가 있습니다. 일반 주택의 거실에서 쉽게 볼 수 있는 조명에는 흰색 유리 케이스 커버가 장착되어 있는데, 이 유리 케이스 커버도 디퓨저 역할을 하는 것입니다. 가장 쉬운 방법으로는 트레이싱지(일명 기름종이)를 조명기구에 감싸는 것인데, 텅스텐이나 할로겐 조명은 너무 뜨거워서 디퓨저용 트레이싱지를 가까운 거리에 부착하기가 힘듭니다. 이 경우에는 디퓨징 루프나 디퓨징 박스를 사용하면 됩니다.

▲ 디퓨저 역할을 하는 트레이싱지

▲ 디퓨징 루프(왼쪽)와 디퓨징 박스(오른쪽)

(2) 반사판

철물점에서 파는 스티로폼 패널이나 대형 문구점에서 파는 우드락에 은박지나 흰색(또는 검은색) 전지를 부착하면 훌륭한 반사판을 만들 수 있습니다.

촬영할 상품의 종류에 따라 적합한 촬영장비는 어떻게 달라지나요?

의류 촬영용

상품이 크기 때문에 상품 전체에 골고루 빛을 발산해 줄 수 있도록 조명기구 배치에 신경을 써야 합니다.

▲ 미니 스트로보 2개/소프트박스 2개/라이트스탠드 2개/촬영배경 세트/반사판

잡화, 소품 촬영용

비교적 부피가 작은 소품이나 잡화를 촬영할 때에는 별도의 공구 없이도 쉽게 조립 또는 분해할 수 있는 미니 스튜디오와 소품 촬영용 스탠드 2~4개 정도면 충분합니다.

▲ 조립식 미니 스튜디오/오파장 스탠드 2~4개/디퓨저용 트레팔지/은박 조명반사판

안경, 귀금속 등 반사제품 촬영용

귀금속, 유리 등 반사가 심한 제품을 촬영할 때에는 주변의 사물들이 피사체에 반사되는 것을 막아 주는 것이 중요하므로 소프트돔이나 무반사 텐트를 사용하는 것이 좋습니다.

▲ 스트로보 사용이 가능한 카메라로 촬영 시 : 소프트돔/스트로보 2개/접사 삼각대

▲ 스트로보 사용이 불가능한 카메라로 촬영 시 : 소프트돔/오파장 스탠드 2개/접사 삼각대

의류 쇼핑몰의 경우 대부분 야외촬영을 병행합니다. 야외촬영하기에 좋은 서울의 명소를 지하철역을 중심
으로 소개합니다.

아름다운 길

대학로 예술의 길(혜화 4호선)
명동 패션의 거리(을지로입구 2호선, 명동 4호선)
압구정·청담동 낭만의 길(압구정 3호선, 청담 7호선)
이태원 관광특구(녹사평, 이태원 6호선)
홍대, 신촌 젊은이의 거리(홍대입구, 신촌 2호선)

덕수궁 돌담길(시청 1/2호선, 서대문 5호선)
아현동 웨딩드레스 길(이대입구 2호선)
윤중로 벚꽃길(여의도 5호선)
인사동 문화의 거리(안국 3호선, 종로3가 5호선)

박물관 및 전시관

LG사이언스 홀(여의나루 5호선)
국립국악박물관(남부터미널 3호선)
국립서울과학관(혜화 4호선)
궁중유물전시관(시청 1/2호선)
농업박물관(서대문 5호선)
몽촌 백제역사관(올림픽공원 5호선, 몽촌토성 8호선)
삼성출판박물관(당산 2호선)
서울무역전시장(학여울 3호선)
서울역사박물관(서대문 5호선)
신문박물관(광화문 5호선)
여의도 중소기업종합전시장(여의도 5호선)
외교박물관(양재 3호선)
육군박물관(화랑대 6호선)
조흥 금융박물관(광화문 5호선)
코엑스 전시장(삼성 2호선)
한국은행 화폐전시실(을지로입구 2호선, 회현 4호선)
한국잡지박물관(광화문 5호선)
호림박물관(신림 2호선)

경찰박물관(경복궁 3호선, 광화문, 5호선)
국립민속박물관(경복궁 3호선, 광화문 5호선)
국립중앙박물관(이촌 4호선)
김치박물관(삼성 2호선)
롯데월드 민속관(잠실 2/8호선)
삼성어린이박물관(잠실 2/8호선)
서울교육사료관(안국 3호선)
서울무형문화재 전수회관(선릉 2호선, 강남구청 7호선)
세종대왕기념관(고려대 6호선)
아프리카 미술박물관(혜화 4호선)
옹기민속박물관(수유 4호선)
우정박물관(을지로입구 2호선, 명동 4호선)
전쟁기념관(삼각지 4/6호선)
짚풀생활사박물관(혜화 4호선)
태권도기념관(강남 2호선)
한국자수박물관(학동 7호선)
한국통신박물관(삼각지 4/6호선)
효자동 사랑방(경복궁 3호선)

미술관

광화문갤러리(광화문 5호선 역사 내)
덕수궁미술관(시청 1/2호선)
서울시립미술관(서대문 5호선)
아트선재센터(안국 3호선)
워커힐미술관(광나루 5호선)
일민미술관(광화문 5호선)
한원미술관(남부터미널 3호선)

국립현대미술관(대공원 4호선)
로댕갤러리(시청 1/2호선)
세종갤러리(명동 4호선)
예술의 전당 한가람미술관(남부터미널 3호선)
인사동 화랑가(안국 3호선, 종로3가 5호선)
조선일보미술관(광화문 5호선)
호암갤러리(시청 2호선, 서대문 5호선)

공원/테마파크

63시티(여의나루 5호선)
드림랜드(미아삼거리 4호선)
롯데월드(잠실 2/8호선)
보라매공원(신대방 2호선, 보라매 7호선)

남산골 한옥마을(충무로 4호선)
뚝섬유원지(뚝섬유원지 7호선)
밤섬 철새도래지 조망대(여의나루 5호선)
서울경마공원(경마공원 4호선)

서울대공원·서울랜드(대공원 4호선)
성동 암벽등반공원(응봉 국철)
어린이대공원(아차산 5호선, 어린이대공원 7호선)
여의도샛강 생태공원(여의도 5호선, 샛강 9호선)
용산가족공원(이촌 4호선)
장춘단공원(동대입구 3호선)
탑골공원(종로3가 5호선)
한강시민공원 강서지구(방화 5호선)
한강시민공원 난지지구(마포구청 6호선)
한강시민공원 망원지구(합정 2/6호선)
한강시민공원 선유도지구(당산 2호선, 선유도 9호선)
한강시민공원 여의도지구(여의나루 5호선)
한강시민공원 잠실지구(신천 2호선)
한강유람선 뚝섬선착장(뚝섬유원지 7호선)
한강유람선 서울숲선착장(뚝섬 2호선)
한강유람선 양화선착장(당산 2호선, 합정 2/6호선)
한강유람선 잠두봉선착장(합정 2/6호선)

석촌호수공원(석촌 8호선)
양재 시민의 숲(양재 3호선)
여의도공원(여의도 5호선)
올림픽공원(올림픽공원 5호선, 몽촌토성 8호선)
일산호수공원(정발산 3호선)
코엑스 아쿠아리움(삼성 2호선)
태릉푸른동산(화랑대 6호선)
한강시민공원 광나루지구(천호 5호선)
한강시민공원 뚝섬지구(뚝섬유원지 7호선)
한강시민공원 반포지구(동작 4/9호선)
한강시민공원 양화지구(당산 2호선, 선유도 9호선)
한강시민공원 이촌지구(이촌 4호선)
한강시민공원 잠원지구(신사, 압구정 3호선)
한강유람선 상암선착장(마포구청 6호선)
한강유람선 선유도선착장(당산 2호선, 선유도 9호선)
한강유람선 여의도선착장(여의나루 5호선)
한강유람선 잠실선착장(신천 2호선)

▲ 촬영배경이 돋보이는 상품 이미지(여성의류 쇼핑몰 '설탕공장', http://www.sultang.co.kr)

22단계

ONLINE
SHOPPING MALL

상품 상세 설명 제작을 위한
포토샵 기본기 다지기

오픈마켓과 쇼핑몰에서 판매하는 상품의 상세 설명은 포토샵을 이용하여 디자인을 한 후에 여러 개의 이미지로 분할 저장하여 웹상에 올리는 작업을 거쳐 인터넷상에서 보이게 됩니다. 고객의 구매욕을 자극하기 위해서는 딱딱한 설명문구로만 상세 설명을 채우는 것보다는 디자인적인 요소가 가미된 텍스트와 여러 개의 상품 이미지를 조화롭게 배치하는 것이 중요합니다. 이번 단계에서는 상품 상세 설명 제작과 사진 보정 방법, 향후 쇼핑몰을 운영하면서 쇼핑몰 디자인을 직접 유지보수할 때 요긴하게 활용할 수 있는 포토샵의 기본 기능들을 예제 중심으로 익혀보겠습니다.

Q 포토샵은 어떤 프로그램인가요?

포토샵은 디지털카메라로 사진을 찍는 일반인부터 전문 그래픽 디자이너에 이르기까지 가장 널리 사용되는 컴퓨터 그래픽 프로그램입니다. 디지털카메라의 보급에 영향을 받아 일반인들을 위한 사진 보정과 전문가를 위한 3D, 동영상, 고화질 이미지 편집 기능 등 버전이 높아질수록 그 기능이 확대, 심화되고 있습니다. 포토샵은 이미지를 사용하는 모든 작업에 활용할 수 있으며, 쇼핑몰 디자인, 상품 상세페이지 디자인, 상품 사진의 보정 등 쇼핑몰 운영에도 필수적인 프로그램입니다. 포토샵의 주요 기능으로는 이미지 기본 편집, 사진 보정, 드로잉 및 페인팅, 이미지 합성 등이 있습니다.

잠깐만요! 이미지의 두 가지 형식

우리가 웹상에서 보는 모든 이미지는 jpg, png, gif 등의 비트맵 이미지이기는 하지만, 이 이미지들의 원본 파일과 제작에 사용한 프로그램에 따라 비트맵과 벡터 이미지로 나눌 수 있습니다. 선이 명확하고 단순한 색을 사용한 일러스트(캐릭터, 아이콘 등)는 포토샵이 아니라 일러스트레이터라는 벡터 기반의 그래픽 프로그램으로 제작합니다. 이러한 이미지들은 아무리 확대해도 전혀 깨지지 않기 때문에 원본 이미지를 벡터 방식으로 만들어 놓으면 크기를 자유롭게 확대하여 사용할 수 있고, 고해상도로 인쇄할 수 있습니다. 그래픽을 전공하는 학생이나 디자이너가 아니라면 벡터 이미지 제작 프로그램인 일러스트레이터까지 다루는 경우는 드물기 때문에 필요한 경우에는 디지털 이미지 소스를 판매하는 사이트에서 마음에 드는 이미지를 구입하면 됩니다.

포토샵 버전은 어떤 것을 사용하는 것이 좋을까요?

가장 최신 버전은 2012년 6월 14일에 출시된 '어도비 크리에이티브 스위트 6 (Adobe Creative Suite 6, 이하 CS6)'입니다. 포토샵은 상용 프로그램이기 때문에 정식으로 구입해야 합니다. 구입 전에 사용해 보고 싶다면 무료 시험버전을 다운로드한 후 컴퓨터에 설치해 사용할 수 있습니다. 어도비 다운로드 사이트 (http://www.adobe.com/kr/downloads)에 접속한 후 상단 메뉴 중에서 [다운로드] → [제품 시험버전] 메뉴를 클릭하면 Adobe Photoshop CS6 Extended 시험버전을 다운로드할 수 있습니다. 시험버전은 한 대의 컴퓨터 시스템에 1회만 설치해 사용할 수 있으며, 사용가능 기간은 30일입니다.

▲ 포토샵 CS6 시험버전을 다운로드할 수 있는 어도비 다운로드 사이트

포토샵 화면이 너무 복잡하고 어려워 보이는데, 좀 더 쉽게 배울 수는 없을까요?

온라인 상품판매를 하려면 상품 이미지 작업은 불가피합니다. 물론 이미지 작업을 대신해 줄 조력자가 있거나 자금이 넉넉해서 웹디자이너를 직원으로 고용하면 좋겠지만, 대부분은 그렇지 못할 것입니다. 따라서 상품 등록과 쇼핑몰 유지보수를 직접 해야 하는 상황이라면 반드시 넘어야 할 산이라고 생각합니다. 그렇다고 해서 포토샵의 방대하고 전문적인 기능들을 모두 숙지할 필요는 없겠지요. 우선 이 책에서 소개하는 기능을 중심으로 습득하여 포토샵과 친해 보세요.

포토샵 CS6의 화면구성

미 니 강 좌 ·········

포토샵 CS6 화면 변경

포토샵을 실행하면 가장 먼저 나타나는 화면이 작업화면입니다. 포토샵 CS6의 가장 큰 변화는 작업하는 콘텐츠가 더욱 눈에 띄게 검은 회색 인터페이스를 사용한 것이지만, 이 책에서는 메뉴가 더 잘 보이도록 밝은 회색 인터페이스로 변경하여 설명합니다. 인터페이스의 색상을 변경하기 위해서는 메뉴에서 [Edit] – [Preferences] – [Interface]를 선택하면 나타나는 [Preferences] 대화상자에서 Interface 항목의 Color Theme 를 밝은 회색으로 지정한 뒤 [OK] 버튼을 클릭하면 됩니다.

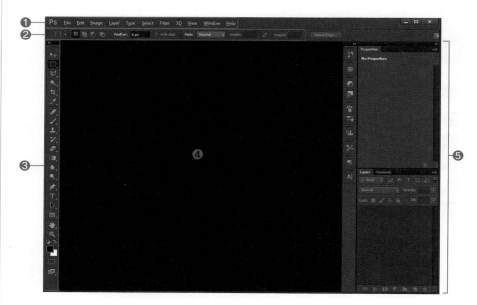

❶ **메뉴 표시줄** : 포토샵 메뉴가 비슷한 기능을 가진 그룹으로 모여 있습니다. 현재 선택된 개체나 툴의 종류에 따라 일부 기능은 비활성화되기도 합니다.

❷ **옵션바** : 툴 패널에서 선택한 툴 기능의 세부 옵션을 설정할 수 있습니다.

❸ **툴 패널** : 포토샵에서 주로 사용하는 툴을 아이콘화하여 제공합니다. 툴 옆의 작은 삼각형 모양 단추를 1초 정도 클릭하면 비슷한 속성의 도구들이 더 나타납니다. 툴 패널은 한 줄 또는 두 줄 형태로 변형할 수 있습니다.

❹ **이미지 작업창** : 현재 작업 중인 이미지를 보여 주는 창으로, 파일명과 화면 배율, 색상모드 정보를 제공합니다.

❺ **패널** : 툴과 메뉴를 사용할 때 효율적인 작업을 위해 여러 기능과 옵션을 설정할 수 있으며, 사용자가 자주 사용하는 패널을 자유롭게 배치, 설정할 수도 있습니다. 다른 말로 '팔레트'라고도 합니다.

포토샵 툴 패널 자세히 살펴보기

툴 패널은 툴(Tool)이 모여 있는 곳으로, 원하는 툴을 클릭하면 옵션바에서 세부 옵션을 조절해 사용할 수 있습니다. 툴 확장 표시가 있는 툴을 1초 이상 길게 클릭하면 비슷한 기능을 가진 다른 툴이 나타납니다. 포토샵 초보자인 여러분의 심적 부담을 덜어 주기 위해 쇼핑몰 유지보수에 자주 사용하는 툴은 1~5개의 별로 표시했습니다. 별 개수가 많을수록 자주 사용하는 툴입니다.

① **이동 툴(** 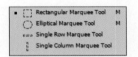 **)**
- Move Tool : 이미지, 선택영역, 레이어 등을 이동할 때 사용합니다. ★★★★★

② **단순도형 선택 툴** : 사각형이나 원형으로 선택영역을 만들 때 사용합니다.

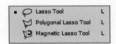

- Rectangular Marquee Tool : 사각형의 선택영역을 만들 수 있습니다. ★★★★★
- Elliptical Marquee Tool : 원형의 선택영역을 만들 수 있습니다. ★★★★★
- Single Row Marquee Tool : 가로 1픽셀의 선택영역을 만들 수 있습니다. ★★
- Single Columm Marquee Tool : 세로 1픽셀의 선택영역을 만들 수 있습니다. ★★

③ **자유형 선택 툴** : 다각형 또는 자유로운 형태의 선택영역을 만들 때 사용합니다.

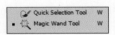

- Lasso Tool : 마우스를 드래그하는 대로 자유곡선 형태의 선택영역을 만들 수 있습니다. ★★
- Polygonal Lasso Tool : 마우스를 클릭하여 다각형 선택영역을 만들 수 있습니다. ★★★
- Magnetic Lasso Tool : 이미지의 색상과 밝기 경계선을 따라 마우스를 이동하면 자동으로 그 경계선을 따라 선택영역을 만들 수 있습니다. ★★

④ **빠른 선택 툴** : 브러시로 드래그하면서 빠르게 선택할 때나 클릭으로 같은 색상을 모두 선택할 때 사용합니다.

- Quick Selection Tool : 드래그하는 방향으로 선택영역을 자동 확장합니다. ★★
- Magic Wand Tool : 마우스로 클릭한 지점을 기준으로 비슷한 색상을 가진 영역을 선택영역으로 만들어 줍니다. ★★★

▲ 툴 패널

⑤ **자르기 툴** : 이미지에서 불필요한 부분을 잘라 내거나 웹에 사용할 이미지를 조각낼 때 사용합니다.

- Crop Tool : 이미지에서 불필요한 부분을 잘라낼 때 사용합니다. ★★★★★
- Perspective Crop Tool : 자를 영역의 조절점을 각각 움직여 자를 영역의 모양을 자유롭게 편집할 수 있습니다. ★
- Slice Tool : 웹에서 사용하기 위해 큰 이미지를 여러 조각으로 분할합니다. ★★★★
- Slice Select Tool : 분할한 이미지 조각을 선택할 때 사용합니다. ★★★

⑥ **작업을 돕는 툴** : 포토샵 작업을 도와주는 툴이 모여 있습니다.

- Eyedropper Tool : '스포이트 툴'이라고 하며, 클릭한 지점의 색상을 추출하여 전경색에 적용해 줍니다. ★★★
- Color Sampler Tool : 이미지에서 네 군데의 색상을 추출할 수 있습니다. ★
- Ruler Tool : 이미지에서 거리와 위치, 각도 등을 잴 때 사용합니다. ★
- Note Tool : 이미지에 메모를 삽입하여 중요한 정보 및 설명을 첨부할 수 있습니다. ★
- Count Tool : 이미지에 클릭한 순서대로 숫자를 표시합니다. ★

⑦ **리터치 툴** : 이미지에서 잡티를 수정하거나 적목 현상을 수정할 때 사용합니다.

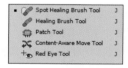

- Spot Healing Brush Tool : 클릭한 지점을 주변 색상의 평균치로 덮어서 수정해 줍니다. ★★★
- Healing Brush Tool : 복사한 부분을 붙여넣는 영역과 자연스럽게 섞어 수정해 줍니다. ★★★
- Patch Tool : 이미지의 수정할 부분을 선택해 비슷한 영역 쪽으로 드래그하면 자동으로 이동하는 지점의 경계가 자연스럽게 합성되어 수정됩니다. ★★★
- Content-Aware Move Tool : 올가미 툴로 특정 이미지 영역을 선택한 후에 이 콘텐츠 인식 이동 툴로 그 영역을 다른 위치로 이동하면 이미지가 이동되어 비워진 자리가 자연스럽게 채워집니다. ★
- Red Eye Tool : 적목 현상을 수정합니다. ★★

⑧ **브러시 툴** : 브러시 모양과 크기를 조절해 전경색으로 채색할 때 사용합니다.

- Brush Tool : 원하는 색상과 브러시의 모양, 크기를 선택해 채색합니다. ★★★
- Pencil Tool : Brush Tool과 비슷하지만, 안티 앨리어싱 없이 채색됩니다. ★★
- Color Replacement Tool : 브러시로 드래그하면 선택한 색상으로 변경됩니다. ★
- Mixer Brush Tool : 선택한 브러시의 종류와 옵션, 색상에 따라 이미지에 섞이면서 칠해집니다. ★

⑨ **도장 툴** : 원하는 부분을 복제하거나 패턴으로 칠할 때 사용합니다.

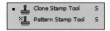

- Clone Stamp Tool : 원하는 부분을 복제할 수 있습니다. ★★★
- Pattern Stamp Tool : 패턴으로 원하는 부분을 칠할 수 있습니다. ★

⑩ **복원 툴** : 수정한 이미지를 원래 이미지로 복원할 때 사용합니다.

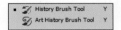

- History Brush Tool : 여러 기능과 명령을 적용한 이미지에서 원하는 부분만 브러시로 칠해 원본 이미지로 복원할 수 있습니다. ★★
- Art History Brush Tool : 원래 이미지로 복원하면서 회화적인 효과를 적용할 수 있습니다. ★

⑪ **지우개 툴** : 이미지의 일부를 지울 때 사용합니다.

- Eraser Tool : 이미지의 일부를 지울 때 사용하며, 지워진 부분은 Background에 지정된 색으로 보입니다. ★★★
- Background Eraser Tool : Background 이미지의 일부를 지우면 레이어로 변경되면서 지운 부분이 투명해집니다. Background 위에 레이어가 있을 경우, 레이어를 문지르면 지운 부분에 Background 이미지가 나타납니다. ★
- Magic Eraser Tool : Magic Wand Tool과 비슷한 원리로, 클릭한 지점과 같은 색상이 지워집니다. ★

⑫ **페인팅 툴** : 브러시보다 넓은 공간을 채색할 때 사용합니다.

- Gradient Tool : 두 가지 이상의 색상과 투명도를 조합해 점진적으로 변하도록 채색합니다. ★★★★
- Paint Bucket Tool : 한 가지 색상이나 패턴으로 채색합니다. ★★

⑬ **수정 툴** : 이미지 일부의 선명도와 색상 경계를 수정할 때 사용합니다.

- Blur Tool : 문지를수록 이미지가 뿌옇게 흐려집니다. ★★★
- Sharpen Tool : 문지를수록 이미지가 선명해집니다. ★★★★
- Smudge Tool : 유성물감 푼 물을 손가락으로 휘젓듯이 색상 경계가 어긋나도록 만들어 줍니다. ★

⑭ **밝기와 채도 수정 툴** : 이미지 일부의 채도와 밝기를 변경할 때 사용합니다.

- Dodge Tool : 문지를수록 밝아집니다. ★★★★
- Burn Tool : 문지를수록 어두워집니다. ★★★★
- Sponge Tool : 옵션 설정에 따라 문지를수록 채도가 증가하거나 감소합니다. ★★★

⑮ **펜 툴** : 패스 및 벡터 도형을 만들거나 수정할 때 사용합니다.

- Pen Tool : 앵커 포인트와 패스, 베지어를 이용해 패스를 그립니다. ★★★★
- Freeform Pen Tool : 드래그하는 대로 패스가 만들어집니다. ★
- Add Anchor Point Tool : 패스에 포인트를 추가합니다. ★★★★
- Delete Anchor Point Tool : 패스의 포인트를 제거합니다. ★★★★
- Convert Point Tool : 앵커 포인트를 기준으로 패스의 형태를 다양하게 변경할 수 있습니다. ★★★★

⑯ **문자 툴** : 문자를 입력할 때 사용합니다.

- Horizontal Type Tool : 문자를 가로로 입력합니다. ★★★★★
- Vertical Type Tool : 문자를 세로로 입력합니다. ★★★★
- Horizontal Type Mask Tool : 문자를 가로로 입력하면 문자 형태대로 선택영역이 만들어집니다. ★★★
- Vertical Type Mask Tool : 문자를 세로로 입력하면 문자 형태대로 선택영역이 만들어집니다★★

⑰ **패스 선택 툴** : 패스의 일부분 또는 전체를 선택해 수정하거나 이동할 때 사용합니다.

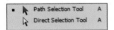

- Path Selection Tool : 패스 전체를 선택하여 수정하거나 이동합니다. ★★★★
- Direct Selection Tool : 패스의 일부분을 선택하여 수정하거나 이동합니다. ★★★★

⑱ **도형 툴** : 도형을 그리거나 패스가 포함된 벡터 셰이프를 만들 때 사용합니다.

- Rectangle Tool : 사각형을 그릴 수 있습니다. ★★★★
- Rounded Rectangle Tool : 모서리가 둥근 사각형을 그릴 수 있습니다. ★★★★
- Ellipse Tool : 원형을 그릴 수 있습니다. ★★★★
- Polygon Tool : 다각형을 그릴 수 있습니다. ★★★
- Line Tool : 선을 그릴 수 있습니다. ★★
- Custom Shape Tool : 사용자가 등록한 여러 형태의 도형을 그릴 수 있습니다. ★★★★★

⑲ **화면 보기 툴** : 이미지 화면 보기를 컨트롤할 때 사용합니다.

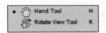

- Hand Tool : 캔버스를 이동할 때 사용합니다. ★★★★★
- Rotate View Tool : 캔버스를 회전할 수 있습니다. 단, 그래픽 카드에 따라 지원하지 않을 수도 있습니다. ★

⑳ **확대/축소 툴(** **)**
- Zoom Tool : 이미지 보기 배율을 확대, 축소할 때 사용합니다. ★★★★★

㉑ **색상 선택** : 전경색과 배경색을 설정하거나 바꾸고, 기본색으로 변경할 때 사용합니다.

❶ Default Foreground and Background Colors : 클릭하면 전경색은 검은색, 배경색은 흰색으로 설정됩니다. ★★★★★
❷ Switch Foreground and Background Colors : 전경색과 배경색을 서로 바꿉니다. ★★★★★
❸ Set Foreground Color : 전경색이라고 하며, 브러시로 칠하거나 색상을 채울 때 반영하는 색상입니다. ★★★★★
❹ Set Background Color : 배경색이라고 하며, Background를 지우개로 지울 때 나타나는 색상입니다. ★★★★★

㉒ **퀵마스크 모드** : 일반 모드와 퀵마스크 모드를 서로 변경할 때 사용합니다. ★★★★

포토샵 패널 자세히 살펴보기

패널은 '팔레트'라고도 하며, 툴과 메뉴를 사용할 때 효율적인 작업을 위해 여러 기능과 옵션을 설정할 수 있으며, 사용자가 자주 사용하는 패널을 자유롭게 배치, 설정할 수 있습니다. 서랍과 같이 필요할 때 펼쳤다가 작업공간을 넓게 사용하고 싶을 때는 접을 수 있습니다. 한 패널그룹에 속하는 각 패널은 분리하여 따로 관리할 수도 있습니다.

① Color 패널 : 전경색과 배경색의 색상을 지정합니다. ★★★★★

② Swatches 패널 : 많이 사용하는 대표적인 색상을 모아 놓았으며, 사용자가 직접 등록할 수도 있습니다. ★★★★

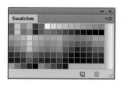

③ Styles 패널 : 미리 지정된 다양한 유형의 레이어 스타일을 적용하여 빠른 작업을 도와줍니다. ★

④ Adjustments 패널 : 이미지를 보정하는 기능들을 모아 놓았습니다. ★★★

⑤ Histogram 패널 : 이미지의 밝기와 색상 분포를 그래프로 보여 줍니다. ★

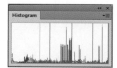

⑥ **Layers 패널** : 레이어의 불투명도와 블렌딩 모드, 레이어 수정과 순서 변경 등 레이어에 관련된 모든 기능을 관리합니다. ★★★★★

잠깐만요! **'레이어'를 이해하기가 너무 어려워요!**

레이어의 개념은 여러 겹의 투명 종이를 통해 최종적으로 보이는 하나의 이미지라고 할 수 있습니다. 각각의 레이어에 이미지 작업을 하면 가장 위쪽의 레이어부터 순서대로 보여지며, 이미지가 없는 영역은 투명처리되어 그 투명영역을 통해 바로 하단의 레이어가 보이게 되는 것입니다. 레이어는 각각의 레이어에 서로 다른 그림을 그릴 수 있고, 각각의 레이어는 독립적으로 존재하기 때문에 하나의 이미지 파일에 들어가는 여러 이미지나 텍스트를 각각 관리할 수 있습니다. 각각의 레이어는 선택된 레이어에서만 작업을 하게되므로 선택된 레이어에서 수정, 추가, 삭제하기가 쉽습니다. 겹쳐 있는 레이어층은 포토샵의 Layers 패널을 통해 종합적으로 관리할 수 있습니다.

❶ 하트 레이어
❷ 분홍색 풍선 레이어
❸ 한글 텍스트 레이어
❹ 영문 텍스트
❺ 배경하늘 레이어

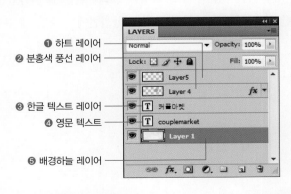

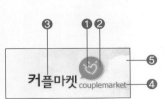

▲ 포토샵 레이어를 사용한 로고 디자인 예. 각 이미지가 레이어별로 들어 있기 때문에 수정, 추가, 삭제하기가 쉽습니다.

⑦ **Channels 패널** : 각각의 색상 채널과 알파 채널을 활용해 이미지를 수정, 제작 합니다. ★★

⑧ **Paths 패널** : 패스 생성과 삭제, 패스를 이용한 영역 선택이나 채우기 등 패스에 관련된 모든 기능을 관리합니다. ★★★

⑨ **History 패널** : 작업 단계가 순차적으로 표시됩니다. 각 단계를 클릭하면 해당 단계로 되돌아갈 수 있습니다. ★★★★★

⑩ **Actions 패널** : 작업 진행 과정이 일정하게 반복될 경우, Actions 패널에서 작업 진행 과정을 저장한 후 다음 작업 시 동일 과정을 반복하면 작업 시간을 단축할 수 있습니다. 촬영한 상품 사진들을 일정 크기로 한꺼번에 축소할 때 유용합니다. ★★★★

⑪ Brush 패널 : 브러시의 모양, 크기, 스타일 등을 설정합니다. ★★★

⑫ Clone Source 패널 : 복제한 이미지의 크기, 회전 각도, 위치를 설정해 붙여넣기합니다. ★

⑬ Character 패널 : 입력한 문자의 서체, 크기, 색상, 장평, 줄 간격 등의 속성을 변경합니다. ★★★★★

⑭ Paragraph 패널 : 입력한 글자의 문단 모양을 조절합니다. ★★★★★

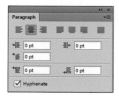

⑮ Navigator 패널 : 이미지의 보기 배율을 조절합니다. ★★

⑯ Info 패널 : 현재 마우스가 위치한 이미지 부분의 색상 정보를 표시합니다. 선택 영역인 경우 크기, 위치 등의 정보를 확인할 수 있습니다. ★★★

⑰ Timeline 패널 : 프레임과 타임라인을 사용하여 움직이는 GIF 이미지를 만듭니다. ★★★★

포토샵 환경설정하기

경험상 포토샵 CS6의 환경설정 중 몇 가지는 기본설정에서 변경해 주어야 편하게
작업할 수 있습니다.

탭이 없는 이미지 창 표시하기

포토샵에서 여러 개의 이미지 파일을 열 때 이미지 창이 탭으로 되어 있으면 불편한
경우가 있습니다. 따라서 이전 버전처럼 각각의 이미지 창을 분리하여 나타내려면
메뉴에서 [Edit]-[Preferences]-[Interface]를 클릭한 후 [Open Documents
as Tabs]의 체크 표시를 해제해야 합니다.

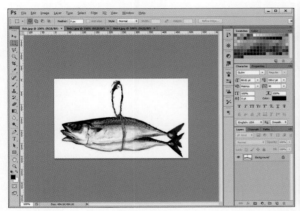

▲ 탭 설정 전

▲ 탭 설정 후

단위, 가이드, 그리드 조절하기

웹용 이미지인 경우 이미지의 단위는 pixels을 사용하므로, Unit & Rulers의
Rulers 항목에서 Pixels로 변경합니다. 가이드나 그리드 선의 색상, 간격을 변경할
때에는 Guides, Grid & Slice에서 색상과 수치를 입력합니다.

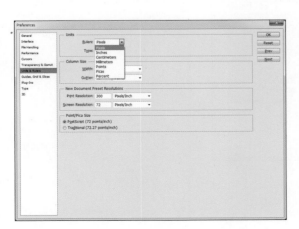

영문 서체를 한글 이름으로 표시하기

포토샵의 기본환경에서는 한글서체를 영문으로 표시합니다. 따라서 메뉴의 [Edit]−
[Preferences]−[Type]를 클릭하여 대화상자를 불러온 후 [Show Font Names
in English]의 체크 표시를 해제하면 서체명이 한글로 보입니다.

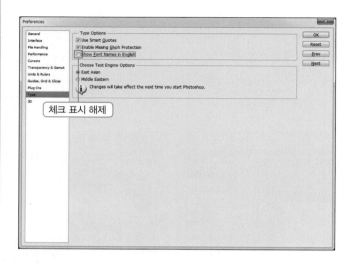

Q 포토샵의 새 파일 만들기, 이미지 파일 불러오기, 저장하기
에 대해 알려 주세요.

새 파일 만들기

메뉴에서 [File]−[New]를 클릭하여 대화상자에 만들게 될 파일의 이름과 크기 등
을 입력한 뒤 [OK] 버튼을 클릭합니다.

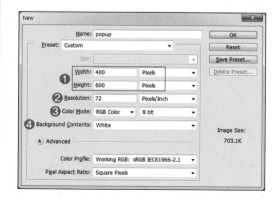

❶ Pixels(픽셀) : 디지털 이미지나 모니터에서 이미지를 표현할 때 사용하는 단위입니다. 수치가 낮을수록 화상을 조밀하게 채우므로 화질이 높아지지만, 그만큼 파일의 용량도 커집니다.

❷ Resolution(이미지 해상도) : 1inch(인치) 안에 있는 픽셀의 수에 따라 이미지 선명도와 용량, 이미지 용도가 달라집니다. 고해상도 이미지는 사진과 같이 섬세하고 자연스러운 이미지 표현이 가능하기 때문에 인쇄 시 사이즈의 구애를 받지 않고 출력할 수 있으며, 저해상도 이미지는 인쇄용으로는 부적절하지만 용량이 적어 주로 웹용으로 사용합니다. 웹용은 72~100pixels/inch, 인쇄용은 150~300pixels/inch가 적당합니다.

❸ Color Mode(색상 모드) : 지원하는 색상 모드를 선택하는 것으로, 용도에 따라 다르게 선택합니다. 웹용 이미지일 때는 빛의 삼원색인 Red(빨강), Green(초록), Blue(파랑) 채널을 지원하는 RGB Color를 선택하며, 인쇄용 이미지일 때는 색의 삼원색인 Cyan(파랑), Magenta(분홍), Yellow(노랑)에 Black(검정)을 더해 4개 채널을 지원하는 CMYK Color를 선택합니다.

❹ Background Contents(배경) : 흰색(White), 배경색(Background Color), 투명(Transparent) 중에서 선택합니다.

파일 열기

메뉴에서 [File]-[Open]을 클릭하면 나타나는 [Open] 대화상자에서 원하는 파일을 선택한 후 [열기] 버튼을 클릭합니다(포토샵의 회색 작업영역에 마우스를 올려놓고 더블클릭해도 [Open] 대화상자가 나타납니다).

용도에 맞는 포맷과 용량으로 파일 저장하기

이미지 작업 중인 파일을 닫았다가 나중에 다시 열어 작업을 계속할 경우, 이미지 퀄리티는 원본 상태대로 유지하면서 레이어 정보도 보존해야 하므로, 포토샵 전용 파일인 PSD 파일로 저장합니다. 하지만 최종적으로 웹에서 사용할 이미지를 저장할 경우에는 JPEG 또는 GIF로 저장합니다. 웹에 사용하는 이미지는 비교적 화질이 좋으면서 용량이 작아야 빠르게 나타납니다. 그에 비해 인쇄용 이미지는 용량보다 화질, 표현하는 색의 다양함이 중요합니다. 지금부터 이미지 용도에 따라 파일 형식과 저장 옵션을 다르게 설정하여 저장하는 방법에 대해 살펴보겠습니다.

[File] – [Save](단축키 Ctrl+S) 메뉴로 저장하기

현재 작업 중인 파일을 저장합니다. 이미 저장했던 파일을 연 경우에는 저장했던 파일 이름과 폴더 위치, 파일 형식 그대로 덮어씌워집니다. 한 번도 저장한 적이 없는 파일이라면 용도에 맞는 파일 형식을 선택하여 저장하면 됩니다.

[File] – [Save As](단축키 Ctrl+Shift+S) 메뉴로 저장하기

이미 저장했던 파일을 다른 위치의 폴더나 다른 파일 형식 또는 다른 이름으로 저장할 때 사용합니다.

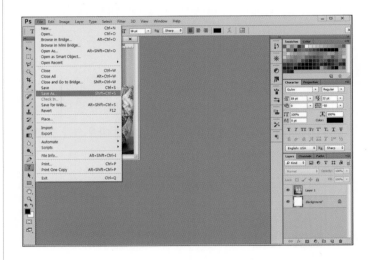

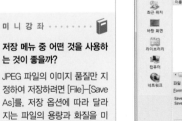

미 니 강 좌 · · · · · · · ·

저장 메뉴 중 어떤 것을 사용하는 것이 좋을까?

JPEG 파일의 이미지 품질만 지정하여 저장하려면 [File]–[Save As]를, 저장 옵션에 따라 달라지는 파일의 용량과 화질을 미리 본 후에 저장하려면 [File] – [Save for Web & Devices]를 선택합니다.

[File] – [Save for Web & Devices](단축키 Ctrl+Shift+Alt+S) 메뉴로 저장하기

웹용 이미지로 최적화할 수 있도록 여러 옵션을 지정하여 저장하는 메뉴입니다. Original, Optimized, 2-Up, 4-Up 미리 보기 창을 제공하므로 저장 옵션을 각각 다르게 설정한 후 파일의 용량과 화질을 미리 보면서 가장 적합한 것을 선택할 수 있습니다.

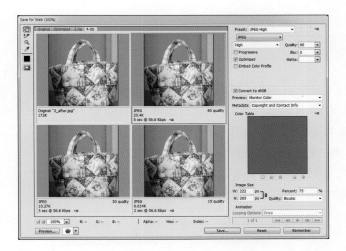

파일 닫기

닫기를 원하는 이미지 파일 상단의 작업창에 있는 [닫기] 버튼을 클릭하거나 단축키 Ctrl+W를 누릅니다.

잠깐 만요! 컬러 모드

RGB 컬러	Red(적), Green(녹), Blue(청)의 머리글자를 따서 만든 컬러 모드입니다. 사이트에 적용할 이미지나 시디롬(CD-ROM) 캡션 용도로 작업할 이미지에 주로 적용합니다.
CMYK 컬러	Cyan, Magenta, Yellow, Black 컬러의 머리글자를 따서 만든 컬러 모드입니다. CMYB라고 하지 않는 이유는 'B'가 RGB의 Blue와 중복되기 때문입니다. CMYK 컬러 모드의 예로는 우리가 흔히 접하는 신문이나 잡지 같은 인쇄물을 들 수 있으며, 인쇄물의 컬러는 이 네 가지 컬러의 잉크량을 조절하여 표현합니다. 일반적으로 출력물은 CMYK로 출력하지만, 작업은 통상 RGB 모드에서 작업한 후 CMYK 모드로 변환하여 출력합니다.
그레이스케일 (Grayscale)	8비트의 컬러 정보를 가진 픽셀들로 이루어진 이미지입니다. 톤을 256단계의 회색 음영 계조로 표현하는 모드로, 통상 흑백사진 이미지가 이 그레이스케일에 해당합니다. 일단 컬러 모드를 그레이스케일 모드로 변환하고 난 후에는 다시 복원할 수 없으므로 유의해야 합니다.
듀오톤 (Duotone)	그레이스케일의 회색 음영 이미지에 몇 가지 컬러를 추가함으로써 회색 계조의 이미지에 색다른 표현을 하는 모드입니다. RGB 컬러 모드의 이미지를 직접 듀오톤으로 바꿀 수 없으므로, 일단 그레이스케일 모드로 전환한 후 듀오톤 모드를 지정하면 몇 가지 색으로 표시할 것인지를 묻는 대화상자가 나타나는데, 여기에서 추가하려는 컬러를 지정해 주면 됩니다. 단순한 그레이스케일보다는 좀 더 분위기 있는 이미지로 표현하고자 할 때 사용합니다.

JPEG와 GIF 선택의 기준

웹용 이미지일 경우 가장 많이 지정하는 파일 형식은 JPEG(또는 JPG)와 GIF이며, 이들 파일의 가장 큰 차이는 색상 수입니다. GIF는 최대 256가지의 제한된 색상으로 인해 사진처럼 사실적이고 정교한 이미지 표현에는 부적절하지만 메뉴, 아이콘, 일러스트, 배경이 투명한 이미지, 간단한 움직임이 있는 애니메이션 이미지 제작에 적합합니다. JPEG는 GIF보다 사용 가능한 색상이 훨씬 많기 때문에 현재 디지털카메라 이미지 저장용으로 가장 많이 사용하는데, 이미지 압축률에 따라 이미지의 화질과 용량이 달라집니다. 어떤 이미지를 GIF로 저장하고, 어떤 이미지를 JPEG로 저장하는 것이 좋은지의 선택기준은 아래와 같습니다.

JPEG가 적합할 경우

사진이나 색상 수가 많은 그림을 저장할 경우 압축률이 높기 때문에 이미지의 용량을 작게 줄일 수 있습니다. 그렇기 때문에 선명한 사진 이미지(상품 사진, 피팅 사진)는 주로 JPEG 파일로 저장합니다. 웹에 주로 사용하는 JPEG 이미지는 압축률에 따라 이미지의 화질이 많이 달라집니다. 따라서 최소한 '80' 이상 사용할 것을 권장합니다.

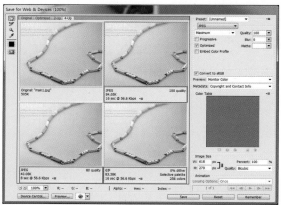

▲ JPEG 품질 100, JPEG 품질 80, GIF 저장 시의 화질과 파일 용량을 미리 확인하여 그중 하나를 선택할 수 있습니다.

GIF가 적합할 경우

이미지가 256 색상 이내로 표현이 제한되기 때문에 이미지의 경계선이 확실하거나 적은 수의 색상으로 이루어진 단순한 이미지 저장에 적합합니다.

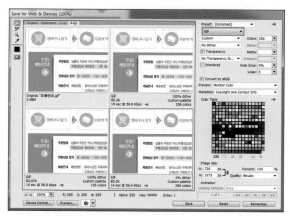

▲ 이용 안내처럼 단순한 색과 텍스트 위주로 구성된 이미지를 JPEG가 아니라 GIF로 저장하면 파일 용량을 현저하게 줄일 수 있습니다.

쇼핑몰과 관련 있는 그래픽 파일 포맷

2차원 그래픽 파일 포맷

Photoshop (*.psd, *.pdd)	Photoshop 파일은 포토샵에서 가장 기본적으로 사용하는 파일 포맷입니다. PSD라는 파일 포맷은 포토샵에서 다루는 모든 문자 레이어, 투명 레이어, 채널, 스폿 채널, 패스 등을 모두 저장할 수 있는 포토샵 전용 파일 포맷입니다. 포토샵에서만 다룰 수 있는 파일 포맷이기 때문에 다른 그래픽 프로그램과는 호환되지 않으며, 포토샵으로 만든 이미지를 다른 그래픽 프로그램에서 보이게 하려면 확장자를 BMP나 TIF 등 다른 이미지 포맷으로 바꾸어 저장해야 합니다. 물론 그렇게 되면 PSD 파일의 특성인 레이어, 채널, 패스 등의 정보가 모두 없어지므로 편집 작업을 하다가 파일을 저장할 때에는 후속작업을 할 수 있도록 반드시 PSD 파일로 저장해 놓아야 합니다.
Compuserve GIF (*.gif)	HTML(HyperText Markup Language) 문서에서 가장 많이 사용하는 그래픽 포맷입니다. Indexed 모드를 전용으로 지원하는 파일 포맷으로, 파일 전송 시간을 최소화하기 위해 설계된 압축 파일이기 때문에 인터넷 홈페이지에 많이 사용합니다.
JPEG(*.jpeg, *.jpg)	WWW나 HTML에서 사진이나 다른 연속 톤 이미지를 디스플레이하는 데 가장 많이 사용하는 포맷 중 하나로, 압축률이 높으며 GIF 포맷과 달리 RGB 이미지에서의 모든 컬러 정보를 유지하고 있습니다. 압축 레벨을 높게 설정하면 이미지 품질이 저하되고, 그 반대의 경우 품질은 높아집니다. 이미지 저장 시 Maximum quality 옵션을 사용하면 원본 이미지와 거의 같은 퀄리티의 이미지를 갖게 됩니다.
BMP(*.bmp, *.rle)	비트맵 이미지를 저장할 수 있는 파일 포맷으로, 파일 용량이 크다는 단점이 있지만, PC로 다루는 그래픽 프로그램에서 대부분 사용할 수 있다는 장점이 있습니다.

동영상/멀티미디어 파일 포맷(상품소개 동영상에 사용)

AVI(*.avi)	화질을 우선으로 하기 때문에 영화에 많이 사용합니다. 화질이 좋은 대신 용량이 크죠. 보통 avi 파일로 된 영화는 CD 2장 정도 용량(1.4G)이고, 애니메이션은 화질에 따라 다르기는 하지만 한 편당 보통 200~300MB 정도 됩니다.
mpg 또는 mpeg (*.mpg 또는 *.mpeg)	mpeg 압축 형태로 용량을 압축한 형태입니다. 이것으로 압축된 파일의 용량은 avi보다 작은 반면, 화질은 그만큼 떨어집니다. 보통 avi 파일로 700M 정도 되는 파일을 mpeg로 압축하면 400~500M 정도 됩니다.
WMV(*.wmv)	윈도우 미디어 플레이어에서 지원하는 확장자입니다. 용량 면에서는 탁월한 압축률을 보여 주지만, 화질이 현저히 떨어지기 때문에 소장용으로는 거의 사용하지 않습니다.

멀티미디어 파일 포맷(쇼핑몰 초기화면에서 메뉴나 메인 이미지에 사용)

FLA(*.fla)	매크로미디어 플래시 프로그램의 원본 파일 포맷입니다. 플래시에서의 모든 소스가 그대로 저장됩니다.
SWF(*.swf)	원본 파일인 FLA 파일을 웹 플레이용으로 저장한 동영상 결과 파일입니다.

포토샵 단축키도 알아 두세요

포토샵의 단축키를 외워 두면 작업 효율을 훨씬 높일 수 있습니다. 자주 사용하는 단축키는 빨간색으로 표시했습니다.

메뉴 단축키

- `Ctrl` + `N` : 새 파일을 만듭니다.
- `Ctrl` + `O` : 이미지를 불러옵니다.
- `Ctrl` + `S` : 이미지를 파일로 저장합니다.
- `Shift` + `Ctrl` + `S` : 이미지를 다른 이름으로 저장합니다.
- `Ctrl` + `P` : 이미지를 프린터로 인쇄합니다.
- `Ctrl` + `W` : 작업 이미지를 종료합니다.
- `Ctrl` + `Q` : 포토샵을 종료합니다.
- `Ctrl` + `L` : Levels 메뉴를 실행합니다.
- `Ctrl` + `B` : Color Balance 메뉴를 실행합니다.
- `Ctrl` + `U` : Hue/Saturation 메뉴를 실행합니다.
- `Ctrl` + `I` : 이미지를 보색 반전합니다.
- `Ctrl` + `T` : 이미지를 자유롭게 변형합니다.
- `Ctrl` + `F` : 바로 전에 적용한 필터를 재실행합니다.

화면 단축키

- `Spacebar` : Hand Tool로 전환합니다.
- `Ctrl` + `Spacebar` : Zoom Tool로 전환합니다.
- `Ctrl` + `Z` : 바로 전에 실행한 작업을 취소하고 바로 전 단계로 돌려 줍니다.
- `Ctrl` + `+` : 작업화면을 확대합니다.
- `Ctrl` + `−` : 작업화면을 축소합니다.
- `Ctrl` + `0` : 작업화면에 맞게 이미지를 확대합니다.
- `Alt` + `Ctrl` + `0` : 작업 이미지를 인쇄 크기에 맞게 확대합니다.
- `F` : Tools 패널와 패널을 한 번에 화면에서 숨기거나 나타냅니다.

선택영역 단축키

- `Ctrl` + `A` : 이미지를 전체 선택합니다.
- `Ctrl` + `D` : 선택영역을 해제합니다.
- `Ctrl` + `C` : 선택영역 이미지를 복사합니다.
- `Ctrl` + `X` : 선택영역 이미지를 잘라 냅니다.
- `Ctrl` + `V` : 복사한 이미지를 붙여넣기합니다.
- `Shift` + `Ctrl` + `I` : 선택영역을 반전합니다.
- `Delete` : 선택영역 이미지를 삭제합니다.
- `Shift` + `Ctrl` + `D` : 해제한 선택영역을 다시 선택합니다.

이미지 사이즈 줄이기

쇼핑몰에 사용하는 사진의 크기는 크고 선명할수록 좋기는 하지만, 그렇다고 해서 이미지의 로딩 시간이나 전체 디자인
과의 조화를 고려하지 않은 채 무조건 큰 사진만 사용할 수는 없습니다. 이번에는 커다란 원본사진의 이미지를 용도에 맞
게 줄이는 방법을 알아보겠습니다.

예제 파일 sample/22/1_before.jpg | 완성 파일 sample/22/1_after.jpg

❶ 클릭

01 디지털카메라로 촬영한 상품 사진은 무
척 크기 때문에 쇼핑몰에서 사용하기에 부
적합니다. 이를 적당한 크기로 줄여 보겠습
니다. 메뉴에서 [Image] - [Image Size]
를 선택합니다.

❷ 입력   ❸ 클릭

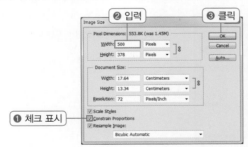

❶ 체크 표시

02 가로 세로가 정비율로 축소되어야 이미
지가 왜곡되지 않으므로 아래쪽 'Constrain
Proportions'에 체크 표시를 하고, 원하는
가로 픽셀 수치를 입력하면 세로가 정비율
로 연산되어 자동 입력됩니다. [OK] 버튼을
클릭하세요.

03 원하는 크기로 축소되었습니다.

불필요한 배경 잘라 내기

이미지 편집작업을 하다 보면 이미지의 상하좌우 네 방면에서 필요없는 부분을 잘라 내고 싶을 때가 있습니다. 포토샵에서는 이 경우 Crop Tool을 사용합니다. 이번에는 Crop Tool을 선택하여 불필요한 위쪽 여백을 잘라 내는 방법을 알아보겠습니다.

예제 파일 sample/22/2_before.jpg | **완성 파일** sample/22/2_after.jpg

01 촬영한 퀼트 가방 사진의 위쪽 여백이 너무 많습니다. 위쪽 여백을 없애 사진의 균형을 맞춰 보겠습니다.

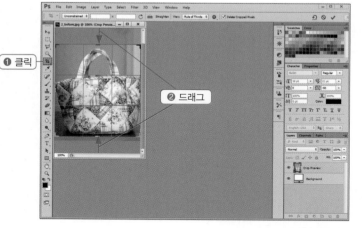

❶ 클릭

❷ 드래그

02 Tools 패널에서 Crop Tool( )을 선택한 후, 이미지의 원하는 부분만 사각형으로 드래그합니다.

03 원하는 부분을 크롭 영역으로 설정했으면 Enter를 눌러 크롭 명령을 실행합니다. 크롭 영역 이외의 부분은 잘려 나가고 원하는 부분만 남은 이미지가 완성되었습니다.

이미지에서 원하는 부분만 선택하고 싶어요.

이번에는 이미지 작업 시 특정 부분만 선택하는 방법에 대해 살펴볼까요? 선택한 영역은 필터, 채도와 밝기 변경, 색상 채우기 등의 모든 효과가 그 안에서만 적용됩니다. 영역 선택은 배경이 지저분한 상품 사진을 정리하거나 2개 이상의 이미지를 합성할 때에도 필요합니다.

포토샵에서 이미지의 특정 부분을 선택하는 데 사용하는 툴은 여러 가지가 있습니다. 오브젝트의 복잡한 정도에 따라 최단 시간에 가장 효율적을 작업할 수 있는 툴을 적절히 선택하여 사용하면 됩니다. 개인마다 가장 편하다고 생각하는 도구가 다르니까요.

사각형 선택영역을 만드는 Rectangular Marquee Tool(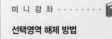)

마우스를 드래그하는 대로 사각형 선택영역이 만들어집니다. 정사각형은 Shift를 누르면서 마우스를 드래그하면 됩니다.

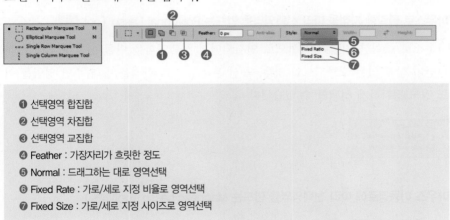

❶ 선택영역 합집합
❷ 선택영역 차집합
❸ 선택영역 교집합
❹ Feather : 가장자리가 흐릿한 정도
❺ Normal : 드래그하는 대로 영역선택
❻ Fixed Rate : 가로/세로 지정 비율로 영역선택
❼ Fixed Size : 가로/세로 지정 사이즈로 영역선택

미 니 강 좌 ········

선택영역 해제 방법

선택영역을 해제하려면 메뉴에서 [Select] – [Deselect](단축키 Ctrl + D)를 선택하거나 이미지의 선택영역을 제외한 아무곳이나 마우스로 클릭합니다.

원형 선택영역을 만드는 Elliptical Marquee Tool(◯)

마우스를 드래그하는 대로 원형 선택영역이 만들어집니다. 정원은 Shift를 누르면서 마우스를 드래그하면 됩니다.

▲ Rectangular Marquee Tool과 옵션은 거의 같습니다. 다른 것은 안티 앨리어스(Anti-alias)가 있다는 것인데, 선택 영역의 픽셀 경계가 자연스럽게 되기를 원한다면 체크 표시를 한 상태에서 사용하면 됩니다.

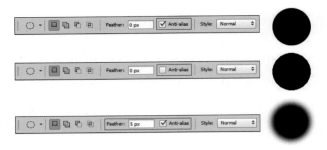

▲ 선택영역 옵션을 각각 달리하여 영역 안에 색상을 채웠을 때 나타나는 원 경계선의 차이

마우스를 드래그한 대로 선택영역을 만드는 Lasso Tool( )

불규칙한 형태의 테두리를 가진 오브젝트를 선택할 때 사용합니다. 그러나 태블릿 펜이 아닌 마우스로는 정교하게 선택하는 것에 한계가 있습니다.

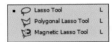

마우스로 클릭한 지점을 따라 선택영역을 만드는 Polygonal Lasso Tool( )

마우스로 클릭한 지점이 직선으로 연결되면서 선택영역을 만들어 줍니다. 직선과 곡선이 함께 있는 오브젝트일 경우, 곡선 부분의 클릭 간격을 좁혀 주면 영역을 어느 정도 정확하게 선택할 수 있습니다.

마우스 이동경로에 따라 선택영역을 만드는 Magnetic Lasso Tool( )

오브젝트의 윤곽선 부분과 배경과의 색상 차이를 자동으로 인식하여 선택영역을 만들어 줍니다. 배경과 오브젝트가 비교적 단순한 색상으로 대비되는 경우에 유용합니다.

❶ Width(반응 폭) : 값이 낮을수록 미세한 색상 차이에 반응하지만, 너무 높게 설정하면 색상 반응 폭이 넓어져 원하지 않는 곳에 가상선이 놓이게 됩니다.

❷ Contrast(대비) : 수치가 낮을수록 명암을 세밀하게 구분하므로 가상선이 세밀하게 놓이며, 수치가 높을수록 명암을 잘 구분하지 못해 원하지 않는 방향으로 가상선이 놓이게 됩니다.

❸ Frequency(빈도수) : 꼭짓점 발생 수가 높을수록 그 많은 꼭짓점이 생기게 되어 더욱 정밀하게 선택할 수 있습니다.

여러 선택 툴을 병행해 선택영역 만들고 저장하기

여러 개의 선택 툴을 병행해 배경을 제외한 상품만 선택한 후, 이 선택영역을 저장해 보겠습니다.

예제 파일 sample/22/3_before.jpg | **완성 파일** sample/22/3_after.psd

 ❶ 클릭

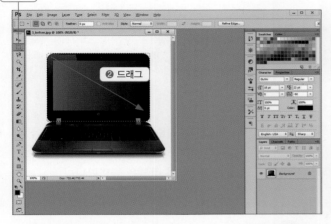

02 드래그

01 Rectangular Marquee Tool(⬚)을 선택한 후, 이미지의 모니터 부분을 드래그하면 사각형 선택영역이 만들어집니다.

Tip : 선택영역 이동
선택영역 위치가 약간 어긋났을 경우, 키보드의 상하좌우 화살표 키를 누르면 선택영역이 1픽셀씩 이동하며, Shift를 누른 채 누르면 10픽셀씩 이동합니다.

❶ 선택

❷ 입력

❸ 클릭

02 메뉴에서 [Select]-[Modify]-[Smooth]를 선택합니다. [Smooth Selection] 대화상자가 나타나면 Sample Radius에 '17'을 입력하고 [OK] 버튼을 클릭합니다.

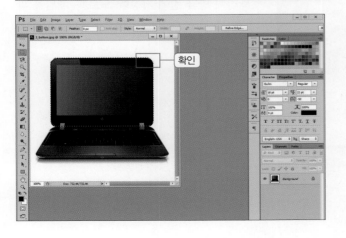

확인

03 사각형 선택영역의 모서리가 둥글게 바뀐 것을 확인할 수 있습니다.

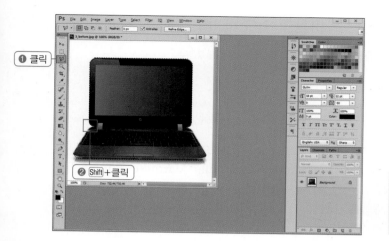

03 이번에는 Polygonal Lasso Tool(🔲)을 선택한 후, Shift를 누른 채 다각형의 모서리 부분을 클릭하여 선택영역을 추가합니다. Polygonal Lasso Tool을 처음 클릭한 지점을 마지막으로 클릭하면 다각형 선택영역 추가가 마무리됩니다.

Tip : 선택영역 추가와 제외하기
이미 선택되어 있는 영역에 선택영역을 추가할 때에는 Shift를 누르면서 선택하고, 기존 선택영역에서 특정 영역을 제외할 때에는 Alt를 누르면서 선택하면 됩니다.

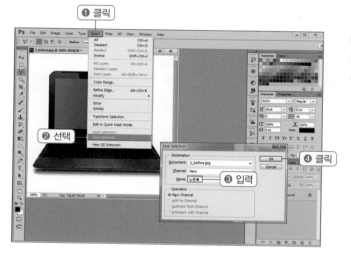

04 [Select]-[Save Selection] 메뉴를 선택한 후 대화상자의 Name을 '노트북'으로 입력하고 [OK] 버튼을 클릭합니다.

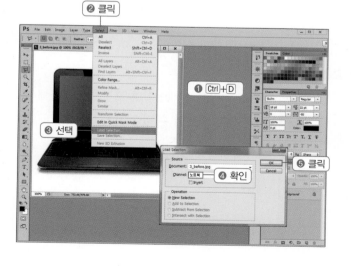

05 Ctrl+D를 눌러 선택영역을 해제합니다. [Select]-[Load Selection] 메뉴를 선택하여 방금 전에 저장한 '노트북' 채널을 확인한 후 [OK] 버튼을 클릭합니다.

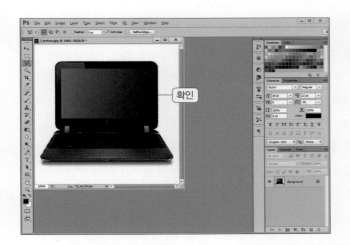

06 다시 선택영역이 생긴 것을 확인할 수 있습니다.

07 이 상태에서 Ctrl+C(복사)를 누른 후, Ctrl+V(붙여넣기)를 누르면 새 레이어가 생기면서 노트북 이미지만 복사됩니다. Background 레이어의 눈 아이콘(👁)을 끄면 확인할 수 있습니다.

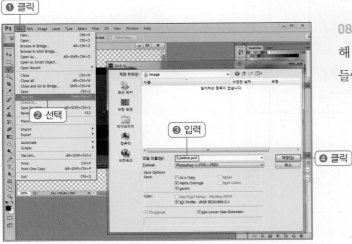

08 지금까지 작업한 것을 psd 파일로 저장해 놓으면 다음 번에 선택영역을 다시 불러들여 사용할 수 있습니다.

배경 색상이 단순한 오브젝트 선택에 적합한 Magic Wand Tool(🔍)

Magic Wand Tool(🔍)을 사용하면 같은 색상을 가진 영역들을 한 번에 선택영역으로 지정할 수 있습니다. 선택하고 싶은 부분을 마우스로 클릭하면 클릭한 부분의 색상과 인접한 같은 색상들까지 선택영역으로 지정되며, 다른 선택 툴과 마찬가지로 Shift와 Alt를 이용해 선택영역을 추가하거나 제외할 수도 있습니다. Magic Wand Tool은 이미지 경계의 색상 차이에 따라 선택영역을 지정하기 때문에 이미지 색상 차가 분명하지 않은 경우에는 정확한 선택영역을 지정하기 힘들지만, 이미지에 따라 Magic Wand Tool의 옵션바 설정 값을 조절하면 좀 더 쉽게 원하는 부분의 선택영역을 만들 수 있습니다.

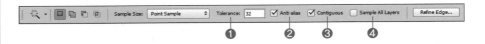

❶ Tolerance(허용치) : Magic Wand Tool의 색상범위값을 설정하는 항목입니다. 기본값이 32이고, 0~255까지의 색상범위 단계를 입력할 수 있으며, 값이 높을수록 선택되는 색상범위가 넓어집니다.

❷ Anti-alias(안티 앨리어스) : 선택영역 테두리 부분의 픽셀을 부드럽게 처리하는 기능입니다.

❸ Contiguous : 마우스로 클릭했을 때 클릭한 컬러 샘플의 인접한 곳의 색상까지 선택할 것인지를 결정합니다.

❹ Sample All Layers : Magic Wand Tool로 선택영역을 만들 때, 현재 작업 중인 레이어 이미지의 일부 색상만 선택영역으로 지정할 것인지, 레이어 전체 이미지의 일부 색상을 선택영역으로 지정할 것인지를 결정합니다.

▲ Tolerance : 10

▲ Tolerance : 32

무작정
따라
하기

Magic Wand Tool로 배경이 단순한 이미지 추출해 배너 만들기

쇼핑몰 배너를 제작할 때 많이 쓰이는 기법으로, 2개의 상품 이미지를 자연스럽게 합성하여 간단한 배너를 만들어 보겠습니다.

예제 파일 sample/22/4_before1.jpg, sample/22/4_before2.jpg | **완성 파일** sample/22/4_after.psd

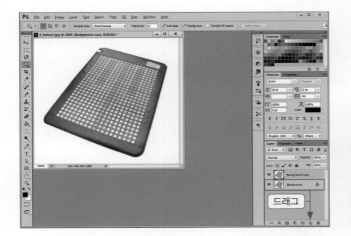

01 'sample/22/4_before1.jpg' 파일을 열어 Background 레이어를 복제합니다.

02 Background Copy 레이어가 선택된 상태에서 Magic Wand Tool(🔍)로 이미지의 흰 여백을 클릭한 후 Delete 를 누릅니다. 흰색 배경이 삭제되고 배경이 투명한 레이어가 되었습니다.

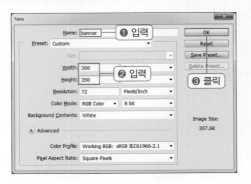

03 새 파일 열기(Ctrl+N)를 실행한 후, 파일 이름에 'banner'를 입력하고, 가로 300픽셀, 세로 350픽셀의 파일을 하나 만듭니다.

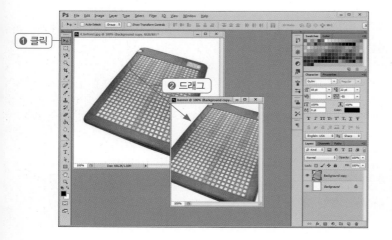

04 02에서 작업한 '4_before1.jpg' 파일의 Background Copy 레이어가 선택된 상태에서 Move Tool(▶+)로 이미지를 드래그해 'banner' 파일로 옮깁니다.

> **Tip** : '4_before.jpg' 파일의 이미지를 새로 만든 배너 파일로 드래그하기 위해서는 2개의 파일이 포토샵 작업영역에 탭으로 나란히 고정되어 있지 않고 자유롭게 움직여야 합니다. 이 상태가 아닌 경우에는 '탭이 없는 이미지 창 표시' 상태로 설정을 바꿔 줍니다.

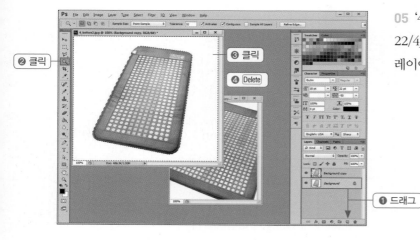

05 '4_before1.jpg' 파일을 닫고, 'sample/22/4_before2.jpg' 파일을 열어 Background 레이어를 복제한 후 02를 반복합니다.

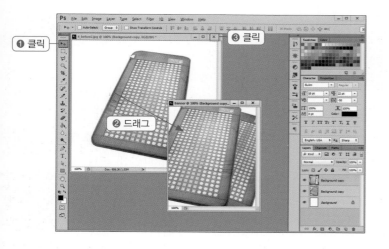

06 05에서 작업한 '4_before2.jpg' 파일의 Background Copy 레이어가 선택된 상태에서 이미지를 드래그해 'banner' 파일로 옮긴 후 '4_before2.jpg' 파일을 닫습니다.

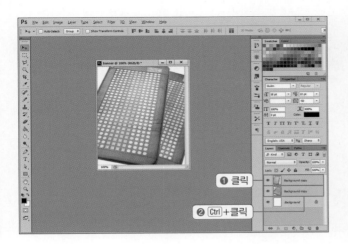

07 이미지 파일에 비해 2개의 사진이 너무 큽니다. 파일 사이즈에 맞게 적당히 줄여야 할 것 같네요. Layers 패널에서 2개의 레이어를 각각 하나씩 Ctrl을 누르면서 클릭하면 2개의 레이어가 모두 파란색으로 변하면서 선택됩니다.

❶ 클릭

❷ Ctrl +클릭

> **Tip** : 일시적으로 여러 개의 레이어를 선택하려면 Ctrl을 누르면서 각 레이어를 클릭하고, 아예 여러 개의 레이어에 링크를 걸어 항상 같이 이동하거나 변형을 주고 싶다면 Layers 패널 하단의 링크 아이콘(∞)을 누릅니다. 반대로 링크되어 있는 레이어들 간의 링크를 풀기 위해서는 다시 링크 아이콘을 누르면 됩니다.

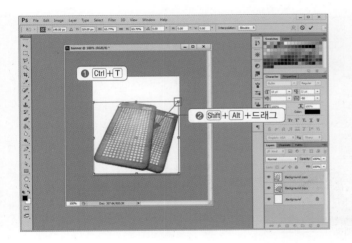

❶ Ctrl + T

❷ Shift + Alt +드래그

08 이미지의 크기를 조절하기 위해 Ctrl+T를 눌러 이미지 가장자리에 Free Transform 바운딩 박스를 표시합니다. 이때 바운딩 박스가 보이지 않는다면, 이미지 창 모서리를 바깥쪽으로 드래그하면 됩니다. Shift+Alt를 동시에 누르면서 바운딩 박스 모서리 부분을 안쪽으로 드래그해 적당한 크기로 줄입니다.

> **Tip** : 07에서 두 레이어의 링크를 걸어 놓았기 때문에 두 레이어의 오브젝트가 같은 비율로 동시에 축소됩니다.

❷ 클릭

❶ Enter

❹ 위치 이동

❸ 클릭

09 적당한 크기로 축소되었으면 Enter를 누릅니다. Move Tool(▶+)을 이용해 두 레이어를 적당한 위치로 이동합니다.

> **Tip** : 레이어들이 링크되어 있다면 하나의 레이어 이미지만 이동하는 것은 불가능하므로 링크를 해제한 후 각 레이어 위치를 이동해야 합니다.

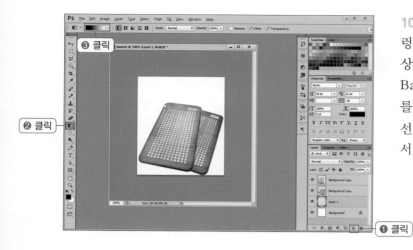

10 오브젝트의 배경이 흰색이라 너무 썰렁하군요. 그러데이션으로 산뜻한 배경 색상을 넣어보겠습니다. 'banner' 파일의 Background 레이어 바로 위에 새 레이어를 하나 만든 후, Gradient Tool(■)을 선택합니다. Gradient Tool의 옵션 바에서 그레이디언트 에디터를 클릭합니다.

11 [Gradient Editor] 대화상자가 나타나면 슬라이더의 왼쪽 아래에 있는 페인트통을 더블클릭합니다. [Color Picker] 대화상자가 나타나면 오렌지색(#FF9900)을 선택한 후 [OK] 버튼을 클릭합니다. 왼쪽 슬라이더의 색상이 밝은 오렌지색으로 바뀐 것을 확인할 수 있습니다. 그레이디언트 슬라이더의 양쪽 끝이 오렌지색과 흰색으로 설정된 것을 확인한 후 [OK] 버튼을 클릭합니다.

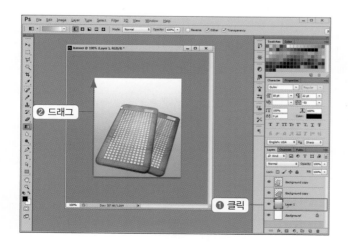

12 Layer 1 레이어가 선택된 상태에서, Gradient Tool(■)로 이미지 파일의 아래에서 위까지 드래그하면 밝은 오렌지색에서 흰색으로 변화하는 그레이디언트가 채워집니다.

> **Tip** : 마우스를 드래그하는 방향에 따라 그러데이션이 다르게 들어갑니다. 여러 가지 방향에서 드래그해 보세요.

복잡한 형태의 오브젝트 선택에 적합한 Quick Mask 기법

우리가 포토샵에서 일반적으로 작업하는 스탠더드 모드(Standard Mode)와 대비되는 개념으로는 퀵 마스크 모드(Quick Mask Mode)가 있습니다. 먼저 선택 툴로 단순한 형태의 영역을 대충 선택한 후 퀵 마스크 모드로 전환하여 Brush Tool과 Eraser Tool로 복잡한 부분을 수정하면 오브젝트를 꼼꼼하게 선택할 수 있습니다. 퀵 마스크 모드를 이용하면 머리카락이나 털 같이 정교한 부분도 깔끔하게 추출할 수 있습니다.

▲ 퀵 마스크 모드

▲ 스탠더드 모드

미 니 강 좌 ....
퀵 마스크 모드(왼쪽)에서 투명하게 보이는 부분은 스탠더드 모드(오른쪽)로 전환 시 선택영역에 해당합니다.

아래 그림은 퀵 마스크 모드를 더블클릭했을 때 나타나는 대화상자로, 마스크 영역의 선택영역과 색상을 설정할 수 있습니다.

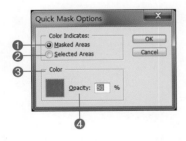

❶ Masked Areas : 기본 설정으로, 퀵 마스크 모드에서 스탠더드 모드로 돌아갔을 때 마스크 영역 이외의 부분이 선택영역으로 만들어집니다.
❷ Selected Areas : 퀵 마스크 모드에서 스탠더드 모드로 돌아갔을 때 마스크 영역이 선택영역으로 만들어집니다.
❸ Color : 마스크 영역의 색상을 선택합니다.
❹ Opacity : 마스크 영역 색상의 투명도를 설정합니다.

Quick Mask Mode를 이용해 복잡한 형태 깔끔하게 선택하기

퀵 마스크 모드를 이용해 신발 사진의 배경을 깨끗하게 제거해 보겠습니다.

예제 파일 sample/22/5_before.jpg | **완성 파일** sample/22/5_after.psd

01 'sample/22/5_before.jpg' 파일을 열고 Tools 패널에서 퀵 마스크 모드(◉)를 클릭합니다.

> **Tip** : 퀵 마스크 모드는 브러시와 같은 채색 툴로 채색할 경우 마스크 영역이 반투명의 붉은색 영역으로 변하는데, 채색 작업이 끝나고 스탠더드 모드로 돌아오면 붉은색으로 칠하지 않은 부분이 선택영역으로 선택됩니다.

02 Tools 패널에서 Brush Tool(◢)을 선택한 후 전경색을 검은색으로 설정합니다.

03 브러시 옵션바의 내림 버튼(▣)을 클릭해 가장자리가 선명한 브러시를 선택하고, 사이즈를 30px로 설정합니다.

04 브러시로 문지른 부분이 반투명한 빨간색으로 칠해집니다. 여기서 Tools 패널의 퀵 마스크 모드(◎)를 누르면 스탠더드 모드로 변하며, 빨간색으로 칠해졌던 부분이 선택영역에서 제외되면서 가운데 신발 부분만 선택영역으로 지정됩니다. 다시 스탠더드 모드(◎)를 누르면 퀵 마스크 모드로 전환되는데, 이때 신발의 세밀한 부분까지 꼼꼼하게 칠해 주세요.

> **Tip** : Brush나 Pencil, Stamp, Dodge, Burn Tool 등의 각종 칠하기 툴이 선택된 상태에서 키보드의 [] 를 누르면 칠하는 툴의 브러시 사이즈가 줄어들고, 반대로 [] 를 누르면 브러시 사이즈가 커집니다. 여러 번 누르면 점점 더 커집니다.

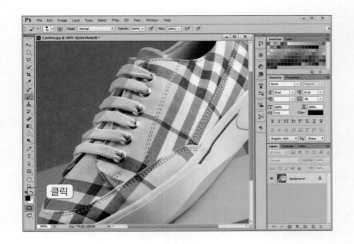

05 그런데 작업을 하다 보니 신발까지 칠해진 곳이 있네요. 그럴 때에는 [Ctrl]+[Z]를 눌러 최근 1회의 작업 명령을 되돌려도 되지만, 일단은 칠하기를 계속 진행한 후 나중에 칠해진 곳을 지워도 됩니다. 빨간색으로 칠해진 부분을 지우려면 현재 검은색으로 설정되어 있는 전경색을 흰색으로 바꿔 칠해 주면 됩니다. 다시 빨간색으로 칠해 주려면 전경색을 검은색으로 바꿔야 한다는 것도 잊지 마세요.

> **Tip** : 정교한 칠하기를 할 때에는 작업 이미지를 확대하여 작업하는 것이 훨씬 편리합니다. Brush Tool이 선택된 상태에서 [Ctrl]+[Spacebar]를 누른 채 이미지 위에서 마우스를 클릭하면 이미지가 커지고, [Alt]+[Spacebar]를 누른 채 이미지 위에서 마우스를 클릭하면 작아집니다. 확대되어 있는 작업 이미지의 일부분만 보일 때 다른 부분으로 이동하기 위해서는 [Spacebar]를 누른 상태에서 마우스로 드래그하면 원하는 이미지 쪽으로 이동할 수 있습니다.

06 세밀한 부분까지 칠하기를 끝마쳤으면 Tools 패널에서 스탠더드 모드(◙)를 클릭합니다.

클릭

07 신발 부분만 깔끔하게 선택영역으로 지정된 것을 확인할 수 있습니다.

확인

08 이제 선택된 신발 레이어만 새 레이어에 복사해보겠습니다. 신발이 선택된 상태에서 Ctrl+C(복사하기)를 누른 후, Ctrl+V(붙여넣기)를 누르면 새 레이어가 자동으로 만들어지면서 신발 오브젝트만 복사됩니다.

❶ Ctrl+C
❷ Ctrl+V

❸ 확인

09 Background 레이어를 선택한 후 새 레이어 만들기 아이콘(🔲)을 클릭해 Background 레이어 위에 새 레이어를 하나 만들고 흰색으로 채워 주면 깨끗한 흰색 배경에 신발만 있는 이미지가 완성됩니다.

③ 흰색 확인
④ Ctrl+Delete
① 클릭
② 클릭

Tip : Tools 패널 하단의 전경색과 배경색을 이미지 파일에 채워넣기하는 단축키를 알아 두면 작업이 매우 편리해집니다. 전경색으로 채우기는 Alt+Delete, 배경색으로 채우기는 Ctrl+Delete입니다.

10 신발에 입체감을 주기 위해 바로 아래에 그림자 레이어를 만들어 보겠습니다. Tools 패널에서 전경색을 클릭해 [Color picker] 대화상자를 나타나게 한 후 진회색(#666666)을 선택합니다.

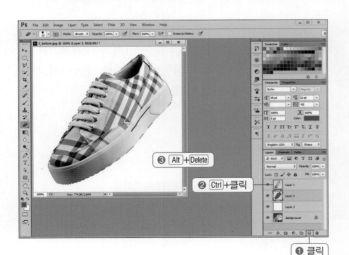

③ 클릭
① 클릭
② 입력

11 Layer 2(흰색 배경) 레이어가 선택된 상태에서 Layers 패널 하단의 새 레이어 만들기 아이콘(🔲)을 눌러 Layer 2 위에 새 레이어(Layer 3)를 추가합니다. Layer 3 레이어가 선택된 상태에서 Ctrl을 누른 채 'Layer 1'의 섬네일 신발 부분을 클릭하면 신발 부분만 선택영역으로 지정됩니다. Alt+Delete를 눌러 전경색인 회색으로 채우면 새 레이어(Layer 3)에 신발과 같은 형태의 회색 이미지가 만들어집니다.

③ Alt+Delete
② Ctrl+클릭
① 클릭

Tip : 레이어를 새로 만든 다음에 원하는 위치로 드래그하여 레이어 간의 순서를 맞춰도 됩니다.

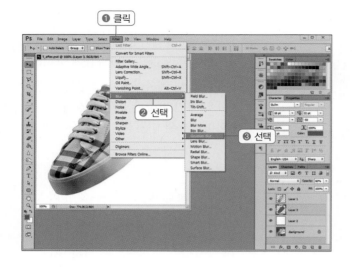

12 Ctrl+D를 눌러 선택영역을 해제합니다. 진회색 그림자의 윤곽이 너무 선명해 어색합니다. 가장자리를 흐릿하게 하여 그림자 느낌이 나도록 수정해 보겠습니다. 메뉴에서 [Filter]-[Blur]-[Gaussian Blur]를 선택합니다.

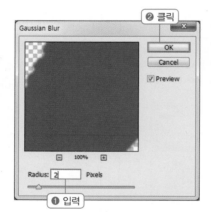

13 [Gussian Blur] 대화상자가 나타나면 Radius 수치에 '2'를 입력하고 [OK] 버튼을 클릭합니다.

14 그림자 레이어가 선택된 상태에서 Ctrl을 누른 채 키보드의 화살표 키 중 →를 두 번, ↓를 두 번 눌러 왼쪽과 아래쪽으로 각각 2픽셀씩 이동한 후 해당 레이어의 투명도를 60% 정도로 낮춥니다.

Tip : 그림자를 만드는 데에는 [Layer]-[Layer Style]-[Drop Shadow]를 선택하는 방법도 있습니다.

잠깐만요! 선택영역을 나중에도 사용하고 싶다면 채널과 패스를 활용하세요

선택영역을 채널로 저장하기

❶ 신발영역이 선택된 상태에서 Layers 패널 옆의 Channels 패널을 클릭한 후 패널 하단의 'Save selection as channel' 아이콘(🔲)을 클릭하면 해당 선택영역이 저장된 새 채널이 만들어집니다.

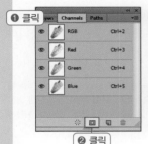

❷ 저장된 채널을 선택영역으로 불러들일 때에는 Channels 패널에서 생성된 해당 채널을 선택한 후, Channels 패널 하단의 'Load channel as selection' 아이콘(🔲)을 클릭하면 신발 선택영역이 다시 활성화됩니다. 그런 다음, Channels 패널의 맨 상단에 있는 RGB 채널을 클릭하면 이미지가 원래의 RGB 컬러로 변합니다.

선택영역을 패스로 저장하기

❶ 신발영역이 선택된 상태에서 Channels 패널 옆의 Paths 패널을 클릭한 후 패널 하단의 'Make work path from selection' 아이콘(◇)을 클릭하면 해당 선택영역이 저장된 새 패스가 만들어집니다.

❷ 저장된 패스를 선택영역으로 불러들일 때에는 Paths 패널에서 해당 패스를 선택한 후, 패널 하단의 'Load path as a selection' 아이콘(⊙)을 클릭하면 신발 선택영역이 다시 활성화됩니다. 가느다란 선으로 표시되는 패스선은 해당 패스 레이어를 선택하면 나타나고, Paths 패널의 여백을 마우스로 클릭하면 없어집니다.

Tip : 채널, 패스, 레이어 정보는 포토샵 전용 PSD 파일에서만 저장되므로, 나중에 이 파일을 열어 채널을 선택영역으로 다시 불러오고자 할 경우에는 반드시 PSD 파일로 저장해야 합니다.

오브젝트를 원하는 방향으로 회전하기

무작정 따라 하기

이미지 파일 전체를 회전하는 방법과 이미지의 일부분만 회전하는 방법을 하나의 이미지에서 모두 사용해 보겠습니다.

예제 파일 sample/22/6_before.jpg | 완성 파일 sample/22/6_after.jpg

① 클릭

② 선택

② 선택

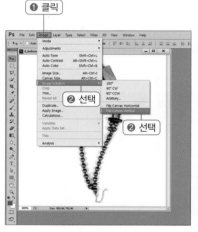

01 'sample/22/6_before.jpg' 파일을 엽니다. 촬영한 목걸이 사진이 거꾸로 되어 있어 어색해 보입니다. 메뉴에서 [Image]-[Image Rotation]-[Flip Canvas Vertical]을 선택해 사진을 수직으로 반전합니다.

> **Tip** : [Image]-[Image Rotation]-[Arbitrary] 메뉴를 이용하면 수치를 입력하여 이미지를 원하는 각도만큼 회전할 수 있습니다. 이미지를 회전한 후에 필요 이상으로 남는 배경은 Crop Tool로 잘라 내면 됩니다.

02 목걸이를 약간 비스듬하게 돌려 구도를 세련되게 바꿔보겠습니다. 이미지 전체를 회전하고자 할 경우에는 Ctrl+A를 눌러 전체 이미지를 선택하고, 특정 부분만 회전하고자 할 경우에는 해당 부분을 선택영역으로 지정한 후 Ctrl+T(자유 변형)를 누르면 나타나는 바운딩 박스 모서리에 마우스를 대고 원하는 각도만큼 돌려 줍니다.

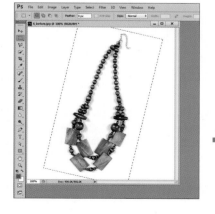

03 원하는 각도로 목걸이를 회전하였으면 Enter를 누른 후, 선택영역을 해제(Ctrl+D)합니다.

문자를 입력하는 Type Tool의 사용 방법을 알고 싶어요.

Type Tool은 쇼핑몰 이미지를 제작할 때 많이 사용하는 툴 중 하나입니다. Type Tool을 사용하면 가독성 높고 미적 감각이 살아 있는 메시지를 삽입하여 좀 더 퀄리티 높은 이미지를 만들 수 있습니다.

문자 입력 툴

- Horizontal Type Tool(T) : 가로쓰기 입력 방식으로, 옵션바 설정에 따라 글자 크기, 종류, 색상 등을 바꿀 수 있습니다.

- Vertical Type Tool(IT) : 세로쓰기 입력 방식으로, 옵션바 설정에 따라 글자 크기, 종류, 색상 등을 바꿀 수 있습니다.

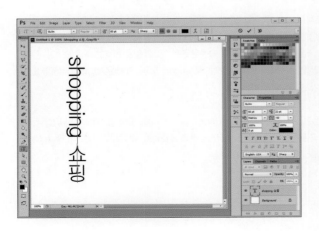

- Horizontal Type Mask Tool(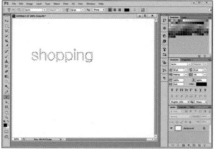) : 마스크 모드에서 가로쓰기 글자를 입력하는 것으로, 입력한 문자와 같은 형태의 선택영역이 만들어집니다.

- Vertical Type Mask Tool() : 마스크 모드에서 세로쓰기 글자를 입력하는 것으로, 입력한 문자와 같은 형태의 선택영역이 만들어집니다.

Type Tool 옵션바

미 니 강 좌 ·········

문자입력을 완료하는 방법

현재의 문자 입력을 마치고 연달아 다른 레이어에 새로운 문자입력을 하려면 Type Tool 옵션바 오른쪽의 ✔를 클릭한 후 새로 문자 입력을 시작하면 됩니다.

❶ **폰트 패밀리** : 사용하게 될 폰트를 선택한 후 작업화면에서 마우스를 드래그하여 활성화된 텍스트의 글꼴을 바꾸어 줄 수 있습니다. 시스템에 설치되어 있는 글꼴이 모두 등록되어 표시됩니다.

❷ **폰트 스타일** : 선택된 폰트의 스타일을 설정하거나 이미 사용된 폰트의 스타일을 변경할 수 있습니다. 폰트에 따라 차이가 있기는 하지만 영문 폰트의 경우 통상적으로 Regular(보통), Bold(굵게), Italic(기울이기), Bold Italic(굵게 기울이기)의 네 가지 종류를 제공합니다.

❸ **폰트 사이즈** : 입력된 폰트의 사이즈를 설정합니다.

❹ **안티 앨리어스 옵션** : 폰트의 품질을 지정하는 기능으로, None, Sharp, Crisp, Strong, Smooth의 다섯 가지 옵션을 지원합니다. Crisp가 기본설정이며, 필요에 따라 None과 Strong을 사용하기도 합니다. Sharp와 Smooth는 Crisp와 별 차이가 없어 거의 사용하지 않습니다.

⑤ **정렬 옵션** : 글자의 정렬 방법을 지정하는 기능으로, 왼쪽 정렬, 가운데 정렬, 오른쪽 정렬의 세 가지 옵션을 지원합니다.

⑥ **컬러 옵션** : 글자의 색상을 선택하거나 입력된 글자의 색상을 수정하는 기능으로, 클릭하여 글자의 색상을 지정할 수도 있고, 작업화면에서 마우스를 드래그하여 텍스트가 활성화된 경우 입력된 글자의 색상을 수정할 수도 있습니다.

⑦ **랩 텍스트 옵션** : 텍스트를 변형하는 특수효과로, 15가지의 다양한 스타일을 제공합니다.

⑧ **Character 패널 옵션** : 글자 입력에 관련된 세부 옵션 사항들을 설정하는 패널을 나타냅니다.

문자 옵션을 설정하는 Character 패널

① **폰트 패밀리** : 사용하게 될 폰트를 선택한 후 작업 페이지에서 마우스를 드래그하면 활성화된 텍스트의 글꼴을 변경할 수 있습니다. 시스템에 설치되어 있는 글꼴이 모두 등록되어 표시됩니다.

② **폰트 스타일** : 선택된 폰트의 스타일을 설정하거나 이미 사용된 폰트의 스타일을 변경할 수 있습니다. 폰트에 따라 다르기는 하지만, 영문 폰트의 경우 통상적으로 Regular(보통), Bold(굵게), Italic(기울이기), Bold Italic(굵게 기울이기)의 네 가지 종류를 제공합니다.

③ **폰트 사이즈** : 입력된 폰트의 사이즈를 설정합니다.

④ **리딩** : 줄간격을 조절합니다. 수치가 높아질수록 줄간격이 넓어집니다.

⑤ **커닝** : 커서를 기준으로 한두 글자의 간격만 부분적으로 조절하는 데에 사용합니다.

⑥ **트래킹** : 글자들을 블록으로 드래그하여 선택한 후, 이 부분의 모든 글자와 글자 사이의 간격을 조절합니다. 기본값은 0이며, + 또는 − 수치로 간격을 조절합니다.

⑦ **세로 폭** : 글자의 세로 폭을 조절하며, 기본값은 100%입니다.

⑧ **가로 폭** : 글자의 가로 폭을 조절하며, 기본값은 100%입니다.

⑨ **베이스라인** : 입력되는 글자의 위치를 기준보다 위 또는 아래로 조절합니다.

⑩ **폰트 색상** : 글자의 색상을 선택하고 변경합니다.

⑪ **글자 입력 스타일** : 입력되는 글자의 형태나 스타일을 다양하게 변경할 수 있습니다. 굵은 글자, 기울어진 글자, 영문일 경우 모두 대문자로, 영문일 경우 모두 소문자로, 윗첨자와 아랫첨자, 밑줄긋기, 가운뎃줄긋기의 여덟 가지 기능을 제공합니다.

⑫ **언어** : 입력되는 언어의 종류를 선택합니다. 기본값은 English : USA로 되어 있습니다.

⑬ **안티 앨리어스** : 폰트의 품질을 지정하는 기능으로, None, Sharp, Crisp, Strong, Smooth 다섯 가지의 옵션을 지원합니다. Crisp가 기본설정이며, 필요에 따라 None과 Strong을 사용하기도 합니다. Sharp와 Smooth는 Crisp와 별 차이가 없어 거의 사용하지 않습니다.

무작정 따라하기

쇼핑몰 배너에 문자 삽입하기

앞선 예제에서 만든 배너에 문구를 삽입해 보겠습니다. 삽입할 문구는 '옥매트 더블/싱글 50세트 한정수량 사은행사! 선 착순 50세트 구매에 한해 싱글매트를 하나 더 드립니다.'입니다. 메인 카피인 앞 문장은 크게, 서브 카피인 뒤 문장은 작 게 하여 조화를 이루도록 하고 글자가 잘 보이도록 효과를 적용합니다.

예제 파일 sample/22/7_before.psd | **완성 파일** sample/22/7_after.psd, sample/22/7_after.gif

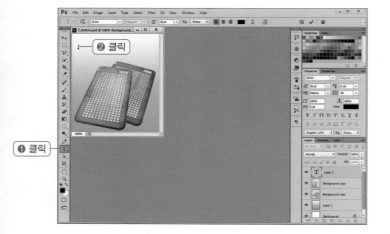

01 부록 CD의 'sample/22/7_before. psd' 파일을 엽니다. 우선 메인 카피를 삽입 하기 위해 Tools 패널에서 Type Tool(T) 을 선택한 후 이미지 위에 마우스를 클릭합 니다. 텍스트 레이어가 자동으로 만들어지 면서 텍스트를 입력할 준비가 됩니다.

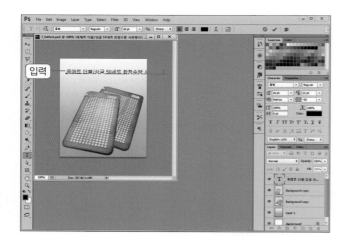

02 '옥매트 더블/싱글 50세트 한정수량 사 은행사!'를 입력하면 기본 설정된 굴림체 로 쓰여집니다. 원하는 폰트로 바꾸기 위해 Character 패널을 엽니다.

Tip : 글자 입력에 관련된 여러 옵션들은 Character 패 널에서 지정할 수 있습니다. Character 패널은 메뉴에서 [Windows]-[Character]을 클릭하여 열 수 있습니다.

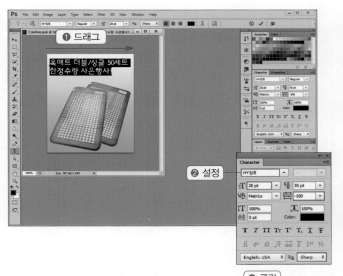

03 문자를 드래그하여 선택한 다음, 폰트를 헤드카피에 사용하는 굵은 종류로 바꾸고, 폰트 사이즈는 '28'로 입력합니다. 글자 간격을 좁히기 위해 자간을 '−100'으로 입력합니다. 안티 앨리어스(Anti-Alias) 옵션은 'Sharp(또는 Crisp)'로 설정합니다.

> **Tip** : 가독성을 높이기 위해 글자 크기를 줄이고 싶지 않은데 글자를 넣어야 할 공간이 작아서 고민스러울 때에는 글자 크기는 그대로 하면서 글자와 글자 사이의 간격을 −값으로 적당히 좁히고, 글자의 가로 폭도 100% 이하 값으로 약간 낮춰 줍니다.

04 서브 카피는 메인 카피와 폰트 사이즈가 많이 차이나므로 수정하기 편리하도록 새로운 레이어에 입력하는 것이 좋습니다. 작업 마침 아이콘(✔)을 클릭한 후, Tools 패널에서 Type Tool(T)을 이용해 '선착순 50세트 구매에 한해 싱글매트를 하나 더 드립니다.'를 입력합니다.

05 폰트가 메인 카피 입력 시의 설정 때문에 너무 큽니다. 폰트 사이즈를 '18'로 줄입니다.

> **Tip** : 옵션 설정은 여러분이 선택한 폰트의 종류에 따라 달라질 수 있으므로 적당히 조절하세요.

06 전체적인 배너의 형태는 갖춰졌지만 글자가 모두 검은색이라서 너무 밋밋해 보이므로 시각적인 포인트를 추가해 보겠습니다. 메인 카피의 '더블/싱글 50세트 한정수량' 부분을 마우스로 드래그해 선택한 후 Type Tool(T)의 옵션바에서 컬러 옵션을 클릭해 색상을 'CC0000'으로 지정합니다. 해당 글자만 빨간색으로 바뀌었습니다.

07 메인 카피의 '옥매트' 글자는 옥의 초록색과 건강 이미지를 연상하기 위해 앞의 방법과 마찬가지로 색상을 '669900'로 바꿔 줍니다.

08 메인 텍스트 레이어가 선택된 상태에서 Layers 패널 하단의 [Add a layer style](fx.)을 클릭하여 [Stroke]를 선택합니다.

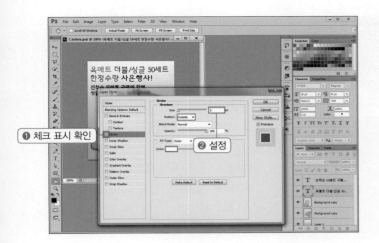

09 [Layer Style] 대화상자가 나타나면 Stroke에 체크 표시가 되어 있는지 확인하고, Size:3, Position:Outside, Color는 White를 설정합니다.

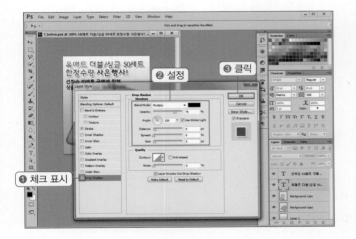

10 계속해서 왼쪽 Styles 중에서 Drop Shadow에 체크 표시를 한 후, Blend Mode : Multiply, Opacity : 75, Angle : 120, Distance : 5, Size : 3을 설정하고 [OK] 버튼을 클릭합니다.

11 서브 텍스트의 '싱글매트를 하나 더' 부분의 색상을 'CC3300'으로 바꿔 포인트를 줍니다.

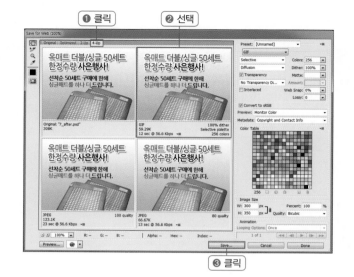

12 PSD 파일은 웹에서 사용할 수 없으므로 작업을 모두 마친 다음에는 최종 파일인 JPEG 또는 GIF 파일로 저장해야 합니다. 메뉴에서 [File]-[Save for Web]을 선택합니다. [4-Up] 탭을 클릭해 세 가지 옵션(GIF 256Color, JPEG 100 Quality, JPEG 80 Quality)으로 설정해 보면 이미지 퀄리티는 큰 차이가 없으면서 파일 용량은 GIF가 59.29K로 가장 작다는 것을 알 수 있습니다. GIF를 선택한 후 [Save] 버튼을 클릭합니다.

13 [Save Optimized As] 대화상자가 나타나면 저장할 위치와 파일명을 입력한 후, [저장] 버튼을 클릭합니다.

> **Tip** : [File]-[Save As] 메뉴를 선택해 JPEG 또는 GIF 파일로 바로 저장해도 됩니다.

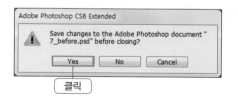

14 GIF 파일로 저장하고 난 뒤에 파일을 닫으려고 하면 저장 여부를 물어 보는 대화상자가 나타납니다. 이는 현재의 작업 파일을 포토샵 전용 파일인 PSD 파일로 저장할 것인지를 묻는 것입니다. 이 배너의 원본 파일을 수정할 경우에 대비해 [YES] 버튼을 클릭하여 PSD 파일로도 저장해 둡니다.

기초 포토샵 기능 활용해 배너 제작하기

이번에는 여러 개의 이미지와 텍스트를 합성하는 배너 제작을 통해 지금까지 배운 포토샵 기본기를 다져 볼까요? 샘플 상품 이미지를 사용하여 쇼핑몰 메인에 사용할 190×260 사이즈의 배너를 만들어 보겠습니다. 텍스트와 이미지가 함께 들어가는 이 작업을 통해 선택 툴과 그러데이션, 텍스트 입력, 레이어의 종합적인 활용을 경험할 수 있을 것입니다.

예제 파일 sample/22/8_before_source.psd | **완성 파일** sample/22/8_after.gif

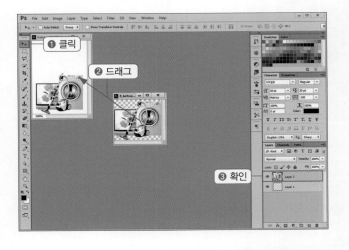

01 [File]-[New]([Ctrl]+[N]) 메뉴를 선택해 190×260 사이즈의 새 파일을 만듭니다.

02 [File]-[Open]([Ctrl]+[O]) 메뉴를 선택해 부록 CD의 'sample/22/8_before_source.psd' 파일을 연 후, Tools 패널에서 Move Tool(🕂)을 선택하고 배경이 투명한 소스 이미지를 'banner' 파일로 드래그합니다. 그러면 'banner' 파일에 새 레이어가 생기면서 소스 이미지가 복사됩니다.

03 상품이 돋보이도록 시원한 블루 계열의 그러데이션을 꾸며 보겠습니다. 'banner' 파일의 소스 레이어와 Background 레이어 사이에 새 레이어를 만듭니다.

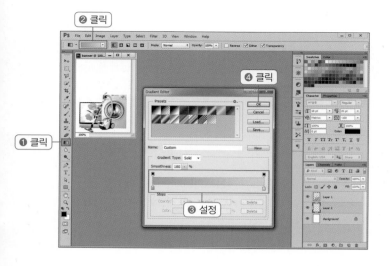

04 Tools 패널에서 Gradient Tool(이미지)을 선택한 후 [Gradient Editor] 대화상자를 열어 연하늘색 그러데이션을 만듭니다.

> **Tip** : Gradient Editor의 사용법은 258쪽의 Magic Wand Tool 예제를 참고하세요.

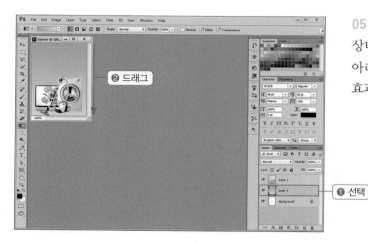

05 새로 만든 레이어(Layer 2)가 선택된 상태에서 Gradient Tool(이미지)로 위에서 아래로 드래그하면 멋진 블루 그러데이션 효과가 만들어집니다.

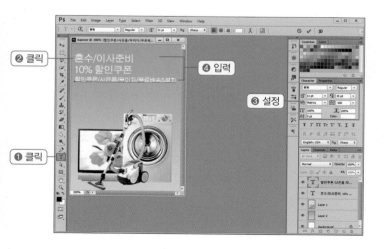

06 이제 카피를 넣어 봐야겠죠. Tools 패널에서 Type Tool(이미지)을 선택한 후, 이미지를 클릭하면 자동으로 타입 레이어가 만들어지면서 글자를 입력할 수 있는 상태가 됩니다. 원하는 폰트와 크기를 선택해 그림과 같이 글자를 입력합니다.

> **Tip** : 작업의 정밀도를 높이기 위해 Ctrl+Alt+를 눌러 화면을 확대합니다.

② 클릭

④ 색 채우기

③ 그리기

① 클릭

07 그런데 배경이 좀 썰렁한 느낌이 드네요. 약간 반투명한 동그라미를 불규칙적으로 넣어 변화를 줘 볼까요? 그레이디언트 레이어(Layer 2)와 상품 이미지 레이어(Layer 1) 사이에 레이어(Layer 3)를 추가하고, Tools 패널에서 Elliptical Marquee Tool(◯)을 선택해 화면에 정원을 그려준 다음, 흰색으로 채워줍니다. 또 다른 원형을 그리기 위해 선택영역을 해제(Ctrl+D)합니다.

Tip : 정원은 Shift를 누르면서 그리면 됩니다.

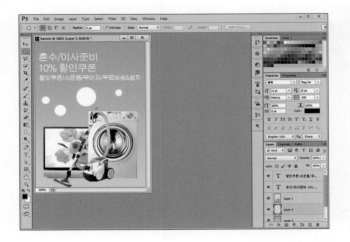

08 07을 반복하여 그림과 같이 크기가 다른 여러 개의 동그라미를 그려 줍니다.

② 50% 설정

① 선택

09 그런데 동그라미가 너무 희기 때문에 상품이 돋보이지 않네요. 그레이디언트 레이어(Layer 2)의 색상이 약간 비칠 수 있도록 투명도를 낮춰 보겠습니다. 동그라미 레이어(Layer 3)가 선택된 상태에서 Layers 패널 상단의 Opacity 수치를 '50' 정도로 낮춰 줍니다.

PART 4

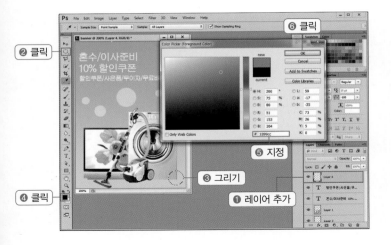

10 이미지 아래쪽에 [go] 버튼을 넣어 주는 작업을 해 보겠습니다. Layers 패널에서 맨 위에 레이어를 하나 만들고(Layer 4), Tools 패널에서 Elliptical Marquee Tool(◯)을 선택해 이미지의 오른쪽 아래에 원형 선택영역을 그려 줍니다. 이 영역을 푸른색으로 채워 주기 위해 Tools 패널의 전경색을 클릭한 뒤, [Color Picker] 대화상자가 나타나면 색상값을 '3399CC'로 지정하고 [OK] 버튼을 클릭합니다.

11 전경색으로 채우기(Alt+Delete)를 하면 앞에서 지정한 전경색으로 선택영역 안이 채워진 것을 확인할 수 있습니다.

> **Tip** · 전경색으로 채우기 : Alt+Delete
> · 배경색으로 채우기 : Ctrl+Delete

12 선택영역을 해제(Ctrl+D)하고, Type Tool(T)로 버튼 부분을 클릭하여 'go'를 입력합니다. 배너가 완성되었습니다.

여러 개의 레이어를 합치는 방법

1. 바로 아래에 있는 레이어와 합칠 경우

작업 중인 레이어를 바로 아래에 있는 레이어와 합칠 때에는 레이어가 선택된 상태에서 Layers 패널 오른쪽 상단의 팝업 버튼(▼≣)을 눌러 [Merge Down]을 선택합니다.

2. 링크가 걸린 레이어끼리 합칠 경우

합치고 싶은 레이어를 복수 선택(Ctrl을 누르면서 레이어를 클릭)한 후에 Layers 패널 하단의 링크 아이콘(🔗)을 클릭하면 선택한 레이어들이 링크됩니다. Layers 패널 오른쪽 상단의 팝업 버튼(▼≣)을 눌러 [Merge Layers]를 선택합니다.

3. 눈 아이콘이 켜진 레이어끼리 합칠 경우

말 그대로 눈 아이콘이 켜진 레이어끼리 하나로 합치는 방법입니다. 합치고 싶은 레이어의 눈 아이콘이 켜진 상태에서 Layers 메뉴의 [Merge Visible]을 선택합니다.

4. 배경 레이어와 하나로 합칠 경우

Layers 패널에 있는 모든 레이어를 배경 레이어와 하나로 합칠 때에는 Layers 메뉴의 [Flatten Image]를 선택합니다.

Type / Background 레이어를 일반 레이어로 바꾸는 방법

1. 문자 레이어를 일반 레이어로 바꿀 경우

문자 레이어와 Background 레이어를 일반 레이어로 바꾸기 위해서는 Rasterize 메뉴를 사용해야 합니다. Rasterize 메뉴는 일반 이미지가 있는 레이어가 아닌 특정 속성을 가진 레이어를 일반 레이어로 전환하는 기능을 가지고 있습니다. 예를 들어 문자 레이어나 특수한 속성을 가진 레이어(셰이프, 벡터 마스크)에 Rasterize를 적용하면 이때부터 이 레이어는 그림으로 취급되므로 브러시 등의 다양한 페인팅 작업을 할 수 있게 됩니다.

2. Background 레이어를 일반 레이어로 바꿀 경우

Background 레이어에서 작업을 하다 보면 레이어 스타일을 적용하지 못하는 등의 여러 가지 제약이 따르게 됩니다. 이때는 Background 레이어를 일반 레이어로 바꿔 주면 됩니다. Layers 패널에서 Background 레이어를 선택한 후, Background 레이어를 마우스로 더블클릭하면 아래와 같은 대화상자가 나타납니다. [OK] 버튼을 클릭하면 Background 레이어가 Layer 0으로 바뀌면서 일반 레이어로 바뀐 것을 확인할 수 있습니다. [Layer]−[New]−[Layer From Background] 메뉴를 선택해도 됩니다.

Rasterize를 적용할 레이어를 선택한 후, 마우스 오른쪽 버튼을 클릭하여 [Rasterize Type]를 선택합니다.

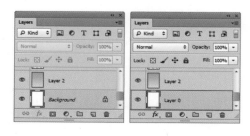

촬영한 사진을 최적의 상태로 보정하기

지금 단계에서 여러분이 촬영한 상품 사진이 100% 만족스럽게 나오기는 힘들 것입니다. 촬영한 사진의 선명도나 색상, 밝기 등이 다소 맞지 않는다면 포토샵에서 촬영 이미지를 보정해 줌으로써 이러한 문제를 어느 정도 해결할 수 있습니다. 하지만 가급적이면 상품 사진의 기본적인 선명도나 색상, 밝기는 사진촬영에 의해 맞춰지도록 하는 것이 좋으며, 포토샵은 2% 부족한 상품 사진의 가치를 최대한 끌어올려 주는 정도로 활용하는 것이 바람직합니다.

Q 촬영한 사진이 너무 많고 시간은 부족한데, 작업효율을 높이는 방법이 있을까요?

효율적인 사진 보정을 위해서는 이미지 파일의 정리와 분류를 체계적으로 해야 합니다. 먼저 디지털카메라로 촬영한 사진을 작업할 컴퓨터로 불러들여 한 폴더 안에 저장합니다. 디지털카메라에 저장된 이미지는 'P1010001.jpg', 'P1010002.jpg' 등과 같이 일련의 파일 이름으로 되어 있을 것입니다. 윈도우의 섬네일(미리 보기 목록) 보기를 이용해 사용하지 않을 사진은 삭제하고 필요한 사진만 남겨 놓은 다음, 폴더를 만들어 각각의 위치에 관련된 파일들을 삽입합니다.

상품 사진이 많을 경우, 상품의 종류별로 폴더를 만들어서 관리하는 것이 좋습니다. 각 상품별 폴더에 관련 사진을 정리하되, sk_01_info1, sk_01_info2 … 등은 상품설명에 사용될 자료 사진으로, sk_01_list250은 상품 목록 보기의 250픽셀 크기 이미지, sk_01_list500은 상품 상세 보기의 500픽셀 크기 이미지 등과 같이 체계적으로 파일 이름을 붙입니다.

미니 강좌

상품 사진 보정

상품 사진의 질은 사진촬영 구도나 배경 연출을 논외로 할 경우 전적으로 밝기와 색상, 선명도에 의해 결정됩니다. 사진 보정은 크게 밝기 보정, 색상 및 채도 보정, 선명도 보정으로 나누어집니다. 실제 원본의 이미지 보정 과정에서 이 세 가지 보정 가운데 어느 하나만 사용될 수도 있지만, 두세 가지 보정이 필요할 때도 있습니다. 통상적으로는 밝기, 색상 및 채도, 선명도 순으로 보정을 하게 되는데, 이러한 보정을 통해 남보다 더 돋보이는 사진을 만들 수 있습니다.

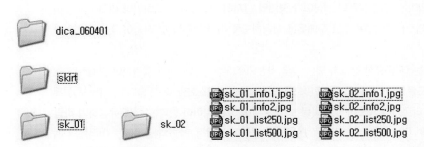

▲ 상품 등록 시 사용할 최종 이미지들은 파일 이름만 봐도 대강 알 수 있도록 파일 이름을 체계적으로 정하는 것이 좋습니다.

▲ 포토샵과 연동되어 있는 Adobe Bridge

잠깐 만요!　**사진 보정은 엄밀히 말해 상품 정보를 인위적으로 가공하는 것 아닌가요?**

쇼핑몰에서 사진 보정의 의미는 실제 상품의 색상이나 형태와 현저히 달라지게 왜곡하거나 미화하는 것이 아니라, 사진에 찍힌 상품의 가치를 높여 주고 구매욕을 자극하도록 이미지를 좀 더 다듬어 주는 작업이라고 할 수 있습니다.

고객이 상품구입을 결정하는 데 중요한 정보가 되는 상품 사진의 경우에는 사실성과 객관성이 갖춰져야 쇼핑몰에 대한 고객의 신뢰도를 높이고, 반품 및 교환으로 인한 손해도 최소화할 수 있습니다. 따라서 실제 상품의 형태, 색상과 전혀 다르거나 과도하게 미화된 보정은 절대 하지 말아야 한다는 점을 유념하기 바랍니다. 물론 판매상품 사진이 아니라 이미지 컷으로 사용되는 인물이나 배경, 사물의 경우에는 여러분의 예술적 감각과 창의성을 마음껏 발휘해서 원하는 분위기를 연출해도 됩니다.

사진 보정 시 포토샵에서 주로 사용하는 기능은 어떤 것들인가요?

포토샵에서 밝기 보정, 색상 및 채도 보정은 [Image]-[Adjustments] 메뉴 또는 포토샵 화면 오른쪽의 Adjustment 패널을 사용합니다. 선명도 보정은 [Filter]-[Sharpen]에서 주로 합니다. Sharpen은 이미지의 선명도 보정에 사용하며, 픽셀 간 색상값의 경계를 뚜렷하게 처리함으로써 이미지가 선명해 보이도록 합니다. 정도가 지나칠 경우 이미지 품질이 손상되므로 주의해서 사용하세요.

▲ 밝기와 채도 보정 시 사용하는 Adjustments 메뉴

▲ Adjustment 패널

▲ 선명도 보정 시 사용하는 Filter의 Sharpen 메뉴

Q 밝기 보정은 어떻게 하나요?

밝기 보정은 촬영 당시의 노출이 부족해 상품의 윤곽이 전혀 구분되지 않고 전체적으로 검게 나왔을 때나 과다 노출로 새 제품이 빛바랜 중고품처럼 보일 때 사용하는 것이 좋습니다.

미 니 강 좌 · · · · · · · ·

Adjustments의 기본 용어

· Contrast(명암) : 상대적인 밝기, 즉 이미지의 명암을 의미합니다. 어두운 색상은 더 어둡게 하고 밝은 색상은 더 밝게 하여 명암 차이가 많이 나도록 조정하는 기능입니다.

· Hue(색상) : 빨강, 노랑, 파랑과 같은 색상을 의미합니다.

· Brightness(명도) : 이미지의 밝기, 즉 명도를 의미합니다.

· Saturation(채도) : 그 색상의 순색, 즉 채도를 의미합니다. 예를 들어 빨간색이라 하더라도 어두운 빨강과 밝은 빨강이 있는데, 이 중 밝을수록 그 색상의 순색에 가깝고 채도가 높다고 말합니다.

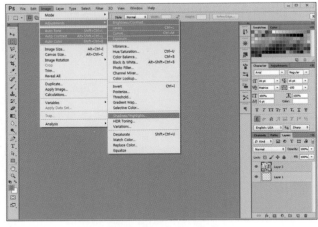

▲ Adjustments에서 밝기 보정에 자주 사용하는 메뉴들

Levels

이미지의 명도와 대비를 조정할 때 사용합니다. TV 화면의 밝기를 조정하는 것과 같은 기능이라고 생각하면 됩니다.

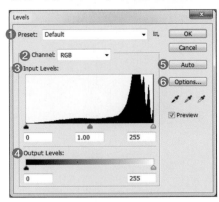

❶ Preset : 미리 설정된 레벨 값을 적용합니다.

❷ Channel : 이미지 전체 또는 특정 색상 채널을 선택하여 밝기를 조정합니다.

❸ Input Levels : 이미지 히스토그램을 확인하면서 이미지의 밝기를 조정할 수 있습니다. 3개의 삼각형은 각각 왼쪽부터 어두운 톤, 중간 톤, 밝은 톤 조절점이며, 드래그하면 지정된 톤 부분이 해당 톤으로 변경됩니다. 직접 수치를 입력하여 조정할 수도 있습니다.

❹ Output Levels : Input은 지정된 삼각형 부분으로 히스토그램에 있는 색상이 변경되지만, Output의 경우 삼각형 부분의 색상이 지정된 스펙트럼의 색상 톤으로 변경됩니다.

❺ Auto : 레벨값을 자동적으로 변경, 적용합니다.

❻ Level Sample : 각각의 색상 톤별 스포이트 툴로 히스토그램을 이용하는 것이 아니라 이미지에서 직접 색상 톤 부분을 선택하여 이미지를 보정합니다.

Curves

Levels과 마찬가지로 이미지의 명도와 대비를 조절할 때 사용합니다. 다른 점이 있다면 커브 형태의 곡선을 자유자재로 드래그하는 방식을 사용한다는 점인데, 이는 고급 그래픽 도구에서 많이 사용하는 이미지 조절 기법입니다. 곡선의 위치에 따라 이미지의 Highlights, Shadows, Midtones 영역이 미세하게 구분되면서 보정됩니다.

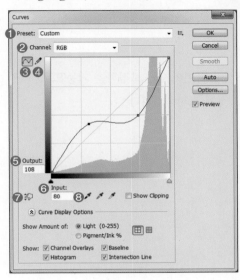

❶ Preset : 미리 설정된 커브 값을 적용합니다.
❷ Channel : 이미지 전체 또는 특정 색상 채널을 선택하여 밝기를 조정합니다.
❸ Edit points to modify the curve : 선 형태의 커브에 포인트를 추가하거나 기존 포인트로 커브를 변경하여 색상을 보정합니다.
❹ Draw to modify the curve : 직접 커브를 그려서 색상을 보정합니다.
❺ Output : 커브를 통해 변경될 밝기를 표시합니다.
❻ Input : 현재 이미지의 색상 톤을 표시합니다.
❼ Click and drag in images to modify the curve : 이미지에서 클릭한 포인트 부분의 색상 톤을 커브에 포인트로 설정하여 정확한 이미지 보정이 가능하도록 합니다.
❽ Curve Sample : 각각의 색상 톤별 스포이트 툴로 이미지에서 직접 색상 톤 부분을 선택하여 보정합니다.

Exposure

빛의 양을 조절하여 이미지 밝기와 색상을 보정하는 기능으로, 카메라에서 노출 부족 또는 노출 과다인 이미지 보정에 효율적으로 사용할 수 있습니다.

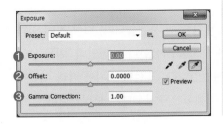

① Exposure : 빛의 양을 조절합니다(주로 Highlights 에 영향).

② Offset : Shadows와 Midtones을 더 밝게 하거나 어둡게 합니다.

③ Gamma Correction : 대비를 조절합니다 (Highlights부터 Shadows까지 영향).

Shadows/Highlights

이미지의 밝은 영역과 어두운 영역을 조절하여 이미지를 보정하는 기능으로, 역광 사진 보정이나 전체적으로 어두운 사진 보정에 효과적입니다.

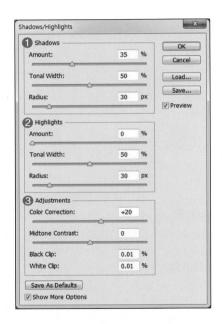

① Shadows : 그림자와 같이 어두운 부분을 처리합니다.
  – Amount : 적용되는 설정 값에 따라 밝아집니다.
  – Tonal Width : 어두운 부분의 색상 대비를 강하게 하면서 밝아집니다.
  – Radius : 밝게 처리되는 부분을 부드럽게 조절합니다.
② Highlights : 밝은 부분을 처리합니다.
  – Amount : 적용되는 설정 값에 따라 어두워집니다.
  – Tonal Width : 어두운 부분의 색상 대비를 조절하면서 어두워집니다.
  – Radius : 어둡게 처리되는 부분을 부드럽게 조절합니다.
③ Adjustments : 색상과 채도를 조절합니다.
  – Color Correction : 색상 톤을 보정합니다.
  – Midtone Contrast : 중간 톤의 색상 대비를 조절합니다.
  – Black/White Clip : 이미지에서 밝은 영역과 어두운 영역이 적용되는 범위를 설정합니다.

Brightness/Contrast

원본 이미지의 명도와 대비를 손쉽게 보정하는 기능입니다. 사용법이 간단하고 작업 결과도 빨리 확인할 수 있지만, 밝은 영역과 어두운 영역은 무시하고 그 밖의 영역을 기준으로 작업을 하기 때문에 고급스러운 결과는 나오지 않습니다.

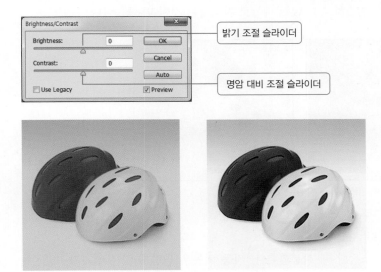

▲ Brightness/Contrast 적용 전(왼쪽)과 후(오른쪽)

Auto Tone

이미지의 명도 상태를 자동으로 조절할 때 사용합니다. 메뉴를 실행하면 대화상자가 나타나지 않고 명도가 자동으로 조절됩니다. 동작원리는 밝은 영역(흰색 클립) 0.5%에 흰색을 추가하고, 어두운 영역(검은색 클립) 0.5%에 검은색을 추가하는 방법입니다. 그 밖의 영역은 회색이 추가됩니다. 전체적으로 명암균형이 맞는 상태라면 Auto Tone을 실행해도 이미지의 변화는 없습니다. Auto Tone보다는 앞의 Levels 기능을 더 많이 사용합니다.

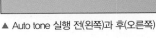
▲ Auto tone 실행 전(왼쪽)과 후(오른쪽)

Auto Contrast

자동으로 콘트라스트를 조정할 때 사용합니다. 포토샵 5.5에서부터 추가된 이 기능은 Levels 메뉴를 사용하지 않고 자동으로 콘트라스트를 조절할 수 있게 해 줍니다. 자동기능은 원하지 않은 결과가 나올 수도 있으므로 적용해 본 다음, 마음에 들지 않으면 작업을 취소하고 Levels 메뉴로 작업하는 것이 더 좋습니다.

▲ Auto Contrast 실행 전(왼쪽)과 후(오른쪽)

Auto Color

자동으로 색상을 조정할 때 사용합니다. 자동 기능은 원하지 않은 결과가 나올 수도 있으므로 적용해 본 다음, 마음에 들지 않으면 작업을 취소하고 Color Balance 메뉴로 작업하는 것이 더 좋습니다.

▲ Auto Color 실행 전(왼쪽)과 후(오른쪽)

이미지의 일부분만 어두운 사진 보정하기

부피가 큰 상품의 경우, 촬영할 때 조명이 허술하면 빛이 충분히 닿지 않는 부분이 어둡게 나옵니다. 이 경우에는 해당 부분만 Dodge Tool로 문질러 주면 됩니다. 다만, 문질러 준 영역의 경계선이 다른 영역과 시각적으로 차이가 나지 않도록 유의하면서 작업하세요.

예제 파일 sample/23/1_before.jpg | **완성 파일** sample/23/1_after.jpg

01 부록 CD의 'sample/23/1_before. jpg' 파일을 열고, Tools 패널에서 Dodge Tool(🔍)을 클릭합니다.

> **Tip** : Dodge Tool(🔍)은 브러시와 유사한 속성을 갖고 있으면서 문지른 이미지 부분이 밝아지게 하는 기능이 있습니다.

02 옵션바에서 브러시의 사이즈는 200, Exposure 수치는 50%으로 설정합니다.

> **Tip** : Brush, Pencil, Stamp, Dodge, Burn 등의 각종 칠하기 툴이 선택된 상태에서 키보드의 []를 누르면 칠하는 툴의 사이즈가 줄어들고, 반대로 []를 누르면 커집니다.

03 이미지의 어두운 부분을 마우스로 골고루 문지르거나 콕콕 찍어 줍니다. 밝고 어두운 부분이 얼룩지지 않도록 신경 쓰면서 티셔츠 이미지의 상단과 하단 부분을 가운데의 밝기에 맞춰 주세요.

> **Tip** ﹕ 브러시 가장자리가 선명하면 Dodge Tool(🔍)이 지나간 영역과 그 밖의 영역에 경계가 생깁니다. 또한 Exposure 수치가 너무 높으면 마우스로 문지르거나 찍은 부분만 지나치게 밝아질 수 있습니다. Dodge Tool(🔍)은 보정해야 할 영역이 복잡한 형태일 때 사용하는 것이 편리합니다.

잠깐만요! Dodge Tool과 함께 있는 Burn Tool과 Sponge Tool

Tools 패널에서 Dodge Tool과 함께 있는 Burn Tool(🖐)과 Sponge Tool(⬤)은 그 사용법은 비슷하지만, 기능과 용도는 다릅니다. Burn Tool(🖐)은 Dodge Tool(🔍)과 반대로 해당 부분을 어둡게 하며, Sponge Tool(⬤)의 Desaturate 옵션을 선택하면 채도가 감소하고, Saturate 옵션을 선택하면 증가합니다.

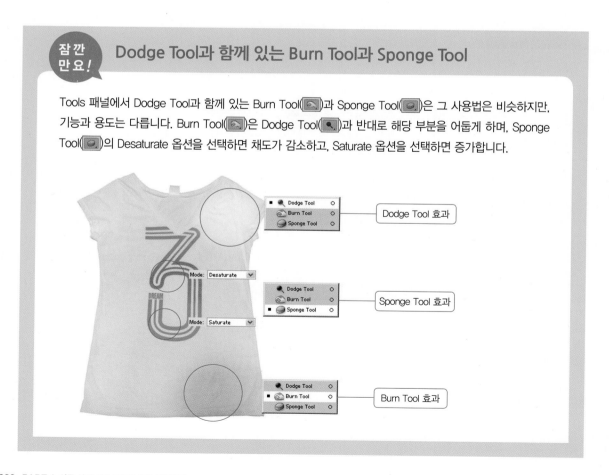

무작정
따라
하기

전체적으로 너무 밝은 사진 보정하기

촬영 당시 빛이 너무 많이 들어가 새 가죽 가방이 색이 바랜 듯한 중고품처럼 나왔네요. 이번에는 레벨을 이용해 사진을 보정해 보겠습니다.

예제 파일 sample/23/2_before.jpg | 완성 파일 sample/23/2_after.jpg

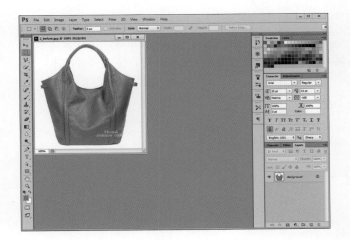

01 부록 CD의 'sample/23/2_before.jpg' 파일을 엽니다.

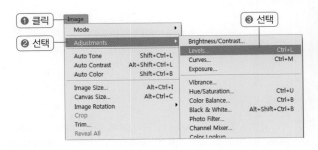

02 사진의 밝기를 보정하기 위해 [Image]-[Adjustments]-[Levels] 메뉴를 선택합니다.

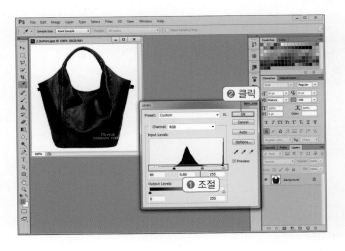

03 [Levels] 대화상자가 나타나면 'Input Levels'의 수치를 직접 입력하거나 슬라이더를 조절하여 가죽의 재질이 가장 고급스러워 보이도록 조절합니다.

Tip : [Levels] 대화상자에서 슬라이더를 조절하지 않고 [Auto] 버튼을 클릭해도 전체적인 밝기 보정이 되는 경우가 많습니다. 다만, 이미지에 따라 [Auto] 버튼이 오히려 역효과를 내는 경우가 있으므로 이때는 슬라이더 조절 방법을 사용하세요.

무작정
따라
하기

의류 사진의 선명도 보정하기

니트 의류 사진의 선명도를 보정하여 제품의 특징이 더욱 또렷하게 보이도록 해주면 직접 만져보는 듯한 느낌이 듭니다.

예제 파일 sample/23/3_before.jpg | 완성 파일 sample/23/3_after.jpg

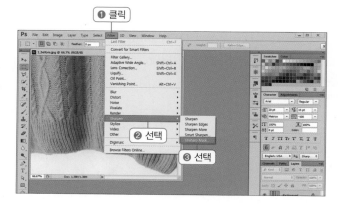

01 부록 CD의 'sample/23/3_before.jpg' 파일을 연 후, [Filter] – [Sharpen] – [Unsharp Mask] 메뉴를 선택합니다.

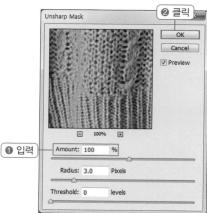

02 [Unsharp Mask] 대화상자가 나타나면 Amount 값을 '100'으로 입력하고 [OK] 버튼을 클릭합니다.

Tip : Amount 값은 이미지의 크기와 상태에 따라 달라지지만, 일반적으로 50~100% 정도로 설정하는 것이 적당합니다.

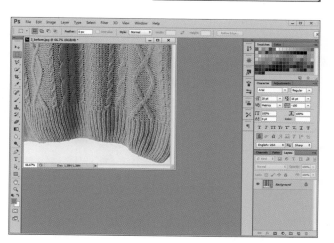

03 사진이 전체적으로 선명해져 니트의 제질이 뚜렷하게 나타납니다.

악세서리 사진의 선명도 보정하기

주얼리는 상품 사진의 퀄리티가 특히 중요합니다. 악세서리 사진의 선명도를 보정하여 제품의 반짝거림을 돋보이게 하면 판매에 도움이 됩니다.

예제 파일 sample/23/4_before.jpg | **완성 파일** sample/23/4_after.jpg

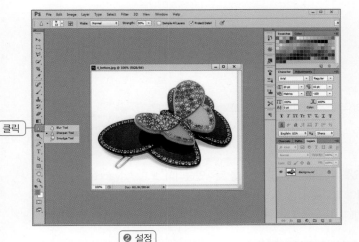

클릭

01 이미지의 일부분만 선명하게 보정할 수도 있습니다. 부록 CD의 'sample/23/4_before. jpg' 파일을 열고, Tools 패널에서 Sharpen Tool(△)을 클릭합니다.

Tip : Sharpen Tool(△)은 Brushes Tool(✓)과 유사한 속성을 갖고 있으면서 문지른 이미지 부분을 선명하게 해 줍니다.

② 설정

① 설정

02 Sharpen Tool 옵션바에서 가장자리가 부드러운 '65' 사이즈의 브러시를 선택하고, Strength를 '30%'로 설정합니다.

03 큐빅 부분을 붓으로 칠하듯 문질러 주면 큐빅의 반짝거림이 훨씬 선명해집니다. 핀 가장자리의 큐빅은 브러시 크기를 '20' 정도로 줄여 라인을 따라 문질러 줍니다.

잠깐 만요! 흐린 이미지를 선명하게 보정하는 방법

Sharpen 필터를 사용하면 초점이 맞지 않는 흐린 이미지를 선명하게 보정할 수 있습니다.

❶ [Sharpen]

별도의 옵션 설정 없이 클릭만으로 자동으로 픽셀 간의 경계선이 선명해집니다.

❷ [Sharpen Edges]

이미지의 경계 부분이 선명해집니다.

❸ [Sharpen More]

별도의 옵션 설정 없이 클릭만으로 Sharpen보다 선명해집니다.

❹ [Smart Sharpen...]

Sharpen 효과를 좀 더 편리하게 살펴볼 수 있도록 심플한 인터페이스를 갖추었습니다. 또한 Advanced 모드에서는 Shadows와 Highlights를 분리하여 별도로 샤픈 효과를 적용할 수 있습니다. 렌즈 개방(아웃포커싱)이 심한 이미지를 보정할 때 효과적입니다.

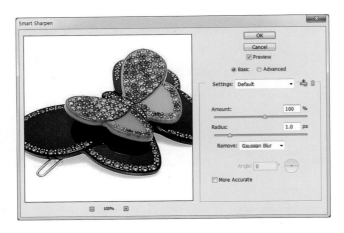

❺ [Unsharp Mask...]

선명도 수치를 직접 입력할 수 있습니다. 너무 높은 수치를 입력하면 이미지가 손상되므로 Preview를 통해 상태를 확인한 후에 설정합니다.

상품 사진의 밝기와 선명도 모두 보정하기

무작정
따라
하기

상품 거래처에서 사용해도 좋다는 허락을 받고 사진을 제공받았지만, 거래처에서 준 것은 원본 이미지가 아니라 gif 파일로 저장되어 있던 이미지이기 때문에 사진의 상태가 매우 좋지 않을 것입니다. 이번에는 이러한 사진의 이미지를 보정해 보겠습니다.

예제 파일 sample/23/5_before.gif | **완성 파일** sample/23/5_after.jpg

01 부록 CD의 'sample/23/5_before.gif' 파일을 엽니다. 하지만 현재의 gif 파일 상태로는 포토샵에서 수정 작업을 할 수 없습니다.

02 Indexed 모드를 RGB 모드로 바꿔주기 위해 메뉴에서 [Image]-[Mode]-[RGB Color]를 선택합니다. 이제 이미지가 Indexed 컬러에서 RGB 컬러로 바뀌었기 때문에 자유롭게 수정할 수 있습니다.

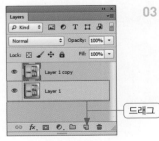

03 Layers 패널에서 Layer 1을 복사합니다.

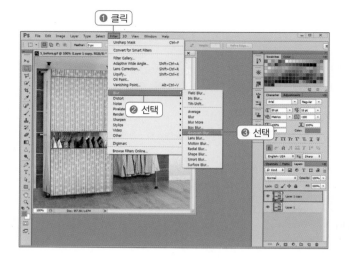

04 복제된 새 레이어(Layer 1 copy)가 선택된 상태에서 [Filter] – [Blur] – [Gaussian Blur] 메뉴를 선택합니다.

Tip : Gaussian Blur는 이미지를 흐리게 하는 필터인데, 지금과 같이 노이즈가 많은 이미지를 보정할 때에도 유용합니다.

05 [Gaussian Blur]의 대화상자가 나타나면 Radius 수치를 '1'로 지정한 후 [OK] 버튼을 클릭합니다.

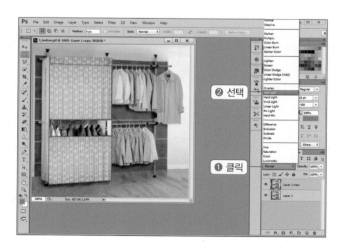

06 Gaussian Blur를 적용한 레이어의 블렌드 모드를 'Soft Light'로 지정해 줍니다. Gaussian Blur를 적용해 노이즈가 어느 정도 제거되고 Soft Light 모드로 원본 레이어와 중첩되어 이미지가 밝고 화사해졌습니다.

07 레이어의 투명도를 '80%'로 낮춰 이미지가 너무 뿌옇게 보이지 않도록 적당히 조절합니다.

08 보정 작업이 모두 끝났으면 jpg 파일로 저장합니다. 이러한 사진 이미지는 가급적이면 jpg 파일로 저장하는 것이 좋습니다.

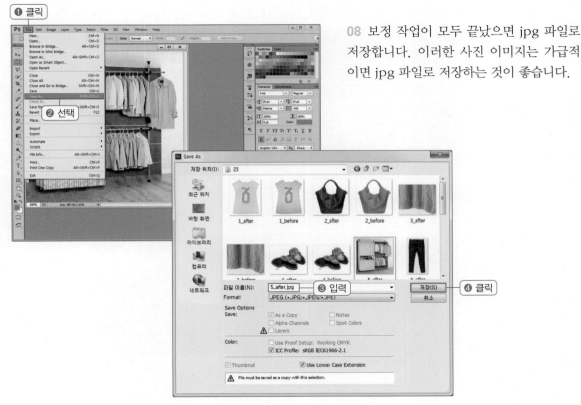

색상 보정 방법에 대해 자세히 설명해 주세요.

우리 주위에 오로지 흑백 톤만으로 구성된 상품은 흔치 않습니다. 거의 모든 상품은 다양한 색상으로 구성되며, 한 상품이 다양한 색상별 모델로 판매되는 경우가 많습니다.

사진의 색상 보정은 촬영 과정상의 미숙과 장비 부족으로 블루나 레드 등 특정 톤의 색상이 실제 상품보다 과다하게 들어가 보인다든지, 상품의 선명한 색감이 제대로 반영되지 않고 칙칙하게 보일 때 유용합니다.

이번에는 상품의 실제 색상과 최대한 유사하면서도 그 상품의 가치를 더욱 높여 주는 고급스러운 색상 및 채도 보정법에 대해 알아보겠습니다.

포토샵의 기능 중 색상 보정에 사용하는 메뉴는 [Image]-[Adjustments]에 주로 집중돼 있습니다. 각 기능별 특징을 살펴보고, 이를 활용한 예제를 통해 기능의 실질적인 활용법을 익혀 보겠습니다.

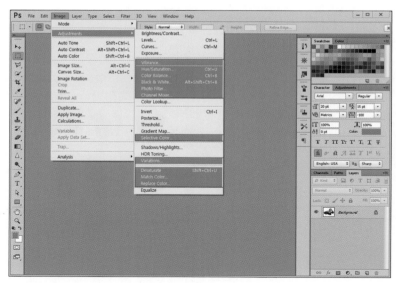

▲ 색상 보정 시 주로 사용하는 Adjustments 메뉴들

Vibrance

디테일과 계조의 손실을 최소화하는 방법으로 채도를 올려 줍니다. Saturation을 0 으로 하면 흑백사진처럼 되지만, Vibrance는 최대치까지 떨어뜨려도 일부 색상은 남아 있습니다. 이를 이용하면 색감이 있는 흑백사진과 같은 느낌을 만들 수 있습니다. 또한 채도가 낮아서 산뜻한 느낌이 나지 않는 사진을 보정하는 데에도 유용합니다.

Hue/Saturation

색의 기본 속성인 색상, 채도, 명도를 각각 조정할 수 있습니다. 또한 특성 속성만 의도적으로 변경하여 다양한 색상 변화 효과를 연출할 수 있습니다.

❶ Preset : 미리 설정된 다양한 색상 톤으로 변경합니다.
❷ Edit : 색상/채도/명도를 채널별 또는 모든 채널에 동시 적용하여 색상을 보정합니다.
❸ Click and drag in images to modify Saturation, Ctrl+click to modify Hue : 클릭한 지점의 색상 영역만 채도 또는 색상을 조절할 수 있습니다.
❹ Sample : 이미지에서 보정할 색상 톤을 선택한 후 추가 또는 제거할 수 있습니다.
❺ Colorize : 흑백인 이미지의 색상을 컬러로 변경할 수 있습니다. 컬러 이미지인 경우에는 단색으로 설정됩니다.
❻ 스펙트럼 : 원본 이미지의 색상과 Hue 값에 따라 바뀌게 되는 색상을 비교할 수 있습니다.

미 니 강 좌 ·········

Vibrance와 Saturation의 미묘한 차이

Vibrance와 Saturation이 모두 채도를 조절하는 것이기는 하지만, 약간의 차이는 있습니다. Saturation은 사진의 전체적인 채도를 올리면서 과채도로 인한 디테일의 손상을 가져올 수 있는 위험이 있습니다. Vibrance는 전체적인 채도가 아니라 색을 선명하게 만드는 기능으로 디테일을 최대한 유지하면서 채도를 올려 주기 때문에 디테일의 손실 없이 채도를 올릴 때 사용합니다.

두 기능을 조합하면, 과채도로 인해 손실이 생긴 부분을 보정할 수도 있습니다. 즉, Saturation은 낮추고 Vibrance는 올림으로써 채도는 그대로 유지하면서 디테일을 살릴 수 있습니다.

Color Balance

사진 촬영 시 색온도가 너무 낮거나 높은 경우, 실제 색상과 다르게 촬영되는 경우가 있습니다. 이 경우 Color Balance 기능을 활용하면, 세부적으로 색상을 보정할 수 있습니다.

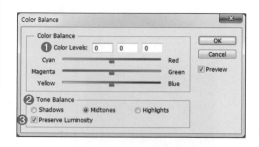

❶ Color Levels : 각 색상별로 슬라이더를 이동하여 색상을 조절합니다. 수치를 직접 입력해도 됩니다.
❷ Tone Balance : 색상을 조절할 세 가지 톤을 선택합니다.
❸ Preserve Luminosity : 명도를 유지한 상태에서 색상 위주로 조절합니다.

Black and White

컬러사진을 흑백사진으로 전환하면서 사용자가 보다 좋은 흑백의 농도로 사진을 변환할 수 있도록 설정할 수 있습니다.

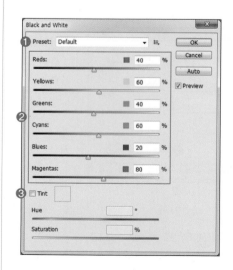

❶ Preset : 흑백사진으로 전환하는 필터를 선택합니다.
❷ 컬러 조절 바 : 흑백으로 전환할 때 컬러 이미지의 농도는 슬라이드 바를 드래그하여 조절합니다.
❸ Tint : 이미지를 단일 톤으로 변경할 때 사용합니다. Hue는 색상을, Saturation은 채도를 조절합니다.

Photo Filter

이미지에 특정 색상 필터를 적용한 듯한 색상 분위기로 변환하거나, 디지털카메라
로 촬영할 때 잘못된 화이트 밸런스로 설정된 이미지를 보정할 수 있습니다.

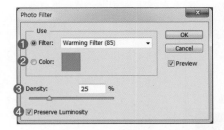

❶ Filter : 미리 설정된 효과 중에서 선택합니다.
❷ Color : 이미지에 적용될 색상을 직접 선택합니다.
❸ Density : 색상 또는 필터 효과가 적용되는 단계를 조절합니다.
❹ Preserve Luminosity : 명암이 유지된 상태에서 포토 필터 효과가 적용됩니다.

Channel Mixer

각 색상 채널별로 각각의 채널을 더하거나 빼는 과정을 통해 이미지를 보정합니다.
이 경우 각 채널 내에서 변동되는 합이 100을 유지해야 명도가 변하지 않습니다.

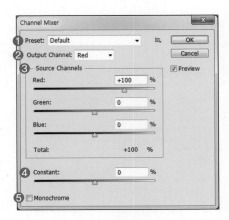

❶ Preset : 미리 설정된 채널 믹서 중에서 선택합니다.
❷ Output Channel : 보정하려는 이미지의 채널을 선택합니다.
❸ Source Channels : 슬라이더를 이용하여 지정된 채널에 특정 색상 채널을 더하거나 뺍니다. 변경된 값
　 의 합이 100을 넘을 경우, 경고 아이콘이 활성화됩니다.
❹ Contrast : 채널의 명도를 설정합니다.
❺ Monochrome : 각 채널의 명도를 흑백을 이용하며 설정합니다.

Variations

대화상자를 보면서 색상을 보정하고 명도 및 채도를 조절할 수 있습니다. 여러 기능을 비교하면서 편리하게 수정 및 보정을 할 수 있기 때문에 초보자에게 매우 유용합니다.

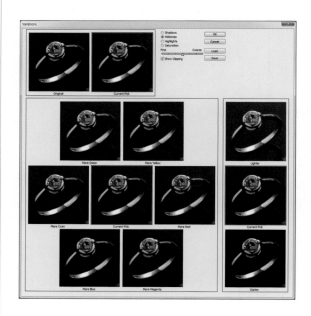

Match Color

기준이 되는 이미지의 색상을 적용하여 다른 이미지의 색상을 바꿉니다. 촬영 환경의 변화로 인해 색감이 달라진 이미지의 색상을 동일하게 맞출 때 유용합니다.

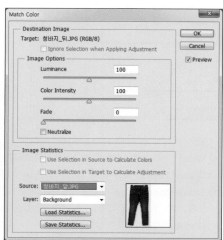

▲ [Match Color] 대화상자에서 왼쪽 사진을 소스 이미지로 지정하여 오른쪽 사진을 왼쪽 사진과 같은 색상 톤으로 바꿉니다.

Replace Color

선택영역을 만들어 보정하듯이, Hue/Saturation 기능을 이용하여 원하는 색상영역을 자동으로 보정합니다.

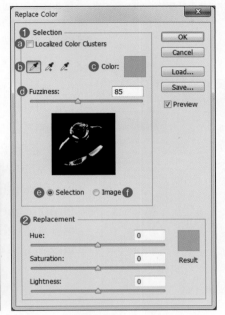

❶ Selection : 이미지에서 변경할 부분을 표시합니다.

　ⓐ Localized Color Clusters : 색상들을 그룹화하여 선택영역을 생성합니다.

　ⓑ 스포이트 툴 : 이미지에서 선택영역의 색상을 추출하거나 추가, 제거합니다.

　ⓒ Color : 현재 선택된 색상을 표시합니다.

　ⓓ Fuzziness : 스포이트 툴로 선택한 색상의 영역을 확대 또는 축소합니다.

　ⓔ Selection : 선택영역을 흰색으로 미리보기 화면에 표시합니다.

　ⓕ Image : 미리보기 화면에 이미지를 표시합니다.

❷ Replacement : Selection에서 선택한 부분의 색상, 채도, 명도를 변경합니다.

실물과 같은 색상으로 청바지 사진 보정하기

인터넷 쇼핑몰을 통해 가장 많이 판매되는 아이템 가운데 하나가 바로 '의류'입니다. 그중에서도 청바지는 남녀노소가 애용하는 패션 아이템이죠. 고객들이 선호하는 청바지는 디테일이 고급스럽고 물빠짐이 세련된 스타일입니다. 따라서 자신이 판매할 청바지의 정확한 색감 전달이 무엇보다 중요합니다. 청바지의 미묘한 블루 톤이 촬영 이미지에 잘 반영 되었다면 다행이지만, 만에 하나 그렇지 못하다면 Color Balance를 이용해 약간의 색감 보정을 할 수 있습니다.

예제 파일 sample/23/6_before.jpg | **완성 파일** sample/23/6_after.jpg

01 부록 CD의 'sample/23/6_before. jpg' 파일을 엽니다. 실제로 판매할 청바지 는 빈티지한 느낌이 드는 옐로 톤 컬러가 약 간 가미되어 있는데, 사진상의 이미지는 블루 톤이 두드러져 보입니다. 이를 보정하기 위해 [Window]-[Adjustments] 메뉴를 선택하 여 Adjustments 패널이 보이도록 합니다. 패널에서 [Color Balance] 아이콘(🔳)을 클릭합니다.

02 Yellow 쪽으로 슬라이더를 이동하거나 직접 '-20' 수치를 입력합니다. 각 색상의 슬라이더를 이동하면서 실제와 가장 유사한 색감으로 보정해 줍니다.

잠깐 만요! Adjustments 패널 사용법

이미지 보정은 [Image]-[Adjustments]에 속한 여러 보정 메뉴를 사용해도 되지만, Adjustments 패널을 사용해도 됩니다. 포토샵 화면 오른쪽에 Adjustments 패널이 보이지 않는다면 [Window]-[Adjustments] 메뉴를 선택합니다.

[Image]-[Adjustments] 메뉴를 사용할 때에는 해당 이미지 레이어에 바로 보정 효과가 적용되는 반면, Adjustments 패널을 사용하여 보정하면 해당 이미지 레이어 위에 보정 레이어가 생성되면서 효과가 적용됩니다. 따라서 보정 효과의 옵션 수정이나 보정 전후 변화를 좀 더 편리하게 살펴볼 수 있습니다.

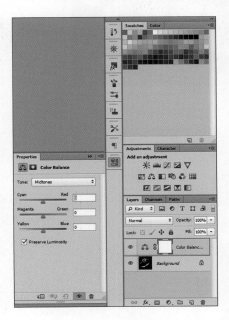

식품의 먹음직스러운 색감 강조하기

무작정
따라
하기

인터넷 쇼핑몰에서 판매되는 상품은 실로 무한합니다. 예전 같으면 생각하지도 못할 갖가지 음식을 인터넷에서 구입하는 것도 이젠 그다지 생소한 일이 아닙니다. 예제 사진은 인터넷 판매용 생고구마를 쪄서 촬영한 것입니다. 그런데 노출이 고르지 않아 이미지 일부는 어둡게 나온데다 고구마 색깔도 실제에 비해 칙칙하게 보입니다. 좀 더 먹음직스러워 보이는 밤고구마 사진으로 보정해 보겠습니다.

예제 파일 sample/23/7_before.jpg | **완성 파일** sample/23/7_after.jpg

❷ 설정

❸ 50% 지정

❶ 클릭

밝기 보정 후

01 부록 CD의 'sample/23/7_before. jpg' 파일을 엽니다. 일단 이미지의 일부분이 어둡게 보이므로 Tools 패널에서 Dodge Tool(🔍)을 선택한 후, Dodge Tool 옵션 바에서 가장자리가 부드러운 '200' 사이즈의 브러시를 선택합니다. Exposure 값은 '50%' 로 지정합니다. 이미지의 아래쪽과 가운데 부분을 마우스로 슬슬 문지르거나 콕콕 찍어 주면 밝기가 만족스럽게 보정됩니다.

❶ 클릭

❷ 입력

02 이제 색감 보정을 해 보겠습니다. 고구마의 노란 속과 겉의 붉은 껍질이 선명해야 먹음직스러워 보이므로 Adjustments 패널에서 [Hue/Saturation] 아이콘(🖼)을 클릭한 다음, Saturation에 '30'을 입력합니다. 고구마가 먹음직스럽게 보정되었습니다.

무작정
따라
하기

Desaturate(채도 빼기)를 이용해 세련된 배너 만들기

전체적인 이미지 색상은 모노톤인데 특정 부분만 컬러풀한 그래픽은 상품의 특성이나 장점을 강조할 때 사용하는 것
이 효과적입니다. 이번 예제는 컬러 복합기 기획전을 홍보하는 배너인데, Desaturate를 이용해 전체 이미지를 흑백으
로 전환한 후, 종이 부분의 화려한 색감만을 강조함으로써 상품의 특성과 장점을 부각시켜 보겠습니다.

예제 파일 sample/23/8_before.jpg | 완성 파일 sample/23/8_after.jpg

01 부록 CD의 'sample/23/8_before.jpg'
파일을 엽니다. [Image]−[Adjustments]−
[Desaturate] 메뉴를 선택해 이미지의 채
도를 제거합니다.

Tip : Desaturate 기능이 작동되기 위해서는 반드시 레이어
가 하나로 합쳐 있어야 합니다. Desaturate를 사용한 흑백화
는 RGB 컬러 모드의 속성 자체는 그대로이면서 채도만 제거
된 상태입니다.

02 흑백 이미지는 명암 대비가 어느 정도 있
어야 이미지가 선명해 보이므로 [Image] −
[Adjustments]−[Brightness/Contrast]
메뉴를 선택합니다.

03 [Brightness/Contrast] 대화상자가 나
타나면 Contrast(대비) 수치를 '20'으로 입
력하고 [OK] 버튼을 클릭합니다. 이미지가
전 단계에 비해 훨씬 선명해진 것을 확인할
수 있습니다.

04 Polygonal Lasso Tool(🔲)을 이용하여 종이 부분만 선택영역으로 지정한 후 History Brush Tool(🖌)로 선택영역 안을 칠해 주면 그 부분만 예전의 색상이 다시 되살아납니다. 그런 다음 선택영역을 해제(Ctrl+D)합니다.

❶ 클릭
❷ 선택
❹ 칠하기
❸ 클릭

> **Tip** : Polygonal Lasso Tool로 종이 부분을 선택하지 않고 History Brush Tool로 종이 부분을 칠해 줘도 되지만, 선택영역을 지정하면 칠하기가 훨씬 편해집니다.

05 선명한 색상 출력의 품질이 돋보이는 이미지가 되었습니다. 여기에 적당한 카피를 입력하겠습니다. Tools 패널에서 Type Tool(T)을 선택한 후, '오피스 문서의 풀컬러화를 실현한'이라는 문구를 이미지의 맨 위에 입력합니다. Character 패널에서 글자의 옵션을 조절합니다.

❷ 입력
❸ 설정
❶ 클릭

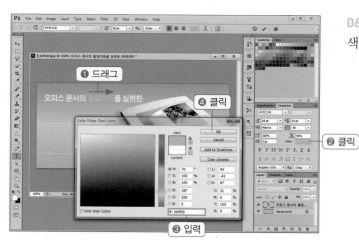

06 문구 중에서 '풀컬러화'를 드래그한 후, 색상을 '#BBFF00'으로 바꿉니다.

❶ 드래그
❹ 클릭
❷ 클릭
❸ 입력

07 같은 방법으로 '컬러/흑백 겸용 디지털 복합기'를 입력하고, Character 패널의 옵션을 그림과 같이 설정합니다.

② 설정

08 '컬러/흑백 겸용 디지털복합기' 문구 중에서 '컬러/흑백 겸용'만 블록으로 선택해 글자 색상을 '#0066CC'로 바꿉니다.

❶ 드래그
❹ 클릭
② 클릭
③ 입력

09 '기획모음전' 문구를 그림과 같은 위치에 입력합니다.

입력

2 클릭

3 드래그

1 클릭

10 이제 '디지털 복합기' 바탕에 깔릴 흰색 배경을 만들어 보겠습니다. Background 레이어 위에 새 레이어를 추가합니다. Tools 패널에서 Rectangular Marquee Tool (▢)을 선택한 후 왼쪽 그림과 같이 드래그하여 적당한 크기의 사각형 선택영역을 만들어 줍니다.

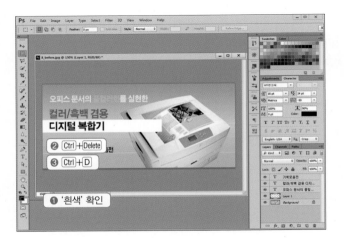

2 Ctrl + Delete

3 Ctrl + D

1 '흰색' 확인

11 선택된 사각형 선택영역을 배경색인 흰색으로 채운(Ctrl + Delete) 다음, 선택영역을 해제(Ctrl + D)합니다.

1 클릭

2 선택영역 지정

12 흰색으로 채운 부분을 자연스러운 느낌이 들도록 처리해 보겠습니다. Polygonal Lasso Tool(▽)을 선택하여 그림과 같이 선택영역을 만듭니다.

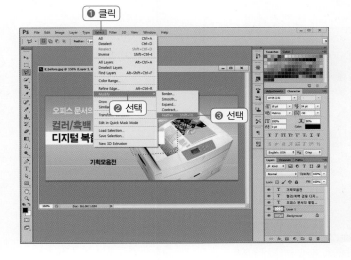

13 영역이 선택된 상태에서 [Select] – [Modify] – [Feather] 메뉴를 선택합니다. [Feather Selection] 대화상자가 나타나면 '15'를 입력하고 [OK] 버튼을 클릭합니다.

14 Delete를 누르면 선택영역의 경계가 희미한 형태로 제거됩니다. 이제 선택영역을 해제(Ctrl+D)한 후, 해당 레이어(Layer 1)의 투명도를 '60%'로 낮춰 줍니다.

15 Layer 1 위에 새로운 레이어를 추가한 후, '기획모음전' 문구 옆에 Elliptical Marquee Tool(⊙)로 원형 선택영역을 만듭니다.

16 선택영역을 'CCFF00' 색상으로 채운 후 선택영역을 해제(Ctrl+D)합니다.

17 Tools 패널에서 Type Tool(T)을 선택한 후 원형 버튼 위에 'GO!'를 입력합니다.

18 배너가 완성되었습니다.

아동복의 밝기와 색상 쉽게 보정하기

이번에는 아동복의 밝기와 색상을 한꺼번에 보정하는 방법을 알아보겠습니다.

예제 파일 sample/23/9_before.jpg | **완성 파일** sample/23/9_after.jpg

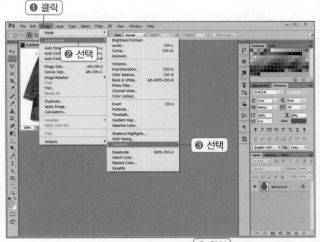

01 부록 CD의 'sample/23/9_before.jpg' 파일을 연 후, [Image]-[Adjustments]-[Variations] 메뉴를 선택합니다.

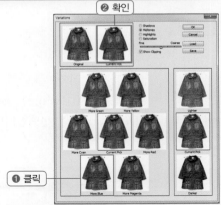

02 이미지에 블루 톤을 추가하기 위해 [Variations] 대화상자에서 'More Blue'를 한 번 클릭합니다. 그러면 창 상단의 Current Pick을 통해 변화된 이미지를 바로 확인할 수 있습니다.

03 약간 어두운 블루 톤으로 보정하기 위해 [Variations] 대화상자에서 'Darker'를 한 번 클릭하면 밝기가 본래 이미지와 좀 더 가깝게 보정됩니다.

레이어 블렌딩 모드를 이용해 색상 바꾸기

보정 레이어와 블렌딩 모드를 이용하여 제품 고유의 명도나 대비에는 전혀 손상을 주지 않고 색상만 자유롭게 바꿔 줄 수 있는 방법을 알아보겠습니다. 한 대당 100만 원이 훨씬 넘는 고가 레저용품인 '휠맨'은 다양한 색상으로 맞춤주 문이 가능하지만, 워낙 단가가 높아서 출고할 수 있는 색상의 사진을 전부 준비하기는 힘듭니다. 현재 갖고 있는 사진 이 노란색뿐이라면 빨간색 휠맨 사진은 어떻게 해야 할까요? 그냥 빨간색도 주문 가능하다고 써놓기보다는 사진을 제 공해 주면 고객의 구매욕구를 더욱 자극할 수 있을 것입니다.

예제 파일 sample/23/10_before.jpg | **완성 파일** sample/23/10_after.jpg

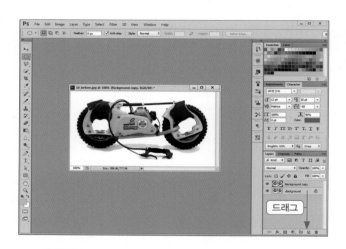

01 부록 CD의 'sample/23/10_before. jpg' 파일을 연 후, Background 레이어를 복제합니다.

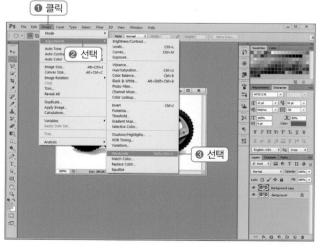

02 복제한 레이어를 흑백으로 전환하기 위 해 메뉴에서 [Image]−[Adjustments]− [Desaturate]을 선택합니다.

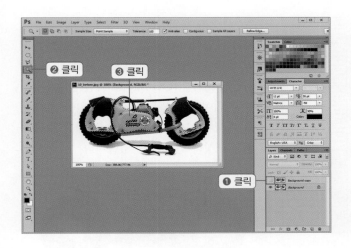

03 복제된 레이어의 눈 아이콘(⦿)을 끄고 색상을 변경할 노란색 커버 부분을 남김 없이 정교하게 선택합니다. 선택할 때에는 Tools 패널의 Magic Wand Tool(🪄)을 이용합니다.

Tip : 퀵 마스크 모드를 이용하여 선택영역을 지정할 수도 있습니다.

04 영역을 남김 없이 선택한 후에는 복제 레이어의 눈 아이콘(⦿)을 켜고 복제 레이어를 선택합니다. 복제 레이어가 선택된 상태에서 Layers 패널 하단의 보정 레이어 아이콘(⬤.)을 클릭해 나타나는 메뉴 가운데 첫 번째 [Solid Color]를 선택합니다.

05 'Solid Color'를 클릭함과 동시에 선택영역을 어떤 색상으로 채울 것인지를 선택할 수 있는 [Color Picker] 대화상자가 나타납니다. 기본적으로는 현재의 전경색으로 채워지지만 다른 색상으로 바꿀 수도 있습니다.

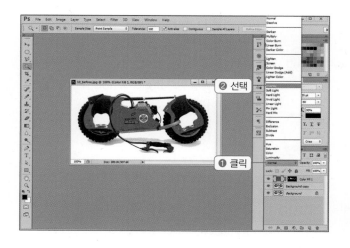

06 색상은 채워졌는데 입체적인 윤곽이 나타나지 않아서 어색하지요? 바로 아래의 흑백 레이어 윤곽이 투영되도록 보정 레이어의 블렌딩 모드를 [Overlay]로 바꿔 줍니다.
보정 레이어의 색상 지정 섬네일을 클릭하면 다시 'Color Picker'가 나타나므로 얼마든지 색상을 변경할 수 있습니다.

잠깐 만요! 컬러 이미지를 흑백 이미지로 바꾸는 네 가지 방법

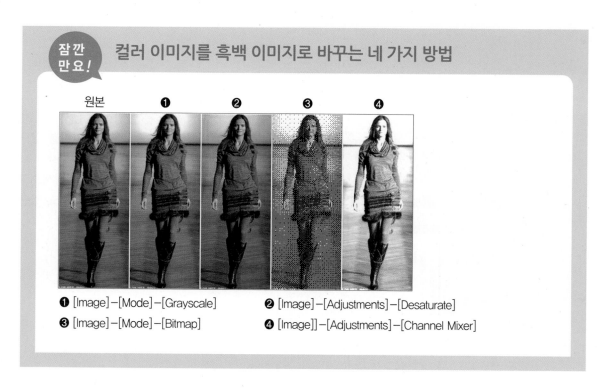

❶ [Image]-[Mode]-[Grayscale] ❷ [Image]-[Adjustments]-[Desaturate]

❸ [Image]-[Mode]-[Bitmap] ❹ [Image]]-[Adjustments]-[Channel Mixer]

사진 저작권 보호를 위한 워터마크 만들기

애써 촬영한 사진을 다른 쇼핑몰에서 임의로 사용하도록 방치해서는 안 될 뿐만 아니라 웹상에서 여러분이 촬영한 상품 이미지가 돌아다니더라도 쇼핑몰 도메인이 들어가 있어야 홍보라도 되겠죠? 하지만 이러한 목적으로 사진에 삽입하는 워터마크를 너무 성의 없게 만들어서 오히려 사진의 가치를 반감하는 경우도 있습니다. 이번에는 사진과 잘 어울리는 워터마크를 제작해 보겠습니다. 이번에 소개할 워터마크는 브러시의 속성이 있기 때문에 사진 이미지에 따라 워터마크의 색상과 사이즈를 편리하게 변경할 수 있다는 장점이 있습니다.

예제 파일 sample/23/11_before.jpg | **완성 파일** sample/23/11_after.jpg, sample/23/mark.psd

01 부록 CD의 'sample/23/11_before. jpg' 파일을 엽니다. 양말을 촬영한 사진인데, 쇼핑몰 워터마크를 사진 가운데의 여백 부분에 넣어 보겠습니다.

02 먼저 메뉴에서 [File] – [New]를 선택해 [New] 대화상자가 나타나면 'mark'라는 파일 이름으로 210×70 사이즈의 새 파일을 만듭니다.

03 Tools 패널에서 Type Tool(T.)을 선택하여 적절한 자리에 쇼핑몰 도메인을 입력합니다. 폰트는 무료폰트인 '나눔손글씨 펜', 색상은 '#000000'을 사용했습니다. 포토샵 상단 옵션바의 'Commit any current edits(✓)'를 클릭해 문자 입력을 완료합니다.

04 쇼핑몰 도메인 아래를 클릭해 '진짜 멋쟁이들을 위한 즐겨찾기!'를 좀 더 작은 크기로 입력합니다. 색상은 '#636363'입니다.

② 설정

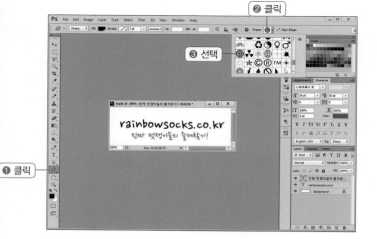

② 클릭
③ 선택
① 클릭

05 Tools 패널에서 Custom Shape Tool (🖼)을 선택한 후 상단 옵션바에서 셰이프 모양을 'Bull's Eye'로 선택합니다.

Tip : Custom Shape의 종류가 일부밖에 보이지 않는다면 오른쪽 옵션 버튼을 클릭해 [All]을 선택하세요. 포토샵에서 지원하는 모든 종류의 Custom Shape가 나타납니다.

① 클릭
② 선택

06 새 레이어를 추가한 후, 쇼핑몰 도메인의 'bow' 위에 적당한 크기의 셰이프를 그려 줍니다.

② 그리기

① 클릭

07 셰이프의 아래쪽 절반을 삭제하기 위해 셰이프 레이어를 일반 레이어로 변경합니다. Layers 패널에서 셰이프 레이어를 선택한 후 마우스 오른쪽 버튼을 클릭해 [Rasterize Layer]를 선택합니다.

08 셰이프 레이어가 일반 레이어로 변경되면 Tools 패널에서 Rectangular Marquee Tool(▦)을 선택한 후 셰이프 아랫쪽 절반을 선택하고 Delete 를 눌러 삭제합니다.

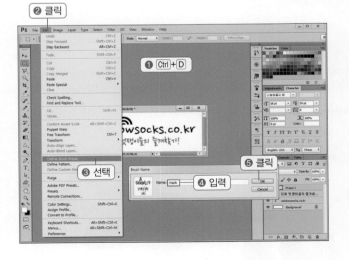

09 Ctrl+D를 눌러 선택영역을 해제한 후, [Edit]-[Define Brush Preset] 메뉴를 선택합니다. [Brush Name] 대화상자가 나타나면 Name에 'mark'를 입력하고 [OK] 버튼을 클릭합니다. 지금까지 작업한 'mark' 파일은 수정할 경우에 대비해 psd 파일로 저장해 둡니다.

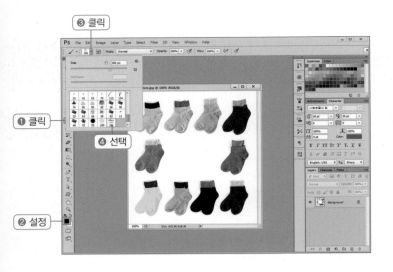

10 부록 CD의 'sample/23/11_before. jpg' 파일을 엽니다. Tools 패널에서 Brush Tool(🖌)을 선택하고 전경색을 검은색으로 설정합니다. 상단 옵션바에서 브러시 섬네일 리스트의 맨 끝에 등록되어 있는 mark 브러시를 선택합니다.

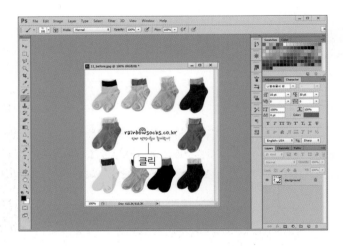

11 양말 이미지의 중앙에 브러시를 찍으면 쇼핑몰 워터마크 이미지가 삽입됩니다.

> **Tip** : 직접 만들어 등록한 워터마크 브러시는 브러시 색상을 변경하면 찍히는 워터마크의 색상도 변경됩니다. 워터마크의 크기 조절은 만들 당시의 크기가 가장 최적화된 것이며, 브러시 크기를 키우거나 줄여서 찍으면 선명도가 떨어지는 단점이 있습니다. 특히 브러시를 키울 때 이런 증상이 심해집니다.

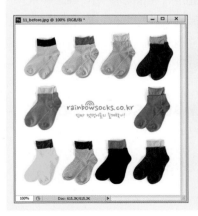 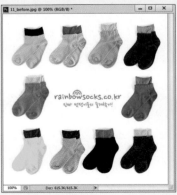 

24 단계

ONLINE
SHOPPING MALL

상품 상세페이지 디자인하기

요즘은 오픈마켓 상세페이지 디자인 퀄리티가 많이 높아져 플래시를 사용하는 경우도 흔하게 볼 수 있습니다. 하지만 꼭 화려해야만 훌륭한 상품설명이 되고, 상품이 많이 팔리는 것은 결코 아닙니다. 판매 아이템의 특성과 판매자의 여건을 감안해 고객에게 강조할 포인트를 잘 포착하고 그것을 효과적으로 시각화하는 것이 최고의 디자인입니다. 앞에서 배운 포토샵 기본기와 이번 단계의 내용을 토대로 인기가 많은 동종의 경쟁상품 상세 설명을 참고하면 충분히 자체 제작을 할 수 있습니다. 여기에 여러분만의 차별화 포인트나 특별히 강조할 사항을 한두 가지 정도 덧붙이면 금상첨화겠죠.

Q 오픈마켓과 쇼핑몰의 상세페이지 가로 폭, 세로 길이 제한은 없나요?

길이가 긴 상세 설명의 경우, 여러 개의 이미지가 아래로 연달아 이어져서 보이는 것이기 때문에 세로 길이는 특별히 제한이 없지만, 가로 폭은 등록할 사이트의 레이아웃에서 벗어나지 않는 선에서 정해야 합니다. 그러면 오픈마켓과 쇼핑몰의 경우로 나누어 좀 더 자세히 설명하겠습니다.

오픈마켓

대표적인 3대 오픈마켓인 G마켓, 11번가, 옥션 사이트에서 모두 사용 가능한 상품 상세 설명 이미지의 가로폭은 800~850픽셀 정도가 가장 무난합니다. 오픈마켓 상품설명은 대체로 길이 제한이 없지만, 너무 심하게 길어지면 등록이 안 되는 경우가 있습니다. 이미지를 여러 조각으로 잘라서 이어 붙이더라도 가급적이면 전체 상품 설명 총 길이가 1만 2,000픽셀을 넘지 않고, 총 용량은 1,000KB를 넘지 않도록 작업하세요. 사실, 1만 픽셀, 1,000KB라면 매우 길기는 하지만, 총 10개의 상품이 소개되는 상세페이지의 경우 디테일 이미지까지 모두 나열한다면 1만 픽셀로도 부족할 수 있습니다. 따라서 소개할 상품이 너무 많아 내용이 길어지게 될 것 같으면 상세페이지 스크롤의 압박과 로딩시간을 줄이기 위해 새 창 띄우기를 적극 활용하는 것이 좋습니다. 즉, 판매하는 상품의 종류가 무척 많은 경우, 상세 설명의 각 상품 대표 이미지 클릭 시 새 창이 나타나면서 디테일 이미지를 확인할 수 있도록 하는 것입니다. 해당 상품 페이지에서 바로 구매 가능한 상품은 이러한 방식으로 소개하고, 오픈마켓에서 판매 중인 다른 상품들은 상품설명 도입부에 섬네일 이미지를 삽입해 오픈마켓 내의 해당 상품 페이지나 미니샵으로 링크를 걸어 주면 됩니다.

역동적인 움직임을 줄 수 있는 플래시를 사용하여 길이를 대폭 줄인 상품소개를 할 수도 있지만, 플래시 파일을 제작하기 위해서는 플래시 프로그램을 어느 정도 사용할 줄 알아야 합니다. 플래시 직접 제작이 힘들면 플래시 갤러리를 쉽고 간편하게 만들어 주는 플래시 포토 갤러리 프로그램을 사용해도 되지만, 멀티 브라우저 환경이 대세인 요즘에 인터넷 브라우저의 종류에 따라 재생이 안 될 수도 있는 플래시 무비를 상세 설명에 사용하는 것은 그리 권장하고 싶지 않습니다.

▲ 새 창으로 뜨는 상세페이지

▲ G마켓 파워딜러 힐팝의 상품 등록 예. 상품설명 상단에는 판매자의 모든 제품이 섬네일 이미지로 나열되어 있고, 각 이미지를 클릭하면 해당 상품 페이지로 연결됩니다. 그 아래로는 현재의 상세페이지에서 판매하는 상품의 대표 이미지를 삽입하여 클릭하면 새 창으로 디테일 이미지를 확인할 수 있습니다. 이렇게 하여 한 페이지에서 30여종의 제품을 깔끔하게 소개하고 있습니다.

쇼핑몰

쇼핑몰 구축 시 가로 폭을 얼마로 설정하여 레이아웃을 꾸몄느냐에 따라 각 쇼핑몰에서 허용되는 이미지 파일의 가로폭이 달라집니다. 오픈마켓처럼 허용된 가로폭을 초과하면 등록이 안 되는 것은 아니지만, 이미지가 왜곡되거나 쇼핑몰의 레이아웃이 어긋나는 문제가 생기기 때문에 적당한 가로폭을 정해 놓고 그에 맞춰서 상세 설명 이미지 작업을 일관성 있게 해야 합니다. 시원시원한 레이아웃과 큼직한 사진을 선호하여 좌측, 우측 메뉴 없이 중앙영역을 넓게 쓰는 쇼핑몰은 그만큼 상세 설명 이미지가 크게 들어갈 수 있습니다. 가로폭이 1,000을 넘어도 괜찮은 경우도 있지만, 오픈마켓 병행도 염두에 두고 있다면 800~850픽셀로 하는 것이 좋습니다. 상품설명의 세로 길이는 얼마든지 길게 늘려도 무방합니다. 그러나 오픈마켓처럼 한 상품 페이지에서 여러 종류의 상품을 모두 소개해야 하는 것은 아니기 때문에 세로 길이의 압박에 그리 신경쓸 필요는 없습니다. 페이지 로딩이 늦어지지 않도록 각 이미지 파일의 크기가 너무 크지만 않으면 됩니다.

 오픈마켓과 쇼핑몰의 상품 이미지 규격은 얼마인가요?

상품목록 이미지는 오픈마켓과 쇼핑몰의 상품 리스트 리스트 페이지와 상세페이지 상단에 노출되는 이미지를 말합니다. 통상적으로 카테고리별 상품 리스트 페이지는 작은 규격으로, 상세페이지 상단은 이보다 큰 규격으로 들어가는데, 크기는 사이트마다 다르더라도 작은 이미지와 큰 이미지의 가로, 세로 비율은 정비율입니다. 그래야만 큰 목록 이미지만 등록해도 자동으로 정비율로 축소하여 작은 목록 이미지로 사용할 수 있기 때문입니다. 상품목록 이미지의 규격에 대해 오픈마켓과 쇼핑몰의 경우로 나누어 좀 더 자세히 설명하겠습니다.

오픈마켓

추가 이미지를 더 등록하는 것은 선택사항이지만, 상품 등록 시 반드시 필요한 이미지는 아래의 두 가지 종류이며, 300×300의 기본(대표) 이미지 하나만 제작해도 상품 등록은 가능합니다.

	기본(대표) 이미지	리스트 이미지	기본, 리스트에 별도 등록할 수 있지만, 판매자들은 기본 이미지 등록하여 리스트에서 자동 리사이즈 노출되는 방식을 대부분 택하고 있음
G마켓 (옥션 동일)	300×300	130×130	
11번가	300×300	170×170(앨범형 보기) 80×80(리스트형 보기)	

쇼핑몰

모든 쇼핑몰 솔루션의 상품 이미지 규격은 정사각형(대부분 300×300이 기본 규격)으로 기본 세팅되어 있습니다. 이것을 그대로 사용해도 되고, 각 쇼핑몰 아이템의 특징에 맞게 디자인 구축 단계에서 규격을 변경해도 됩니다. 단, 정사각형이 아닌 직사각형 이미지를 사용할 경우에는 오픈마켓에서도 상품을 판매할 경우에 이미지를 함께 사용하지 못하게 되므로 다시 제작해야 하는 번거로움이 있습니다. 따라서 오픈마켓 판매를 병행하거나, 지금은 아니지만 향후 그럴 가능성이 있을 경우에는 기본 세팅된 정사각형 상품 이미지를 그대로 사용하는 것이 좋습니다.

GIF 애니메이션 상품목록 이미지 만들기

가로 300픽셀, 세로 300픽셀 크기의 이미지를 제작하면 모든 오픈마켓에서 목록 이미지로 사용할 수 있습니다. 오픈마켓 목록 이미지(300×300)를 GIF 애니메이션 파일로 만들고, 이미지 사이즈를 정비율로 줄이는 작업을 해 보겠습니다.

예제 파일 sample/24/rice.jpg, fish.jpg | **완성 파일** sample/24/300_banner.psd, 300_banner.gif, 130_banner.gif

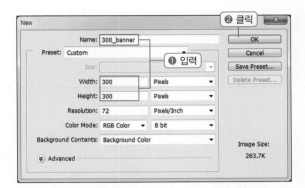

01 포토샵 프로그램을 실행한 다음, [File]-[New]([Ctrl]+[N]) 메뉴를 선택해 파일 이름을 '300_banner'로 입력하고, 가로 300픽셀, 세로 300 픽셀의 새 파일을 만듭니다.

02 부록 CD의 'sample/24/rice.jpg' 파일을 엽니다. 이미지를 드래그 앤 드롭하여 '300_banner' 파일로 옮긴 다음, [Ctrl]+[T]를 눌러 Free Transform 바운딩 박스가 나타나도록 합니다. 바운딩 박스가 안 보이면 '300_banner' 파일의 모서리를 마우스로 바깥쪽으로 드래그해 이미지 파일의 여백을 넓혀 줍니다.

03 [Alt]와 [Shift]를 동시에 누르면서 바운딩 박스를 안쪽으로 드래그하면 가로, 세로 정비율로 이미지가 축소됩니다. 그림과 같이 밥 이미지를 축소해 위치를 맞춰 주세요. 위치와 크기가 확정되면 [Enter]를 눌러 Free Transform을 종료합니다.

04 Tools 패널에서 Type Tool(T)을 선택한 후, 이미지 상단과 하단에 걸쳐 두 줄로 '밥 한 그릇 뚝딱!'을 입력하고 가운데 정렬합니다. 색상은 식욕을 돋우는 오렌지색(#FF6600)을 사용합니다.

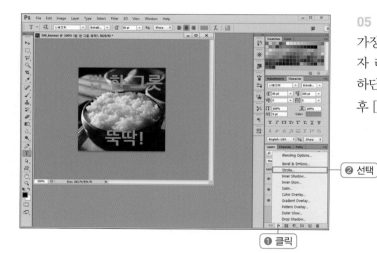

05 문자의 가독성을 높여 주기 위해 글자 가장자리에 외곽선 처리를 하겠습니다. 문자 레이어가 선택된 상태에서 Layers 패널 하단의 [Add a layer style](fx.)을 클릭한 후 [Stroke]를 선택합니다.

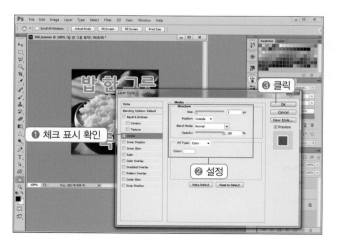

06 [Layer Style] 대화상자가 나타나면 Stroke에 체크 표시가 되어 있는지 확인하고 Size : 3, Position : Outline, Color : White를 지정한 후 [OK] 버튼을 클릭합니다.

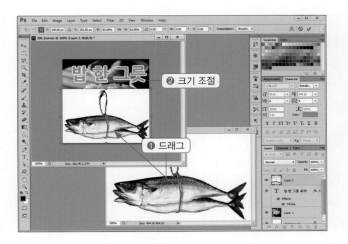

07 장면이 전환되는 효과를 만들기 위해 이미지를 하나 더 넣겠습니다. 부록 CD의 'sample/24/fish.jpg' 파일을 엽니다. 이미지를 드래그 앤 드롭하여 '300_banner' 파일에 옮긴 다음, Ctrl+T를 눌러 Free Transform 바운딩 박스가 나타나도록 합니다. Alt와 Shift를 동시에 누르면서 이미지를 축소한 후 위치를 조절합니다. 위치와 크기가 확정되면 Enter를 눌러 Free Transform을 종료합니다.

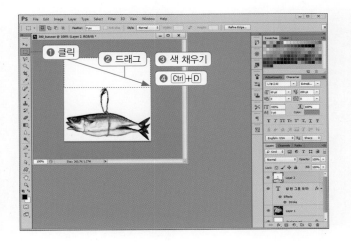

08 고등어 이미지의 윗쪽 여백을 Tools 패널의 Rectangular Marquee Tool(□)로 선택해 흰색으로 채운 후 Ctrl+D를 눌러 선택영역을 해제합니다.

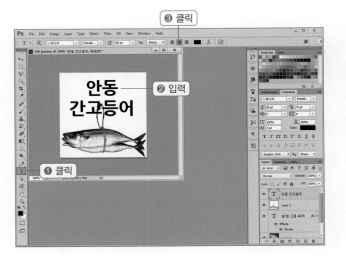

09 Tools 패널에서 Type Tool(T)을 선택한 후, 두 줄로 '안동 간고등어'를 입력하고 가운데 정렬합니다. 색상은 검은색(#000000)을 사용합니다.

① 레이어 효과
동일 적용

① 레이어 효과 복사

10 Stroke 효과가 적용된 '밥 한 그릇 뚝딱!' 문자 레이어에서 마우스 오른쪽 버튼을 클릭해 [Copy Layer Style]을 선택한 후, '안동 간고등어' 문자 레이어에서 마우스 오른쪽 버튼을 클릭해 [Paste Layer Style]을 선택하면 '안동 간고등어'에도 흰색의 외곽선 효과가 동일하게 적용됩니다.

① 클릭

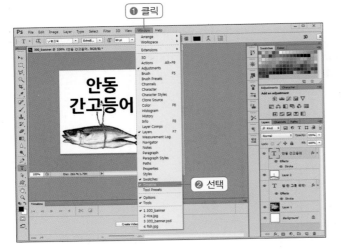

② 선택

11 이제 애니메이션 작업을 할 준비가 되었으므로 [Window]-[Timeline] 메뉴를 선택하여 Timeline 패널을 엽니다.

① 클릭

② 선택

12 Timeline 패널이 열리면 [Create Video Timeline] 버튼 옆의 삼각형을 눌러 [Create Frame Animation]을 선택한 후 [Create Frame Animation] 버튼을 클릭합니다.

③ 클릭

설정

13 그림과 같이 Animation의 첫 번째 프레임에 밥 사진(레이어 1의 눈 아이콘만 켜진 상태)만 보이도록 각 레이어의 눈 아이콘(👁)을 변경합니다.

클릭

14 Timeline 패널의 [Duplicate selected frames] 아이콘(▣)을 클릭해 1번 프레임을 복제합니다.

❷ 클릭

❸ Shift+드래그

❹ 클릭

❶ 선택

15 2번 프레임이 선택된 상태에서 Tools 패널의 Move Tool(▶✛)을 선택하고, 레이어 1(밥 이미지)의 위치를 수평으로 이동하여 밥 이미지의 좌측 상단이 보이도록 합니다. Shift를 누르면서 마우스로 이동하면 정확히 수평 이동됩니다. 그리고 '밥 한 그릇 뚝딱!' 문자 레이어의 눈 아이콘도 켜 주세요.

16 1번 프레임을 선택한 후, [Tweens animation frames] 아이콘(✎)을 클릭합니다. [Tween] 대화상자가 나타나면 Frame to Add에 '3'을 입력한 후 [OK] 버튼을 클릭합니다. 1번과 2번 프레임 사이에 3개의 트윈 프레임이 생기면서 총 5개의 프레임으로 늘어납니다.

17 1번 프레임을 클릭한 후, Ctrl을 누른 채 5번 프레임을 클릭하면 2개의 프레임이 동시 선택됩니다. 이 상태에서 'Selects frame delay time(sec.▼)'을 클릭해 [0.5]를 선택합니다. 이렇게 하여 각 프레임의 재생시간은 0.5-0-0-0-0.5초로 설정되었습니다.

18 5번 프레임을 선택한 후 [Duplicate selected frames] 아이콘(▯)을 클릭해 5번 프레임을 복제합니다. 이렇게 생성된 6번 프레임에서는 고등어 이미지만 보이도록 레이어의 눈 아이콘을 조정해 줍니다.

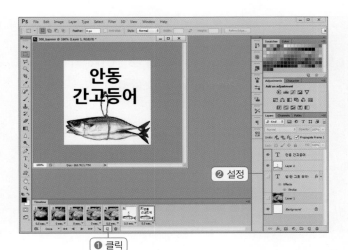

19 고등어 이미지만 보이는 6번 프레임이 선택된 상태에서 [Duplicate selected frames] 아이콘(⬜)을 클릭해 6번 프레임을 복제합니다. 이렇게 생성된 7번 프레임에서는 고등어 이미지와 '안동 간고등어' 문자가 보이도록 레이어의 눈 아이콘을 조정해 줍니다.

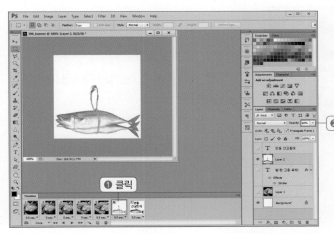

20 6번 프레임을 클릭하여 선택한 후, 고등어 이미지 레이어의 투명도를 20%로 낮춥니다.

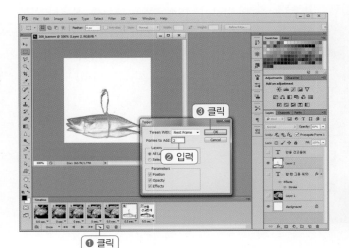

21 6번 프레임이 선택된 상태에서 [Tweens animation frames] 아이콘(✎)을 클릭합니다. [Tween] 대화상자가 나타나면 Frame to Add에 '2'를 입력한 후 [OK] 버튼을 클릭합니다. 6번과 7번 프레임 사이에 투명도가 점점 변하는 2개의 트윈 프레임이 생성된 것을 확인합니다.

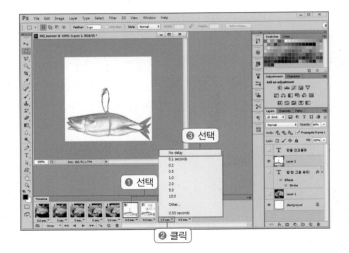

22 6번 프레임을 클릭하고 [Ctrl]을 누른채 7, 8번 프레임을 클릭하면 3개의 프레임이 동시 선택됩니다. 이 상태에서 'Selects frame delay time([sec.▼])'을 클릭해 [No delay]를 선택합니다.

23 반복 재생을 위해 [Seletcts looping options] 아이콘을 눌러 [Forever]를 선택합니다. [Plays animation] 아이콘([▶])을 누르면 지금까지 만든 애니메이션을 확인할 수 있습니다.

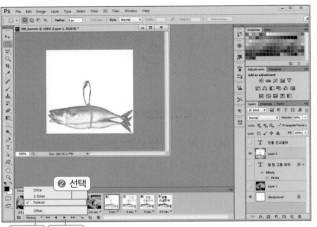

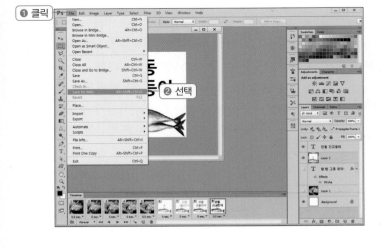

24 [File]-[Save As] 메뉴를 선택해 원본 파일을 '300_banner.psd'로 저장한 후, 웹에서 사용할 최종 GIF 파일로도 저장하기 위해 [File]-[Save fot Web] 메뉴를 선택합니다.

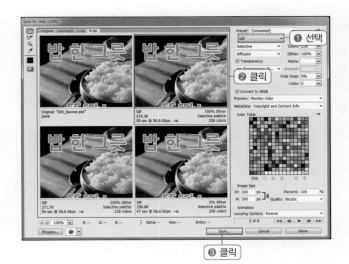

25 애니메이션 파일은 JPEG가 아닌 GIF 파일로만 저장할 수 있습니다. 최고 용량의 GIF 파일로 저장해도 용량은 319.3K이므로 이 저장 옵션을 선택한 상태에서 [Save] 버튼을 클릭합니다.

26 [Save Optimized As] 대화상자가 나타나면 저장 위치를 지정한 후 [저장] 버튼을 클릭합니다.

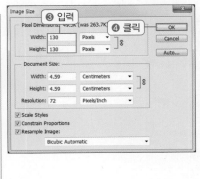

27 만약 130×130픽셀로도 만들고 싶다면, [Image]-[Image Size] 메뉴를 선택해 가로에 '130'을 입력합니다. 현재 가로, 세로 정비율 링크가 걸려 있기 때문에 가로 130을 입력하면 세로도 130으로 자동 입력됩니다. 이 상태에서 [OK] 버튼을 클릭합니다. 이미지 사이즈가 줄어들면 24, 25, 26을 반복해서 '130_banner.gif' 파일로 저장합니다.

상품 상세 설명 이미지 제작하기

무작정
따라
하기

대표적인 경험재인 식품은 맛을 보기 전에는 쉽사리 구매결정을 내리기가 힘들기 때문에 온라인 판매가 수월하지 않은 대표적인 품목 중 하나입니다. 상품에 대한 신뢰를 얻기 힘든 아이템의 특성상, 장인정신이 깃든 뛰어난 맛과 전통을 강조하기 위해 콘텐츠 도입부를 신뢰감이 드는 디자인으로 제작하는 것이 좋습니다. 또한 신선식품의 배송과정에 대한 불안감을 해소하기 위해 꼼꼼한 포장 및 배송에 대한 내용도 각별히 다루어야 합니다.

예제 파일 sample/24/간고등어설명.txt, rice.jpg, fish2.jpg, fish4.jpg, box.jpg | **완성 파일** sample/24/info.psd

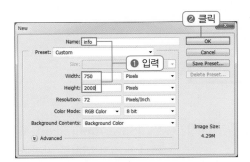

01 [File]-[New]([Ctrl]+[N]) 메뉴를 선택해 파일 이름을 'info'로 입력하고, 가로 750픽셀, 세로 2000픽셀의 새 파일을 만듭니다.

02 부록 CD의 'sample/24/간고등어설명.txt' 파일을 열고, 상품설명을 전체 선택([Ctrl]+[A])한 후 복사([Ctrl]+[C])합니다.

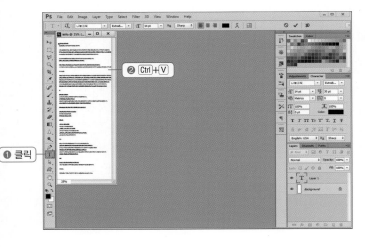

03 포토샵으로 돌아와 Tools 패널에서 Type Tool([T])을 선택하고, 'info' 파일을 마우스로 클릭한 후 설명을 붙여넣기([Ctrl]+[V]) 합니다.

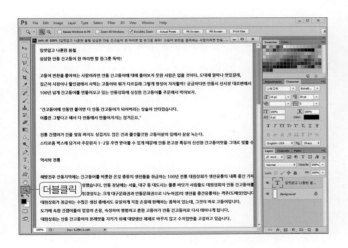

04 세로 2000픽셀의 파일이기 때문에 작업창 배율이 25%로 매우 작습니다. 이 상태로는 작업하기가 어렵기 때문에 Tools 패널에서 Zoom Tool( )을 더블클릭해 100% 배율로 만들고, 작업창 모서리를 마우스로 드래그해 충분히 늘려 줍니다.

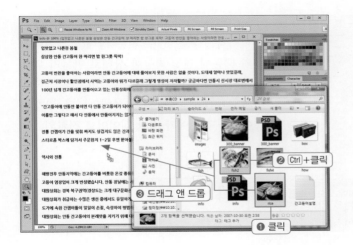

05 컴퓨터 윈도우 탐색기를 실행한 후 부록 CD의 'sample/24/rice.jpg, fish2.jpg' 파일을 모두 선택해 포토샵의 'info' 파일 위로 드래그 앤 드롭합니다.

Tip : 이미지 파일을 바로 포토샵의 작업 중인 파일 위로 드래그 앤 드롭해도 새 레이어가 생기면서 이미지가 삽입됩니다.

06 밥 이미지가 삽입되면서 바운딩 박스가 생기면 Enter를 누릅니다.

07 이어서 고등어구이 이미지에도 바운딩 박스가 생깁니다. Enter를 누릅니다.

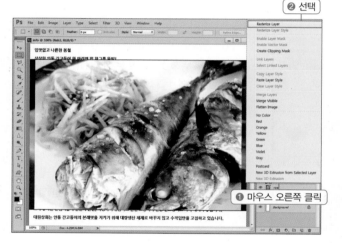

② 선택

① 마우스 오른쪽 클릭

08 05와 같이 이미지를 삽입할 경우에는 이미지를 편집할 수 없는 상태의 레이어이기 때문에 편집 가능한 상태로 만들기 위해 레이어에서 마우스 오른쪽 버튼을 클릭해 [Rasterize Layer]를 선택합니다. 2개의 이미지 레이어가 일반 레이어로 전환되었습니다.

③ 확인

② 클릭

③ 위치 이동

① 클릭

09 fish 2 레이어를 선택한 후, Tools 패널에서 Move Tool(▸+)을 선택해 고등어 이미지를 그림과 같이 맞춥니다.

10 Tools 패널에서 Rectangular Marquee Tool(□)을 선택한 후, 옵션바의 Feather에 '5'를 입력합니다. 그림과 같은 위치에 넉넉한 크기의 사각형 선택영역을 만들고 오른쪽으로 이동합니다.

Tip : 키보드의 상하좌우 화살표 키를 사용하면 1픽셀씩 이동할 수 있습니다. Shift를 누른채 상하좌우 화살표 키를 사용하면 10픽셀씩 이동할 수 있습니다.

11 Delete를 눌러 페더 효과가 들어간 선택영역의 이미지를 삭제한 후 Tools 패널에서 Move Tool(▶+)을 선택해 밥과 고등어가 자연스럽게 연결되도록 밥 이미지의 위치를 이동합니다.

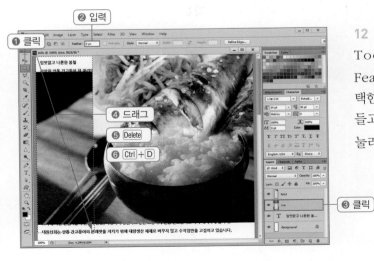

12 Tools 패널에서 Rectangular Marquee Tool(□)을 선택한 후, 상단 옵션바의 Feather에 '0'을 입력합니다. 밥 레이어를 선택한 후 그림과 같이 사각형 선택영역을 만들고 Delete를 눌러 제거합니다. Ctrl+D를 눌러 선택영역을 해제합니다.

13 밥과 고등어 레이어를 복수 선택한 후, Ctrl+T를 눌러 두 레이어 크기를 그림처럼 적당히 줄이고 위치를 조정합니다.

14 설명글이 들어 있는 레이어를 클릭해 가장 윗쪽으로 위치시킨 후 그림처럼 글자의 폰트, 크기, 줄바꿈을 설정합니다.

15 설명글 레이어가 선택된 상태에서 [Add a layer style](fx.)을 클릭한 후 [Stroke]를 선택합니다.

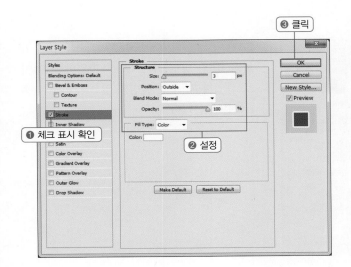

16 [Layer Style] 대화상자가 나타나면 Stroke에 체크 표시가 되어 있는지 확인한 후 Size：3, Position：Outside, Color：White를 지정한 후 [OK] 버튼을 클릭합니다.

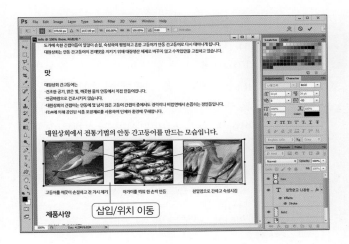

17 부록 CD의 'sample/24/how.jpg' 파일을 **04**와 같은 방법으로 'info' 파일에 레이어로 삽입하고, 만드는 모습 부분으로 이동한 후 Enter를 누릅니다.

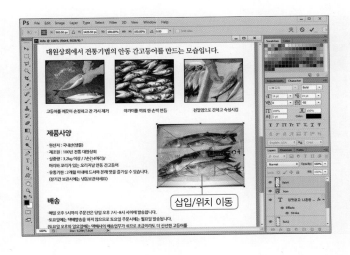

18 부록 CD의 'sample/24/fish4.jpg' 파일을 같은 방법으로 'info' 파일에 레이어로 삽입하고, 제품사양 설명의 옆으로 이동한 후 Enter를 누릅니다.

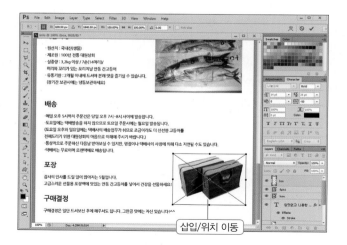

19 부록 CD의 'sample/24/box.jpg' 파일을 같은 방법으로 'info' 파일에 레이어로 삽입하고, 포장 설명의 옆으로 이동한 후 Enter를 누릅니다.

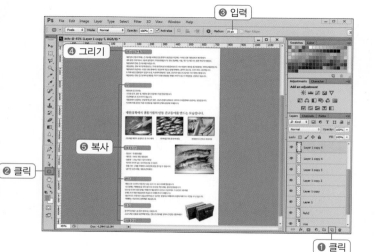

20 문자 레이어 아래에 새 레이어를 추가한 후, Tools 패널에서 Rounded Ractangle Tool(▣)을 선택하고 상단 옵션바의 Radius에 '10'을 입력한 뒤, 설명글의 소제목 위치에 둥근 사각형 배경을 그립니다. 레이어를 계속 복사해 설명글 소제목마다 위치시킵니다.

Tip : 레이어를 복사하려면 복사할 레이어에서 마우스 오른쪽 버튼을 클릭하면 나타나는 메뉴 중에서 [Duplicate layer]를 선택하거나, 복사할 레이어를 드래그해 [Create a new layer] 아이콘(▣)에 드롭합니다.

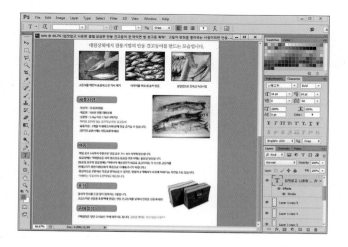

21 설명 중에서 강조할 부분은 마우스로 드래그하여 다른 색상으로 바꿔 줌으로써, 가독성을 높여 줍니다.

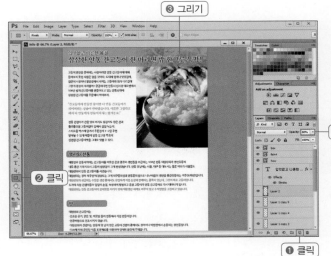

③ 그리기

② 클릭

① 클릭

④ 80% 설정

22 문자 레이어의 바로 아래에 새 레이어를 추가한 후, Tools 패널에서 Ractangle Tool(▣)을 선택해 메인 타이틀 부분에 주황색(#FF6600) 박스를 그립니다. 이 레이어의 투명도를 80%로 낮춥니다.

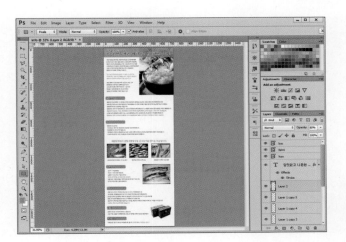

23 이제 2000픽셀 길이의 이미지를 분할하여 저장해야 합니다. 작업한 info 이미지가 한눈에 보이도록 이미지 보기 배율을 적당히 줄입니다.

> **Tip** : [View]−[Rulers] 메뉴를 선택해 이미지 윗쪽과 왼쪽에 눈금자가 보이도록 한 후에 슬라이스를 하면 더욱 정확히 원하는 지점을 자를 수 있습니다.

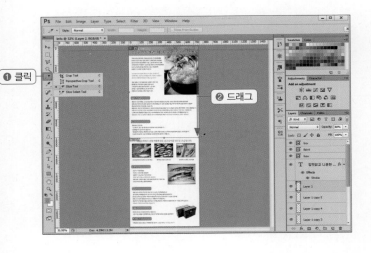

① 클릭

② 드래그

24 Tools 패널에서 Slice Tool(✂)을 선택하고, 'info' 파일의 위에서 아래로 드래그하다가 중간 지점에서 멈추면 2개의 이미지 조각으로 나눠집니다.

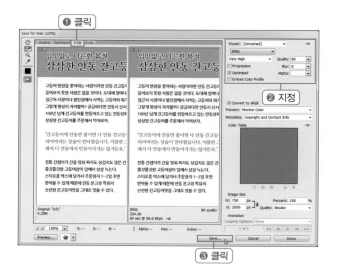

25 [File]-[Save for Web] 메뉴를 선택합니다. [Save for Web] 대화상자가 나타나면 [2-Up] 탭을 클릭하고 오른쪽 이미지의 저장 옵션을 JPEG, Very High(퀄리티 80)로 지정한 후 [Save] 버튼을 클릭합니다.

26 [Save Optimized As] 대화상자가 나타나면 저장 옵션에서 Format을 'HTML and Images', Slices를 'All Slices'로 선택하고 [저장] 버튼을 클릭합니다.

27 저장된 폴더를 보면 images 폴더와 'info.html' 파일이 만들어졌으며, images 폴더 안에 'info_01.jpg'와 'info_02.jpg' 파일이 저장되어 있음을 확인할 수 있습니다. 작업 완료한 'info' 파일은 나중에 수정하기 위해 psd 파일로도 반드시 저장해 둡니다.

이미지 호스팅 신청하기

옥션, G마켓 등 오픈마켓에서 상품을 본격적으로 판매하는 경우, 독립형으로 쇼핑몰을 운영하는 경우, 임대형 쇼핑몰인데 등록할 이미지가 워낙 많아서 EC 호스팅 회사에서 할당해 주는 하드 용량을 초과하게 될 경우에는 이미지 호스팅을 신청하여 사용해야 합니다. 이제 막 인터넷 판매를 시작하는 초보자에게는 당장 필요하지 않을 수도 있지만, 차츰 등록상품이 많아지고 방문자와 매출이 늘어나면 필요해지므로 이에 대한 기본적인 지식은 갖고 있는 것이 향후 별도의 유료 이미지 호스팅을 신청할 때에 도움이 될 것입니다.

Q 이미지 호스팅이 무엇인가요?

쇼핑몰, 홈페이지 구축과 관련된 각종 프로그램과 파일들은 모두 특정 하드공간(서버)에 올라가 있습니다. 업체가 이러한 웹상의 저장공간을 빌리는 것을 '웹 호스팅'이라고 합니다. 특정 분야만 전문으로 하는 특화된 호스팅으로는 이미지 호스팅, 동영상 호스팅, 스트리밍 호스팅, DB 호스팅, 빌더 호스팅 등이 있습니다.

이미지 호스팅은 말 그대로 이미지 파일들만 별도의 이미지 전용 서버에 올려놓을 수 있도록 임대 서비스를 받는 것을 의미합니다. 주로 옥션, 지마켓 등의 오픈마켓에 진열되는 상품 이미지들이 빠르게 잘 보이도록 하는 용도로 사용됩니다. 상품 이미지를 이미지 호스팅 서버에 올린 뒤 오픈마켓에 상품 등록 시 서버에 올려놓은 이미지 파일을 링크하여 상품 상세페이지를 보여주는 것입니다.

▲ 상세페이지 설명에서 이미지가 제대로 나타나지 않거나 엑스 박스()가 나타나는 이유는 이미지 링크 주소가 잘못되었기 때문입니다.

미 니 강 좌 ········

이미지 호스팅 서버에 올릴 수 있는 파일 형식

파일 형식에 제한은 없지만, php, asp, htm, html 등의 파일은 지원하지 않습니다. 따라서 이미지 호스팅만으로는 홈페이지를 운영할 수 없으며, 이미지 업로드용으로만 사용해야 합니다.

미 니 강 좌 ········

G마켓/옥션의 무료 이미지 호스팅

오픈마켓 판매 초기에 등록할 상품의 수가 많지 않다면 G마켓/옥션에서 제공하는 무료 이미지호스팅 서비스(http://im.esmplus.com)를 이용해 볼 만 합니다. 5GB의 대용량 저장 공간(사업자회원이 아닌 개인판매회원은 500MB)을 제공하며 트래픽이 무제한입니다. G마켓, 옥션이 아닌 다른 쇼핑몰에 사용되는 JPG, GIF, SWF, HTML 등 다양한 파일을 올릴 수 있습니다. G마켓/옥션 판매관리 프로그램인 ESM에 G마켓 또는 옥션의 판매 아이디로 접속하여 사용하면 됩니다.

이미지 호스팅은 쇼핑몰과 오픈마켓 판매 모두에 필요한가요?

별도의 유료 이미지 호스팅을 이용해야 하는지, 말아야 하는지는 상황에 따라 달라집니다.

오픈마켓 판매와 이미지 호스팅

아직 등록상품이 많지 않고, 트래픽도 높지 않은 오픈마켓 초보 판매자의 경우에는 해당 오픈마켓에서 무료로 제공해 주는 이미지 호스팅 서비스를 이용하여 이미지를 업로드해도 괜찮습니다. G마켓과 옥션은 개인사업자 판매자 회원에게는 5G(비사업자는 500MB)를 제공하고 있습니다. G마켓, 옥션이 아닌 다른 쇼핑몰에서도 이미지를 링크하여 사용할 수 있으며, JPG, GIF, SWF, HTML등의 파일 포맷을 지원합니다. 11번가는 상세 설명용 이미지를 업로드하기 위해 1G의 웹하드 용량을 2개월간 무료로 제공합니다. 오픈마켓 판매를 한다면 옥션과 G마켓은 하지 않고 11번가만 단독으로 하는 경우는 거의 없기 때문에 초기에는 옥션과 G마켓에서 무료로 제공하는 5G 용량의 이미지 호스팅을 이용하는 것이 가장 경제적입니다. 그러나 본격적으로 오픈마켓 판매를 한다면 유료 이미지 호스팅은 반드시 필요하다고 생각해야 합니다.

쇼핑몰 운영과 이미지 호스팅

임대형 쇼핑몰은 별도의 유료 이미지 호스팅이 선택이며, 독립형은 필수입니다.
임대형의 경우 이용 중인 EC 호스팅 회사에 따라 용량의 차이가 있기는 하지만, 솔루션 임대 서비스에 일정 공간의 웹하드 공간을 임대해 주는 것이 포함되어 있습니다. 따라서 이 기본제공 용량을 우선 사용하다가 등록상품이 많아져서 기본 용량으로 부족할 때 유료 이미지 호스팅을 신청하면 됩니다.
그러나 독립형은 쇼핑몰 솔루션을 직접 구입하여 구축, 운영하는 것이기 때문에 웹호스팅이 반드시 필요합니다. 그리고 트래픽 걱정 없이 빠르고 안정적으로 상품 이미지를 보여주고 싶다면 웹 호스팅과는 별도로 일정 용량의 유료 이미지 호스팅 서비스를 이용하는 것이 좋습니다.
임대형과 독립형을 막론하고 쇼핑몰을 운영하면서 오픈마켓 판매도 본격적으로 병행한다면 별도 이미지 호스팅은 필요합니다.

이미지 호스팅 서비스 가격이 천차만별인데, 무슨 기준으로 가격이 달라지나요?

안정된 시스템, 높은 대역폭과 같은 조건은 이미지 호스팅의 품질을 좌우하는 요소이기는 하지만, 서비스 제공업체들마다 모두 좋다고 홍보하고, 서버에 대한 전문지식이 없는 여러분에게는 정확한 판단기준이 되기 힘듭니다. 따라서 일반적으로는 이미지를 올릴 수 있는 공간(하드 용량)과 올려놓은 이미지를 고객들의 컴퓨터에 전달하는 양(트래픽)의 두 가지 변수에 의해 이미지 호스팅 등급과 가격이 결정된다고 생각하면 됩니다.

트래픽(전송량)

이미지들이 고객들의 모니터 화면에 보여질 수 있도록 전송되는 데이터의 양을 말합니다. 1G(기가)는 1,024M(메가)이므로, 1일 트래픽이 3G라고 가정할 경우, 1M짜리 이미지가 하루에 3,072번 보여진다고 생각하면 됩니다. 상세페이지 하나당 500KB짜리 상품 사진이 20개 보여진다고 가정하면, 3G의 1일 전송량은 하룻동안 한 상품의 상세페이지를 약 300명 정도가 볼 수 있음을 의미합니다. 물론, 이미지 파일 하나의 용량과 사용되는 이미지 개수는 천차만별일 것입니다.

하드 용량

업로드한 이미지들의 크기를 모두 합한 것이 하드 용량을 초과하면 더 이상 업로드가 안됩니다. 하드 용량이 500M라면 계산상으로는 500KB짜리 이미지가 1,000개를 넘을 경우 이미지를 더 이상 올릴 수 없다는 뜻입니다. 1,000개라면 보통 상품 하나당 이미지가 20개 정도 연결된다고 보았을 때 50개의 상품을 등록할 수 있다는 것이죠.

업체들은 트래픽과 하드 용량을 달리 하여 서비스 등급과 가격을 정하고, 여기에 업체마다 차별화 포인트를 더하여 고객을 끌어 모으고 있습니다. 1일 전송량 당겨쓰기, 약정 트래픽 용량보다 초과된 용량은 익월 후불정산 시스템, 남은 트래픽 이월, 월 전송량/일 전송량 선택 가능, 트래픽 무제한 등 다양한 특징을 업체마다 내세우고 있으므로 현재의 상황에 맞춰 선택하시기 바랍니다.

하드 용량과 트래픽 중 어느 것이 더 중요한가요?

이미지 품질과 사이즈에 따라 파일 용량은 1M 또는 그 이하가 될 수 있으며, 상품 하나당 이미지가 20개 이하 또는 그 이상 들어갈 수도 있습니다. 따라서 필요한 트래픽과 하드 용량은 여러분 개개인의 사정에 따라 얼마든지 달라집니다.

하드 용량은 이미지를 올릴 때 초과 여부를 여러분이 미리 체크할 수 있지만, 초보 판매자의 경우에는 트래픽 예측이 어렵습니다. 따라서 초보자인 여러분에게는 하드 용량보다 트래픽이 더 중요하며, 이미지가 다 올라가 있더라도 1일 전송량을 초과하는 페이지 뷰가 일어나면 이미지가 아예 안 보이거나 로딩 속도가 느려지므로 트래픽을 여유 있게 잡는 것이 좋습니다. 특히, 판매상품이 방송이나 신문에 소개되어 방문이 급격히 증가할 것으로 예상된다면 상세페이지의 이미지 로딩상태를 자주 체크해야 합니다.

26 단계

ONLINE
SHOPPING MALL

상품 등록 시 유용한 HTML 알아 두기

상품 등록 시 상세 설명을 굳이 HTML 문서로 직접 제작하지 않더라도 오픈마켓과 쇼핑몰 상세 설명 편집기를 이용해 상품을 등록을 할 수 있습니다. 그러나 온라인 상품판매를 계속할 생각이고 좀 더 퀄리티 높은 상세 설명을 제작하고 싶다면 알아야 할 HTML 태그와 소스가 몇 가지 있으므로, 이번 단계에서는 HTML 기본상식과 자주 사용되는 태그, 실전에서 바로 써먹을 수 있는 유용한 소스를 알아보겠습니다.

Q 포토샵으로 만든 상세 설명 이미지를 오픈마켓이나 쇼핑몰에서 보여 주려면 어떻게 해야 하나요?

24단계에서 포토샵으로 만든 이미지는 여러분 컴퓨터에 저장되어 있는 이미지 파일일 뿐이며, 현재의 상태로는 그 이미지를 인터넷에서 모든 사람들이 볼 수 없습니다. 인터넷에 접속하는 사람들이 오픈마켓 또는 쇼핑몰에서 이미지를 볼 수 있으려면 해당 이미지를 서버에 올려야(업로드해야) 합니다.

HTML을 몰라도 상품 상세 설명 입력은 가능하지만 이미지와 텍스트의 단조로운 배열이 아니라 좀 더 퀄리티 높은 상품설명을 제공하고 싶다면 기초 HTML 정도는 알아 두는 것이 좋습니다.

Q HTML이 정확히 어떤 뜻인가요?

그래픽, 멀티미디어, 텍스트 등의 기본적인 웹페이지 구성요소들을 브라우저가 인식할 수 있는 언어가 바로 HTML(Hyper Text Markup Language)입니다. HTML은 문서에 글과 그림을 삽입할 수 있을 뿐만 아니라 문서와 문서를 연결해 주는 하이퍼링크(Hyperlink)라는 기능을 제공합니다. 또한 문서의 내용에 태그(Tag)라는 명령어를 사용하여 브라우저에서 보여질 문서를 원하는 대로 자유롭게 편집할 수도 있습니다. 이처럼 HTML은 쇼핑몰 방문자가 직관적으로 알아볼 수 없는 이면적인 요소이지만, 건축에서 설계와 시공이 중요하듯이 텍스트와 그래픽, 멀티미디어 등의 시각적 요소가 웹상에서 구현되도록 한다는 점에서 매우 중요합니다.

미 니 강 좌 ·······

파일 업로드와 다운로드

내 컴퓨터에 있는 파일을 서버에 올리는 것을 '업로드', 서버에 있는 파일을 내 컴퓨터에 내려받는 것을 '다운로드'라고 합니다. 따라서 여러분이 서버에 파일을 올리는 것은 업로드, 서버에 있는 파일을 여러분의 컴퓨터로 내려받아 저장할 때에는 다운로드하는 것입니다.

이미지 경로(주소)

경로는 주소와 같은 개념입니다. 주소가 잘못되면 우편물이 분실되듯이, 서버에 올라가 있는 이미지 경로가 잘못 지정되면 이미지가 엑스박스로 나타나며, 웹페이지 경로가 잘못 지정되면 해당 페이지 자체가 나타나지 않습니다. 경로는 철자 하나만 틀려도 오류가 발생하므로 꼼꼼히 확인해야 합니다. 예를 들어 이미지 경로가 'http://clubmo. com/image/1. jpg'로 되어 있다면 이는 현재 clubmo.com이 사용하는 서버의 "image" 폴더 안에 '1.jpg'라는 이미지가 들어 있다는 것을 의미합니다.

모니터상에 보이는 웹페이지의 HTML 소스를 보고자 한다면, 인터넷 화면에서 여백 부분에 마우스 커서를 올려놓고 마우스 오른쪽 버튼을 클릭해 나타나는 메뉴 가운데 '소스 보기'를 선택하면 됩니다. 만약 마우스의 커서가 GIF나 JPEG 등의 그래픽이나 플래시 위에 있다면 소스 보기가 나타나지 않고 그 파일의 속성에 관련된 메뉴가 나타나는 것을 볼 수 있습니다.

▲ 브라우저에서 보이는 CJ몰 메인 페이지의 여백에 마우스 오른쪽 버튼을 클릭한 후 메뉴 가운데 '소스 보기'를 선택합니다.

▲ CJ몰 메인 페이지를 구성하는 HTML 소스

미 니 강 좌

브라우저

홈페이지 문서를 볼 수 있도록 해주는 프로그램입니다. 인터넷의 자료를 보기 위해서는 자료가 있는 컴퓨터에 접속해서 정보를 가지고 와야 하는데, 이때 자료가 보관되어 있는 서버에 자료를 요청해 문서를 볼 수 있게 해 주는 것이 브라우저입니다. 가장 많이 사용하는 것은 마이크로소프트 사의 인터넷 익스플로러이며, 넷스케이프도 많이 알려져 있습니다.

HTML은 어떤 프로그램으로 작성하나요?

HTML은 텍스트로 구성되어 있기 때문에 텍스트를 편집할 수 있는 프로그램이라면 무엇이든 사용할 수 있습니다. 심지어 윈도우에 기본으로 설치되어 있는 메모장으로도 HTML 문서작업을 할 수 있죠. 하지만 일반적으로 HTML 문서를 구성할 때에는 전문 웹에디터 도구를 사용합니다. 드림위버나 나모 웹에디터 같은 위지위그(WYSIWYG:What You See Is What You Get) 에디터 또는 Editplus 같은 텍스트 에디터를 이용하여 HTML 문서를 작성하게 되는 것이죠. 위지위그 에디터는 워드프로세서와 사용법이 비슷하여 HTML을 편하게 작성할 수 있습니다. 일반인들의 경우에는 나모 웹에디터를 많이 사용하는 편이지만, 실제 상업적인 홈페이지를 만드는 전문 웹디자이너나 웹에이전시에서는 드림위버를 주로 사용합니다. HTML 태그를 능숙하게 사용하는 분이라면 Editplus와 같은 텍스트 에디터를 이용하여 직접 HTML 문서를 코딩해도 됩니다.

여러분의 경우는 텍스트 에디터를 이용한 하드 코딩까지 숙달할 필요는 전혀 없으므로, 사용방법이 직관적이고 친숙한 위지위그 방식의 웹에디터를 사용하면 됩니다.

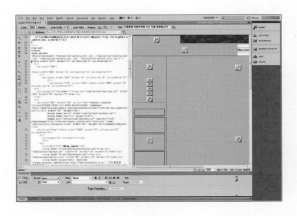

◀ 드림위버의 작업화면. 왼쪽은 코딩 소스 편집 페이지, 오른쪽은 위지위그 방식의 직관적인 편집 페이지로 구분돼 있으며, 어느 한 쪽을 수정하면 다른 한 쪽도 연동되어 수정됩니다.

잠깐만요! **HTML에 대해서는 어느 정도까지 알아야 하나요?**

HTML의 기본문법을 이해하고 이미지 올리기, 글자 입력하기, 이미지나 글자에 링크 걸기, 이미지나 텍스트의 정렬방식 설정하기, 기본 수준의 표 그리기 등 자신이 원하는 몇 가지 기능만 사용할 수 있으면 됩니다. 이러한 소스들을 조합해 간단한 수준의 웹페이지를 제작하는 것이 가능하다면 HTML에 대해 필요한 지식은 거의 다 갖추었다고 할 수 있습니다. 그 밖의 작업은 웹디자이너의 몫이므로 평소 어떤 수준의 웹페이지를 제작할 것인지를 구상해 두는 것이 좋습니다.

HTML의 기초부터 알려 주세요.

HTML 태그의 기본 규칙과 HTML 문서의 기본 구조에 대해 알려드리겠습니다.

HTML 태그의 기본 규칙

〈태그〉내용〈/태그〉

HTML

| 〈b〉쇼핑몰 창업&운영 무작정 따라하기〈/b〉 | ➡ | **쇼핑몰 창업&운영 무작정 따라하기** |

브라우저에서 보이는 내용

내용에 해당하는 부분을 태그 효과로 설정해 브라우저에서 보여줍니다. 대부분의 경우, 여는 〈태그〉와 닫는 〈/태그〉는 반드시 한 쌍으로 구성되어서 어느 하나가 빠지면 그 기능을 하지 못합니다. 물론 〈br〉, 〈img src〉와 같이 한 쌍이 아닌 단독 태그도 있습니다.

HTML 문서의 기본 구조

```
〈html〉
〈head〉
〈title〉문서 제목〈/title〉
〈/head〉
〈body〉
브라우저 화면에서 보이는 내용
〈/body〉
〈/html〉
```

윈도우 메모장을 실행하여 위 내용을 입력한 후 바탕화면에 test.html로 저장합니다. 파일 형식은 '모든 파일'을 선택하고, 파일 이름에는 반드시 'test.html'을 입력해야 합니다. 저장한 파일을 더블클릭하면 브라우저가 실행되면서 HTML 문서를 확인할 수 있습니다. HTML 언어를 어느 정도 익혔고, 내용이 복잡하지 않다면 이처럼 메모장을 이용해 HTML 문서를 제작하거나 수정할 수 있습니다.

 미니 강좌 ·········

자바스크립트
플래시나 GIF 애니메이션을 사용하지 않고도 자바스크립트 소스를 HTML 문서에 삽입하여 여러 가지 동적인 효과를 구현할 수 있습니다. 흔히 보는 팝업창, 롤오버 이미지, 이미지의 순차 변환 효과 등이 자바스크립트를 사용한 것입니다.

CSS(Cascading Style Sheets)
웹 문서 구성요소에 대한 스타일의 정의입니다. HTML을 이용하여 웹페이지를 제작할 경우 전반적인 틀에서 세세한 글꼴 하나하나를 일일이 지정해 주어야 하지만, 웹페이지의 스타일(작성형식)을 미리 저장해 두면 웹페이지의 한 가지 요소만 변경해도 관련되는 전체 페이지의 내용이 한꺼번에 변경되므로 문서 전체의 일관성을 유지할 수 있고 작업시간도 단축됩니다. CSS는 스타일에 관련된 것이라서 내용(정보) 자체와는 별 상관이 없기 때문에 여러분이 CSS를 다룰 일은 거의 없으며, CSS가 문서 스타일을 정의해 주는 것이라는 정도만 알면 됩니다.

HTML 문서에서의 대·소문자 구분
파일 이름은 대·소문자가 다르면 서로 다른 파일로 인식되지만, HTML 소스에서는 대·소문자 구분이 없습니다. 즉 〈BODY〉와 〈body〉가 똑 같은 기능을 한다는 의미입니다. 그러나 대문자로만 쓰면 가독성이 떨어지기 때문에 일반적으로는 소문자를 많이 씁니다.

HTML 주요 태그

1. 글자 속성

속성	태그
크기	⟨font size="크기"⟩~⟨/font⟩
색상	⟨font color="색상"⟩~⟨/font⟩
글꼴	⟨font face="글꼴"⟩~⟨/font⟩
굵게	⟨b⟩~⟨/b⟩
밑줄	⟨u⟩~⟨/u⟩
기울이기	⟨i⟩~⟨/i⟩

미 니 강 좌 ‥‥‥‥

⟨br⟩태그의 역할

문서의 줄을 바꿀 때 사용하는 태그로 한 줄을 바꿀 때 사용합니다. 두 줄 이상 바꿀 때는 ⟨/p⟩ 태그를 사용합니다.

잠깐만요! ## 웹디자인 시 HTML 문서 내에서 색상을 지정하는 방법

HTML 문서에서 '#+16진수' 색상값 또는 영어 색상 이름을 입력하면 원하는 색상을 지정할 수 있습니다.

16진수 표기의 색상값

R(적)G(녹)B(청)의 색상값을 16진수로 변환하여 나열한 것입니다. 인간의 감각으로 볼 때는 색상을 16진수로 표현하는 것이 어려워 보이지만, 컴퓨터는 간단하게 처리할 수 있습니다.

포토샵의 RGB 모드에서 색상의 지정 및 사용은 RGB와 16진수의 두 가지 방식을 혼합하여 RRGGBB 형태로 표시됩니다(◉ RED=FF0000 , GREEN=00FF00 , BLUE=0000FF).

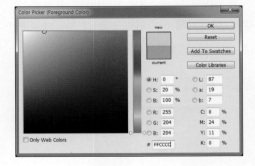

RGB 값 = 16진수	
R(적)255	FF
G(녹)204	CC
B(청)204	CC

색상 이름

16진수 대신 색상 이름을 넣어 줍니다. 예를 들어 'YELLOW'로 지정하면 노란색으로, 'BLUE'로 지정하면 파란색이 됩니다. 하지만 색상 이름에는 여러 가지가 있고, 인터넷 익스플로러나 넷스케이프 등 웹브라우저의 종류나 버전에 따라 대응하는 이름이 다르므로, 이 방법보다는 16진수 표기를 사용하는 것이 좋습니다(◉ RED, GREEN, BLUE).

2. 문단 정렬

〈p〉~〈/p〉 : 단락이 시작되는 곳이나 끝나는 곳에 넣어서 단락을 구분하는 역할을
합니다. 〈p〉 태그는 〈/p〉 태그를 사용하지 않아도 상관 없습니다.

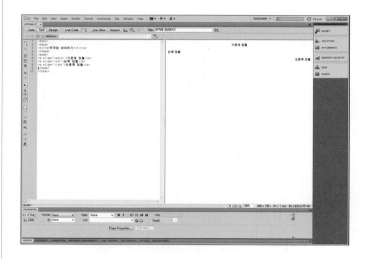

3. 이미지 삽입

〈img src="이미지 경로" width="가로 픽셀" height="세로 픽셀" border="0"〉

border는 이미지의 테두리 두께를 의미합니다. 그냥 이미지만 삽입할 경우에는
border 속성을 생략해도 괜찮지만, 이미지에 하이퍼링크를 걸 경우에는 반드시 0
으로 지정해야 이미지에 보기 싫은 테두리가 생기지 않습니다.

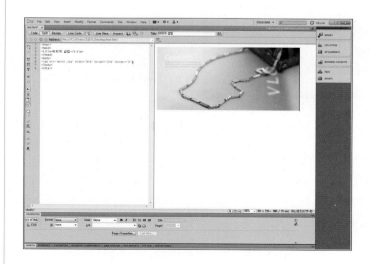

4. 텍스트, 이미지에 하이퍼링크 걸기

이미지에 하이퍼링크 걸기

```
〈a href="클릭하면 연결될 페이지 주소 또는 열릴 파일"〉〈img src="이미지 경로" width="가로 픽셀"
height="세로 픽셀" border="0"〉〈/a〉
```

텍스트에 하이퍼링크 걸기

```
〈a href="클릭하면 연결될 페이지 주소 또는 열릴 파일"〉텍스트〈/a〉
```

5. 테이블 삽입

텍스트와 이미지를 짜임새 있게 배치하기 위해 흔히 테이블(table)을 사용합니다. 하나의 셀로 이루어진 테이블은 〈table〉〈tr〉〈td〉셀에 들어가는 내용〈/td〉〈/tr〉〈/table〉로 구성됩니다. 여는 태그와 닫는 태그가 반드시 한 쌍을 이뤄야 테이블이 깨지지 않습니다.

```
〈table width="테이블의 가로픽셀" border="0" cellspacing="0" cellpadding="0"〉
  〈tr〉
   〈td〉셀 내용〈/td〉
  〈/tr〉
  〈tr〉
   〈td〉셀 내용〈/td〉
  〈/tr〉
  〈tr〉
   〈td〉셀 내용〈/td〉
  〈/tr〉
〈/table〉
```

위의 테이블 소스를 바탕으로 오픈마켓이나 쇼핑몰의 상품 상세 설명에서 일반적으로 쓰이는 테이블 소스 예는 아래와 같습니다.

```
〈table width="800" border="0" cellspacing="0" cellpadding="0"〉
  〈tr〉
   〈td〉〈img src="첫번째 이미지 경로" width="가로 픽셀" height="세로 픽셀" border="0"〉〈/td〉
  〈/tr〉
  〈tr〉
〈td〉〈img src="첫 번째 이미지 경로" width="가로 픽셀" height="세로 픽셀" border="0"〉〈/td〉
```

미 니 강 좌 ‥‥‥‥‥

새 창으로 링크 열기

하이퍼링크를 걸 때 타깃을 특별히 지정하지 않으면 현재의 페이지에서 전환되며 페이지가 연결됩니다. 현재 페이지에 그대로 머물면서 새 창으로 하이퍼링크를 연결하고 싶을 때에는 target="_blank" 태그를 추가해 줍니다.

〈a href="클릭하면 연결될 페이지 주소 또는 열릴 파일" target="_blank"〉〈img src="이미지 경로" width="가로 픽셀" height="세로 픽셀" border="0"〉〈/a〉

미 니 강 좌 ‥‥‥‥‥

HTML에서 의 역할

 는 문자 입력 시 스페이스바를 한 번 친 것과 같은 공간을 생기게 합니다. 드림위버에서는 테이블을 만들면 〈td〉와 〈/td〉 사이에 자동으로 삽입됩니다. 만약 내용이 들어가야 할 경우에는 를 지우고 입력합니다.

PART 4

```
    </tr>
    <tr>
<td><img src="두 번째 이미지 경로" width="가로 픽셀" height="세로 픽셀" border="0"></td>
    </tr>
    <tr>
<td><img src="세 번째 이미지 경로" width="가로 픽셀" height="세로 픽셀" border="0"></td>
    </tr>
</table>
```

6. 멀티미디어 삽입

동영상, 음악, 플래시를 삽입할 때에는 〈embed〉 태그를 사용합니다.

동영상

```
<embed src="동영상 파일명" width="너비" height="높이"></embed>
```

미 니 강 좌 • • • • • • •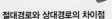

절대경로와 상대경로의 차이점
절대경로는 도메인을 포함한 사
이트 내의 모든 경로를 표시하여
파일을 나타내는 방식입니다.

🔵 http://rainbowsocks.co.kr/
web/upload/img/mainimg.
jpg
상대경로는 최상위 루트경로를
표시하지 않습니다.

🔵 /web/upload/img/mainimg.
jpg
절대경로를 사용할 경우, 나중
에 도메인이 바뀌게 되면 경로
를 모두 수정해야 하기 때문에
절대경로보다는 상대경로를 사
용하는 것이 좋습니다. 단, 상대
경로는 동일한 서버(도메인)에
폴더와 파일이 있을 경우에만
가능합니다. 다른 서버의 파일
을 연결할 때는 반드시 절대경
로를 사용해야 합니다.

음악

```
<embed src="음악 파일명" width="너비" height="높이" hidden="true 또는 false" loop="true 또는 false">
</embed>
```

width/height : 재생바의 너비와 높이입니다.

hidden 속성이 true일 경우 재생바가 보이지 않으며, false일 경우 보입니다.

loop 속성이 true일 경우 무한 반복되며, false일 경우 한 번만 재생됩니다.

플래시

```
<embed src="플래시 파일명" width="너비" height="높이"></embed>
```

오픈마켓의 상세페이지 구성을 간편하게 하는 방법

각 상품별 상세 설명을 새 창으로 띄우기

❶ 상품 상세페이지와 새 창으로 띄울 페이지를 모두 제작합니다.

상세페이지에는 클릭을 유도하는 문구를 넣어줍니다(**예** 클릭하면 상세 이미지를 보실 수 있습니다).

❷ 새 창 페이지를 HTML 문서로 만들고, 이 HTML 파일과 모든 이미지들을 업로드합니다.

오픈마켓 상세 설명 입력란에 아래와 같이 HTML 소스를 입력합니다. 아래 소스를 반복하여 입력하면 여러 상품을 효과적으로 나열할 수 있습니다.

〈a href="상세 설명 새 창 HTML 파일 경로" target="_blank"〉〈img src="클릭할 이미지 경로" border="0"〉〈/a〉

해당 상품의 구매 페이지를 새 창으로 띄우기

❶ 판매자의 다양한 상품이 나열된 이미지를 제작해 업로드합니다.

❷ 하나의 이미지에서 각기 다른 영역을 클릭하면 다른 페이지가 새 창으로 나타나는 이미지맵을 활용한 HTML 소스를 입력합니다.

```
〈img src="이미지 경로" border="0" usemap="#맵이름"〉
〈map name="맵 이름"〉
〈area shape="rect(영역 모양)" cord="21,159,277,497(좌표값)" href="해당영역 링크 주소" onfocus='this.blur()'〉
〈area shape="rect(영역 모양)" cord="21,159,277,497(좌표값)" href="해당영역 링크 주소" onfocus='this.blur()'〉
.
.
.
〈/map〉
```

이미지맵 관련 용어 정리

• **맵 이름** : 하나의 이미지 속에 여러 개의 영역을 지정하여 링크를 걸기 위해서는 이미지맵을 만들어야 합니다. 해당 이미지맵의 이름을 자유롭게 지정하여 이미지맵을 구분합니다.

• **영역 모양** : 클릭 영역의 모양을 다양하게 지정할 수 있습니다. 일반적으로 대부분 사각형(rect)을 사용합니다(rect : 사각형 / circle : 원 / poly : 다각형).

• **좌표값** : 해당 영역의 위치를 지정합니다. 좌표값은 그림판, 포토샵, 드림위버 등에서 확인할 수 있습니다.

그림판으로 이미지맵 좌표값을 확인하는 방법

❶ 윈도우 보조 프로그램의 그림판을 실행하여 부록 CD의 'sample/24/how.jpg' 파일을 엽니다.

❷ 스포이트 Tool을 선택한 후, 첫 번째 이미지의 좌측 상단에 스포이트를 대면 그림판 좌측 하단에 좌표값이 나타납니다. 이 2개의 좌표값을 메모합니다.

마우스 위치

좌표값

❸ 이번에는 우측 하단에 스포이트를 대면 이 지점에 해당되는 좌표값이 나타납니다. 이 2개의 좌표값을 메모합니다. 이렇게 얻은 총 4개의 좌표값은 첫 번째 이미지의 사각형 이미지맵 위치를 의미합니다.

마우스 위치

좌표값

❹ 이 방법을 반복해 'how.jpg' 파일에 3개의 각각 다른 하이퍼링크 영역을 설정할 수 있습니다. 좌표값의 각 수치는 스포이트를 대는 위치에 따라 약간씩 달라질 수 있습니다.

```
〈img src="http://gi.esmplus.com/clay0707/how.
jpg" border="0" usemap="#howmap"〉
〈map name="howmap"〉
〈area shape="rect" cord="4개의 좌표값" href=
"http://gmkt.kr/gOgbRr" onfocus='this.blur()'〉
〈area shape="rect" cord="245,4,448,155" href=
"http://shop.gmarket.co.kr/minishop/ MinishopMain.
asp?cust_no=TI4MR38TMzkxMY51MjQ5ODgyNzV/
Rw==" onfocus='this.blur()'〉.
〈area shape="rect" cord="484,4,686,155" href=
"http://gmkt.kr/gNzjlC" onfocus='this.blur()'〉
〈/map〉
```

무따기 원정대 포토샵 미션

포토샵을 사용하여 이미지를 제작하는 것이 누구에게나 쉽고 재미있는 것은 아닙니다. 하지만 쇼핑몰을 운영하거나 오픈마켓 판매자 활동을 하다 보면 간단한 이미지는 직접 제작하거나 수정해야 할 필요성을 느끼게 됩니다. 복잡하지 않은 이미지의 제작이나 수정 정도는 직접 할 줄 아는 것이 여러모로 편리하므로 쇼핑몰 유지보수에 유용한 포토샵 작업 예제들을 몇 가지 알려드리겠습니다. 여기에 소개된 예제들에 사용된 포토샵 기능들을 숙지한 후 인터넷 서핑 시 마음에 드는 배너나 이미지를 똑같이 만들어 보는 연습을 꾸준히 하다 보면 포토샵 실력은 몰라보게 향상될 것입니다.

월요일 미션　쇼핑몰 내의 배너 이미지 수정하기

쇼핑몰을 운영하다 보면 쇼핑몰 내의 각종 이미지나 배너 내용을 수정할 일이 종종 생기게 됩니다. 고객센터 안내 이미지에 들어가 있는 업무시간이나 전화번호 변경 정도는 다른 사람의 힘을 빌리지 않고 여러분이 직접 수정할 수 있다면 훨씬 편리하겠죠? 오늘은 쇼핑몰 고객센터 전화번호 해당 이미지를 수정하는 방법에 대해 알아보겠습니다.

❶ 쇼핑몰의 배너 이미지를 수정하기 위해서는 해당 파일이 여러분 컴퓨터에 있거나, 만약 없을 경우에는 쇼핑몰에서 해당 파일에 마우스를 올려놓고 마우스 오른쪽 버튼을 클릭해 [다른 이름으로 사진 저장]을 선택하여 컴퓨터에 현재의 파일 이름과 파일 형식 그대로 저장해야 합니다. 내 쇼핑몰 이미지를 컴퓨터에 저장하기 위해서는 미리 쇼핑몰 관리자에서 '마우스 오른쪽 클릭'을 '사용 가능' 상태로 임시 변경해 놓아야 합니다.

❷ 저장한 이미지의 경로를 알아야 나중에 수정한 파일을 업로드할 수 있으므로 해당 파일에서 마우스 오른쪽 버튼을 클릭해 [속성]을 선택합니다. 이미지 파일의 주소(URL)는 현재 이 파일이 위치한 웹상의 주소를 의미합니다.

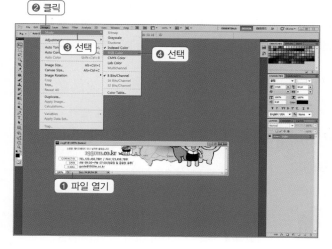

❸ 여러분은 아직 쇼핑몰을 운영하고 있지 않다는 가정하에 부록 CD의 예제 파일을 사용하겠습니다. 포토샵에서 Ctrl+O를 눌러 'sample/mission/cs.gif' 파일을 엽니다. Gif 파일은 이미지 상단의 파일 정보에 'Index'라고 표시되는데, 이 상태에서는 수정이 불가능합니다. 따라서 [Image]-[Mode]-[RGB Color] 메뉴를 선택해 이미지 모드를 수정가능한 RGB 모드로 바꿔 줍니다(JPEG 파일은 곧바로 수정할 수 있습니다).

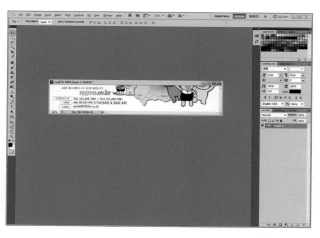

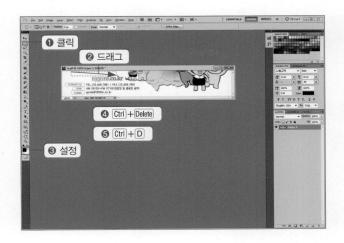

❹ 이제 이미지를 마음대로 수정할 수 있습니다. Tools 패널에서 Rectangular Marquee Tool(▦)을 선택해 캐치프레이즈 삽입 부분을 드래그하고 배경색을 흰색으로 설정한 후, Ctrl+Delete를 눌러 배경색으로 채웁니다. 그런 다음 Ctrl+D를 눌러 선택영역을 해제하세요.

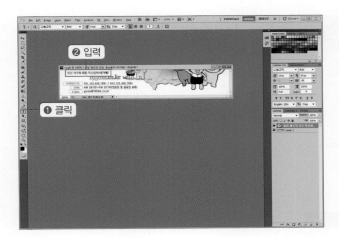

❺ Tools 패널에서 Type Tool(T)을 선택해 캐치프레이즈 자리에 '청정 제주의 모든 특산물이 여기에!'를 입력합니다. 중요 단어의 색상은 그림처럼 변경해 주세요.

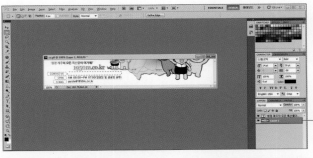

❻ Layers 패널에서 Layer 1을 선택한 후에 ❹와 ❺를 참고해 전화번호를 수정합니다.

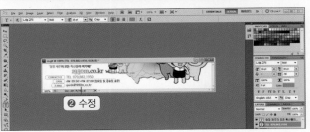

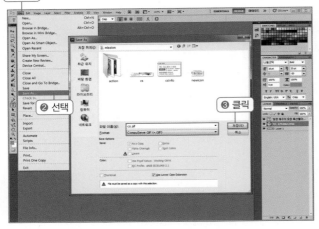

❼ [File]-[Save As] 메뉴를 선택해 동일한 파일 이름과 파일 형식으로 저장합니다.

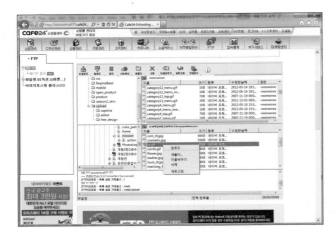

❽ 쇼핑몰 관리자에 접속한 후 ftp를 실행하여 해당 파일이 들어 있던 경로에 파일을 업로드합니다. 기존 파일과 이름, 형식이 같으므로 덮어 씌우겠느냐는 확인창이 나타나는데, [예] 버튼을 클릭하면 기존 이미지가 수정한 이미지로 대체됩니다.

Tip : 해당 이미지에 특정 페이지로 이동하는 하이퍼링크가 삽입되어 있고, 이 주소도 바꿔야 한다면, 이미지의 하이퍼링크 주소까지 수정해 줘야 합니다.

쇼핑몰에서 상품진열 시 신상품이나 추천상품, 베스트셀러 등 강조하고 싶은 상품에 약간의 움직임이 있는 gif 아이콘을 넣어 주면 주목 효과가 있습니다. 이 아이콘들은 상품 등록을 할 때 여러 가지 디자인 중에서 마음에 드는 몇 개를 선택하여 삽입할 수 있습니다. 솔루션에 따라서는 내 쇼핑몰만의 개성 있는 아이콘을 직접 제작하여 등록해 놓고 사용하는 기능도 있으므로 오늘은 판촉 아이콘을 제작하는 방법에 대해 알아보겠습니다.

▲ 상품을 돋보이게 하는 판촉 아이콘

▲ 상품 등록 시 설정할 수 있는 기본 아이콘

▲ 직접 제작하여 등록해 두고 사용하는 맞춤 아이콘

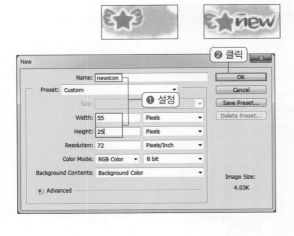

❶ 오늘 만들 판촉 아이콘은 신상품 등록 시 사용하면 좋을 듯한, 움직이는 날개 달린 별 아이콘입니다. 일단 소스 이미지를 포토샵에서 먼저 만들어야 합니다.

새 파일(Ctrl + N)을 열어 파일 이름 'newicon', 가로 55픽셀, 세로 25픽셀의 새 파일을 만듭니다.

Tip : 상품명이 길거나 여러 개의 아이콘을 함께 쓸 경우를 고려하여 작게 만드는 것이 좋습니다.

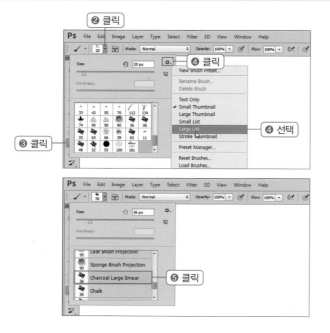

❷ Tools 패널에서 Brush Tool(✏️)을 선택하고, 상단 옵션바에서 브러시 보기 방식을 [Large List]로 변경한 다음, 리스트에서 'Charcoal Large Snear' 브러시를 선택합니다.

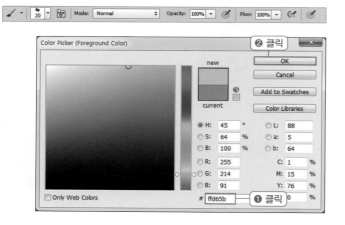

❸ 선택된 브러시가 캔버스에 비해 너무 크면 키보드에서 ⌶를 눌러 브러시 사이즈를 줄입니다. 전경색을 'FFD65B'로 지정한 후 브러시로 화면에 배경을 드래그해 그립니다.

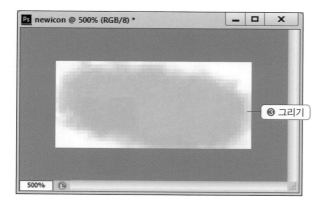

Tip : 배율을 500%로 확대하면 그리기 쉬워집니다.

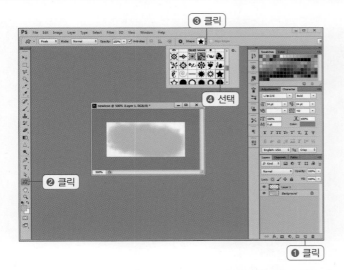

❹ Layers 패널 하단에서 [Create a new layer](□)를 클릭하여 새 레이어를 추가한 후, Tools 패널에서 Custom Shape Tool(▦)을 선택하고 상단 옵션바에서 '5 Point Star'를 선택합니다.

❺ 전경색을 '00BFF3'으로 바꾼 후 캔버스에 적당한 크기의 별을 그립니다.

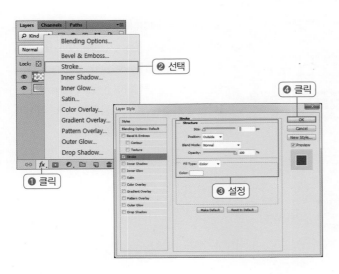

❻ Layers 패널 하단에서 [Add a layer style](fx)을 클릭하여 [Stroke]를 선택합니다. [Later Style] 대화상자가 나타나면 옵션을 그림과 같이 설정한 후 [OK] 버튼을 클릭합니다.

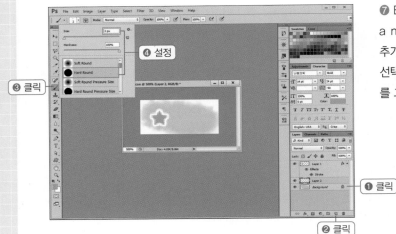

❼ Background 레이어를 선택한 후, [Create a new layer](🔲)를 클릭하여 새 레이어를 추가하고, Tools 패널에서 Brush Tool(🖌)을 선택해 상단 옵션바에서 브러시 종류와 크기를 그림과 같이 설정합니다.

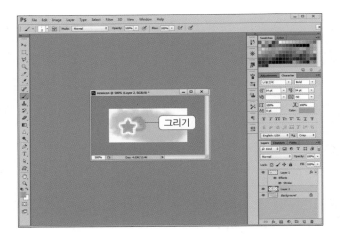

❽ Brush Tool(🖌)로 별 오른쪽에 날개를 그립니다. 예쁘고 정교하게 그리지 않아도 괜찮습니다.

❾ 별을 그린 레이어에 마우스를 대고 오른쪽 버튼을 클릭하여 [Copy Layer Style]을 선택한 후, 날개를 그린 레이어에 마우스를 대고 오른쪽 버튼을 클릭하여 [Paster Layer Style]을 선택합니다. 별에 적용한 Stroke 레이어 효과가 날개에도 적용되었습니다.

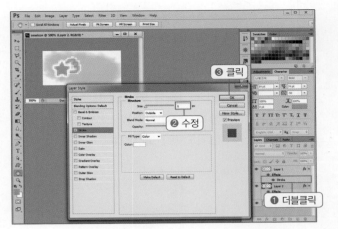

⑩ 별에 적용된 Stroke가 너무 굵다면 별 레이어의 Stroke를 더블클릭하여 [Later Style] 대화상자에서 Storke 수치를 '2'로 수정합니다.

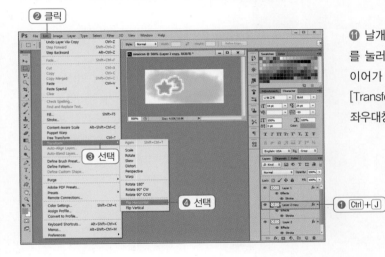

⑪ 날개 레이어가 선택된 상태에서 Ctrl+J 를 눌러 이 레이어를 복제합니다. 복제한 레이어가 선택된 상태에서 메뉴의 [Edit] – [Transform] – [Flip Horizontal]을 클릭하여 좌우대칭의 날개 한 쌍을 완성합니다.

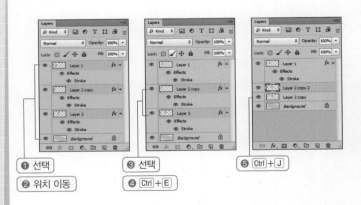

⑫ Tools 패널에서 Move Tool(🔁)을 선택해 별과 양 날개의 위치를 조절합니다. 레이어 3개를 한꺼번에 이동하고 싶을 때에는 레이어 3개를 복수 선택(Ctrl+각 레이어 클릭)하여 이동하면 됩니다. 그런 다음, 양 날개 레이어만 복수 선택하여 Ctrl+E를 누르면 날개 레이어가 합쳐집니다. 이 상태에서 Ctrl+J를 눌러 날개 레이어를 복제합니다.

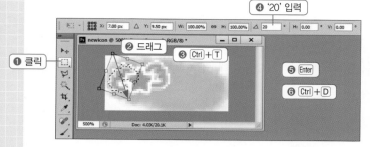

④ '20' 입력

① 클릭

② 드래그

③ Ctrl + T

⑤ Enter

⑥ Ctrl + D

③ '-20' 입력

① 드래그

② Ctrl + T

⑬ 복사한 날개 레이어가 선택된 상태에서 왼쪽 날개를 Rectangular Marquee Tool(▢)로 선택합니다. Ctrl + T (자유변형)를 누른 후 상단 옵션바에서 회전 각도를 '20'으로 입력합니다. Enter를 누르고 선택을 해제(Ctrl + D)한 후, 마찬가지 방법으로 오른쪽 날개도 회전 각도 -20° 회전합니다.

④ 색상 지정

① 클릭

② 이동

⑤ 입력

③ 클릭

⑭ Layers 패널 하단에서 [Create a new layer](▫)를 클릭하여 새 레이어를 추가한 후, 이 레이어를 드래그하여 가장 위쪽에 위치하도록 이동합니다. Tools 패널에서 Type Tool(T)을 선택해 #EE105A 색상의 'new' 문자를 입력합니다.

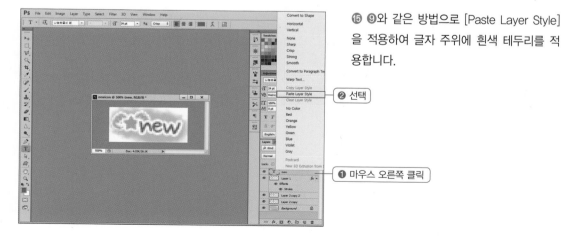

② 선택

① 마우스 오른쪽 클릭

⑮ ⑨와 같은 방법으로 [Paste Layer Style]을 적용하여 글자 주위에 흰색 테두리를 적용합니다.

클릭

⑯ 메뉴에서 [Window] – [Timeline]을 선택해 Timeline 패널을 연 후, [Create Frame Animation] 버튼을 클릭해 프레임 보기 모드로 전환합니다.

클릭

⑰ Timeline 패널의 첫 번째 프레임에서 날개가 중첩되지 않도록 2개의 날개 레이어 중 위쪽의 레이어 눈 아이콘(👁)을 끕니다.

❷ 설정

❸ (Ctrl)+(↑)×2

❶ 클릭

⑱ Timeline 패널에서 새 프레임 추가 아이콘(🖿)을 클릭해 두 번째 프레임을 만든 후, 2개의 날개 레이어 중 위쪽 레이어 눈 아이콘은 켜고 아래쪽 날개 레이어의 눈 아이콘은 끕니다. 그 상태에서 바로 위의 별 레이어와 링크하고, 키보드의 (Ctrl)+(↑)를 두 번 눌러 2픽셀 정도 위로 이동합니다.

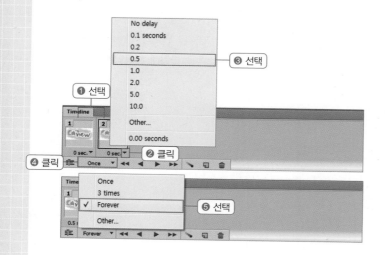

⑲ 레이어를 복수 선택할 때처럼 Timeline 패널에서 2개의 프레임을 복수 선택한 다음, 0sec 옆의 삼각형 버튼(▼)을 눌러 재생 시간을 0.5초로 선택합니다. 애니메이션 무한 반복 재생을 위해 [Once]를 클릭해 [Forever]로 바꿉니다.

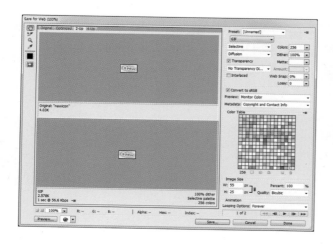

⑳ Timeline 패널의 재생 버튼(▶)을 누르면 만든 애니메이션을 확인할 수 있습니다. 정지 버튼(■)을 누른 후, 메뉴의 [File]−[Save for Web]를 선택하여 gif 파일로 저장합니다.

㉑ 쇼핑몰 관리자에서 제작한 아이콘을 등록해 놓고 신상품을 등록할 때마다 지정하여 노출하면 됩니다.

쇼핑몰의 메인 이미지는 방문자가 쇼핑몰에 들어왔을 때 가장 먼저 보게 되는 시각 정보입니다. 메인 이미지는 쇼핑몰의 분위기를 크게 좌우하기 때문에 이미지 하나를 1년 내내 계속 쓰기보다는 계절이나 특별한 성수기 시즌(크리스마스, 연초, 가정의 달, 추석 등)에 맞춰 약간씩 분위기를 바꿔 주는 것이 좋습니다. 그래서 오늘은 간단한 방법으로 하나의 원본 이미지를 바탕으로 하여 계절별로 다른 분위기를 내는 방법을 배워 보겠습니다.

◀ 봄　　◀ 여름　　◀ 가을　　◀ 겨울

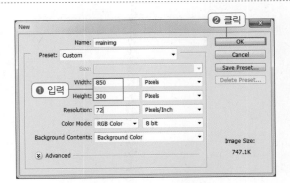

❶ Ctrl+N을 눌러 가로 850픽셀, 세로 300픽셀의 새 파일을 만듭니다. 실제 메인 이미지 규격은 800×250픽셀이지만 모서리 곡선 작업의 정확성을 위해 작업 파일을 넉넉한 크기로 만든 것입니다.

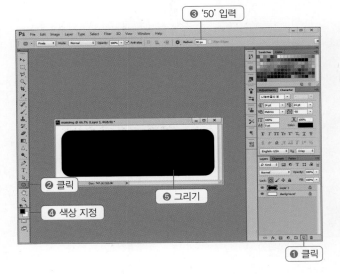

❷ Layers 패널 하단에서 [Create a new layer](🗀)를 클릭하여 새 레이어를 추가한 후, Tools 패널에서 Rounded Rectangule Tool(🔲)을 선택하고, 상단의 옵션바에서 Radius를 '50'으로 지정합니다. 전경색을 검은색으로 지정하여 가로 800픽셀, 세로 250픽셀 크기의 검은색 둥근 사각형을 만듭니다.

> **Tip** : 가로 800픽셀, 세로 250픽셀 크기의 둥근 사각형을 그리기 위해서는 메뉴의 [Window]–[Info]를 선택하여 Info 패널을 열고 W와 H가 각각 800, 250이 되는 지점에서 마우스 드래그를 멈추면 좀 더 편하게 그릴 수 있습니다.

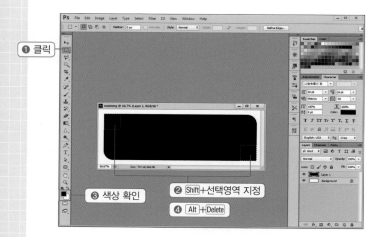

① 클릭

③ 색상 확인
② Shift+선택영역 지정
④ Alt+Delete

❸ Tools 패널에서 Rectangular Marquee Tool(▣)을 선택하고, Shift를 누르면서 대칭되는 한 쌍의 사각형 선택영역을 지정한 후, 전경색이 검은색인지 확인하고 색을 채워(Alt + Delete) 줍니다.

Tip : Shift를 누르면서 선택영역을 추가하는 것이 힘들면 한 곳씩 잡아서 검은색으로 채워도 됩니다.

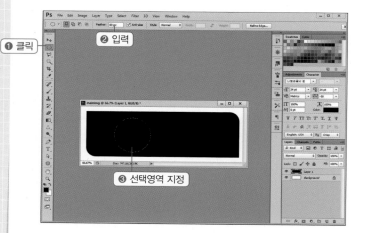

① 클릭

② 입력

③ 선택영역 지정

❹ Tools 패널에서 Elliptical Marquee Tool(◎)을 선택한 후 상단 옵션바에서 Feather에 '60'을 입력한 다음, 큰 원형 선택영역을 그림과 같이 만들어 줍니다.

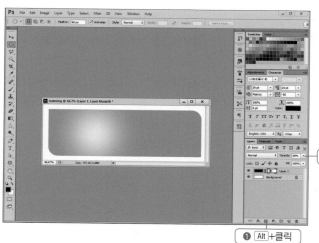

② 40% 조절

① Alt +클릭

❺ Alt를 누른 상태에서 Layers 패널 하단의 [Add layer mask](▣)을 클릭하여 마스크를 적용하고, 생성된 레이어의 투명도를 40%로 조절합니다.

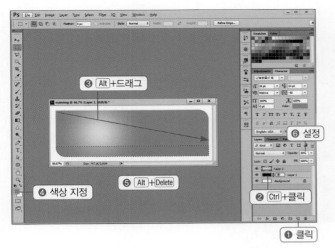

❻ 레이어 최상위에 새 레이어를 추가하고 Layers 패널에서 Layer 1의 검은색 사각형 섬네일 부분을 [Ctrl]을 누르면서 마우스로 클릭하면 둥근 사각형이 선택영역으로 잡힙니다. 선택된 둥근 사각형에서 상단을 제외하고 67 픽셀 높이의 아랫부분만 선택영역으로 잡아주기 위해 [Alt]를 누른 채 제외할 사각형 부분을 드래그하면 드래그한 부분만 선택영역에서 제외됩니다. 남은 선택영역을 'F26D7D' 색상으로 채우고 투명도를 30%로 조절해주세요.

❼ 윈도우 탐색기를 실행하여 부록 CD의 'sample/mission/flower.jpg' 파일을 작업 중인 캔버스로 드래그 앤 드롭하여 불러옵니다. Layer 1과 Layer 2 사이에 이 레이어가 놓이도록 순서를 조정한 후, 레이어 위에서 마우스 오른쪽 버튼을 클릭해 [Rasterize Layer]를 선택합니다.

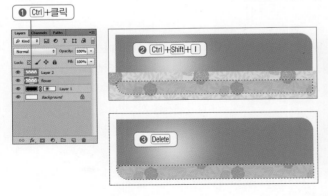

❽ Layer 2 섬네일을 [Ctrl]을 누른 채 클릭한 후, [Ctrl]+[Shift]+[I]를 눌러 선택영역을 반전합니다. 이 상태에서 [Delete]를 누르면 둥근 사각형과 맞지 않는 꽃무늬 영역은 제거됩니다. 제거한 후 선택영역은 해제([Ctrl]+[D])하세요.

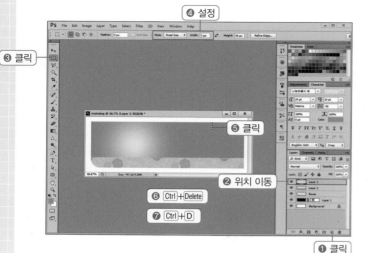

⑨ Layers 패널 하단에서 [Create a new layer](▣)를 클릭하여 새 레이어를 추가하고, 레이어 순서는 가장 위쪽으로 이동합니다. Tools 패널에서 Rectangular Marquee Tool(▣)을 선택한 후 상단 옵션바에서 Style은 'Fixed Size', W에 '3', H에 '50'을 입력하고 이미지를 클릭하면 3×50픽셀의 사각형 선택 영역이 만들어집니다. Ctrl+Delete를 눌러 흰색으로 채운 후 Ctrl+D를 눌러 선택영역을 해제합니다.

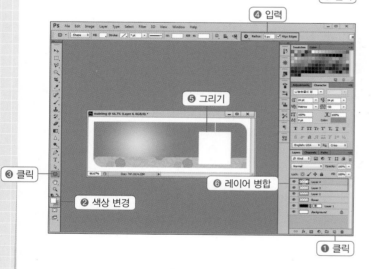

⑩ Layers 패널 하단에서 [Create a new layer](▣)를 클릭하여 새 레이어를 추가하고, 전경색을 흰색으로 변경합니다. Tools 패널에서 Rounded Rectangle Tool(▣)을 선택하고 상단 옵션바에서 Radius에 '5'를 입력합니다. 그림과 같이 가로 170픽셀, 세로 180픽셀의 둥근 사각형을 그립니다. 이 레이어와 ⑨번에서 만든 레이어를 합해 줍니다.

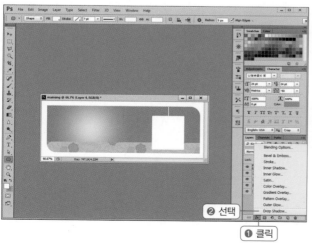

⑪ Layers 패널 하단의 [Add a layer style](fx.)을 클릭해 [Drop Shadow]를 선택합니다. [Layer Style] 대화상자가 나타나면 그림과 같이 옵션을 지정합니다.

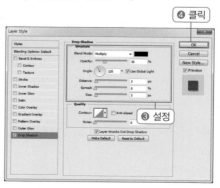

❷ 채우기

❶ 클릭

⓬ Layers 패널 하단에서 [Create a new layer](□)를 클릭하여 새 레이어를 추가하고, 액자의 여백을 사방으로 8픽셀씩 남겨 두고 왼쪽 그림과 같이 위는 'F2779F', 아래는 'FECDD1' 색상으로 채웁니다.

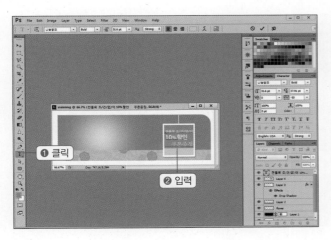

❶ 클릭

❷ 입력

⓭ Tools 패널에서 Type Tool(T)을 선택한 후, '전품목 조/건/없/이 10%할인 쿠폰 증정'을 입력합니다. 글자에서 연분홍색은 'FECDD1'입니다.

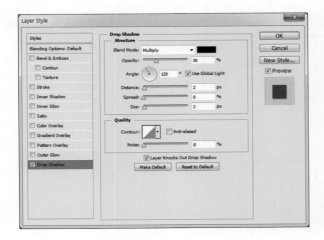

⓮ 글자들이 잘 보이도록 Drop Shadow 효과를 줍니다. 옵션은 왼쪽 그림과 같이 지정해 주세요.

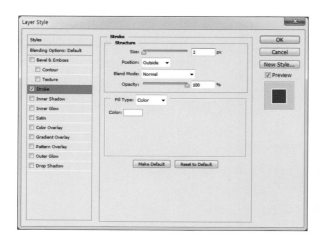

⑮ 액자의 하단에는 'News&Event'를 입력하고 Stroke 효과를 줍니다. 옵션은 왼쪽 그림과 같이 지정해 주세요.

❶ 이미지 불러오기

❷ 순서 조절

⑯ 부록 CD의 sample/mission/cosmetic.jpg 파일을 작업 중인 캔버스로 드래그 앤 드롭하여 불러옵니다. Layer 2 레이어 위에 cosmetic 레이어가 놓이도록 순서를 조정한 후, 레이어 위에서 마우스 오른쪽 버튼을 클릭해 [Rasterize Layer]를 선택합니다.

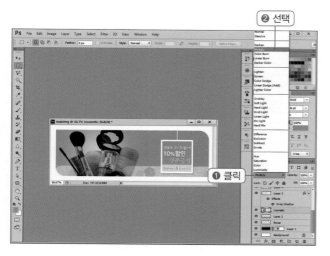

❷ 선택

❶ 클릭

⑰ Cosmetic 레이어의 블렌드 모드를 Multiply로 변경합니다.

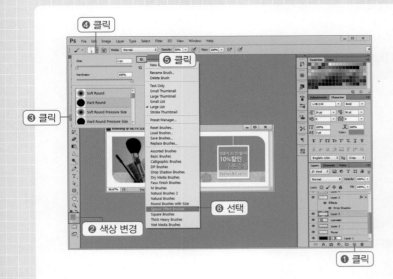

⑱ Layers 패널 하단에서 [Create a new layer](□)를 클릭하여 새 레이어를 추가하고 전경색은 'F16D7E', 배경색은 'FFD65B'로 지정합니다. Tools 패널에서 Brush Tool(✎)을 선택하고, 상단 브러시 옵션바에서 [Special Effect Brushes]를 불러옵니다. 새로 나타난 브러시 세트에서 'Butterfly' 브러시를 선택합니다.

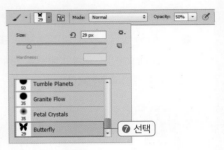

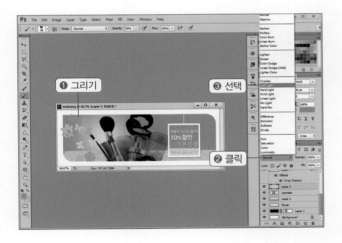

⑲ 캔버스의 왼쪽 상단에 Butterfly 브러시를 찍거나 드래그하여 나비를 그립니다. 나비 색깔이 너무 튀므로 레이어 블렌드 모드를 Soft Light로 변경합니다.

⑳ 회색 톤의 배경에 분홍색이 어우러져 화사하면서도 너무 들뜨지 않은 봄 분위기의 메인 이미지가 완성되었습니다.

봄, 여름, 가을, 겨울 메인 이미지 만들기

여름용 메인 이미지

❶ 'maiming_spring.psd' 파일의 제목 표시줄에서 마우스 오른쪽 버튼을 클릭해 [Duplicate]를 선택합니다. [Image]−[Duplicate] 메뉴를 선택해도 됩니다. 복제 파일의 이름을 'maiming_summer'로 입력하고 [OK] 버튼을 클릭합니다.

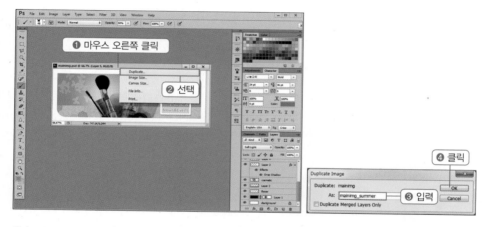

❷ 'maiming_summer' 파일의 Layer 2가 선택된 상태에서 Layers 패널 하단의 [Add a layer style]([fx.])을 클릭하여 [Color Overlay]를 선택합니다.

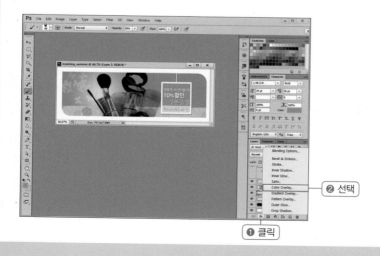

❸ [Layer Style] 대화상자에서 색상을 '00AEEF'로 바꾸고 [OK] 버튼을 클릭합니다.

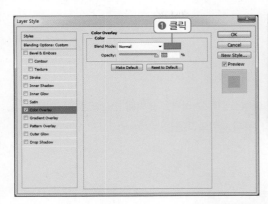 

❹ Layer 5(나비 레이어)를 삭제한 후, 윈도우 탐색기를 실행하여 부록 CD의 'sample/mission/water.jpg' 파일을 작업 중인 캔버스로 드래그 앤 드롭하여 불러옵니다. 레이어 위에서 마우스 오른쪽 버튼을 클릭해 [Rasterize Layer]를 선택합니다.

❺ Water 레이어의 블렌드 모드를 Soft Light로 바꿉니다.

❻ 액자의 색상과 글자 색상을 다음 그림처럼 바꿉니다.

가을용 메인 이미지

❶ 'maiming_summer.psd' 파일의 제목 표시줄에서 마우스 오른쪽 버튼을 클릭해 [Duplicate]를 선택합니다. [Image]−[Duplicate] 메뉴를 선택해도 됩니다. 복제 파일의 이름을 'maiming_fall'로 입력하고 [OK] 버튼을 클릭합니다.

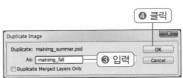

❷ 'maiming_fall' 파일의 Layer 2에 적용된 [Color Overlay]를 더블클릭합니다. [Layer Style] 대화상자가 나타나면 Color Picker를 클릭해 색상을 '602411'로 바꾸고 [OK] 버튼을 클릭합니다.

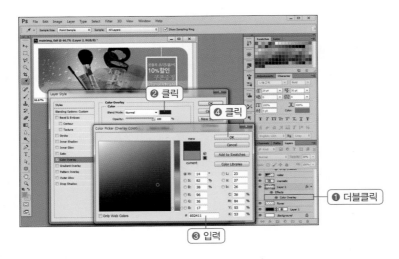

❸ Layer 5(water 레이어)를 삭제하고 Layers 패널 하단에서 [Create a new layer](🖼)를 클릭하여 새 레이어를 추가합니다. Tools 패널에서 Custom Shape Tool(🖼)을 선택하고, 옵션바에서 'Leaf 2'를 선택하여 캔버스의 왼쪽 위에 적당한 크기로 그립니다.

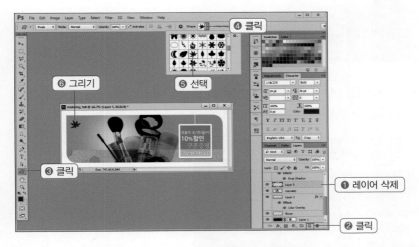

❹ Layers 패널 하단의 [Add a layer style](🇳🇿)을 클릭하고 [Gradient Overlay]를 선택합니다. [Layer Style] 대화상자에서 그레이디언트 옵션을 그림과 같이 설정합니다.

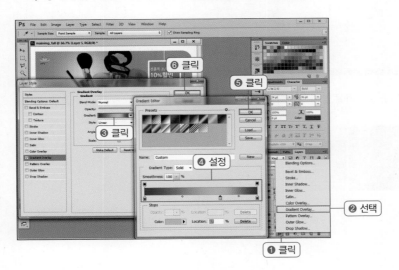

❺ 단풍잎 레이어를 여러 개 복사하여 크기와 방향을 조절해 그림처럼 자연스러운 모양으로 흐트려 줍니다. 여러 개의 단풍잎 레이어는 하나의 레이어로 병합합니다.

❻ 병합된 단풍잎 레이어가 선택된 상태에서 Layers 패널 하단의 [Add a layer style]([fx.])을 클릭해 [Drop Shadow]를 선택합니다. [Layer Style] 대화상자가 나타나면 옵션은 아래와 같이 지정합니다.

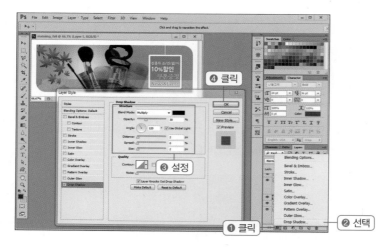

❼ 액자와 글자 색상을 가을 분위기에 맞춰 그림처럼 바꿉니다.

겨울용 메인 이미지

❶ 'maiming_fall.psd' 파일의 제목 표시줄에서 마우스 오른쪽 버튼을 클릭해 [Duplicate]를 선택합니다. [Image] – [Duplicate] 메뉴를 선택해도 됩니다. 복제 파일의 이름을 'maiming_winter'로 입력하고 [OK] 버튼을 클릭합니다.

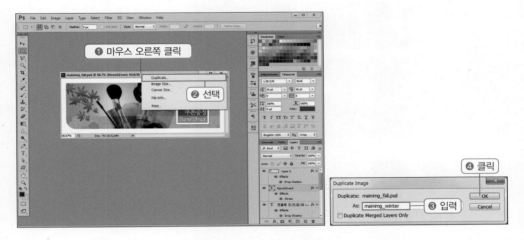

❷ 'maiming_fall' 파일의 Layer 2에 적용된 [Color Overlay]를 더블클릭합니다. [Layer Style] 대화상자에서 Color Picker를 클릭해 색상을 '005951'로 바꾸고 [OK] 버튼을 클릭합니다.

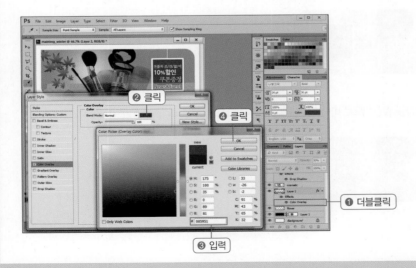

❸ Layer 5(단풍잎 레이어)를 삭제하고 Layers 패널 하단에서 [Create a new layer](□)를 클릭하여 새 레이어를 추가합니다. Tools 패널에서 Elliptical Marquee Tool(□)을 선택하고 Feather에 '2'를 입력한 후 눈송이를 그립니다. 눈송이를 여러 개 복사하여 크기와 투명도를 조절해 자연스러운 모양으로 흐트려 줍니다. 여러 개의 눈송이 레이어는 하나의 레이어로 병합합니다.

❹ 액자와 글자의 색상을 그림과 같이 바꿉니다.

❺ 마지막으로 액자 색상을 빨간색으로 바꾸고, 그 위에 초록색 사선을 넣어 크리스마스 분위기를 내 줍니다.

팝업창 디자인은 쇼핑몰 솔루션마다 기본적으로 제공하는 디자인들이 여러 개 있지만 디자인이 평이합니다. 쇼핑몰 메인 페이지 로딩 시 팝업창이 나타나도록 하는 설정은 쇼핑몰 관리자에서 버튼 클릭 하나만으로도 쉽게 할 수 있습니다. 오늘은 기본으로 제공되는 팝업이 아닌, 직접 제작한 디자인으로 팝업 공지 내용의 주목성을 높여 보겠습니다.

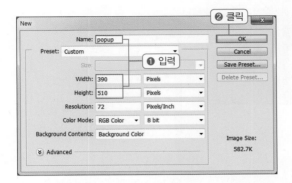

❶ 파일 이름 'popup', 가로 390픽셀, 세로 510픽셀의 새 파일을 만듭니다.

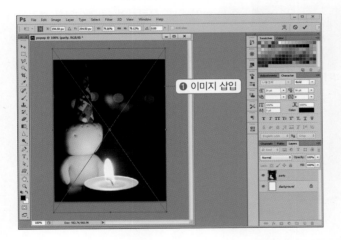

❷ 부록 CD의 'sample/mission/party.jpg' 파일을 작업 중인 캔버스로 드래그 앤 드롭합니다. 세로 길이에 맞게 이미지가 삽입되는데, 바운딩 박스 모서리를 바깥쪽으로 드래그하여 흰색 여백이 보이지 않게 파티 이미지를 확대하고 Enter를 누릅니다. 레이어 위에서 마우스 오른쪽 버튼을 클릭해 [Rasterize Layer]를 선택합니다.

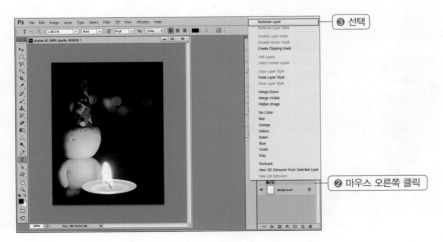

③ 전경색을 흰색으로 지정한 후, Tools 패널에서 Brush Tool(🖌️)을 선택하고 상단 옵션바의 브러시 세트 중에서 [Dry Media Brushes]를 선택합니다. 브러시 종류에서 'Heary Smear Wax Crayon'을 선택합니다.

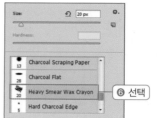

④ Layers 패널 하단에서 [Create a new layer(🔲)]를 클릭하여 새 레이어를 추가하고, 20픽셀 굵기의 거친 질감 브러시로 캔버스 가장자리를 칠해 줍니다.

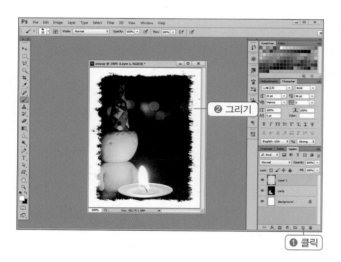

⑤ Tools 패널에서 Type Tool(🆃)을 선택해 이미지 오른쪽에 이벤트 내용을 입력합니다. 문자 색상은 다음과 같습니다.

– 1주년 이벤트 : 00FFFF
– 1월~레깅스 : FFD65A

인터넷 쇼핑몰에서 가장 많은 아이템이 '의류'입니다. 의류는 사람들이 몸에 착용하는 것인 만큼, 상품설명에는 정확한 사이즈가 표시되어 있어야 합니다. 샘플 의류를 이용해 각 부위 명칭이 어디를 가리키는지 안내하는 이미지를 만들어 보겠습니다. 단순히 총길이 ○○, 밑위 길이 ○○, 엉덩이 둘레 ○○로 무미건조하게 텍스트로 늘어놓는 것보다는 고객들이 직관적으로 상품의 규격을 알 수 있도록 참고 이미지를 삽입해 주면 훨씬 좋을 것입니다.

샘플 의류 위에 화살표와 텍스트 넣기

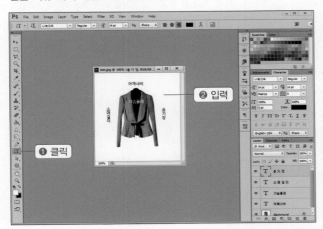

❶ 부록 CD의 'sample/mission/size.jpg' 파일을 연 다음, Type Tool(T.)을 이용해 이미지 위에 명칭을 입력합니다. 옷 위에 표시되는 가슴둘레는 잘 보이도록 흰색으로 입력하고, 소매길이와 총 기장은 Vertical Type Tool (IT.)을 선택해 세로로 길게 입력합니다.

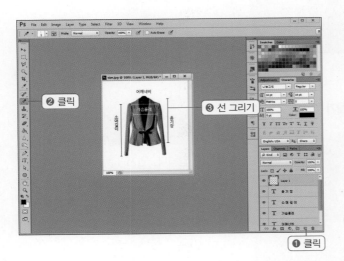

❷ 맨 위에 새 레이어를 하나 추가한 후, Pencil Tool(✎.)로 부위별 길이를 나타내는 선을 그어 줍니다. 일직선을 그릴 때에는 Pencil Tool로 시작점을 찍은 상태에서 Shift를 누른 채 드래그하면 됩니다. 선의 양 끝이 정확히 나타나도록 세로선 양 끝에 가로선을 짧게 그어 줍니다.

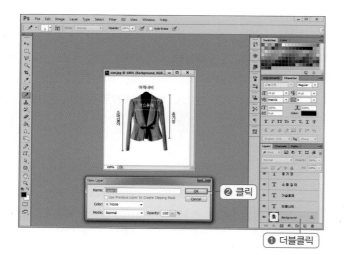

❸ 의류 이미지가 너무 두드러져 보일 경우에는 의류 레이어의 투명도를 60% 정도로 낮춰 줍니다. 그러기 위해서는 의류 Background 레이어를 더블클릭하여 일반 레이어로 전환해야 합니다.

Tip : Background 레이어를 일반 레이어로 전환하면 배경이 투명하므로 이미지가 잘 보이지 않습니다. 그럴 경우에는 새 레이어를 추가하여 흰색으로 채워 준 후 레이어 순서를 바꿔 가장 아래쪽으로 드래그합니다.

❷ 클릭

❶ 더블클릭

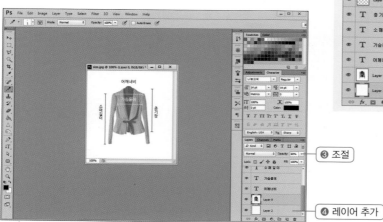

❸ 조절

❹ 레이어 추가

샘플 의류의 라인을 그려서 심플한 일러스트 만들기

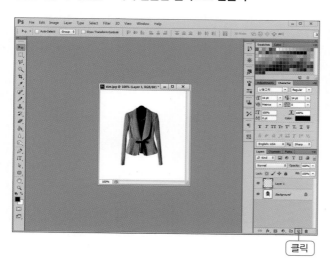

❶ 부록 CD의 'sample/mission/size.jpg' 파일을 엽니다. 먼저 Layers 패널 하단의 [Create a new layer](🔲)를 클릭하여 옷본 레이어 위에 새 레이어를 하나 추가해 둡니다. 여기에 의류 라인이 들어갑니다.

클릭

❷ Paths 패널에서 [Create new path](![icon])를 클릭한 후 Pen Tool(![icon])로 옷의 외곽선을 따라 패스를 그려 줍니다.

❸ 패스를 선으로 전환하기 전에 선의 종류와 색상, 두께를 미리 지정해 줘야 합니다. Tools 패널에서 Brush Tool(![icon])을 선택하고, 상단 옵션바에서 크기는 '2'로 지정합니다. 전경색은 '663300'으로 바꿔 주세요.

Tip : 원하는 브러시 종류가 보이지 않을 경우에는 [Reset Brushes]를 선택하여 기본 브러시 세트로 세팅해 줍니다.

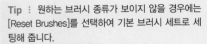

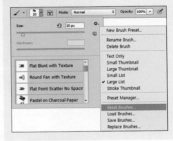

❹ Paths 패널에서 [Stroke path with brush](![icon])을 클릭합니다.

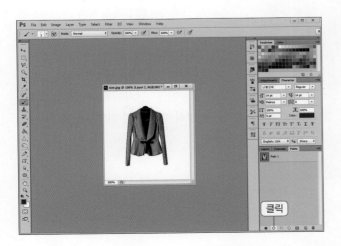

❺ 패스가 2픽셀 두께의 진갈색 브러시 라인으로 전환되어 미리 만들어 두었던 레이어에 그려집니다.

② 패스 그리기

❸ 클릭 ❶ 클릭

❻ 이번에는 두 번째 패스를 만들어 좀 더 자세한 라인을 그려 보겠습니다. 세 번째 패스에는 소매의 주름을 몇 개 그려 넣어 라인에 생동감을 줍니다.

② 패스 그리기

❸ 클릭 ❶ 클릭

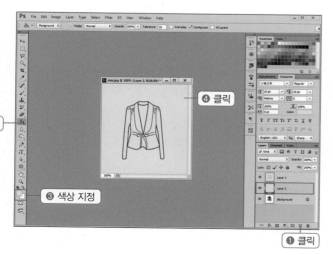

❷ 클릭

❸ 색상 지정

❹ 클릭

❶ 클릭

❼ 다 완성되었는데 옷본이 보여서 라인이 잘 보이지 않습니다. [Create a new layer] (▢)를 클릭하여 맨 아래의 옷본 레이어와 라인 레이어 사이에 레이어 하나를 추가합니다. 그런 다음, Paint Bucket Tool(▨)을 선택하고 밝은색을 지정하여 레이어 바탕에 색을 채웁니다. 심플하면서도 원래 상품의 디테일을 잘 보여 주는 라인 이미지가 완성되었습니다.

신상품이 입고되어 사진촬영을 했는데 사이즈가 맞지 않아 모든 사진을 쇼핑몰에 사용할 크기로 줄여야 하는 경우가 있습니다. 오늘은 이 단순하고 반복적인 작업을 한번에 쉽고 빠르게 할 수 있는 방법을 배워 보겠습니다. 익숙해지기 전까지는 처리하고자 하는 파일이 들어 있는 폴더를 복사하여 사본을 만들어 연습하세요. 실수로 원본이 잘못되면 촬영을 다시 해야 하는 불상사가 생길 수도 있으니까요.

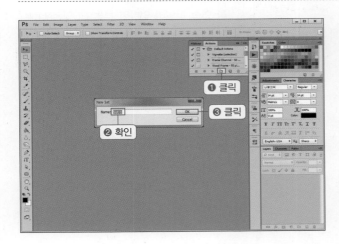

❶ 메뉴에서 [Window] – [Actions]을 선택하여 Actions 패널을 엽니다. Actions 패널의 아래쪽 아이콘 중에서 [Creat new set] (🗀)을 클릭합니다. 나타나는 [New Set] 대화상자에는 기본값으로 'Set 1'이 입력되어 있습니다. 이 상태에서 [OK] 버튼을 클릭합니다.

❷ 이렇게 해서 새로운 액션 세트가 생겼고 그 안에 새 액션을 만들어 줘야 합니다. Actions 패널에서 [Create new action](🔲)을 클릭한 후, [New Action] 대화상자가 나타나면 자동 입력되어 있는 상태 그대로 둔 채 [Record] 버튼을 클릭합니다.

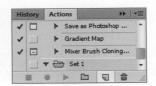

❸ Actions 패널 하단의 두 번째 아이콘이 빨강으로 바뀌었으며, 앞으로 작업할 포토샵의 모든 과정을 저장할 준비가 완료되었습니다.

❹ Actions 기능으로 크기를 줄일 촬영 이미지들 중의 하나를 포토샵에서 엽니다. 적당한 연습 파일이 없다면 부록 CD의 sample/mission/action 폴더에서 '10117751M.jpg' 파일을 열어 사용하세요.

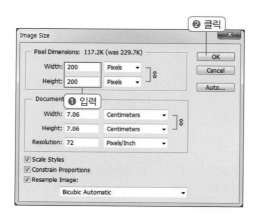

❺ 메뉴에서 [Image]-[Image Size]를 선택해 이미지 사이즈를 기존의 280×280픽셀에서 200×200픽셀로 줄이고 [OK] 버튼을 클릭합니다.

❻ 크기가 줄어든 파일을 저장해야 하는데, 이때는 action 폴더 안에 저장하지 말고 action 폴더 안에 action_test라는 폴더를 새로 만들어 그 안에 jpg 파일로 저장합니다.

Tip : 파일을 닫을 때 변경된 이미지를 저장할 것인지를 묻는데, 새 폴더를 만들어서 줄어든 이미지는 이미 저장했고 원본인 280×280 이미지는 그대로 보존하고 싶다면 [No] 버튼을 클릭하세요.

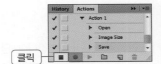

⑦ Actions 패널 하단에서 첫 번째 아이콘인 액션 중지 아이콘(■)을 클릭하여 액션 녹화 작업을 마칩니다.

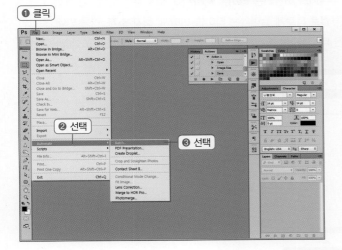

⑧ 이제 녹화된 액션을 모든 이미지에 적용해 보겠습니다. 메뉴에서 [File] – [Automate] – [Batch]를 선택합니다.

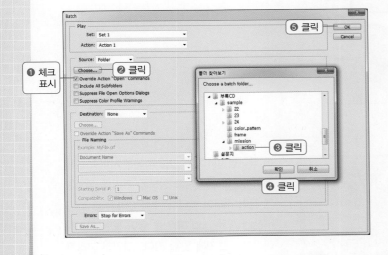

⑨ [Batch] 대화상자가 나타나면 'Override Action "Open" Commands'에 체크 표시를 하고, 그 위의 [Choose] 버튼을 클릭합니다. [폴더 찾아보기] 대화상자가 나타나면 이미지 사이즈를 바꿀 원본 이미지들이 있는 action 폴더를 찾아 클릭한 후 [확인] 버튼을 클릭합니다. 폴더를 지정했으면 [OK] 버튼을 클릭해 [Batch] 대화상자를 닫습니다.

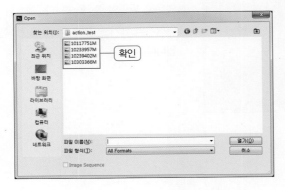

⑩ 대화상자를 닫자마자 action 폴더 안의 원본 이미지들이 하나씩 열리며 이미지가 축소되고 action_test 폴더에 저장되는 과정이 빠르게 진행됩니다. 액션 작업이 완료된 다음 action_test 폴더에는 200×200으로 축소된 이미지 파일들이 모두 저장되어 있음을 확인할 수 있습니다.

각 상품분류 페이지, 회사 소개나 이용 안내 페이지 상단에는 제목이 들어갑니다. 단조롭고 눈에도 잘 띄지 않는 텍스트로만 제목을 넣는 것이 아니라, 쇼핑몰 전체 분위기와 어울리는 타이틀 이미지를 넣어 주면 사이트가 훨씬 고급스럽고 짜임새 있어 보입니다. 오늘은 각 상품 분류별로 다르게 들어가는 타이틀 이미지, 회사 소개, 이용 안내, 로그인 등의 페이지에 들어가는 타이틀 이미지를 일관된 디자인으로 작성하여 약간의 변화만 주면서 만들어 보겠습니다.

▲ 일관된 디자인의 페이지별 타이틀 이미지

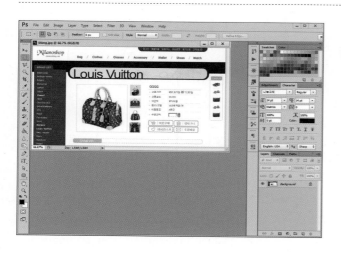

❶ 타이틀 이미지를 만들 때에는 사이트 전체 레이아웃이 망가지지 않도록 크기를 정확하게 잡아 주어야 합니다. 부록 CD의 'sample/mission/titimg.jpg' 파일을 열어 보면 타이틀 이미지의 크기에 맞춰 가이드라인이 그려져 있음을 확인할 수 있습니다. 제작할 타이틀 이미지의 크기는 가로 740픽셀, 세로 97픽셀 입니다.

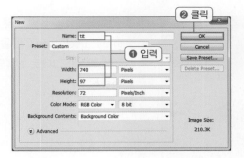

❷ 클릭

❶ 입력

❷ [File]–[New] 메뉴를 선택해 파일 이름 'tit', 가로 740픽셀, 세로 97픽셀 크기의 새로운 파일을 만듭니다.

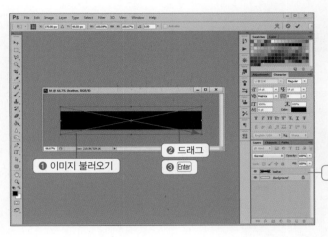

❶ 이미지 불러오기
❷ 드래그
❸ Enter
❹ 일반 레이어로 변경

❸ 윈도우 탐색기를 실행해 부록 CD의 'sample/mission/leather.jpg' 파일을 작업 중인 캔버스로 드래그 앤 드롭합니다. 바운딩 박스 모서리를 바깥쪽으로 드래그하여 흰색 여백이 보이지 않게 이미지를 확대하고 Enter를 누릅니다. 레이어 위에서 마우스 오른쪽 버튼을 클릭해 [Rasterize Layer]를 선택합니다.

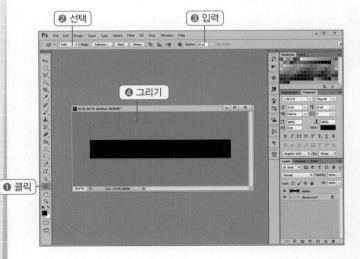

❷ 선택
❸ 입력
❹ 그리기
❶ 클릭

❹ Tools 패널에서 Rounded Rectangle Tool (▢)을 선택하고, 상단 옵션바에서 'Paths' 타입, Radius '50'을 입력한 후에 그림과 같이 가로 740픽셀, 세로는 아랫쪽이 캔버스 끝에 닿도록 둥근 사각형 패스를 그려 줍니다.

Tip : 둥근 사각형 패스의 위치를 조정할 필요가 있다면, Tools 패널에서 Path Selection Tool(▶)을 선택하여 그려진 패스 라인을 클릭하세요. 패스가 전체 선택되며, 키보드 화살표나 마우스로 드래그하여 원하는 위치로 이동할 수 있습니다.

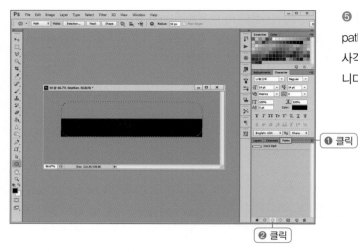

❺ Paths 패널을 클릭한 후, 하단의 [Load path as a selection](⊙)을 클릭하면 둥근 사각형 패스가 그대로 선택영역으로 전환됩니다.

❶ 클릭

❷ 클릭

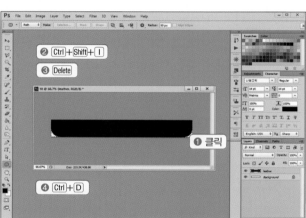

❷ Ctrl + Shift + I

❸ Delete

❶ 클릭

❹ Ctrl + D

❻ Layers 패널로 돌아와 선택영역을 반전(Ctrl + Shift + I)한 후에 Delete를 누르면 반전된 선택영역이 제거됩니다. 선택영역을 해제(Ctrl + D)하세요.

❹ 선택

❺ 입력

❸ 클릭

❷ 색상 변경

❻ 그리기

❶ 클릭

❼ Layers 패널에서 새 레이어를 추가하고, Tools 패널에서 전경색을 'EEE9E6'으로 지정합니다. Rounded Rectangle Shape Tool(▢)을 선택하고, 상단 옵션바에서 'Pixels' 타입, Radius '50'을 입력한 후 712×67픽셀의 둥근 사각형을 그림과 같은 위치에 그립니다. 마우스로 드래그하여 그리는 둥근 사각형의 크기는 Info 패널의 W값과 H값을 보면 실시간으로 확인할 수 있습니다.

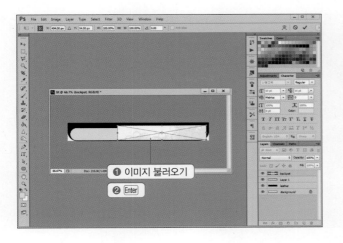

① 이미지 불러오기

② Enter

⑧ 부록 CD의 'sample/mission/backpat.jpg' 파일을 작업 중인 캔버스로 드래그 앤 드롭한 후 Enter 를 누릅니다. 레이어 위에서 마우스 오른쪽 버튼을 클릭해 [Rasterize Layer]를 선택합니다. 이 backpat 레이어의 블렌드 모드를 Multiply로 바꿉니다.

⑥ 선택

⑤ 클릭

③ 마우스 오른쪽 클릭

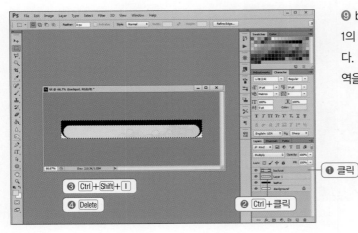

⑨ backpat 레이어가 선택된 상태에서 Layer 1의 섬네일 부분을 Ctrl 을 누르면서 클릭합니다. 이 상태에서 Ctrl + Shift + I 를 눌러 선택영역을 반전한 후에 Delete 를 누릅니다.

③ Ctrl + Shift + I

④ Delete

① 클릭

② Ctrl + 클릭

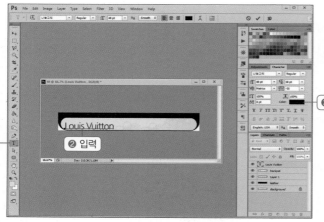

❶ 클릭
❷ 입력

⑩ Tools 패널에서 Typle Tool(T)을 선택하고 그림과 같이 상품분류별 타이틀을 입력합니다. 글자 색상은 진한 회색인 '1C1C1C'로 설정했습니다.

❸ 설정

❶ 입력
❷ 클릭

⑪ 이렇게 해서 루이비통 분류의 타이틀 이미지가 완성되었습니다. Ctrl+Shift+S를 눌러 'tit_louis.jpg'로 저장합니다.

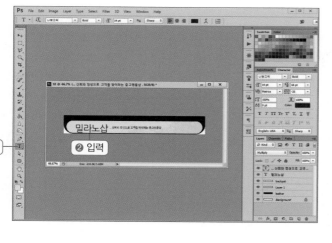

❶ 클릭
❷ 입력

⑫ 이번에는 작업한 이미지의 배경 패턴 색상과 글자를 바꿔 회사 소개 타이틀 이미지를 만들어 보겠습니다. 그림과 같이 문자를 입력합니다.

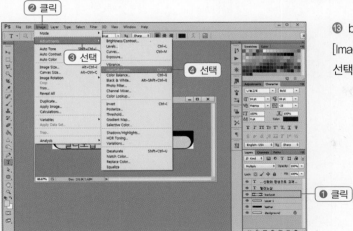

⑬ backpat 레이어를 선택한 후, 메뉴에서 [Image]-[Adjustments]-[Hue/Saturation]을 선택합니다.

⑭ [Hue/Saturation] 대화상자가 나타나면 Hue '180', Saturation '40'을 입력하고 [OK] 버튼을 클릭합니다. 배경이 블루 톤으로 바뀝니다.

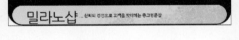

⑮ 작업이 끝나면 Ctrl+Shift+S를 눌러 'tit_com.jpg'로 저장합니다.

PART 5

온라인 쇼핑몰
운영하기

자, 이제 쇼핑몰을 본격적으로 운영하는 단계로 접어들었습니다. 쇼핑몰 오픈하느라 지금까지 한 고생은 앞으로 넘어야 할 산에 비하면 동네 언덕이었다고 할 수 있습니다. 오픈 준비 과정에서는 여러분이 의사결정 주도권을 쥔 '갑'의 입장이었다면, 이제부터는 고객의 한마디에 울고 웃는 을의 입장이 되어야 하기 때문입니다. 이제부터 진짜 피말리는 생존 전쟁이 시작되는 셈이죠. 판매가 안 되면 안 되는 대로 스트레스를 받고, 예상 외로 스타트가 좋아서 판매가 제법 되더라도 아직은 미숙한 점이 많아서 시행착오나 실수를 하게 될 것입니다. 이번 파트에서는 쇼핑몰 운영에 관련된 여러 일상 업무들을 어떻게 처리하면 좋을 것인지에 대해 알아보면서 여러분이 실전에서 겪게 될 시행착오를 최대한 줄여보겠습니다.

만족도 100%에 도전하는 고객 전화응대

상품을 직접 보지 않고 구매해야 하는 인터넷 쇼핑몰의 특성상 반품, 교환, A/S, 상품 관련 문의가 오프라인보다는 많을 수밖에 없습니다. 전화나 게시판을 통해 접수되는 고객의 의견과 문의사항을 어떻게 처리하느냐에 따라 쇼핑몰을 이용하는 고객들이 느끼는 쇼핑몰에 대한 이미지가 달라지며, 단골고객 확보의 관건이 되기도 합니다. 쇼핑몰 경험이 없는 경우 전화상담이나 게시판 운영에 익숙해지기까지 몇 달 정도는 실수도 하고 부적절한 고객응대를 하는 경우도 있는데, 이번 단계를 통해 고객응대 시의 기본요령과 난감한 고객응대 건에 대한 시나리오를 미리 읽어 보면서 '막 오픈했어도 오픈한 지 1년 정도 된듯한 노련함과 편안함'을 쇼핑몰 고객들에게 선사하도록 하세요.

Q 온라인 고객과 오프라인 고객은 어떤 차이점이 있나요?

같은 사람임에도 불구하고 오프라인과 온라인의 고객 모습은 확연히 다릅니다. 또한 상품 및 서비스에 대한 기대치도 어디에서 샀느냐에 따라 많은 차이가 납니다. 오프라인에서는 대부분 자신의 주거지역이나 업무지역을 거점으로 하여 정적이고 폐쇄적인 구매를 하는 데 비해 온라인에서는 가격과 서비스를 비교할 수 있는 쇼핑몰들이 무수히 많고, 얼굴이 노출되지 않으며 긍정적이거나 부정적인 평가가 인터넷을 통해 쉽게 확산되어 쇼핑몰에 많은 영향을 끼칠 수 있다는 특징이 있습니다. 더욱이 쇼핑몰에 대한 긍정적인 평가는 굳이 표현하지 않고 조용히 지나치는 반면에, 부정적인 체험은 문제의 경중을 떠나 강한 강도로 불만을 표출하는 경향이 있습니다.

그리고 오프라인은 자신이 직접 상품을 보고 살 수 있기 때문에 구입하기 전의 기대치가 낮고, 기대치와 구입 후 경험치의 간극이 거의 없지만, 쇼핑몰 판매상품은 이와 다릅니다. 사진으로만 상품을 접하며, 운영자의 상품설명, 다른 고객들의 긍정적 혹은 부정적 평가가 뒤섞인 후기를 보고 실제 상품에 플러스 알파(구매자 본인의 주관적인 기대치)가 붙은 상태에서 배송된 상품을 받아 보기 때문에 실제 생각보다 좋든, 나쁘든 기대치와 경험치의 간극이 존재할 수 밖에 없습니다.

기대치가 오프라인 구매에 비해 높은 편인 온라인 구매에서는 불만이 있는 고객 100명 중 5명이 전화를 해서 표현하며, 이 중 고객에게 문제가 있는 경우는 15%입니다. 즉, 이 비율은 쇼핑몰 서비스나 상품의 문제가 아니라 지극히 주관적, 개인적인 불평불만이거나 악의적인 진상고객이라는 것이죠. 그런데 이 5명을 간과할 수 없는 이유는 쇼핑몰 사이트에 나타나는 이들의 불평과 항의가 100명에게 악영향을 끼치기 때문입니다.

쇼핑몰 고객의 특성

고객이 쇼핑을 하는 목적은 '만족'입니다. 이 만족은 구매한 상품을 실제로 사용하면서 느끼는 만족은 물론이고, 구매과정에서 쇼핑몰과 직간접으로 접촉하며 느끼는 심리적인 만족도 큰 비중을 차지합니다. 따라서 게시판 답변, 전화 응대에서 이러한 만족감을 느끼게 해야 합니다.

 게시판도 있고 메일도 있는데 전화고객이 그렇게 많나요?

온라인 쇼핑몰은 주로 인터넷을 통해 상품의 판매가 이루어지지만, 전화만큼 빠르게 고객의 궁금증을 풀어 주고 고객으로부터 주문을 받아 낼 확률이 높은 방법도 없습니다. 모든 통신수단 중에서 동시성이 가장 탁월하다는 특징도 갖고 있습니다. 또한 고객에게 호감 또는 불만을 느끼게 할 수 있는 커뮤니케이션 수단인 만큼 운영자에게는 무척 중요하면서도 부담스러운 통신수단이기도 합니다.

게시판 문의는 실시간으로 대응하지 않아도 되므로 어떤 태도로 고객을 응대할지 준비할 여유가 있지만, 전화는 어느 정도의 순발력과 경험이 요구됩니다. 전화상담 시의 호칭은 처음에는 다소 어색하겠지만 '고객님'이라는 호칭이 부르는 것이 가장 무난합니다. 목소리에는 적당히 예의를 지키면서도 친근한 어감이 담겨 있어야 하며, 너무 사무적이거나 딱딱한 인상을 주지 않도록 주의해야 합니다. 그리고 전화를 처음 받을 때에는 "감사합니다. ○○○(쇼핑몰 이름)입니다", "안녕하세요, ○○○(쇼핑몰 이름)입니다"처럼 간단한 인사말을 붙여 주는 것이 좋습니다. 또한 고객의 이야기가 끝나지 않았는 데도 성급하게 수화기를 내려놓지 않도록 해야 합니다.

미니강좌

운영하는 쇼핑몰이 2개 이상일 경우

쇼핑몰은 2개 이상인데 전화번호가 한 개일 때는 전화를 받을 때 쇼핑몰 이름을 말하기가 애매합니다. 이럴 때에는 쇼핑몰의 이름을 빼고 "감사합니다. 쇼핑몰입니다"라는 멘트를 사용하는 것이 무난합니다.

미니강좌

24시간 전화 노이로제

시도 때도 없이 걸려오는 상담 전화는 쇼핑몰 운영자에게 필요한 최소한의 휴식과 여유조차 허용하지 않을 때도 있습니다. 24시간 걸려오는 전화를 받느라 힘들어 하지 말고, 통화 가능한 시간을 미리 정한 후 그 밖의 시간에는 게시판을 통한 문의만 가능하다는 사실을 쇼핑몰에 공지해 놓으세요.

Q 고객이 전화로 가장 많이 묻는 질문은 무엇인가요?

효율적이고 일관성 있는 전화응대를 위해 주요 전화 내용은 표준응대 시나리오로 정해 두는 것이 좋습니다. 쇼핑몰에서 가장 많은 전화문의는 배송기간 문의, 입금확인, 재고유무 확인입니다.

배송기간

택배발송의 경우 십중팔구는 발송 다음 날에 고객에게 도착하지만, 간혹 그렇지 않은 경우도 있으므로 하루 정도 더 여유를 두고 이야기하는 것이 좋습니다. 또한 택배 마감시간이 지나 결제가 되었다면 당일 배송은 마감되었다는 사실을 알리고 사전에 양해를 구해야 합니다. 물론 주말 및 공휴일이 끼었거나 도서지역이라면 그 점도 감안하여 배송기간을 안내해 줘야겠죠.

> **배송시간 문의 시나리오**
>
> 고　객 : "지금 주문하면 언제 받을 수 있나요?"
> 운영자 : "오늘 오후 ○시까지 결제가 완료되면 오늘 택배로 발송되어 내일 받아보실 수 있지만, 택배사의 사정에 따라 하루 정도 더 걸릴 수도 있습니다."
> 고　객 : "그래요? 그럼 가능한 한 빨리 받아볼 수 있도록 신경 좀 써 주세요."
> 운영자 : "네, 빨리 배송될 수 있도록 최선을 다하겠습니다. 감사합니다."

입금확인

무통장입금 고객들의 대부분은 물건값을 송금한 다음 입금확인을 위해 쇼핑몰에 전화를 합니다. 이때 신속하게 입금을 확인해 주고 배송기간까지 안내해 주는 것이 좋습니다.

> **입금확인 문의 시나리오**
>
> 고　객 : "방금 ○○은행에 ○○○ 이름으로 송금했는데 확인해 주시겠어요?"
> 운영자 : (즉시 확인이 가능할 경우) "네, 잠시만 기다려 주세요. 바로 확인해 드리겠습니다.… 네, ○○○님 성함으로 입금이 확인되었습니다."
> 　　　　(외근 중이라 즉시 확인이 불가능할 경우) "죄송하지만, 지금 외근 중이니 ○시쯤 사무실에 들어가서 확인하고 입금 확인 문자 메시지를 보내드리겠습니다."

재고유무 확인

쇼핑몰에 등록해 놓은 상품의 재고는 자주 체크를 해서 상품주문 시 품절 여부 및 모델별 재고 유무를 고객이 직접 확인하면서 주문할 수 있도록 해야 합니다. 그러나 마니아가 많은 상품일수록 재고가 없는 상태라도 해당 상품의 재입고 시기를 묻는 고객이 많습니다.

> **재고유무 확인 시나리오**
>
> 고　　객 : "A상품의 123모델을 구입하고 싶은데, 재고가 전혀 없나요?"
> 운영자 : 죄송하지만 그 상품은 일시 품절입니다. 이번 주 중에 상품이 재입고될 예정인데, 연락처나 이메일을 알려 주시면 상품이 입고되는 즉시 알려드리겠습니다."
> 고　　객 : "네. 그럼 부탁드리겠습니다."

구매전환 확인

고객 중에는 의외로 특정 상품에 대한 구매이유가 그다지 명확하지 않은 경우도 많습니다. 고객이 원하는 상품의 재입고가 불가능하다면 운영자가 판매상품에 대한 전문가적 식견을 바탕으로 다른 상품의 구매를 조심스럽게 유도해 볼 수도 있습니다.

> **구매전환 유도 시나리오**
>
> 고　　객 : "A상품의 123모델을 구입하고 싶은데, 재고가 전혀 없나요?"
> 운영자 : "죄송하지만 그 상품은 제조사의 사정에 의해 입고 여부가 불투명합니다. 그 상품을 선호하시는 특별한 이유가 있으세요?"
> 고　　객 : "뭐, 특별한 이유가 있는 건 아니지만 디자인이 좋아 보여서요."
> 운영자 : "디자인이 우수한 제품을 선호하신다면, B상품은 어떠십니까? 기능이 다양하고 디자인이 우수해서 최근 좋은 반응을 얻고 있습니다. B상품은 인기상품이라 저희가 미리 재고를 충분히 확보해 놓았기 때문에 오늘 배송해 드릴 수 있습니다."
> 고　　객 : "아, 그래요? 그렇다면 홈페이지에서 그 제품에 대한 정보를 좀 더 살펴보고 주문하겠습니다."

Q 전화로 불평하고 항의하는 고객에게는 어떻게 대처해야 하나요?

고객이 쇼핑몰에 항의하는 내용의 대부분은 다음과 같습니다. 이에 대처하는 여러분이 명심해야 할 사항을 단계별로 제시해 놓았습니다.

고객의 불평불만

"배송이 왜 이렇게 느려요?"
"전화가 왜 이렇게 안돼요?"
"반품한 지 오래 되었는데 환불이 아직도 안돼요?"
"몇 번 사용 안 했는데, 문제가 생겼어요."

대화에 임하는 마음가짐

중간에 고객 말을 끊지 말고 끝까지 잘 듣기
변명하지 않기
감정적으로 응대하지 않기
가능한 한 능력 내에서 처리
가상인물을 활용
기회라고 생각하고 감사 인사

고객상황 이해하고 공감

묵묵부답으로 있지 말고 경청하고 있다는 표시하기
(예) 아, 네~. 그러셨군요.)
고객의 말 중에서 중요한 단어는 반복해서 환기하기
(예) 사이즈 말씀이군요.)
질문하기(언제까지 도착하면 괜찮으시겠어요)
자기 표현하기(네, 만약 제 입장이라도 많이 속상했을 거예요)

양해를 구하는 표현

불쾌하셨겠지만,
불편하시겠지만,
바쁘시겠지만,
번거로우시겠지만,
힘드시겠지만,
죄송합니다만,
실례합니다만,

표현과 제안

제 생각은 이런데, 맞으신가요?
그렇다면 이렇게 해드리는 건 어떠십니까?
적립금이나 상품 업그레이드 제안
그렇다면 이런 상품은 어떠신가요?
그 날짜까지 배송 가능한 다른 상품은 어떠신가요?

암시와 확인

그렇게 해드릴 수는 있지만, 이런 점은 감안하셔야 합니다.
그러면 지금 말씀하신 대로 신속하게 처리해드리겠습니다.
고객님 성함과 연락처, 다시 한 번 확인해드리겠습니다.
진행상황을 문자로 알려드리겠습니다.

28 단계
ONLINE
SHOPPING MALL

회원과 단골고객의 마음 사로잡기

회원과 우수고객은 쇼핑몰의 안정적인 매출유지에 큰 기여를 합니다. 이들이 올려 주는 판매수익에는 신규회원을 유치하기 위해 지출하는 광고비가 포함되어 있지 않기 때문에 수익성이 더욱 높으며, 우수고객의 경우에는 평균 구매단가나 구매횟수도 다른 고객들에 비해 높습니다. 하지만 냉정히 생각해 보면 쇼핑몰에서 영원한 고객은 없습니다. 고객의 입장에서는 다른 쇼핑몰보다 좋다고 생각되는 장점이 있기 때문에 여러분의 쇼핑몰에서 상품을 구입하는 것이니까요. 따라서 이러한 우수고객들을 지속적으로 확보하기 위해서는 차별화된 서비스와 혜택을 꾸준히 제공해 주어야 합니다.

Q 쇼핑몰에서 회원이 그렇게 중요한가요?

몇 년에 한 번씩 구입하는 내구성 소비재이거나 가격조건이 구매결정에 많은 영향을 끼치는 상품일 경우에는 회원이 별 의미가 없을 수도 있습니다. 하지만 대부분의 소호 쇼핑몰의 경우 이러한 조건에 해당하는 아이템보다는 전문성으로 승부하는 아이템을 많이 취급하기 때문에 회원 확보와 매출은 밀접한 연관성을 갖습니다. 쇼핑몰에 있어서 회원 데이터베이스는 매출증대와 정보수집이라는 두 가지 측면에서 그 의미가 크다고 할 수 있습니다.

신상품 및 이벤트 홍보를 통한 매출증대

쇼핑몰 방문자 수를 늘리기 위해 일부러 비용을 들여 검색엔진 광고를 하는 것을 감안해 볼 때, 누적된 회원 데이터베이스를 이용하여 사이트 방문율이 높은 고객층에게 무료로 신상품이나 이벤트 홍보를 정기적으로 할 수 있다는 것은 큰 매력이 아닐수 없습니다.

상품의 주요 고객층에 대한 정보수집 창구

쇼핑몰을 오픈하기에 앞서 나름대로 시장조사를 많이 하고 고객층도 분석해 보았지만, 여러분의 쇼핑몰에 자발적으로 가입한 회원들의 데이터는 그와 비교할 수 없을 정도의 객관성과 정확성을 갖고 있습니다. 회원의 남녀비율, 연령대별, 거주지별, 직업별 등 다양한 기준에 의한 데이터 분석을 통해 판매상품에 대해 구매의사가 있거나 관심을 갖고 있는 고객층을 구체적으로 파악할 수 있습니다.

Q 회원증대에 효과적인 방법들을 소개해 주세요.

회원가입을 하는 방문자들의 목적은 크게 두 가지로 구분됩니다. 실제로 상품을 구입하기 위한 경우와 사이트 내의 특정 정보를 열람하기 위한 경우입니다. 따라서 회원증대를 위해서는 회원으로 상품구입 시 비회원에 비해 우월한 혜택과 편리한 점이 있음을 고객이 인식하도록 해야 하며, 이를 위해 양질의 콘텐츠와 활성화된 커뮤니티가 뒷받침되어야 합니다.

단순히 콘텐츠를 보거나 커뮤니티에 참여하기 위해 회원으로 가입하는 경우는 평상시 잘 사용하지 않는 이메일 주소를 적는 등 회원정보의 정확성이 다소 떨어질 수 있습니다. 하지만 상품구입을 위한 회원가입 시에는 대부분의 정보가 정확하므로 두 가지 부분 모두에서 방문자의 회원가입을 유도할 수 있도록 사이트 운영정책을 세우는 것이 좋습니다.

상품구입 시 회원가입 유도

❶ 회원으로 구매 시 적립금과 포인트 등의 특별혜택이 있음을 알려 주세요.
❷ 회원으로 구매 시 구매내역 조회나 배송조회가 더욱 편리함을 알려 주세요.

콘텐츠를 보거나 커뮤니티에 참여하기 위한 회원가입 유도

❶ 흔하지 않은 고급 콘텐츠를 보유하고 있다면 회원만 열람할 수 있도록 권한설정을 하세요.
❷ 커뮤니티 콘텐츠는 글쓰기나 답글 달기 권한을 회원으로 제한해 설정하고, 인기 게시물 작성자나 답글 달기 우수회원에게 다양한 혜택을 제공하세요.

미 니 강 좌 ⋯⋯⋯

동영상도 활용해 보자!

상품과 관련된 유용한 자료, 강좌 등의 서비스적 성격이 강한 동영상은 희소성이 높은 고급 콘텐츠이기 때문에 회원가입 후 감상하도록 해 놓아도 고객들이 그다지 거부감을 갖지 않습니다. 하지만 판매상품의 특성과 사용법을 알리는 판촉차원에서의 기본 동영상은 누구나 감상할 수 있도록 하는 것이 좋습니다.

Q 정기적인 메일 발송은 오히려 역효과가 나지 않을까요?

네티즌들은 수많은 스팸 메일에 노출되어 있고, 그에 대한 거부감도 날이 갈수록 증가하고 있습니다. 따라서 비록 자신이 회원으로 가입되어 있고, 상품을 구매한 적이 있는 쇼핑몰이라 하더라도 노골적인 홍보문구의 메일을 자주 보내면 오히려 역효과가 날 수 있습니다. 따라서 직설적인 상품홍보 메일보다는 고객에게 알뜰쇼핑 혜택과 유용한 정보 및 재미있는 읽을거리를 정기적으로 제공하겠다는 서비스적인 발상에서 메일을 보내는 것이 좋으며, 간단한 잡지 형태의 메일 매거진을 정기적으로 발행하는 것도 좋습니다.

▲ 회원 메일

이메일 마케팅 요령

- 메일을 수신하는 사람의 입장에서 제목을 정하세요. 사람들이 메일을 열어보는 이유는 자신이 진정으로 원하는 내용(단순한 재미이든, 실질적인 혜택이든)을 보기 위해서입니다.
- 요점은 본문의 첫 단락에서 단순명쾌하게 제시하세요. 요점의 상세한 정보는 아래에서 다루면 됩니다.
- 경쟁 쇼핑몰이 발행하는 이메일을 정기적으로 수신하면서 그들의 커뮤니케이션 방식과 동향을 파악하세요.
- 특정인의 경험담 또는 사례연구는 판매자의 구구절절한 설명보다 더욱 객관적인 정보로 고객에게 인식되므로 적극 활용하세요.

 '메일 매거진'이란 것도 있던데, 구체적으로 어떤 것인가요?

메일 매거진이란, 인터넷의 전자우편 특성을 살려 잡지 형식으로 출판되는 것을 말합니다. 인터넷에서 필요한 정보를 찾아 돌아다닐 필요없이 원하는 정보를 전자우편으로 받아본다는 것이 가장 중요한 특징입니다. 그렇다고 해서 잡지처럼 엄청난 양의 정보와 근사한 사진이 멋진 디자인 속에 담겨 있어야 한다는 부담은 갖지 않아도 됩니다.

하지만 메일 매거진은 메일로 정보수신을 허락하는 회원에 한해서만 발송할 수 있다는 제한이 있습니다. 따라서 일단 웹진 형태로 쇼핑몰에서 소개를 하고, 이를 메일로 받아보기 원하는 회원들에게는 메일 매거진으로 발송하는 것이 가장 좋습니다.

메일 매거진은 읽을 때 질리지 않게 만드는 것이 중요합니다. 예를 들면 정기적인 읽을거리를 제공할 수 있는 칼럼을 게재하거나 이벤트 및 경품 코너를 만드는 것도 한 가지 방법입니다. 이러한 내용들을 읽기 쉬운 레이아웃에 담고 헤드카피는 각 항목의 타이틀을 축약해 재미있는 순서대로 늘어놓습니다. 사람들이 가장 관심을 가질 만한 톱뉴스를 만들고, 쇼핑몰 주소, 구독중지 방법에 대해서도 안내해 주어야 합니다.

메일 매거진은 정기적으로 발행하는 전자잡지의 성격을 띠기 때문에 적지 않은 시간과 노력이 투자되어야 하는 만큼, 너무 성급하게 시작하지 말고 감당할 만한 시간과 노력, 능력이 갖추어졌을 때 실행에 옮기는 것이 좋습니다.

미 니 강 좌 ········

웹진과 메일 매거진

인터넷상에서 발행되는 잡지는 크게 두 가지로 구분됩니다. 하나는 웹진(Web-zine)으로 웹페이지를 직접 찾아가서 보는 형태의 잡지이고, 다른 하나는 개인의 우편함으로 배달되는 메일 매거진(Mail-Magazine, 메일진 또는 멜진)입니다.

메일 매거진의 발행횟수

발행횟수는 월 1회면 잊혀지기 쉽고 매일 발송하면 스팸 메일로 오해받기 쉽기 때문에 정기적으로 1주일에 1회 정도는 발행해야 합니다.

PART 5

▲ 사이트 형식으로 운영되는 웹진

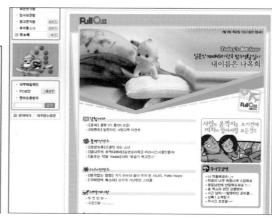
▲ 이메일 형태로 발송되는 메일 매거진

Q 우수(단골)고객은 어느 정도의 고객을 말하는 것인가요?

쇼핑몰마다 취급하는 상품의 종류가 다르고, 가격도 다르기 때문에 구매금액이나 구매횟수를 기준으로 하여 우수고객을 판정하기는 어렵습니다. 여러분의 쇼핑몰을 방문하여 상품을 구매한 적이 있는 고객들 중에서 상대적으로 다른 고객보다 매출 기여도가 높고, 앞으로도 그럴 가능성이 높은 고객을 골라서 좀 더 집중적으로 관리하는 것으로 생각하면 됩니다. 즉, 최근 6개월 동안 1만 원짜리 상품을 3회 구입한 고객은 여러분의 쇼핑몰보다 매출이 높고, 회원수도 많은 경쟁 쇼핑몰에서는 우수고객이 아닐지도 모르지만, 아직 회원수가 많지 않고 매출도 그다지 높지 않은 여러분에게는 관리할 가치가 있는 우수고객이 될 수 있습니다. 일반적으로 쇼핑몰 오픈 후 1년 정도는 되어야 어느 정도 안정적인 단골고객층이 형성됩니다.

미 니 강 좌 ●●●●●●●● 📖

우수(단골)고객

우수고객은 주문횟수나 구매금액이 일반고객보다 월등하게 높습니다. 대개 우수고객 20% 정도가 전체 판매액의 70%를 차지한다는 것이 일반적인 통계입니다.

미 니 강 좌 ●●●●●●●● 📖

단골고객이 열혈 방문자로 변하는 계기

단지 저렴한 가격 때문에 단골이 된 고객은 더 싸게 상품을 판매하는 쇼핑몰을 발견하면 미련없이 떠납니다. 가격 때문에 자주 찾는 단골고객이 진심어린 열혈 방문자로 변하는 것은 때로는 손해도 감수할 수 있다는 운영자의 넓은 아량과 고객에 대한 정성을 느꼈을 때입니다.

우수고객의 쇼핑몰 기여도	❶ 매출 기여도가 높습니다. ❷ 시장을 개척하거나 신상품판매를 개시할 때 든든한 후원자 역할을 해 줍니다. ❸ 주변에 쇼핑몰을 소개하거나 입소문을 내 주기도 합니다. ❹ 신규고객 개척에 드는 비용과 노력보다 단골고객 유지에 드는 비용과 노력이 훨씬 덜 듭니다. ❺ 쇼핑몰의 자발적인 모니터가 되어 줍니다. ❻ 때로는 경쟁 쇼핑몰을 견제하는 지원자가 되어 주기도 합니다.
우수고객 간추리기	❶ 쇼핑몰 회원 데이터베이스 중에서 매출건, 상품수량, 매출액 기준 상위 랭킹 20% 안에 드는 고객을 선정합니다. ❷ 매출 기여도는 높지 않더라도 커뮤니티에 적극적으로 참여해 쇼핑몰의 분위기 메이커 역할을 하는 회원, 자발적으로 양질의 콘텐츠를 자주 올려 주는 회원도 우수고객으로 선정해 관리해야 합니다.

29 단계
ONLINE SHOPPING MALL

각종 게시판 능숙하게 관리하기

게시판은 특정 고객과 운영자 간의 의사교환뿐만 아니라, 다른 방문자들이 게시물 내용들을 공유하면서 직·간접적으로 정보를 얻고 쇼핑몰을 평가하는 중요한 공간입니다. 게시판이 없는 쇼핑몰은 생각할 수도 없을 정도죠. 이번 단계에서는 고객과의 질의응답이 이루어지는 고객게시판을 비롯해 커뮤니티와 콘텐츠 성격의 각종 게시판들을 개설하고, 각 게시판을 효율적으로 관리하는 방법을 알아보겠습니다.

Q 쇼핑몰에 사용되는 게시판의 종류에는 어떤 것들이 있나요?

쇼핑몰 게시판은 고객과의 의사소통을 위한 주요 수단이며, 그 쇼핑몰에 사람들이 얼마나 찾아오고 상품을 구입하는지 간접적으로 느낄 수 있는 곳입니다. 우리가 여러 개 줄지어 있는 식당들 중에서 한곳을 고를 때 사람들이 적당하게 북적거리는 곳을 선호하듯이, 게시판이 썰렁한 쇼핑몰보다는 이런 저런 질문들이 하루에 몇 개씩 올라오는 쇼핑몰에 더 관심을 갖게 되죠.

쇼핑몰 중에는 일대일 고객상담 메일 접수만 가능하고, 질의응답 성격의 고객게시판이 없는 쇼핑몰도 있습니다. 물론 고객게시판이 있으면 관리에 신경을 써야 하고 각종 스팸 홍보글이 끊임없이 올라와 이를 지우느라 짜증이 날 수도 있습니다. 하지만 그렇다고 해서 고객과의 가장 중요한 커뮤니케이션 통로를 차단해서는 안 됩니다. 게시판의 성격과 맞지 않는 글을 관리하는 것이 힘들다면 회원가입 후에만 작성이 가능하도록 제한을 두더라도 고객게시판을 운영하는 것이 좋습니다

쇼핑몰에서 필수적으로 사용하는 공지사항과 고객게시판, 그리고 FAQ는 각 쇼핑몰 솔루션마다 기본적으로 생성되어 있는 경우가 대부분입니다. 여기에 여러분이 원하는 성격의 게시판을 자유롭게 추가로 만들어 사용할 수 있습니다.

기본 게시판

(1) 공지사항

서비스 및 상품에 대한 각종 변동사항, 신상품 입고 및 품절제품, 고객센터 운영과 관련해 변경된 사항을 고객에게 알려 줄 때 사용합니다. 쇼핑몰 메인 페이지에서 몇 줄 정도 미니게시판 형태로 노출하는 것이 좋습니다.

(2) 고객 게시판

상품에 관련된 질문을 방문자가 올리고 운영자가 답하는 곳으로, 모든 게시판 중에서 가장 중요하고 필요한 게시판입니다. 따라서 쇼핑몰의 어느 페이지에서나 쉽게 찾을 수 있는 위치에 항상 노출시켜야 합니다. 기본게시판의 공지사항은 주목성이 다소 떨어지기 때문에 상품구입 및 주문과 관련한 필독사항은 고객게시판의 맨 위에 공지 게시글로 항상 노출하는 것이 좋습니다.

◀ 중요한 공지사항은 고객게시판 목록의 상단에 고정 노출하는 것이 좋습니다.

(3) FAQ

고객들이 자주 하는 질문과 그에 대한 답변을 정리해 올려 놓는 게시판입니다. 하지만 FAQ 내용을 먼저 확인하고 나서 질문을 올리는 고객은 사실상 드뭅니다. 또한 소호 쇼핑몰의 경우에는 비슷한 유형의 질문이더라도 고객게시판에 새 글이 자주 올라오는 것이 더 유리하기 때문에 굳이 FAQ 게시판을 운영할 필요는 없으며, 이용안내 페이지로 대체해도 괜찮습니다. 물론 쇼핑몰에서 제공하는 서비스가 기존에는 경험해 보지 못한 생소한 방식이고, 판매상품이 매우 특이한 경우라면 이를 안내해 줄 FAQ는 준비해 두는 것이 좋겠죠.

(4) 추가생성 게시판

쇼핑몰 활성화 및 상품홍보를 위해 운영자가 추가로 개설하는 각종 게시판들입니다. 쇼핑몰과 운영자의 개성이 담긴 각종 커뮤니티 성격의 게시판, 유용하고 재미있는 자료들이 누적되는 콘텐츠 성격의 게시판을 자유롭게 만들 수 있습니다.

◀ 쇼핑몰에 올리는 동영상 자료는 쇼핑몰 서버가 아닌 별도의 서버에 올리는 것이 좋습니다.

미 니 강 좌 · · · · · · ·

입금확인 게시판

고객게시판과 별도로 입금확인 게시판을 운영하는 쇼핑몰이 간혹 있는데, 무통장입금 고객이 너무 많아서 이를 확인하느라 업무에 차질이 생길 정도가 아니라면 굳이 입금확인 게시판을 따로 운영할 필요는 없습니다.

게시판 성격에 따른 관리방법에 대해 알려 주세요.

쇼핑몰 게시판은 그 기능에 따라 크게 세 가지로 나눌 수 있으며, 해당 기능들이 최대한 효율적으로 발휘되도록 기능을 설정하고 관리해 주는 요령이 필요합니다.

◀ 후이즈몰 관리자의 게시판 관리 페이지

게시판 성격에 따른 관리방법

	질문과 답변 게시판 (고객게시판)	커뮤니티 게시판	콘텐츠 게시판
역할	상품 정보, 결제, 배송 등에 대해 궁금한 사항을 묻고 답하는 게시판	방문자들 간 또는 방문자와 운영자 간의 공감대와 친밀감 형성을 위해 운영하는 게시판으로, 이를 통해 쇼핑몰 주요 고객층의 라이프스타일과 상품에 대한 선호를 간접적으로 파악할 수 있음.	상품사용 및 다양한 활용방법에 대한 정보가 누적되는 게시판으로, 여기에 누적된 정보의 양이 많고 정보의 질이 고급화될수록 전문몰으로서의 경쟁력이 강화됨. 콘텐츠는 운영자가 제공할 수도 있고, 고객이 제공할 수도 있음.
권한설정	공개게시판 또는 회원전용으로 설정	회원전용으로 설정	운영자가 제공하는 콘텐츠는 관리자 전용으로, 고객이 제공하는 콘텐츠는 회원전용으로 설정
비밀글 기능	고객이 자신의 계좌나 주소, 연락처 기재 시 타인에게 공개되지 않도록 비밀글 기능이 가능해야 함.	열린 커뮤니티를 위해서는 기본적으로 비밀글 기능이 없는 것이 좋음.	비밀글 기능 불필요
이메일 주소 표시	표시하되, 이메일 주소 입력은 게시물 작성자의 선택사항임.	표시하되, 이메일 주소 입력은 게시물 작성자의 선택사항임.	표시하되, 이메일 주소 입력은 게시물 작성자의 선택사항임.
본문작성	텍스트 전용과 텍스트/HTML 혼용방식(게시물 작성자가 둘 중에서 선택 가능)	텍스트 전용과 텍스트/HTML 혼용방식(게시물 작성자가 둘 중에서 선택 가능)	텍스트 전용과 텍스트/HTML 혼용방식(게시물 작성자가 둘 중에서 선택 가능)

자료실 설정	선택사항	선택사항	선택사항
게시물 평가 점수 부여	불필요	선택사항(평가점수를 이벤트로 활용할 수도 있음.)	선택사항(평가점수를 인기 콘텐츠 측정수단으로 활용할 수도 있음.)
글쓴이 표시 방식(실명과 아이디 중)	실명	아이디	아이디
글쓴이 IP 표시 여부	권한설정을 공개게시판으로 할 때는 표시, 회원전용으로 할 때는 불필요	불필요	불필요

게시물 권한설정의 가장 일반적인 예

사용목적	목록 보기	내용 보기	내용 쓰기	코멘트 쓰기
관리자 전용	제한 없음. (모든 방문자)	제한 없음. (모든 방문자)	관리자	제한 없음. (모든 방문자)
회원전용	회원 (모든 회원)	회원 (모든 회원)	회원 (모든 회원)	회원 (모든 회원)
우수회원 전용	우수회원	우수회원	우수회원	우수회원
공개게시판	제한 없음. (모든 방문자)	제한 없음. (모든 방문자)	제한 없음. (모든 방문자)	제한 없음. (모든 방문자)

Q 운영자가 답글을 쓸 때 유의해야 할 점은 무엇인가요?

답글의 기본은 정확성과 신속성, 성실성입니다. 고객이 질문하는 내용에 대해 최대한 정확한 내용을 빠른 시간 안에 성실한 태도로 답변해 주는 것이죠.

게시물 작성 시 사용하는 언어는 쇼핑몰 주요 고객층의 연령대와 취향에 맞추는 것이 좋습니다. 10~20대에게는 이모티콘이나 많이 알려진 인터넷 언어 등을 가끔 넣어 주는 것도 친밀도를 높이는 방법입니다. 그러나 너무 남발하면 가독성이 떨어지고 가벼운 인상을 줄 수도 있습니다. 30~40대 고객에게는 겸손하면서도 너무 딱딱하지 않은 어투를 사용하고, 맞춤법이나 띄어쓰기도 최대한 지켜주는 것이 좋습니다. 50대 이상의 고객에게는 정중하면서도 고객 한 사람 한 사람을 꼼꼼하게 챙겨 주는 듯 다정다감한 말투가 효과적으로 어필합니다. 난감한 게시물 대처법에 대해 알아봅니다.

❶ 다른 쇼핑몰과 비교하면서 가격흥정을 하려고 할 때

전화가 아닌 게시물을 통해 상품가격을 흥정하려는 소비자가 간혹 있습니다. 쇼핑몰에 공지되어 있는 기준 이외의 가격할인이나 사은품 등을 요구하는 것이죠. 고가품이거나 주문수량이 많을 경우에는 더욱 그렇습니다. 게시물 작성자가 비밀글 기능을 설정해 놓아서 다른 방문자들이 그 게시물을 읽을 수 없다면 정확한 협상조건을 제시해도 되지만, 그렇지 않을 경우에는 답글에 정확한 가격이나 협상조건을 노출하지 말고 특별한 할인혜택이나 사은품이 있다는 점 정도만 적어 주기 바랍니다. 그리고 구체적인 사항은 전화상담을 통해 만족스러운 조건으로 협상할 여지가 있음을 여운으로 남기세요.

❷ 운영자 자신도 잘 모르는 내용을 질문할 때

요즘의 네티즌들, 인터넷 쇼핑몰 이용자들은 똑똑하고, 까다로우며, 상품 정보도 많이 갖고 있습니다. 심지어는 운영자의 지식을 뛰어넘는 수준의 질문을 하거나 잘못된 상품 정보를 지적하는 경우도 있습니다. 일단 전문지식이 뛰어난 게시물 작성자에 대해서는 높이 평가하고, 겸손하게 인정해 주는 것이 좋습니다. 이러한 게시물 작성자는 질문에 대한 운영자의 답변 수준 자체보다는 이에 대처하는 운영자의 성의 있는 답변태도를 더 중요하게 생각합니다. 이를 계기로 얻게 된 상품 정보는 해당 상품의 상세 설명 부분에도 추가해 놓으세요.

❸ 게시물 질문이 여러 개일 때

한 게시물에 5개 내지 많게는 10개의 소나기 질문을 올리는 고객이 간혹 있습니다. 그중에는 운영자에게는 별로 중요하지 않은 질문이거나 이미 쇼핑몰 내에서 자세히 안내하고 있는 내용이 포함돼 있을 수도 있습니다. 하지만 번거롭더라도 각 질문에 대해 답글이 누락되지 않도록 꼼꼼히 체크해서 올려 주면 고객들에게 좋은 인상을 줍니다. 단답형이거나 별로 쓸 말이 없더라도 누락하지는 마세요. 쇼핑몰 내에 보충설명용 안내 페이지가 있다면 답글에 그 페이지 주소를 링크하는 것도 좋습니다. 10개의 질문을 올렸는데 빠짐없이 답변해 준다면 게시물 작성자뿐만 아니라 그 게시물을 보는 모든 방문자들이 운영자의 성의 있는 태도에 감동할 것입니다.

미 니 강 좌 ·········

게시판 점검은 하루에 몇 번 정도 하는 것이 좋을까요?

가능한 한 자주 살펴보면 좋지만, 운영자가 다른 업무까지 모두 처리해야 하고 외근도 종종 나가야 하기 때문에 하루에 3~4번 정도면 적당한 수준입니다.

쇼핑몰의 영업시간을 오전 9시부터 오후 7시로 잡았을 때 출근해서 일과를 시작할 때 한 번, 점심시간이 지난 직후 한 번, 그날의 상품주문이 완료되는 오후 6~7시쯤 한 번 점검하는 것이 최소한의 3회 체크이며, 여기에 좀 더 정성을 더한다면 저녁에 잠자리에 들기 전에 한 번 더 점검해 주는 것도 좋습니다.

고의로 올린 악의적인 글이나 쇼핑몰 비방글 등에 대해서는 어떻게 대처해야 하나요?

악의적인 글과 스팸 홍보글

욕설과 외설 단어가 들어간 악의적인 글과 불법 스팸 홍보글은 운영자가 임의로 삭제해도 좋습니다. 그러나 이러한 사태를 미연에 방지하기 위해서 대부분의 쇼핑몰 솔루션 관리자의 게시판 관리 기능에는 '메시지 필터링'이라는 것이 있습니다. 게시물 내용에 좋지 않는 특정 단어가 들어갈 경우, 그 게시물이 등록되지 않게 하는 것으로, 이 방법을 통해 각종 외설표현이나 욕설, 비방을 어느 정도는 방지할 수 있습니다.

게시판 성격에 맞지 않는 글

게시판 성격에 맞지 않는 글은 무조건 삭제하는 것보다는 그 게시물의 성격에 맞는 게시판으로 옮긴 후, 원래의 게시판에서는 '이 게시판 성격에 맞지 않아 ○○○ 게시판으로 이동하였습니다'라는 타이틀로 제목을 수정해 주고 원래 내용은 삭제합니다. 만약 중고매매 게시판이 따로 있는데 고객이 미처 이것을 모르고 질문과 답변 게시판에 게시물을 올렸다면, 자신의 글이 일방적으로 삭제당한 것보다는 중고매매 게시판으로 옮겨졌다는 것에 대해 운영자의 세심한 배려를 느낄 수 있을 것입니다.

쇼핑몰 비판·비방글

판매상품의 가격이나 서비스에 대한 불만글이 게시판에 올라왔을 경우에는 그것이 비방인지, 비판인지를 냉정하게 판단한 후에 대처해야 합니다. 객관적으로 누가 봐도 명백한 쇼핑몰의 과실에 대한 글에 대해서는 솔직하고 겸허하게 잘못을 인정하고 사과하는 것으로 고객에게 심리적인 보상을 해 줘야 합니다. 또한 쇼핑몰에서 상품을 구입한 사람의 나름대로(비록 구매자의 주관이 다분히 섞여 있을 수 있지만) 이유 있는 불만에 대해서도 구매자가 수긍할 수 있도록 성의있는 답변을 해야 합니다.

반면에 맹목적이고 악의가 섞인 헐뜯기에 대해 운영자 자신이 너무 예민하게 반응하거나 글을 올린 사람과 똑같이 감정적으로 대처하면 오히려 불난 곳에 기름을 붓는 역효과가 납니다. 방문자들이 해당 게시물을 읽었다고 해서 무조건 게시물 작성자 편을 드는 것은 아니며, 비방의 근거가 없고 그 정도가 너무 심하다고 판단되면 오히려 운영자를 두둔하는 방문자도 있습니다. 그냥 냉정하고 정중한 언어로 논란의 종지부를 찍는 짧은 답글을 달아놓으면 됩니다.

미니강좌 ⚬⚬⚬⚬⚬⚬⚬ 📖

게시판 무단광고 삭제 시

게시판의 불법 게시물을 임의로 삭제할 때에도 「공정거래위원회 표준약관 제8조—무단광고 금지」에 의해 삭제되었음을 밝히면 훨씬 체계적으로 운영되고 있는 쇼핑몰이라는 인상을 줄 수 있습니다.

Q 오픈한 지 얼마 안 되어 게시판이 너무 썰렁한데, 어떻게 하면 단시간 내에 활기차게 만들 수 있을까요?

소호 쇼핑몰은 방문자가 서서히 증가하는 것이 일반적이라서 조급하게 마음먹을 필요는 없지만, 그래도 운영자가 나서서 분위기 조성은 해 줘야겠죠? 활기찬 게시판 조성을 위해 운영자가 꼭 해야 할 일들을 알아봅시다.

❶ 추천표시 아이콘이 나타나는 조회수를 10~20회 정도로 낮게 잡아 주세요.

쇼핑몰 게시판 목록을 보면 제목 옆에 반짝이는 여러 가지 아이콘들이 있습니다. 이 아이콘은 관리자에서 게시물의 조회수에 따라 노출 여부를 설정해 줌으로써 나타나는 것입니다. 아이콘이 나타나는 조회수를 적당히 낮춰 놓아 아이콘이 5~6개 정도 반짝이면 게시판이 활기 있어 보입니다. 하지만 게시판이 본격적으로 활성화되면 아이콘 노출수준을 조금 높여 줌으로써 너무 어지럽게 반짝거리지 않도록 해야 합니다.

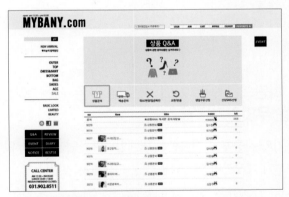

▲ 게시물 목록에 보이는 다양한 아이콘

❷ 게시판 목록은 세로로 15~20줄 정도의 출력이 적당합니다.

게시물 출력 단수가 너무 적으면 게시물을 보는 사람이 불편하고, 출력 단수가 너무 많으면 올라와 있는 게시물이 많지 않을 경우 심지어는 5~6개월 전의 게시물 날짜까지 보이게 되어 오히려 역효과가 납니다. 초기의 게시물 목록 출력은 15~20줄 정도로 설정해 놓으세요.

❸ 쇼핑몰이 활성화되기까지 게시판 권한설정은 되도록 낮게 해 놓으세요.

초기에는 게시물 읽기, 쓰기, 답글 달기 권한을 되도록 낮게 설정해서 많은 사람들이 쉽게 참여할 수 있도록 하세요. 권한설정은 쉽게 바꿀 수 있으므로 어느 정도 정상궤도에 오르면 권한설정 수준을 올려 주면 됩니다.

미니강좌 ········

비밀글 기능

게시자가 게시물을 등록할 때 비밀글 기능에 체크하고 비밀번호를 지정하면 해당 게시물은 그 게시자와 관리자만 열람할 수 있고 제3자는 볼 수 없습니다.

자료실 용량제한

게시판에서 자료실 기능 사용 시 업로드 용량은 대부분의 쇼핑몰 솔루션에서 제한하고 있습니다.

관리자만 사용하는 게시판

공지사항, FAQ, 콘텐츠 등 관리자만 사용하는 게시판들은 방문자들이 글을 올리지 못하도록 '권한설정' 항목을 적절히 조절하여 사용해야 합니다.

❹ 주변 사람들을 적극 활용하세요.

초기에는 고객게시판을 공개게시판으로 설정해 회원가입을 하지 않아도 누구나 글을 올릴 수 있게 하세요. 그리고 가족과 친구 등 아는 사람들에게 쇼핑몰 오픈을 적극 알려 개업선물하는 셈치고 판매되는 상품이나 서비스에 대한 어떤 질문이든지 한두 개씩 올려달라고 하세요. 물론 매일 보는 가족과 가까운 친구는 하루에 한두 개씩 꼭 올려달라고 강요해야겠죠?

❺ 우량 게시물 작성자에게 다양한 혜택을 주세요.

가족에게 게시물을 올려달라는 '채찍'을 사용한다면, 방문자들에게는 '당근'을 사용해야 합니다. 게시판 참여자의 20% 정도가 활발하게 의견을 올리는 편이고, 이들의 의견은 구매촉진에 막강한 영향력을 행사합니다. 이들이 여러분의 쇼핑몰에서 긍정적인 의견을 표현할 수 있도록 적극적으로 지원하고 배려하세요. 게시물에 우수 리플을 작성한 사람이나 게시물 평가점수가 높은 사람에게 지급할 적립금과 포인트, 사은품 등을 정하고 그 내용을 게시판 타이틀 바로 아래에 잘 보이도록 안내해 주세요.

Ｑ 상품 상세페이지 하단의 사용후기와 별도로 만든 사용후기 게시판의 차이점은 무엇인가요?

상품 상세페이지 하단의 사용후기와 사용후기 게시판은 별개입니다. 즉, 상품 상세페이지 하단의 사용후기와 사용후기 게시판이 연동되는 것은 아니라는 것입니다.

상품 상세페이지 하단의 사용후기(상품문의)

쇼핑몰 관리자에서 노출 여부를 설정해 줄 수 있으며, 각 상품마다 해당 상품의 사용후기가 들어가게 됩니다. 노출은 되어 있는데 후기가 하나도 없으면 매우 썰렁해 보일 염려가 있습니다. 하지만 사용후기가 구매결정에 중요하게 작용하는 상품이고, 주요 고객층이 후기작성에 적극적이어서 활성화만 잘된다면 상품판매에 강력한 힘을 발휘합니다. 사용후기가 아닌 해당 상품에 대한 고객문의 용도로 활용하는 경우도 있습니다.

REVIEW ▶글쓰기 ▶목록

no	subject	name	grade
5	딸할기…	유현정	71	★★★★★
4	딸에윤이봉…	조연주	19	★★★★★
3	큰아들 찰은투…	이지현	68	★★★★★
2	마음에 풀어요이뻐지면서	천문영	85	★★★★★
1	참에봄~1대만족이예양~	서해경	132	★★★★★

EVENT

Q&A ▶글쓰기 ▶목록

no	subject	name
49	상품문의	황은주
48	[답변]답변완료♥	리얼바니
47	상품문의	박혜지
46	[답변]답변완료♥	바니바니
45	상품문의	박지민
44	[답변]답변완료♥	바니바니
43	상품문의	이수진
42	[답변]답변완료♥	바니바니
41	상품문의	박혜지
40	[답변]답변완료♥	바니바니
39	상품문의	홍빛나
38	[답변]답변완료♥	리얼바니
37	상품문의	김민지
36	[답변]답변완료♥	리얼바니
35	상품문의	박현지
34	[답변]답변완료♥	리얼바니
33	상품문의	박하늬
32	[답변]답변완료♥	리얼바니
31	상품문의	박규선

▲ 상품 상세페이지 하단의 사용후기

게시판 형식의 사용후기

방문자들 간의 의견교환이나 함께 보고 즐기는 등의 커뮤니티 성격이 강한 사용후기를 원한다면, 게시판 형식의 사용후기를 사용해도 좋습니다. 상품 상세페이지 하단의 사용후기가 텍스트 입력만 할 수 있다는 점에 반해, 게시판 형식으로 운영할 경우 이미지를 삽입할 수 있어 패션상품 쇼핑몰은 대부분 사용후기 게시판을 따로 운영하고 있습니다. 창작사진 등과 같이 이미지가 들어간 사용후기를 올린 고객에게는 칭찬과 감사표시를 해야 하며, 해당 게시물에 대한 반응이 좋은 우수 게시물 작성자에게는 다양한 혜택을 주세요.

게시판의 활성화를 위해 지켜야 할 세 가지 원칙

❶ 잡다한 게시판을 너무 많이 만들지 마세요.

쇼핑몰을 오픈하는 분들 중에는 게시판에 대한 욕심이 많은 분이 있습니다. 기본인 고객게시판 외에 4~5가지의 게시판을 추가로 만들어 놓는 것이죠. 커뮤니티 게시판이나 방문자 참가형 게시판은 활성화하기가 생각만큼 쉽지 않습니다. 더욱이 오픈 초기에는 썰렁하기 마련입니다. 활성화되지 않은 게시판은 차라리 없느니만 못합니다. 방문자 수가 늘어나고 단골고객도 늘어났을 때 게시판을 만들어도 늦지 않으므로, 처음부터 너무 게시판을 많이 만들어 놓지 마세요. 기어코 만들 생각이라면 여러분이라도 날마다 게시물을 한두 개 이상씩은 반드시 올려야 합니다.

❷ 각 게시판의 성격이 헷갈리지 않도록 명확히 구분해 놓으세요.

각 게시판의 용도가 명확히 구분되지 않고 게시판의 종류도 너무 많을 경우 게시물이 뒤죽박죽 섞이는 현상이 나타납니다. 게시판을 만든 여러분은 각 게시판의 성격이 분명히 다르다고 생각하겠지만, 방문자 입장에서는 그렇게 받아들이지 않을 수도 있습니다. 유사한 성격의 게시판은 가능한 한 통일해서 운영하고, 게시판 상단에 각 게시판의 타이틀과 함께 어떤 용도의 게시판인지 알려 주도록 하세요.

❸ 게시판 간의 이동이 편리하도록 링크 버튼을 배치하세요.

게시판이 여러 개일 경우 각 게시판의 목록 페이지에서 다른 게시판 페이지로 바로 이동할 수 있도록 게시판 상단에 링크 버튼을 배치하세요.

▲ 콘텐츠 게시판 간의 링크 버튼이 각 게시판 상단에 항상 노출되는 페이지

30 단계

ONLINE
SHOPPING MALL

주문확인과 상품배송하기

인터넷 쇼핑몰을 통해 상품을 주문했을 경우 요즘은 1박2일만에 상품이 도착하는 것이 일반화되어서 하루만 더 지체되어도 고객에게 불만 전화를 받기 일쑤입니다. 그만큼 신속한 주문확인과 상품배송은 매우 중요합니다. 앞에서 오픈마켓 판매를 통해 주문확인과 상품배송 과정을 이미 경험해 봤다면 쇼핑몰의 주문확인과 상품배송은 그보다 훨씬 간단명료하기 때문에 수월하게 업무를 처리할 수 있을 것입니다. 주문확인부터 상품배송이 완료되는 순간까지 상품구입 고객에게 업무처리 과정을 이메일이나 문자 메시지로 알려 주는 것도 잊지 마세요.

Q 주문확인, 배송, 카드결제 등 판매와 관련된 모든 업무는 어디서 처리하나요?

전반적으로 상점과 관련된 모든 업무는 상점 관리자에서 처리하며, 카드매출의 관리업무는 PG사의 가맹점 관리자에서 처리하면 됩니다. 쇼핑몰을 운영하는 이상, 하루에도 수십 번씩 들러야 하는 곳이죠. 이 두 곳의 아이디와 비밀번호는 각각의 회사에 서비스를 신청할 때 여러분이 지정한 아이디와 비밀번호로 정해지므로 헷갈리지 않게 잘 메모해 두세요.

우선은 당장 들어온 주문확인과 배송에 대한 부분을 익히는 것만으로도 벅차겠지만, 틈틈이 익혀 두면 운영의 효율성을 높일 수 있을 뿐만 아니라 다른 쇼핑몰과 차별화할 수 있는 고급기능을 다양하게 사용할 수 있게 될 것입니다.

미니강좌 · · · · · · · · ·

상점 관리자 사용법 강좌

상점 관리자의 구체적인 사용법에 대해 각 회사마다 온라인으로 매뉴얼을 제공하고 있으며, 오프라인 무료강좌를 정기적으로 진행하는 회사들도 많습니다. 혼자 습득하기 어려우면 무료강좌를 신청해서 들어 보면 훨씬 빨리 습득할 수 있을 것입니다.

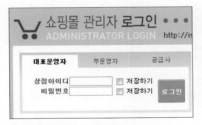

▲ 쇼핑몰 관리자 로그인 화면

▲ PG사 가맹점 로그인 화면

Q 주문확인은 배송 마감시간 전에 일괄적으로 처리해도 될까요?

주문상품 중에는 미처 재고확인을 하지 못해 품절상태인 상품이 있을 수도 있고, 배송 전에 고객과 통화해서 확인해 볼 사항이 생길 수도 있습니다.

고객은 오전에 주문을 완료했는데 오후 5~6시쯤 전화해서 주문상품이 품절이라 내일 배송할 수 있다고 이야기하는 것과, 내일로 배송이 미뤄지는 것은 마찬가지 상황이지만 주문한 지 2~3시간 안에 전화해 주문상품이 품절이라 내일 배송할 수 있다고 알려 주는 것은 받아들이는 고객 입장에서 매우 다를 수 있습니다. 또한 택배사가 곧 물건을 수거하러 올 시간이 되었는데 주문자의 주소가 불명확하여 다시 확인이 필요한 경우, 주문자와 통화가 바로 되지 않아 배송이 다음 날로 미뤄지는 사태가 발생할 수도 있습니다.

따라서 상품주문이 많지 않을 때에는 주문이 들어올 때마다 관리자에 접속해서 확인하는 것이 좋습니다. 차츰 주문량이 늘어나고 업무가 많아지다 보면 매번 주문확인을 하기가 힘들겠지만, 최대한 자주 주문상황을 체크해서 정상적인 배송(당일 발송)이 불가능하거나 배송 전 확인해야 할 사항이 있는 고객과는 미리 전화통화를 해 두는 것이 좋습니다.

쇼핑몰 솔루션의 상점 관리자에서 제공하는 기능 중의 하나인 주문확인 SMS 서비스를 이용하면 주문이 발생할 때마다 운영자의 휴대폰으로 문자 메시지가 전송되므로 좀 더 편리하게 주문 진행상황을 확인할 수 있습니다.

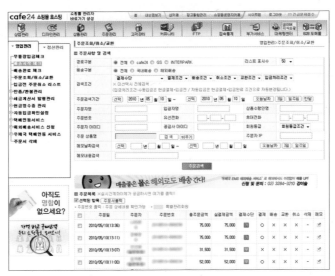

▲ 상점 관리자의 매출진행 관리 리스트

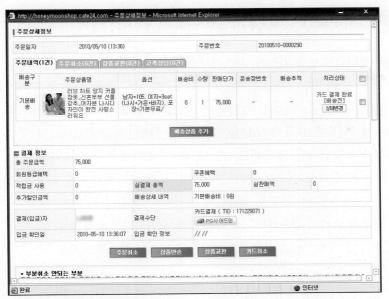

▲ 개별 매출건의 상세 정보 페이지

▲ 무통장입금 확인 전

▲ 무통장입금 확인 후

▲ 카드 결제 정보

SMS 서비스는 어떻게 사용하나요?

SMS는 휴대폰 단말기로 발송 가능한 단문 메시지 전송 서비스를 전자상거래 비즈니스에 도입한 것으로, 쇼핑몰 이용 고객에게 회원가입 및 주문, 결제, 배송 등의 처리 과정에 대한 알림 서비스를 제공하는 것입니다. 쇼핑몰 솔루션 월사용료와는 별도의 유료 서비스로 제공되는데, 비용이 다소 들기는 하지만 사용할 것을 권합니다.

쇼핑몰 솔루션마다 회원가입, 주문완료, 배송등록 등의 다양한 경우에 대해 운영자에게 전송되는 문자 메시지와 고객에게 전송되는 문자 메시지의 설정 여부를 각각 선택할 수 있으며, 메시지 문구도 자유롭게 수정할 수 있습니다. 기본적으로 설정되어 있는 문구를 그대로 사용하는 것보다는 운영자의 친근함과 정성이 고객에게 전달될 수 있도록 각 케이스별로 적절하게 문구를 수정해서 사용해 보세요.

분류종류	사용자	관리자
SMS 설정항목		
▣ 회원가입완료후 보내는 SMS	☐	☐
▣ 회원가입신청후 보내는 SMS(승인 회원제)	☐	☐
▣ 회원가입신청후, 승인(거절)를 통보하는 SMS(곧 지원예정)	☐	☐
▣ 주문완료(현금결제)후 보내는 SMS	☐	☑
▣ 주문완료(카드결제)후 보내는 SMS	☐	☑
▣ 주문완료(현금결제)후 입금확인시 보내는 SMS	☑	☐
▣ 주문완료후 배송등록시 보내는 SMS	☐	☐
▣ 주문완료후 고객이 사이트에서 주문취소시 보내는 SMS	☐	☐
▣ 주문완료후 관리자가 주문취소시 보내는 SMS	☐	☐
▣ 관리자가 비밀번호 변경보시 안내 SMS	☐	☐
▣ 고객이 비밀번호 찾기시 안내되는 SMS	☐	☐
▣ 1:1 고객상담에 대한 답변 SMS(곧 지원예정)	☐	☐
▣ 친구에게 추천하기 SMS(곧 지원예정)	☐	☐
▣ 회원탈퇴처리된 후 보내는 SMS(곧 지원예정)	☐	☐
▣ 게시물 답변시 보내는 SMS	☐	☐
▣ 회원 등급 변경시 안내SMS	☐	☐
▣ 회원 적립금 변경시 안내SMS	☐	☐
▣ 회원 포인트 변경시 안내SMS	☐	☐
▣ 회원에게 쿠폰(할인권) 발행시 안내 SMS	☐	☐
▣ 회원가입시 보호자 동의 확인 SMS(곧 지원예정)	☐	☐
▣ 경매 종료시 낙찰자 알림 SMS	☐	☐
		적 용

▲ 상점 관리자의 SMS 환경설정 페이지

▲ 회원가입 완료 후 보내는 SMS 문자 메시지의 환경설정

상품을 주문한 고객이 각종 지출증빙을 요청할 경우 어떻게 하죠?

간이영수증

고객이 간이영수증을 요구할 경우, 문구점에서 용지를 구입하여 항목을 기입한 후 상품에 동봉해서 보내 주면 됩니다. 일부 쇼핑몰 솔루션의 관리자에는 간이영수증 출력기능이 갖추어져 있는 경우, 이를 이용하는 것이 편리합니다.

▲ 간이영수증

▲ 상점 관리자 내에 있는 간이영수증 출력기능

현금영수증

현금영수증의 경우 별도로 영수증을 작성하거나 보낼 필요없이 상점 관리자에서 해당 매출건의 '현금영수증 발행' 버튼을 클릭하면 국세청에 자동으로 매출신고가 되며, 주문자는 자신의 명의로 발급된 현금영수증 내역을 국세청 현금영수증 서비스(www.taxsave.go.kr)를 통해 확인할 수 있습니다.

◀ 사업자는 국세청 현금영수증 서비스를 통해 자신이 발행한 현금영수증 내역을 조회할 수 있습니다.

미 니 강 좌 ·········

세금계산서는 반드시 등기우편으로

세금계산서는 세무회계를 위한 주요 증빙서류입니다. 우편으로 발송할 경우에는 분실을 방지하기 위해 돈이 조금 더 들더라도 반드시 등기우편으로 발송하세요.

전자세금계산서

종이로 발행/관리하던 세금계산서를 인터넷을 통해 발행함으로써 비용절감과 효율적인 관리를 할 수 있습니다. 전자세금계산서 서비스를 제공하는 회사는 많이 있지만, 대부분의 PG사에서 부가서비스의 일환으로 전자세금계산서 서비스를 제공하고 있습니다.

세금계산서

신용카드 매출에서는 카드전표가 세금계산서 역할을 하므로 세금계산서를 별도로 발행해 줄 필요가 없습니다. 현금매출에서는 면세사업자나 간이과세자인 경우를 제외하고는 고객이 세금계산서를 요청하면 발행해 주어야 하며, 만약 판매가에서 할인해 주었다면 실제로 고객이 지불한 금액에 대해서 세금계산서를 발행해 주면 됩니다. 용지 타입의 수기세금계산서를 작성하거나 전자세금계산서를 작성해 이메일로 보내주면 되는데, 교환이나 반품 요청이 생길 경우에 대비해 상품구입과 동시에 발행하는 것보다는 고객이 상품을 받아본 후에 발행하는 것이 좋습니다.

전자세금계산서는 세금계산서 발행시스템 임대사업자에게 유료 또는 무료로 서비스 신청하여 이용하거나 국세청에서 운영하는 e세로 홈페이지(www.esero.go.kr)에서 무료로 이용할 수 있습니다.

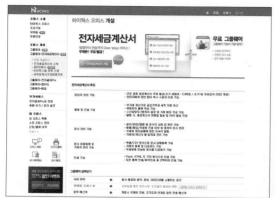

▲ 하이웍스의 무료 전자세금계산서 발행시스템(www.hiworks.co.kr)   ▲ e세로의 전자세금계산서 무료발급 서비스

Q 카드 결제건은 어떻게 처리해야 판매대금이 입금되나요?

상점 관리자의 해당 매출건 상세 정보 페이지에 여러분이 지불대행 계약을 맺고 있는 PG사의 연결 버튼이 자동으로 만들어져 있을 것입니다. 카드매출이 자동매입 방식일 때에는 상관없지만, 상점이 직접 매입을 요청하는 수동매입일 경우에는 카드매출 발생 시마다 PG사 관리자에 로그인한 후 '매입요청' 버튼을 클릭해야 카드결제 대금정산이 바로 이루어집니다. 자동매입이나 카드매출 당일 매입요청 시 통상적으로 7~15일 후에는 판매대금 정산이 완료되어 여러분의 계좌로 입금됩니다.

▲ PG사 가맹점 관리자의 카드결제 조회 페이지

▲ PG사 가맹점 관리자의 정산내역 조회 페이지

Q 고객이 주문당일 물건을 받고 싶다면 어떻게 처리해야 하나요?

쇼핑몰에서 통용되는 배송방식은 택배이며, 상품의 준비기간을 제외한 순수 배송기간은 1박2일 내지 2박3일 정도가 소요됩니다. 하지만 개인사정에 의해 결제 당일에 상품을 받고자 하는 소비자가 종종 있기 마련이죠. 이럴 때는 퀵 서비스를 이용해야 합니다. 퀵 비용 중에서 기본 택배비를 차감한 나머지 배송비는 소비자 부담임을 미리 알려 주고, 상품의 부피와 무게에 따라 오토바이 퀵과 다마스 퀵 중에서 저렴한 것을 선택해 상품을 배송합니다. 물론 상품의 수령지가 여러분의 사업장을 기준으로 하여 퀵 서비스가 가능한 지역이어야 하겠죠.

예를 들어 서울에서 퀵 서비스를 이용할 수 있는 지역은 서울 및 시외(경기도 일부) 지역으로 제한됩니다. 퀵 서비스가 불가능한 지역의 고객이 당일 배송을 군이 원하다면 고속버스 화물을 이용할 수도 있지만, 고속버스 터미널에 상품을 갖고 가는 시간과 노력을 감안한다면 매우 비효율적이므로 군이 이 서비스를 기본적으로 제공할 필요는 없습니다.

미 니 강 좌 · · · · · · · ·

배송조회

이용하고 있는 택배사의 '바로가기' 버튼을 쇼핑몰 초기화면에 넣어 두면 주문고객이 상품의 배송상태를 좀 더 편리하게 조회할 수 있습니다.

31 단계

ONLINE
SHOPPING MALL

상품교환과 카드결제 취소,
현금환불 처리하기

여러분이 운영하는 쇼핑몰에서 상품교환, 카드결제 취소, 현금환불은 고객과 직접 이루어지는 거래이기 때문에 옥션과 G마켓에 비해 절차가 훨씬 간단하고 쉽습니다. 그러나 자주 발생한다면 쇼핑몰 수익 악화의 주범이 될 수도 있으므로, 상품을 판매하기 전에는 교환과 환불의 여지가 최소화될 수 있도록 쇼핑몰의 상품 정보 점검 및 고객과의 게시판 상담, 전화상담에 신경을 써야 합니다. 그럼에도 불구하고 카드결제 취소나 현금환불이 발생했을 때에는 상품구입뿐만 아니라 취소나 환불도 이와 동일하게 신속 정확한 서비스를 받을 수 있다는 인상을 고객에게 줄 수 있도록 해야 할 것입니다.

Q 쇼핑몰의 교환/반품의 기준은 어떻게 정해야 하나요?

사람들이 대형 인터넷 쇼핑몰을 선호하는 이유 중의 하나로 교환/반품 서비스가 좋다는 이야기를 합니다. 그러나 소호 쇼핑몰이 대형 쇼핑몰과 동일하게 교환/반품 기준을 책정할 경우, 운영에 많은 어려움이 따르는 것이 현실입니다. 그렇다 하더라도 대형 쇼핑몰의 교환/반품 기준을 파악하고, 이와 큰 격차가 나지 않도록 자체적인 교환/반품 정책을 구체적으로 정해서 쇼핑몰의 이용안내 페이지에 공지해 두어야 합니다.

인터넷 상거래에서 모든 법규정은 일차적으로 소비자의 권익보호에 우선점을 두고 있기 때문에 쇼핑몰의 이러한 약점을 악용해 지능적으로 운영자를 애먹이는 악성 고객이 있을 수 있으며, 그럴 때에는 별 수 없이 쇼핑몰이 손해를 감수하는 방향으로 마무리 지어질 가능성이 높습니다. 그러나 대부분의 고객은 순수한 목적과 절차에 의해 필요한 상품을 구입하려는 선의의 소비자이므로 너무 비관적으로 생각할 필요는 없습니다.

국내 대형 쇼핑몰의 교환/반품 조건 예시

구입한 상품에 문제가 있을 경우 또는 마음에 안 들어 교환을 원하는 경우 30일 이내에 언제든지 교환 및 반품이 가능합니다. 단, 의류·보석 상품은 15일 이내에 반품할 수 있습니다.

상품의 교환/반품이 가능한 경우

– 상품이나 용역을 제공받은 날로부터 7일 이내
– 공급받은 상품 및 용역의 내용이 표시, 광고 내용과 다르거나 다르게 이행된 경우에는 공급받은 날로부터 3개월 이내, 그 사실을 알게 된 날 또는 알 수 있었던 날로부터 30일 이내

상품의 교환/반품이 불가능한 경우

– 반품요청 기간이 지난 경우
– 고객의 책임 있는 사유로 상품 등이 멸실 또는 훼손된 경우
  (단, 상품의 내용을 확인하기 위하여 포장 등을 훼손한 경우는 제외)
– 포장을 개봉하였거나 포장이 훼손되어 상품가치가 현저히 상실된 경우
  (예를 들어 가전제품, 식품, 화장품, 향수류, 음반 등이 있음. 단, 액정화면이 부착된 노트북, LCD 모니터,
  디지털카메라 등의 경우 반품/교환은 제조사 기준에 따름.)
– 고객의 사용 또는 일부 소비에 의하여 상품의 가치가 현저히 감소한 경우
  (라벨이 떨어진 의류 또는 태그가 떨어진 명품관 상품인 경우)
– 시간의 경과에 의해 재판매가 곤란할 정도로 상품 등의 가치가 현저히 감소한 경우
– 고객주문 확인 후 상품제작에 들어가는 주문제작 상품
– 복제가 가능한 상품 등의 포장을 훼손한 경우(CD/DVD/GAME/BOOK의 경우 포장 개봉 시)
– 반품 시 30일 이내(의류·보석은 15일 이내)에 가능하지만, 상품의 특성상 처리하기가 불가능한 경우가 있
  으며, 불량상품의 경우에는 제외됨.

각 상품군별 교환/반품 불가의 구체적인 경우

- 컴퓨터/SW
    – 컴퓨터 상품을 받고 설치했을 경우
    – CD, VCD, 비디오 테이프 등 박스 포장을 제거했거나 바코드가 손상된 경우
- 가전
    – 상품을 개봉했을 경우
    – 가전제품을 설치했을 경우
    – 카메라, 캠코더 상품을 사용했을 경우
- 화장품/미용
    – 밀봉상품을 개봉하였을 경우
- 가정/주방
    – 정수기 등 설치상품을 설치했을 경우
- 스포츠/레저/건강
    – 골프상품을 받은 후 헤드 그립을 제거했거나 사용 흔적이 있는 경우
    – 자전거, 킥보드, 신발 등의 상품을 외부에서 사용했을 경우
- 침구/수예
    – 제품을 수선했거나 세탁했을 경우
- 가구/인테리어
    – 설치가구 상품을 설치했을 경우
    – 주문제작 가구를 실측 후 제작 중일 때
- 보석/시계
    – 홀로그램 부착 상품에 홀로그램을 제거한 경우
- 의류/잡화
    – 속옷, 의류 등을 세탁했거나 수선했을 경우
    – 명품상품 중 태그(상표)를 제거한 경우
- 문화/취미
    – 상품권이나 공연 티켓의 경우
    – 휴대폰이 개통되었을 경우
    – 고객의 변심으로 인한 반품 시 고객이 반품비용을 부담해야 하는 경우도 있음.
    – 그 밖의 특이사항은 해당 상품설명서에 표기되어 있음.
- 피해보상 규정 : 피해보상 기준은 소비자피해보상규정(재정경제부 고시)을 적용함.

그렇다면 소비자가 아닌 쇼핑몰의 정당한 권익보호는 무엇을 근거로 하는 것일까요? 공정거래위원회에서 권고하는 표준약관은 소비자만을 위한 것이 아니라, 악덕 소비자로부터 선의의 쇼핑몰을 보호해 주는 역할도 합니다.

이용자의 의무(공정거래위원회 표준약관 제8조)

이용자는 다음 행위를 해서는 안 된다.
1. 신청 또는 변경 시 허위내용의 등록
   - 허위정보 회원등록 금지
2. '몰'에 게시판 정보의 변경
   - 해킹 금지
3. '몰'이 정한 정보 이외의 정보(컴퓨터 프로그램 등)의 송신 또는 게시
   - 무단 광고 금지
4. '몰' 기타 제3자의 저작권 등 지적재산권에 대한 침해
   - 저작권 남용 금지
5. '몰' 기타 제3자의 명예를 손상하거나 업무를 방해하는 행위
   - 명예훼손 및 업무방해 금지
6. 외설 또는 폭력적인 메시지, 화상, 음성 기타 미풍양속에 반하는 정보를 '몰'에 공개 또는 게시하는 행위
   - 음란물 공개 및 게시 금지

교환이나 반품 시 상품의 배송비는 누가 부담하나요?

제품에 문제가 있거나 쇼핑몰의 배송착오로 주문상품과 다른 상품이 배송되었을 경우, 그에 따른 교환 또는 반품의 배송비는 당연히 쇼핑몰이 부담합니다. 하지만 고객의 단순변심에 의해 반품 및 교환이 발생할 경우에는 배송비의 일부를 소비자가 부담해야 할 의무가 있습니다.

교환 시

상품배송 전에 교환요청이 들어왔다면 고민할 필요가 전혀 없습니다. 고객이 원하는 상품으로 바꿔서 배송해 주면 되니까요. 문제는 이미 상품이 배송된 후의 교환 건으로, 비록 교환을 하더라도 쇼핑몰에서 상품을 구입했기 때문에 1회의 택배비는 기본적으로 쇼핑몰이 부담해야 하고, 여기에 추가로 배송비가 소요될 경우에만 소비자가 부담하게 됩니다.

교환요청 전에 상품이 이미 배송되었을 경우 상품이 다시 수거되기까지

(전제 : 배송비를 쇼핑몰이 부담하는 주문건 또는 고객의 단순변심일 경우이며, 개별 쇼핑몰의 운영정책에 따라 달라질 수 있습니다.)

상품수거 후 교환상품으로 다시 배송하기까지

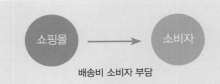

(전제 : 배송비를 쇼핑몰이 부담하는 주문건 또는 고객의 단순변심일 경우이며, 개별 쇼핑몰의 운영정책에 따라 달라질 수 있습니다.)

반품 시

일단 상품의 반품과 환불(또는 카드결제 취소)이 결정되었을 때에는 반품완료가 확인된 후 환불(또는 카드결제 취소)처리되는 것이 일반적인 관례입니다. 고객의 단순변심일 경우, 쇼핑몰로 반송될 때의 배송비는 소비자가 부담하며, 반품이 완료된 후 환불처리 시 처음에 쇼핑몰이 부담했던 택배비를 차감해도 무방합니다. 물론 이로 인한 환불금액의 차감 사실은 미리 고객에게 알리고 양해를 구해야 합니다.

Q 카드결제를 취소할 경우에는 어떻게 해야 하나요?

현금결제 고객일 경우 고객의 계좌로 입금해 주면 되지만, 카드결제는 결제취소 시점에 따라 절차가 다소 복잡해질 수도 있고, 오히려 현금환불보다 간단할 수도 있습니다.

매출이 발생되는 순서

❶ 고객이 쇼핑몰에서 카드 결제

↓

❷ 쇼핑몰 화면에 '결제완료'라고 나타남

↓

❸ 카드 승인

↓

❹ 통상적으로 승인 다음 날 매입

↓

❺ 매입이 시작된 지 3~4일 정도 후에 매입완료

↓

❻ 매입완료 후 협의된 정산일에 의거해 쇼핑몰 운영자 통장으로 대금이 입금됨.

↓

❼ 고객의 카드 결제일에 계좌에서 카드대금이 인출됨.

일단 어떤 시점에서든 모든 카드결제는 쇼핑몰 관리자가 PG사 가맹점 관리자에서 취소할 수 있습니다. 이때 취소는 현재 해당 카드 결제건이 어떤 처리과정에 있느냐에 따라 조금씩 다르게 처리됩니다. 만약 카드 결제건이 관리자에서 '승인' 상태로 표시될 때에는 승인취소, '매입요청 중'인 상태라면 매입요청 취소, '매입완료' 상태라면 '매입취소'가 됩니다.

해당 카드 매출건이 매입완료 전의 단계(통상적으로 고객의 카드결제 후 3~4일까지의 시점)에 있다면 관리자가 승인취소나 매입요청 취소를 하여 고객의 통장에서 카드대금이 인출되지 않도록 할 수 있으며, 매입완료 후에 취소할 경우에는 일단 당월에는 고객의 결제 계좌에서 돈이 빠져 나가지만, 그 다음 달 고객의 카드결제 시 취소금액이 총 결제금액에서 차감됩니다.

따라서 매입완료 후의 취소가 문제가 되는데, 가급적 고객에게 양해를 구하고 다음 달 카드결제 시 결제금액에서 차감된다는 사실을 이해하도록 해야 합니다. 이에 크게 문제를 제기하면 할 수 없이 고객의 계좌로 직접 입금을 해 줘야겠죠. 쇼핑몰 운영자 입장에서는 이미 PG사로부터 대금정산을 받은 건을 취소할 경우, 다음 번 정산지급액에서 취소된 금액을 차감하여 정산받게 됩니다. 자세한 것은 PG사마다 조금씩 날짜가 다르므로 이러한 과정이 진행되는 날짜를 담당자에게 물어보고 확인하면 됩니다.

Q 소비자가 상품에 대해 불만을 토로할 경우, 어떻게 대처해야 하나요?

소비자의 감정이 격앙된 상태에서 처음부터 판매자 입장에서 상품이나 서비스에 대한 설명을 하려고 하면 소비자는 환불이나 교환을 해 주지 않기 위해 변명하는 것으로 생각하여 더욱 화를 내게 됩니다. 일단은 소비자가 상품에 대한 불만을 토로하면서 스스로 감정을 가라앉힐 시간을 주고, 그런 감정을 느낄 수도 있었음을 수긍해 줍니다. 그런 후에 판매자의 불찰이나 실수가 있었다면 솔직히 인정하고, 만약 쇼핑몰의 책임이 아니라 어쩔 수 없는 상품 자체의 특성에서 비롯되는 단점이나 문제점이라면 그것에 대해 소비자가 이해하기 쉽도록 논리적으로 설명해 주어야 합니다.

소호 쇼핑몰 사업자에게는 교환이나 환불의 횟수가 수익성에 큰 영향을 끼치므로 최대한 좋은 조건으로 협상을 이끌어내는 수완이 필요합니다. 하지만 가장 중요한 건 예방이겠죠? 교환과 반품을 줄이기 위해 어떠한 사항을 필수적으로 챙겨야 하는지 알고 미리미리 예방하는 것이 가장 좋습니다.

교환과 반품을 줄이기 위해 꼭 지켜야 할 일곱 가지

❶ 포장 전에 배송할 상품에 하자가 없는지 확인합니다.

불량검사가 불가능하거나 제한적인 상품도 있지만, 불량률이 비교적 높은 아이템이라면 시간이 걸리더라도 반드시 개별 테스트나 검사를 하는 것이 좋습니다. 불량상품이 배송되었을 경우 쇼핑몰에 대한 소비자의 신뢰도는 크게 하락하며, 환불로 악화될 수도 있습니다. 또한 쇼핑몰의 배송비 부담도 커집니다.

❷ 상품포장에 만전을 기하세요.

아무리 우수한 택배사라 하더라도 포장훼손이나 파손확률은 있게 마련이며, 일단 상품이 파손되었을 경우에는 택배사로부터 여러분이 원하는 수준의 보상을 얻어내기가 매우 힘들고, 절차도 복잡합니다. 그러므로 아예 상품을 포장하는 단계에서부터 만전을 기하는 것이 좋습니다.

❸ 사전에 특별히 배송기일을 약속했다면 무슨 일이 있더라도 꼭 지켜야 합니다.

지키기 힘든 배송기일 약속임에도 불구하고 상품을 판매하고 싶은 욕심에 다소 무리수를 두고 'Yes'를 장담한 주문건은 십중팔구 문제가 생깁니다. 소비자를 잡고 싶은 욕심이 생기더라도 무리라고 생각될 때는 과감히 'No'라고 대답하는 배짱과 일관성을 가지세요.

미니강좌

매입 전 취소 시 고객의 카드 한도 복구시점

일반 신용카드인 경우 매입 전 취소를 하게 되면 취소 즉시 카드사에도 승인취소가 반영되어 바로 한도복구가 됩니다. 그러나 일부 제휴카드는 카드사의 규정에 따라 매입 전에 취소를 하더라도 한도복구에는 2~3일 정도의 시간이 소요됩니다.

법인카드의 할부결제 가능 여부

법인카드로는 할부결제를 할 수 없습니다. 단, 법인카드 중 개인 지정 카드는 할부결제를 할 수 있습니다.

PART 5

❹ 여러 고객들이 공통적인 단점을 지적했다면 사후에라도 반드시 보완해야 합니다.

받아본 상품에 다소 흠이 있거나 불만이 있더라도 사용상 큰 문제점이 없을 경우에는 운영자의 정성과 꼼꼼한 일처리에 좋은 인상을 받아서 상품을 그냥 사용하겠다는 고객들도 있습니다. 하지만 여러 고객이 공통적으로 지적하는 문제점은 그냥 넘어가면 안 되겠죠. 이러한 부분은 반드시 보완하여 홈페이지에 같은 내용의 불만이 올라오지 않도록 관리해야 합니다.

❺ 쇼핑몰에서 상품설명 및 교환/환불 조건을 최대한 상세하고 충분하게 전달하세요.

제품의 색상이 중요하면 상품설명의 이미지 부분에 '사용하는 컴퓨터의 환경에 따라 다른 색상으로 보일 수 있습니다'라고 안내문을 첨부하는 것이 좋습니다. 상품의 원산지, 성능, 구성요소와 같은 기본적인 사항이 잘못 안내된 경우에는 교환/환불을 피할 수 없으므로 주의해야 합니다.

❻ 일단 팔고 보자는 임기응변식의 고객상담은 삼가세요.

고객의 질문에 대충 얼버무려 대답하거나 물건을 팔기 위해 사실과 다른 정보를 제공했다면, 고객이 상품을 구입한 후에 이를 강력히 항의할 수 있습니다.

❼ 상담 후 고객이 이를 제대로 받아들였는지 재차 확인하세요.

상품구입 전에 고객과의 전화상담이나 게시판 상담 시 오해의 소지가 없도록 명료하게 의견을 전달하고, 고객이 이를 제대로 받아들였는지 반드시 확인하세요. 보통 전화로 상품을 주문받을 때 이러한 경우가 발생하는데, 전화통화가 마무리되는 시점에서 주문상품과 수량, 기타 배송 관련 사항을 최종적으로 확인하는 것이 좋습니다.

32 단계

ONLINE
SHOPPING MALL

효과만점 이벤트와 판촉전략 수립하기

여러분의 쇼핑몰은 텔레비전이나 신문을 통해 오픈을 광고하면서 인지도를 높여가는 대형 쇼핑몰도 아니므로 이제 막 새로 생긴 신규 쇼핑몰임을 대대적으로 홍보할 필요까지는 없습니다. 더욱이 자금부담이 만만치 않은 대대적인 오픈기념 사은품 행사까지 하면서 말이죠. 하지만 1년 365일 항상 같은 상품을 팔고 있고 언제 들어와도 진열된 상품을 구매하는 것 외에 별달리 할 게 없는 쇼핑몰이라면 고객의 눈에도 별볼일 없는 쇼핑몰로 보일 것입니다. 연중 취급 아이템과 연관되는 이벤트 테마를 정하거나 인기상품 위주의 기획전, 판촉전을 끊임없이 전개한다면, 고객들은 쇼핑몰 운영자가 이 쇼핑몰을 무척 의욕적이고 활발하게 운영하고 있다는 인상을 갖게 될 것입니다.

Q 쇼핑몰 회원 및 매출 증대를 위해 가장 많이 사용하는 판촉 방법은 무엇인가요?

대부분의 쇼핑몰에서 실시하고 있는 것은 적립금과 포인트 제도이며, 좀 더 적극적인 판촉활동을 전개하는 쇼핑몰은 할인쿠폰을 증정하기도 합니다.

적립금

쇼핑몰 내에서 상품을 구입할 때 상품대금, 배송료 등의 결제에 현금처럼 사용할 수 있는 것으로, 통상적으로 구매금액의 1~5% 정도를 적립해 줍니다. 예를 들어 구매금액이 5만 원이면 적립금은 500~2,500원이 되는 것이죠.

대부분의 쇼핑몰에서 적립금을 제공해서 그런지 고객들은 적립금에 대해 특별한 느낌을 받지 못합니다. 각 고객들에게 적립된 금액이 너무 적기 때문에 실제로 상품 구매 시 적립금을 활용하는 경우도 생각보다 많지 않습니다. 따라서 형식적으로 모든 고객에게 적은 적립금을 주는 것보다는 적극적인 단골 우량고객에게 집중적으로 몰아 주는 것이 더욱 효과적입니다. 예를 들어 회원 추천인과 가입회원에게 적립금을 함께 나눠 준다든지, 상품구매 후기를 작성하면 적립금을 지급함으로써 상품구매를 유도하고 입소문을 내어 회원가입도 동시에 늘리는 전략을 취하는 것이죠.

> **미니 강좌**
>
> **적립금으로 상품구입 시 새 적립금의 부여 여부**
>
> 상품구입 시 적립금을 사용하여 결제할 경우 이에 따라 새로 발생되는 적립금은 지급하지 않는 것으로 운영정책을 정한다면, 이 사실을 반드시 쇼핑몰 이용약관의 적립금 부분에 안내해 주어야 후후 고객과의 분쟁발생을 줄일 수 있다는 점도 명심하세요.

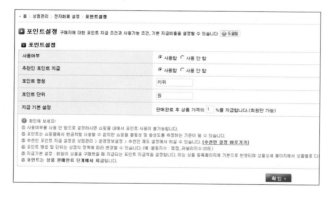

▲ 상점 관리자의 적립금 설정 페이지

포인트

포인트는 적립금과는 다소 다른 개념입니다. 적립금은 돈의 개념이지만, 포인트는 고객의 평가점수라고 볼 수 있습니다. 상품구매, 게시판 또는 사용후기 등을 잘 활용하는 고객에게 포인트를 많이 지급하고, 추후 이벤트 시 포인트가 높은 고객에게 우선권을 주는 등의 마케팅 계획을 세울 수 있습니다. 이 또한 회원이 상품구매 시 구매한 상품가격의 일정 비율을 정하여 포인트로 지급하기도 합니다. 하지만 전문 쇼핑몰 중에 적립금과 포인트를 모두 사용하는 쇼핑몰은 그리 많지 않습니다. 종합 쇼핑몰에 비해 구매횟수 및 구매금액이 적기 때문에 고객이 받을 수 있는 혜택은 하나로 몰아주는 것이 이를 받는 고객입장에서 볼 때 훨씬 실용적이기 때문입니다.

▲ 상점 관리자의 포인트 설정 페이지

미 니 강 좌 ·········

쇼회원정보를 갱신할 경우 할인쿠폰 제공

쇼핑몰 회원들은 가입 당시 기입한 회원정보에 변경사항이 생겨도 번거로워서 수정을 잘 하지 않습니다. 회원정보 수정 시 소정의 할인쿠폰을 제공하면 좀 더 정확한 회원 DB를 확보하는 데 있어 효율적일 것입니다.

할인쿠폰

할인쿠폰은 결제금액에 대해 일정 비율 또는 일정 금액을 할인하여 구매할 수 있도록 하는 마케팅 지원수단입니다. 할인쿠폰의 지급시점을 판매완료 후 지급과 상품구매와 동시지급 중에서 선택할 수 있습니다. 판매완료 후 지급은 해당 상품의 구매완료(구매 후 판매종료 시) 시점에서 쿠폰을 지급하는 것입니다.

한편 상품구입과 동시에 지급하는 것은 해당 상품을 구입하면서 바로 쿠폰을 사용할 수 있어 실질적으로 할인판매를 할 때 유용합니다. 할인 또한 일정 비율(정율제) 또는 정해진 금액(정액제) 할인 중에서 여러분이 임의로 지정할 수 있습니다. 정율제 할인쿠폰의 경우 고가상품에는 최대 할인금액을 제한할 수 있습니다.

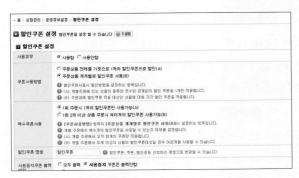

▲ 상점 관리자의 할인쿠폰 설정 페이지

▲ 상점 관리자의 할인쿠폰 설정 페이지

 오픈에 맞춰 좀 더 주목성이 강한 이벤트를 해 보고 싶어요.

이벤트를 기획하기에 앞서 특별한 이벤트보다는 기본에 충실하는 것이 우선이라는 점을 강조하고 싶습니다. 상품의 질과 가격, 서비스, 사이트의 수준이 평균 이하라면 대대적인 이벤트를 하더라도 그것이 구매상승으로 이어지기는 매우 힘듭니다. 이 책에서는 여러분의 쇼핑몰이 기본은 갖춰졌을 것이라고 판단하고, 이벤트 기획에 대해 알아보겠습니다.

오픈 시점에서 이벤트의 목적은 크게 두 가지로 나눠집니다. 바로 회원가입 촉진과 매출상승인데, 이를 위해 적립금 및 포인트 제도 실시, 사은품 증정, 경쟁력이 뛰어난 간판상품과 미끼상품을 내세운 기획전을 실시하는 것을 생각해 볼 수 있습니다. 하지만 오픈 시점에서 무리한 비용을 들여 출혈성 이벤트를 진행할 필요는 전혀 없으며, 이제 막 오픈한 신규 쇼핑몰임을 군이 대대적으로 알릴 필요도 없습니다. 대기업이 운영하는 대형 쇼핑몰도 아니므로 이제 막 새로 생긴 쇼핑몰에서 상품을 선뜻 구입하려는 사람들은 많지 않을 것이기 때문이죠. 그래서 오픈 전에 어느 정도 게시판 활성화 작업을 해 놓는 것이 매우 중요합니다. 게시판 활성화 방법에 대해서는 29단계 '각종 게시판 능숙하게 관리하기'를 참고하세요.

미 니 강 좌 ·········

판촉 이벤트는 적당히!

소호 쇼핑몰은 선택과 집중을 통해 효율성을 높이는 전략이 매우 중요합니다. 이벤트 또한 이것저것 남발해서 방문자에게 그 어떤 것도 어필하지 못하는 것보다는, 주목성이 높고 고객에게 실질적인 혜택이 많이 돌아가는 이벤트 한 가지만 골라 집중 공략하세요.

Q 오픈 시점부터 꾸준히 할 만한 판촉방법으로는 어떤 것이 좋을까요?

무이자할부 행사를 추천합니다. 인터넷 쇼핑몰에서 신용카드를 이용한 결제는 피할 수 없는 대세이고, 무이자할부 행사는 고객들의 구매를 자극하는 효과적인 방법이 될 수 있습니다. 신용카드 할부구매 시의 할부수수료를 소비자가 부담할 경우에는 그 수수료율이 10~25%까지로 매우 높은 편입니다. 하지만 상점부담 무이자할부 행사를 할 경우 상점이 고객 대신 부담하게 되는 수수료는 그보다 훨씬 낮아집니다. 2~12개월 할부행사를 할 경우 상점이 부담해야 할 할부수수료는 약 1.8~11% 수준이니까요. 여러분이 정산받게 될 판매대금에서 원래 차감되는 신용카드 결제 수수료에 상점부담 무이자할부 수수료가 추가 청구(차감)됩니다.

대부분의 카드에 적용되는 무이자할부 행사가 부담스럽다면, PG사와 특정 카드사가 공동으로 진행하는 한시적인 무이자할부 거래 시 상점 수수료 인하행사가 종종 있으므로 이를 이용하는 것도 좋습니다. 예를 들어 3개월 무이자에 대한 상점부담 수수료가 원래는 2.9%인데, 행사기간 동안에는 1.9%로 인하해 주는 것이죠. 물론 이벤트 기간 종료 후에는 수수료가 원상 복귀되므로 진행일정에 각별히 신경을 써야 합니다.

미 니 강 좌

상점부담 무이자할부 개월수
카드 사용이 대부분인 쇼핑몰에서 무이자할부는 굉장한 메리트이기는 합니다. 하지만 너무 오랜 기간 하게 되면 큰 손해가 나므로 주의해야 합니다. 20~50만 원 상품은 3개월 정도, 50~100만 원 상품은 길어야 6개월 정도가 적당합니다. 고객에게 서비스한다는 생각으로 12개월 무이자를 남발하면 카드수수료가 10%가 넘으므로 주의해야 합니다.

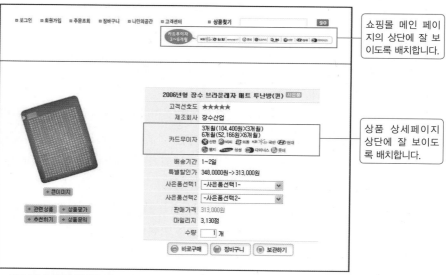

쇼핑몰 메인 페이지의 상단에 잘 보이도록 배치합니다.

상품 상세페이지 상단에 잘 보이도록 배치합니다.

▲ 카드 무이자할부 행사를 하고 있는 상품

시즌별 이벤트로는 어떤 것들이 있나요?

현재 쇼핑몰에서 진행되고 있는 이벤트의 종류는 매우 다양하며, 중요한 것은 항상 이벤트가 끊임없이 이루어져야 한다는 것이죠. 그때그때 소비자의 지갑이 쉽게 열릴 수 있는 특별한 시즌이나 행사를 포착해 쉴새 없이 진행하는 백화점이나 할인점 이벤트를 참고하고, 적절하게 변형하여 여러분의 쇼핑몰에 적용하는 것도 좋습니다. 이벤트의 타이틀 또는 명분을 어떻게 정해야 할지 고민된다면 백화점이나 할인점의 타이틀을 참고하면 간단히 해결할 수 있습니다. 다음에 소개하는 이벤트들을 잘 살펴보고, 여러분의 쇼핑몰에 적합한 이벤트를 선택하여 활용하기 바랍니다.

대표적인 시즌 행사 캘린더

계절별 이벤트	봄(2월 말), 여름(6월 초), 가을(9월 초), 겨울(11월 초)
기념일별 이벤트	신년(양력 1월 1일), 설날(음력 1월 1일), 어린이날(5월 5일), 어버이날(5월 8일), 스승의 날 (5월 10일), 성년의 날(5월 19일), 추석(음력 8월 15일), 빼빼로 데이(11월 11일), 크리스마스(12월 25일)
행사별 이벤트	졸업(2월), 입학(3월), 방학 시즌(7월, 12월), 결혼 시즌(5월, 10월), 송년(12월)

매달 14일

10~20대 젊은 세대 연인들끼리 챙기는 월별 이벤트 데이로, 매월 하나의 주제를 갖고 이성 친구와 특별한 이벤트를 갖는 날입니다. 상인들의 장삿속이라는 비판이 많지만, 이러한 연령대가 주고객인 쇼핑몰은 미리 알아 두고 상품기획에 참고하는 것도 하나의 전략입니다.

날짜	명칭	의미
1월 14일	다이어리 데이	한 해 계획을 세운다는 의미에서 예쁜 수첩을 선물하는 날
2월 14일	발렌타인 데이	여자가 마음에 드는 남자에게 초콜릿을 선물하는 날
3월 14일	화이트 데이	남자가 마음에 드는 여자에게 사탕을 선물하는 날
4월 14일	블랙 데이	연인이 없는 사람이 검은 복장을 하고 검은 복장을 한 사람과 만나 자장면을 먹는 날
5월 14일	로즈 데이	상대방을 어떻게 생각하는지 결정을 내리는 날로, 장미를 선물하는데 노란 장미는 이별, 백장미는 우정, 빨간 장미는 사랑을 뜻함.
6월 14일	키스 데이	로즈 데이에 빨간 장미를 주고받은 연인들이 서로의 사랑을 확인하는 정열적인 키스를 하는 날
7월 14일	실버 데이	은으로 된 반지를 주고받으며 장래를 약속하는 날

▲ 이니스프리 크리스마스
　　시즌 이벤트 메일

8월 14일	뮤직 데이	나이트 클럽에 가서 신나는 음악에 맞춰 춤을 추는 날
9월 14일	포토 데이	추억에 남을 근사한 사진을 함께 찍는 날
10월 14일	와인 데이	와인을 기울이며 사랑의 밀어를 속삭이는 날
11월 14일	무비 데이	조금은 낯 뜨거운 야한 영화를 보는 날
12월 14일	머니 데이	한 해를 무사히 사귀어 온 커플의 경우 남자가 여자에게 최고의 물질적 서비스로 봉사하는 날

Q 가격할인 전략은 어떻게 세우는 것이 좋은가요?

상품의 판매가를 정하는 방식, 상품을 기획하는 방식에 의해 상품의 체감가격이 달라질 수 있으므로, 가격정책에 참고할 만한 몇 가지 내용을 알아보겠습니다.

단계별 가격

10개까지는 10% 할인, 50개까지는 25% 할인 등 구매수량에 따라 가격을 일정 비율 할인하는 것입니다. 공동구매 및 공동경매에서 많이 사용하죠. 소호 쇼핑몰에서 사용하기는 적당하지 않지만, 동호회의 공동구매를 추진할 경우에는 사용할 수 있습니다.

할인가격

소비자 가격에서 일정 금액을 할인해 주는 것입니다. 판매가격을 표시하기보다는 시중판매가와 할인판매가를 적어 놓아 고객에게 좀 더 싸게 산다는 느낌을 갖게 해야 합니다. 하지만 시중판매가와 할인판매가의 차가 너무 심하면 얄팍한 상술로 상품을 판매한다는 거부감을 줄 수 있으므로 주의해야 합니다.

세일가격

일상적인 가격파괴인 할인판매와 달리 정상적인 가격을 특정 시기에 할인해서 파는 것입니다. 정기세일이나 취급하는 상품의 브랜드에서 일괄적으로 실시하는 브랜드 세일이라면 몰라도 한시적인 세일판매는 세일행사 전에 구입한 고객들의 원성을 사기 쉬우며, 세일행사가 끝난 후에도 언제쯤 다시 세일행사를 할 것인지 탐색하는 소비자들이 있기 때문에 그다지 권장하고 싶지 않습니다.

예약구매가격

에어컨이나 딤채 등과 같이 특정 시기에 수요가 집중되는 상품을 판매할 경우에 많이 사용합니다. 브랜드 상품이나 신제품에 민감한 마니아 상품에도 적용해 볼 만합니다.

덤 전략 또는 1+1(원 플러스 원) 이벤트

하나의 가격에 똑같은 상품을 하나 더 주는 이벤트를 종종 보게 됩니다. 이러한 이벤트의 목적은 신상품 홍보나 재고상품의 소진에 있습니다. 그것이 신상품이 되었든, 재고상품이 되었든 필요한 고객에게는 더없이 좋은 혜택이므로 쇼핑몰, 공급처, 고객 모두에게 좋은 이벤트입니다. 적절하게 꾸준히 이루어진다면 단골고객을 확보하기에 더없이 좋습니다.

패키지 상품

쇼핑몰의 입장에서는 손실이 없으면서도 매출을 증대할 수 있고, 고객 입장에서는 값싼 가격으로 원하는 상품을 구매할 수 있어 모두에게 도움이 되는 '윈윈 이벤트'입니다. 특히 상품구매 시 전문적인 정보의 조합이 필요한 아이템일 경우에는 더욱 유용합니다. 컴퓨터 패키지나 웨딩 패키지, 혼수 패키지 등이 좋은 예입니다.

잠깐만요! **가격할인에 대처하는 방법**

앞에서 다양한 가격할인 방법에 대해 알아보았지만, 소호 쇼핑몰이 살아남는 방법은 가격정책이 아닙니다. 가격은 어차피 대형 쇼핑몰의 물량에 의한 할인을 절대로 좇아가지 못할 테니까요. 할인점보다 가격이 분명히 비싼 데도 불구하고 친절한 아저씨, 아줌마가 있는 동네 구멍가게로 가서 물건을 사는 심리, 물건을 사면서 이런저런 이야기도 나누고 유용한 정보도 얻는 소비자의 심리를 이용해야 합니다. 그러기 위해서는 전문 몰로서 단 한 명의 고객이라도 만족할 수 있는 다양한 상품 구비, 빠른 업데이트, 신선한 정보, 고객과의 일대일 대응, 친절한 서비스와 철저한 고객관리가 뒷받침되어야 하겠죠.

❶ 다양한 세트상품을 만드세요.
❷ 사은품 증정 시 판매상품과 연관성 있는 사은품을 고르세요.
❸ 적정한 수준의 무이자할부 행사를 실시하세요.
❹ 가격할인과 사은품은 다른 경쟁업체를 누르겠다는 공격적인 용도로 사용하기보다는 방어적인 차원에서 최소한으로 사용해야 업계의 출혈경쟁을 피할 수 있습니다.
❺ 전문 쇼핑몰의 매력을 십분 발휘해 할인하지 않아도 팔리게 만드세요.

33 단계

ONLINE
SHOPPING MALL

모르면 큰 코 다치는 상표권과 저작권

쇼핑몰 운영자가 겪는 상표권과 저작권 침해 종류가 갈수록 다양해지고 있으며, 이에 대한 인식이 부족한 쇼핑몰 운영자들을
대상으로 합의금을 갈취하려는 파파라치들의 활동도 점점 기승을 부리고 있습니다. 명품이나 유명 브랜드의 모방품을 판매하
고, 영화나 드라마를 불법으로 올리는 것은 상표권, 저작권 침해의 가장 단적인 사례이지만, 이 밖에도 판매상품, 쇼핑몰 디자
인, 홍보글 등과 관련된 다양한 경우의 상표권과 저작권 침해 위험요소가 있습니다. 인터넷 쇼핑몰은 검색만으로도 얼마든지
단속이 가능하기 때문에 운에 맡기는 수밖에 없지만 쇼핑몰 운영을 꾸준히 할 생각이라면 벌금은 전과가 되며, 전과는 기록으
로 남고, 동일범죄가 반복되면 가중처벌됩니다. 따라서 관련 상식을 반드시 알고 있어야 합니다.

 쇼핑몰의 대표적인 상표권 침해 사례는 어떤 것들이 있나요?

상표를 등록하면 등록한 상표와 이에 관계된 상품 또는 서비스를 독점할 수 있는 권
리가 생깁니다. 샤넬이 가방을 만드는 상표라면 가방에 사용하는 샤넬이라는 상표
를 독점할 수 있는 권리를 갖게 되는 것입니다. 이것이 바로 '상표권'입니다.

쇼핑몰 이름

내 쇼핑몰 이름을 다른 사람이 사용하는 것이 싫고, 이를 법적으로 막기 위해서는
쇼핑몰 이름을 상표로 등록해야 합니다. 상표권을 악용하여 돈을 벌려고 하는 브로
커들은 가능성이 보이는 쇼핑몰을 미리 파악하고 그 쇼핑몰 이름을 상표로 등록합
니다. 출원 후 상표권 등록이 완료되려면 1년 정도가 걸리는데, 그후에 해당 쇼핑
몰 매출이 성장하면 상표권자로서 상표권 침해를 알리고 합의금 요구나 형사고소를
하는 경우도 있습니다.

타사 브랜드 이름을 홍보 및 판매에 사용

특정 브랜드에 st를 붙여서 오픈마켓이나 검색포털에 '~st'로 키워드 광고를 하거
나 상품명, 상품설명에 사용하는 경우가 많은데, 이는 모두 상표권 침해에 해당됩
니다. 문구가 특정 브랜드를 인식할 수 있다면 상표법 위반대상이 되는 것입니다.
이미테이션 상품이 아니라 전혀 다른 상품이라 하더라도 ~스타일, ~풍, ~형과 같
은 유명 브랜드 상표를 사용하면 모두 상표권에 저촉됩니다. Gucci를 살짝 바꾼
Cucci로 표기한 것은 누가 봐도 알 만한 저명한 상표의 문구를 사용한 것이기 때문

미니강좌

**염두에 둔 상표의 등록 상태 확
인하기**

한국특허정보원 특허정보검
색서비스 사이트(http://dets.
kipris.or.kr)에서 자신이 출원
할 상표를 검색하여 등록 가능
성을 사전에 가늠해 볼 수 있
으며, 국내에 정식으로 들어온
브랜드인지의 여부도 확인할
수 있습니다.

에 상표권 위반이며, MARC JACOBS와의 관계를 은연중에 암시하려는 축약어인 Marc를 사용해서 유사상품을 팔아도 침해로 인정됩니다.

병행수입, 구매대행

어떤 브랜드를 막론하고 병행수입품이거나 구매대행 등의 방식으로 그 브랜드의 진품을 다룬다면 키워드 광고는 자유롭게 써도 되며, 상품설명 이미지에 로고를 붙여도 되고, 상품명에 브랜드명을 써도 무방합니다. 다만, 그 브랜드의 공식 판매점처럼 오인하도록 쇼핑몰을 꾸미거나 쇼핑몰 도메인에 브랜드를 포함하는 것은 안 됩니다.

정품 판매

국내에 독점 수입업자가 없고, 해당 브랜드가 정식으로 국내시장에 진입하지 않은 상태에서 쇼핑몰을 인증된 쇼핑몰처럼 규모 있게 꾸며놓고 수입된 정품을 판매하는 것까지는 결격사유가 없습니다. 그러나 그 브랜드가 국내에 정식으로 진입하거나 국내 특정 사업자에게 독점 판매권을 줬다면 더 이상은 기존처럼 판매활동을 할 수 없으므로 독점 판매권을 획득한 사업자와 판매계약을 맺어야 할 것입니다.

이미테이션

유통업자에게 속아 이미테이션인지 모르고 정품처럼 판매한 경우는 물론이고, 이미테이션이라는 것을 고지했더라도 판매행위 자체가 상표권 침해입니다. 특정 브랜드의 로고나 디자인을 모방해 유사하게 만든 상품의 경우도 마찬가지입니다.

이미테이션은 아니지만 특정 브랜드 고유의 디자인 상품

소비자는 브랜드 이름으로 브랜드를 인식하기도 하지만 대표상품의 디자인으로도 특정 브랜드를 쉽게 떠올립니다. 따라서 브랜드 이름을 사용하지 않았다고 하더라도 디자인에서 그 브랜드를 쉽게 연상할 수 있다면 침해의 소지가 있으므로 만약 심볼 상품이 있다면 이를 피하는 것이 안전합니다. 티파니를 연상하도록 하는 하트 목걸이, 미키 마우스를 연상하도록 하는 캐릭터 악세서리 등이 그 대표적인 예입니다.

상표권 침해는 '비친고죄'입니다. 그래서 피해를 본 당사자가 직접 모니터하지 않더라도 지적재산권을 단속할 수 있는 수사기관, 상표권 침해를 고발할 수 있는 비영리단체나 협회가 문제를 제기할 수 있습니다. 또한 관세청 사이버감시단은 민간인이 자발적으로 상표권 침해 상품을 모니터링하는데, 경쟁 쇼핑몰에서 이를 악용해 내 쇼핑몰을 상표권 침해로 신고할 가능성도 배제할 수 없습니다.

미 니 강 좌 ·········

상표출원 비용

상표 출원비용은 5만 6,000원이며, 10년 동안 쇼핑몰 이름을 독점할 수 있는 등록비용은 22만 원입니다.

미 니 강 좌 ·········

브랜드 상품의 대여 서비스업

명품의류, 유명 브랜드 유아용품을 대여해 주는 서비스를 제공하는 사이트에서 상품이름과 상품설명에 브랜드를 사용하는 것은 상표권 침해가 아닙니다.

모르고 위반했다고 아무리 이야기해도 일단 상표권 침해 분쟁에 휘말리면 무혐의를 입증하는 것이 쉽지 않습니다. 따라서 문제의 소지가 있는 상품은 과감히 포기하고, 자신이 판매하는 품목과 관련된 분야의 국내외 브랜드 정보는 어느 정도 파악한 후에 상품을 판매하는 것이 좋습니다.

Q 쇼핑몰의 대표적인 저작권 침해 사례는 어떤 것들이 있나요?

사이트의 모든 시각적인 정보를 통해 상품을 소개하고 판매를 해야 하는 쇼핑몰의 특성상, 쇼핑몰은 거의 모든 저작권 종류에 노출되어 있습니다. 상품 촬영사진, 사이트 디자인, 상세 설명에 쓰이는 폰트와 인용 자료, 이미지 편집을 위해 쓰는 포토샵, 배송이나 매출관리를 위해 자주 사용하는 MS 오피스, 연예인 사진, 영화와 드라마 캡처 화면, 언론 보도자료 등 그 종류가 엄청나며 저작권 적용 범위도 무척 넓습니다.

저작물은 사람의 사상과 감정을 표현한 대상이 저작물이며, 이 저작물은 돈으로 환산되는 가치를 지니기 때문에 저작자의 저작물을 보호해 주는 저작권이 생겨나게 된 것입니다. 법인이 소유한 저작권은 발효시점으로부터 50년이며, 사람에 의해 창작된 저작물은 사후 50년까지 보장됩니다.

저작권은 상표권과 달리 등록하지 않아도 저작권법의 보호를 받을 수 있는데, 등록하지 않아도 보호받을 수 있다는 장점이 저작권자의 입장에서는 치명적인 단점이 될 수도 있습니다. 자신의 저작물임을 인정받기 위한 자료를 제공하고 이를 인정받기까지 많은 시간이 걸리는 것입니다. 그래서 문화체육관광부 산하 한국저작권위원회에서 저작권 등록을 진행하고 있습니다. 상표권과 달리 등록요건은 간단하며, 업무일 기준으로 접수 후 4일 안에 등록 여부가 결정됩니다. 상표권처럼 저작권도 먼저 하는 이가 우선 등록할 수 있습니다. 등록 비용은 저작물당 3만 1,800원이며, 온라인으로 신청하면 1만 원 할인되어 2만 1,800원입니다. 예를 들어 상세 설명의 길쭉한 이미지 한 장이 한 건으로 등록됩니다. 동시에 11개 이상 등록하면 마지막에 접수된 저작물부터 할인받을 수 있습니다.

쇼핑몰 디자인

쇼핑몰 디자인 자체가 현업 종사자들도 인정할 정도로 독특한 디자인이거나 새로운 방식이어야 합니다. 따라서 현실적으로는 쇼핑몰 디자인에 대한 저작권을 행사하기가 쉽지 않습니다. 그리고 디자인에 필요한 비용을 여러분이 디자이너에게 지불했다고 하더라도 쇼핑몰 디자인은 그 웹디자이너의 저작물입니다.

미 니 강 좌 ·······

복제권

원본을 그대로 소유하지 않고 동일한 또 하나를 만들어 내는 것입니다. 포털 사이트에서 검색하는 런웨이 사진, 연예인 사진, 영화나 드라마의 스틸컷 등을 링크가 아닌 이미지로 퍼오는 순간 복제행위가 됩니다. 이에 대해 저작권자가 자신의 저작물을 동의 없이 사용한 이에게 책임을 물을 경우 복제권 침해가 됩니다. 상표권은 '비친고죄'이지만 복제권은 '친고죄(당사자가 직접 고소)'입니다.

미 니 강 좌 ·······

저작권 등록 및 등록정보 검색

저작권 등록시스템 사이트 (http://cros.co.kr)에서 저작권 등록 및 등록정보의 검색이 가능합니다.

상위 쇼핑몰은 모방이 아닌 벤치마킹만!

상위 쇼핑몰의 경우에는 사이트, 상품 사진, 상품 상세 설명이나 문구, 배송 및 고객응대까지도 서비스표 및 상표등록 출원을 해 놓은 경우가 대부분이라고 하므로 주의해서 사용해야 합니다.

그렇다면 쇼핑몰 디자인을 내 저작물로 소유하기 위해서는 어떻게 해야 할까요? 그것은 쇼핑몰 운영자와 웹디자이너가 저작권 양도계약을 해야 합니다. 그러나 웹디자이너 입장에서는 자신의 포트폴리오가 되고, 다른 쇼핑몰 제작 시 반응이 좋은 디자인은 부분부분 재사용을 할 수 있기 때문에 양도계약을 하지 않으려고 합니다. 그러나 다른 한편으로는, 쇼핑몰 디자인에 저작권 침해논란이 생길 경우 저작권을 가진 사람에게 그 책임을 묻게 되므로 웹디자이너에게서 저작권을 양도받으면 더 이상 책임을 물을 수 없다는 점도 감안해야 합니다. 따라서 저작권 확보보다는 이직, 휴직, 폐업이 잦은 프리랜서 웹디자이너의 특성상, 문제 발생 시 신상 파악을 위해 디자인 계약 시에 주민등록번호를 받아 두는 것이 좋습니다.

쇼핑몰 콘텐츠 유지보수

쇼핑몰 상세 설명 작성에서 저작권 침해를 범하면 담당 쇼핑몰 직원과 쇼핑몰 운영자 모두에게 책임을 묻게 됩니다. 근로계약서에 직원이 만드는 콘텐츠를 직원의 저작권으로 인정한다는 별도의 규정이 없어야 합니다. 근로계약서를 작성할 때 저작재산권을 양도받는 조건을 명시하되, 2차적 저작물작성권도 양도한다는 계약을 추가해야 합니다. 이 때 중요한 것은 쇼핑몰 운영자와 직원이 위탁계약이 아니라 고용주와 직원의 관계입니다.

쇼핑몰 상품 사진

상품을 촬영한 사진은 사진저작물에 해당되지만, 여기에는 중요한 조건이 있습니다. 바로 카메라의 촬영 기능만을 사용한 이미지인지의 여부입니다. 촬영대상의 연출이 전혀 없고 하얀 배경에 상품만 있는 것이라면 이는 저작물로 인정받지 못합니다. 구도가 어떻게 되든, 배경이 하얀색이 아닌 다른 색이든 저작물이 되지 못합니다. 상품 자체의 촬영에 초점을 맞춘 것이고 소품, 모델이 동원되지 않았다면 인정받지 못하는 것입니다. 이미지 편집 프로그램으로 상품에 배경을 넣고 글자 넣어서 하나의 이미지를 창작했다면 그것은 '사진저작물'이 아닌 '편집저작물'로 인정받게 됩니다.

상품 사진 촬영

여러분이 직접 사진을 찍지 못하고 타인에게 맡겨야 할 경우에는 사전에 저작권양도계약을 하는 것이 좋습니다. 촬영한 사진 중 저작물로 인정되는 촬영물의 저작재산권 및 2차적 저작물작성권을 쇼핑몰 운영자에게 양도한다는 내용이 들어가면 됩니다. 직원으로 채용할 경우 웹디자이너 직원의 경우처럼 업무상 저작물을 명시하는 근로계약서를 작성하면 됩니다.

피팅 모델이 포함된 사진은 대외적으로 사용할 수 있으므로 피팅 모델의 초상권에 대해서도 알고 있어야 합니다. 쇼핑몰에서는 괜찮지만, 블로그나 오픈마켓에서 자신의 얼굴이 노출되는 것이 싫다고 하는 경우도 있으므로, 번거롭더라도 이런 부분에 대해 피팅 모델과 협의하여 계약해야 합니다. 야외촬영 시 무심코 들어간 일반인의 얼굴도 초상권 침해에 해당되므로 주의해야 합니다.

상세 설명에 사용한 폰트

폰트에 대한 저작권은 폰트를 사용한 결과물보다 폰트 프로그램의 사용이 관건인데, 상업적인 목적으로 지속적으로 사용하는 것은 이 경우에 해당되므로 쇼핑몰 운영자에게 책임이 돌아오는 침해 사례가 됩니다. 또 한 가지 민감한 사안은 다른 인터넷 화면의 캡처 이미지나 보도자료 이미지에 포함된 유료폰트인데, 이것에 대해 폰트 저작권자가 배상을 요구한다면 이는 권리남용이며, 인용된 자료를 작성한 회사나 개인에게 침해 여부를 확인해야 할 사안입니다.

상품 상세 설명에 넣는 연예인 사진, 패션쇼 런웨이 사진, 기사, 브랜드 홈페이지의 상품 사진

상품 상세 설명에 연예인 누구가 비슷한 상품을 착용한 사진, 패션쇼 런웨이 사진, 공신력을 얻기 위해 기사를 인용하는 것은 모두 저작권 침해에 해당합니다. 브랜드의 정식 판매업자가 아닌데, 브랜드 홈페이지의 상품 사진과 상품설명을 그대로 가져다 써도 저작권 침해입니다.

쇼핑몰 디자인에 사용한 폰트

쇼핑몰 운영에 필수인 포토샵 등의 프로그램은 정품을 구매해야 하며, 사이트에서 사용하는 모든 폰트도 정품을 구매해야 합니다. 쇼핑몰 디자인에 사용된 각종 이미지나 음악도 마찬가지입니다. 디자이너에게 쇼핑몰 제작을 의뢰할 때에도 사용하는 폰트나 이미지가 저작권 관련한 침해요소가 없는지 한번 짚고 넘어가는 것이 좋습니다.

그럼에도 불구하고 저작권 침해로 문제가 생겼다면 위탁해 제작했다는 녹취 내용이나 웹디자이너의 연락처, 신분증 사본 등을 제시하며 쇼핑몰 디자인 제작자는 본인이 아님을 밝힙니다. 폰트는 그 폰트로 제작한 결과물 자체가 아닌, 폰트 프로그램의 사용 여부가 관건이므로 여러분에게 책임이 있는 것이 아니므로 디자이너나 웹디자인 회사와 시시비비를 가리면 됩니다.

34단계

잘될 때가 더 위험하다!
성장기 점검사항

이 책을 읽고 온라인 창업을 시작하려는 여러분들 중에서 나중에 시간이 흘러 성장기에 접어든 쇼핑몰을 갖게 될 분들이 얼마나 많을까 궁금해집니다. 쇼핑몰에서 매출과 이익이 안정적이라면 현재 매출과 이익은 매우 오래 유지될 것이고, 이러한 상황에서는 광고비를 어느 정도 유지하면서 매출을 꾸준히 늘려 나가면 됩니다. 그러나 경쟁이 치열하고 진입장벽이 비교적 낮은 인터넷 판매는 현재에 머물면 미래가 불안정해집니다. 늘 새로운 방안을 찾아서 노력해야 경쟁우위에 설 수 있음을 명심해야 합니다. 여러분 모두가 이 단계의 내용에 공감할 수 있기를 기원하면서, 온갖 고생 끝에 안정궤도에 올려놓은 쇼핑몰이 성장통을 겪지 않도록 하려면 어떤 점에 주의해야 하는지 함께 생각해 보겠습니다.

Q 매출은 꾸준한 성장세를 타고 있지만 늘 불안한데, 잘될 때 특히 경계해야 할 것들은 무엇인가요?

시장상황이나 자신의 능력을 과신하고 과도하게 사업 확장하기

초기의 계획보다 단시간에 높은 성장을 했다고 해서 과도하게 사업을 확장하는 것은 금물입니다. 아무리 의욕이 충만해 있다고 해도 시장의 한계를 벗어나 혼자 클 수는 없으며, 현재 시장의 규모와 향후 성장 가능성을 냉철히 파악해서 대처해야 합니다. 아무리 소호 쇼핑몰이 잘 나간다고 하더라도 전문 쇼핑몰의 영역에서 벗어나 종합 쇼핑몰의 영역을 넘보면 십중팔구 실패하기 마련입니다. 전혀 다른 영역을 넘보기보다는 해당 분야에서 좀 더 깊게 파고들고, 아이템을 넓히더라도 기존 분야와 연관된 아이템으로 확장해 나가야 합니다.

> **미니강좌** ....
> **확장과 현상유지의 기로**
> 너무 소심해서도 안 되고 너무 과감해도 안 된다니, 도대체 어쩌라는 것이냐고 항변할 분도 있을 것입니다. 사업 아이템의 확장과 투자에는 충분히 신중을 기하되, 상품의 홍보나 판로 개척에는 큰 손해만 보지 않는다면 무엇이든 해보겠다는 적극적인 각오로 임하는 것이 좋습니다.

경쟁자들의 역전 가능성 등한시하기

하룻밤 자고나면 수십 개씩 생기는 것이 쇼핑몰이고, 그 쇼핑몰들 중에서는 여러분이 그랬던 것처럼 철저한 준비를 거쳐 제대로 한번 해보겠다는 생각을 하는 야무진 창업자들도 있을 것입니다. 후발주자로 뛰어든 그분들 역시 이 책을 읽으면서 과거의 여러분처럼 고민하고 준비할 것이며, 그 준비과정에서 여러분의 쇼핑몰이 벤치마킹 대상이 될 수도 있습니다. 쇼핑몰이 성장하고 널리 알려지는 만큼 같은 분야의 후발주자들에게는 더 잘 노출될 것이고, 뛰어넘어야 할 목표가 될 테니까요. 이러한 경쟁을 통해 쇼핑몰의 퀄리티가 계속 높아지고 전자상거래 서비스는 고객의 다양한 욕구에 부합할 수 있도록 더욱 세분화·전문화되는 것입니다.

소심해서 사업확장을 못한다?

소비자의 심리와 경쟁 사이트의 감각에 뒤처지지 않도록 늘 새로운 정보를 접하면서 전자상거래 시장의 동향, 업계의 판도변화에 주시해야 합니다. 이러한 역량을 갖출 수 있게 될 때, 비로소 여러분은 여러분에게 다가온 기회가 위기가 될지, 아니면 도약의 발판이 될지 판단할 수 있게 됩니다. 만약 잘못되어도 손해만 보지 않는다면, 또는 약간의 손해는 감수하더라도 시도해 볼 만한 가치가 있는 일이라면 적극적으로 해보는 것이 좋습니다.

 ## 시스템 구축이란, 구체적으로 무슨 뜻인가요?

쇼핑몰의 경우 기본적인 업무관리는 상점 관리자를 통해 이루어집니다. 이를 최대한 활용하되, 관리자에서 할 수 없는 정보의 관리 및 자료정리는 반드시 따로 해주어야 하는데, 이를 위해 필요한 것이 시스템 구축입니다. 구체적인 내용은 다음과 같습니다.

상품관리(상품 정보 표준화)

쇼핑몰에 등록되는 상품의 정보는 고객에게 일관된 구성과 내용으로 제공되어야 합니다. 상품을 등록하는 사람에 따라 정보가 달라지거나 누락되는 항목이 있어서는 안 되겠지요.

재고관리

상품을 무작정 풍족하게 입고시킨다거나 선매입이 불가피한 상품이라고 해서 일단 사고보자는 식의 조치를 취할 경우, 나중에는 엄청난 재고로 인한 손실을 떠안을 수밖에 없게 됩니다.

상품이 많이 판매되기는 하는데 재고상품도 그에 비례해서 계속 쌓여나간다면 '앞으로 남고 뒤로 밑지는 셈'이 됩니다. 정기적으로 재고회전율을 계산해 적정 재고량을 파악하고, 1회 구입 시 적정 구매수량을 정합니다. 또한 판매가 어려운 재고상품은 미련을 버리고 하루라도 빨리 처분하는 것이 그나마 손실을 줄이는 방법입니다.

마케팅 관리

평소에 대외적인 광고진행과 관련된 지출내역이나 광고시기, 기간, 광고효과 등을 정리하여 자료로 보관해 두기 바랍니다. 로그분석 사이트에 자료가 보관되어 있기는 하지만 별도로 여러분이 자료를 갖고 있는 것이 좋으며, 검색엔진에 진행한 광고내역도 자료로서 보관해 두는 것이 좋습니다.

매출정산 및 회계관리

쇼핑몰 관리자에서 기본적인 매출관리 및 통계기능을 제공해 주고 있지만, 이는 단순히 쇼핑몰을 통해 이루어진 거래에 대한 것들 뿐이며, 전화접수된 매출건은 누락되어 있습니다. 그리고 관리자를 통해서는 매출만 알 수 있기 때문에 매입과 매출, 기타 지출비용까지 계산한 총 비용 및 수익은 직접 자료를 작성해 보아야 합니다.

효과적인 고객응대 체제

게시판 관리나 전화상담 시 일관된 고객응대가 이루어지도록 하고, A/S 시스템이나 교환/환불에 대한 규정 등에 있어서 담당자나 고객이 달라지더라도 우왕좌왕하지 않도록 내부적인 기준을 정해 놓아야 합니다.

거래처 관리

거래처 정보를 주먹구구식으로 메모해 놓고 사용하는 경우가 많은데, 거래처별 담당자와 연락처, 물품구매 내역 등은 꼼꼼히 기록하고 보관해야 합니다. 거래업체에서 거래명세표를 발행해 준다면 구매내역은 이것으로 대체해도 됩니다.

> **잠깐만요!** **쇼핑몰 운영과 경영의 차이**
>
> 운영과 경영은 다른 의미를 갖고 있습니다. 단순히 단어가 다르다는 것보다 그 두 단어가 내포하는 의미와 비전이 다르다는 점을 포착해야 하는 것이죠. 쇼핑몰이 어느 정도 안정궤도에 접어들었다면 운영에서 경영으로 진일보해야 합니다. 관리상의 효율적인 시스템을 구축하고 좀 더 거시적인 관점에서 쇼핑몰의 지향점을 설정하는 것이죠. 여러분의 쇼핑몰을 장사가 아니라 사업으로, 가게가 아니라 기업으로 생각한다면, 좀 더 많은 가능성이 열리고 의욕적으로 시도해 볼 만한 일들도 더욱 많이 눈에 띌 것입니다.

직원채용 시 주안점을 둘 부분은 어떤 것들인가요?

아직 불확실한 수익원에 기대를 걸고 성급하게 직원을 뽑는다면 이는 여러분에게도 부담이 될 것이고, 경우에 따라서는 그 직원에게도 큰 타격이 될 수 있기 때문에 직원을 채용할 때는 신중을 기해야 합니다. 여러분에게 인건비에 대한 부담을 감당할 능력이 있는지, 어떤 자질을 갖춘 직원이 가장 적당한지에 대해 잘 생각해 보고 결정하세요. 기본적으로 소호몰에 적합한 인력채용의 원칙은 고임금, 저인건비입니다. 즉, 한 사람을 채용해서 두 사람분의 일을 할 수 있는 멀티 플레이어를 활용하되, 임금은 1.5배 이상 지급하는 것이죠.

업무가 많아져서 혼자 처리하기 불가능할 때

상품을 개발하고 구입하느라 외근시간이 늘어나고 주문은 혼자 처리하기 벅찰 정도로 늘어나서 이를 보조해 줄 직원이 필요한 경우입니다. 따라서 직원은 기본적인 고객상담 업무, 상품 주문접수 및 배송업무를 담당하게 되겠죠. 일단 성실하고 성격이 꼼꼼하며 어투가 싹싹한 직원이면 충분히 업무를 수행할 수 있습니다. 주문 및 배송을 꼼꼼히 체크하는 성격인지, 전화응대 시 싹싹하게 고객과 의사소통 할 수 있는지는 무척 중요합니다.

쇼핑몰에서 전문화·고급화를 추구할 필요가 있을 때

새로 오픈하는 후발주자 쇼핑몰의 퀄리티는 자꾸 높아지는데, 비전문가인 여러분이 사이트를 유지보수하는 정도로는 전문가 실력을 따라잡기 힘들 것입니다. 쇼핑몰의 비주얼적인 면이 중시되는 아이템일수록 더욱 그렇죠. 모든 일 제쳐 두고 여러분이 포토샵과 플래시, 코딩 공부에만 매달려 있을 수는 없는 노릇이므로 이럴 때 웹디자인 실력을 갖춘 직원을 뽑는 것도 좋습니다. 물론 이 웹디자이너에게는 업무의 특수성에 대해 미리 양해를 구해야 할 것입니다. 경우에 따라서는 쇼핑몰의 상담전화도 받아야 하고, 사진모델을 해야 할 경우도 있으며, 배송업무도 겸할 수 있다는 점을 알려주고, 미리 생각할 시간을 주어야 하는 것이죠. 주문 및 배송 담당, 디자인 담당 직원을 각각 채용할 형편이 된다면 웹디자인을 잘하는 중급 이상의 직원이 좋겠지만, 그렇지 못하다면 웹디자인 실력이 그보다 조금 부족하더라도 여러 방면의 업무를 골고루 소화할 수 있는 전천후 인력을 채용하는 것이 여러분에게 훨씬 도움이 될 것입니다.

새로운 영역을 개척하기 위해 별도의 전담인력이 필요할 때

가게오픈, 강의개설 등 오프라인 쪽의 사업확장을 위해 별도의 전담인력이 필요할 때, 대형 납품건을 전문으로 관리하고 수주할 영업인력이 필요할 때 등이 이에 해당합니다. 이 방면의 인력은 쇼핑몰의 전반적인 운영정책이나 수익원의 변화를 크게 좌우하는 핵심인력이 될 가능성이 높으므로 신중하게 채용해야 합니다. 조금 욕심을 부려서라도 출중한 역량을 가진 인재를 채용하고 싶은데 여러분의 재정능력이 그 인건비를 충당할 정도가 아직 안 된다면 수익분배형 계약이 효과적일 수도 있습니다. 가게매출, 수강료, 영업매출 등 해당 부분의 수익을 적정한 비율로 배분하거나, 큰 부담이 되지 않는 선에서 월고정임금을 지불하면서 매출성과에 따라 인센티브를 제공하는 것이죠.

Q 이제 안정궤도에 들어섰으므로 중장기적인 성장목표를 세워 도약하고 싶습니다. 앞으로 인터넷 쇼핑몰에서 가장 중요한 가치는 무엇일까요?

인터넷 쇼핑몰은 앞으로 브랜드의 가치가 경쟁을 좌우하게 될 것입니다. 짧은 역사 속에 급격하게 빠른 성장을 한 인터넷 쇼핑 시장에서 매월 많은 소호업체들이 생겨났다가 사라지곤 합니다. 소비자들의 소비 기대수준이 높아지고, 시시각각 변화하는 빠른 트렌드와 점차 치열해지는 경쟁 속에서 소호업체들의 대표적인 경쟁수단을 꼽으라면 단연 '인터넷 광고'일 것입니다. 하지만 인터넷 광고비는 과거와는 달리 시간이 지날수록 점점 높아지고 있기 때문에 신규로 시장에 진출하는 많은 소호업체들은 쉽게 인터넷 사이트를 열고 사업을 시작하지만 이러한 대표적 경쟁수단인 인터넷 광고라는 벽에 주저앉는 경우가 많습니다.

또한, 소비자들의 인터넷 쇼핑에 대한 눈높이와 기대수준이 높아지면서 당연시되는 부분이 바로 제품의 질과 가격, 그리고 브랜드입니다. 인터넷 초창기부터 염려되던 제품의 질에 대한 부분은 지난 역사 속에서 많은 부분이 개선되고 소비자들이 경험을 하여 인터넷 쇼핑을 이용하는 데 문제가 되지 않고, 현재는 소호업체들 간 소비자 경쟁은 저렴한 가격을 바탕으로 이루어지고 있습니다. 그러나 이러한 부분도 한계가 있기 때문에 적은 마진으로 인하여 많은 소호업체들이 이익을 보지 못하거나 쉽게 사라지기도 하고, 가격경쟁 속에서 높은 광고비 지출을 동반하게 될 경우에는 적자를 막을 길이 없습니다.

이러한 추세 속에서 몇몇 기업화된 소호업체들의 경우에는 장기적인 안목에서 이제는 상품의 질과 가격보다는 브랜드를 알려 소비자들의 인지도와 쇼핑몰 이용 만족도를 높이고 있습니다. 상품의 질과 가격이 어느 정도 수긍할 만한 범위의 합리적인 수준이라면 구매결정은 더 이상 상품의 객관적인 품질과 가격이 아니라 쇼핑몰에 대한 고객의 지각(인식)에 의해 좌우되기 때문입니다. 여성의류 쇼핑몰 '스타일난다'와 같이 기업화된 상품들의 경우, 소비자들은 제품의 질과 가격보다는 디자인 또는 기타 다른 요소를 보고 구매를 하게 됩니다.

이와 같이 브랜드를 지속적으로 키우고 알려서 그 가치가 높아지면 쇼핑몰 사업 확장이나 해외진출도 훨씬 수월해질 것입니다.

Q 대량유통에도 자신감이 생겼고 가격경쟁력도 높아졌다면, 이를 이용해 매출을 확대할 수 있을까요?

규모가 큰 전문 쇼핑몰이나 종합 쇼핑몰 입점을 생각해 보세요. 앞에서 종합 쇼핑몰 입점은 창업 초기에 할 수 있는 영역이 아니라고 설명했지만, 이제 충분히 여건이 갖춰졌다면 한번 시도해 볼 만합니다. 실질적인 상품판매 성과는 미미하더라도 규모가 크고 인지도가 높은 쇼핑몰에 여러분의 상품이 입점된다면 쇼핑몰에 대한 신뢰도가 더욱 높아질 것입니다. 이때 전문성이 강한 아이템일수록 대형 쇼핑몰과의 입점협상에서 우위를 차지할 수 있으며, 쇼핑몰 이름이나 자체 브랜드를 상품이름 앞에 넣을 수 있는 조건을 달 수 있다면 더욱 좋겠죠. 또한, 몇 가지 상품이나 특정 브랜드를 기획 초저가로 판매하는 공격적인 마케팅 전략을 구사한다면 여러분의 쇼핑몰이 업계에서 두각을 나타내고 있는 상위업체라는 인식을 소비자에게 줄 수 있습니다.

고객과의 최접점에 존재하는 CS(전화상담, 게시판 관리)직원의 중요성

한 회사의 서비스와 제품에 대한 인상은 고객이 접하는 직원 한 명으로 인해 순식간에 각인됩니다. 고객과의 접점 마케팅이 중요한 이유는 고객이 직접 경험하는 서비스나 제품의 만족도에는 소위 '곱셈의 법칙'이 적용되기 때문입니다. 고객과 접촉하는 수많은 찰나의 순간 중 어느 한 부분이라도 나쁜 인상을 심어준다면 앞으로 지속적인 충성고객이 될 수 있는 자산을 영원히 잃어버릴 수 있기 때문입니다. 따라서 가장 일선에서 고객과 접하는 상담직원의 태도 하나, 말씨 하나가 바로 회사의 존속과 미래에 엄청난 잠재적 영향력을 지니고 있음을 간과해서는 안됩니다. 따라서 중간에 쇼핑몰 고객의 심리를 두고 왼쪽에 감동을 주는 요인들을, 오른쪽에 고객들이 실망하는 요인들을 각자의 상황과 업무에 맞게 적어두고 매 순간 항상 플러스 요인의 태도와 말씨를 사용하는 방식으로 직원교육을 시스템화해야 합니다.

쇼핑몰과 고객과의 접촉은 전적으로 전화와 게시판을 통해 이루어집니다. 따라서 전화상담 직원과 게시판 관리 직원의 기초 소양 및 대응능력은 아무리 강조해도 지나치지 않습니다. 쇼핑몰 초기에는 운영자가 고객상담까지 직접 하지만, 주문량과 매출이 높아지고 업무량이 많아지면 CS전담 직원을 두게 됩니다. CS직원을 신규로 채용했을 때에는 쇼핑몰에서 판매되는 제품의 주요정보를 모두 숙지하도록 하고, 본인의 업무는 아니지만 1주일 정도 포장과 배송도 직접 체험해 보도록 하는 것이 좋습니다. 그리고 운영자나 기존 CS 숙련자의 전화상담을 옆에서 지켜보게 한 후에 단순안내부터 직접 응대하는 것으로 시작합니다. 까다로운 반품상담도 이러한 순서로 노하우를 익히도록 하는 것이 좋으며, 어느 정도 감을 잡았다고 판단되면 상담직원에게 권한을 부여하여 능력을 발휘할 기회를 줍니다. 잘하는 직원에게는 포상이나 별도의 보너스를 지급하는 것도 큰 동기부여가 됩니다. 각자의 업무가 바쁘더라도 최소한 30분 정도는 당일 상담결산 회의를 통해 주요 처리건을 공유하는 것이 전체 쇼핑몰 직원들의 업무역량을 향상하고 순조로운 업무협조 분위기를 조성하는 데에 도움이 됩니다.

고객의 유입에만 신경쓸 것이 아니라, 고객의 만족을 위해 CS 직원의 책상 앞에 시스템화된 상담강령을 붙여 두고 하나하나 실천해 나간다면 쇼핑몰의 구매 전환률은 엄청나게 상승할 것이며, 장기적으로는 동종 경쟁업체와의 격차가 현격하게 벌어질 것입니다.

온라인 판매 세무상식

온라인 판매를 하는 개인사업자의 세금은 부가가치세와 종합소득세가 대부분을 차지합니다. 이 밖에도 성격은 조금 다르지만 원천징수 및 급여 관리는 세금과 관련된 사업자의 중요한 역할 중 하나입니다.

개인사업자 세금신고 납부기한

구분/세목	부가가치세		종합소득세	원천징수 이행상황 신고
신고대상	1. 1. ~ 6. 30. 매출	7. 1. ~ 12 .31. 매출	1. 1. ~ 12. 31.(년간) 소득	매월 원천징수한 세액
신고납부 기한	7. 25.	다음해 1. 25.	다음해 5. 31.	다음달 10일
납세지	사업장 소재지		주소지	사업장 소재지

부가가치세

부가가치세는 재화 또는 용역을 소비하는 것에 대해 소비자가 부담하는 세금입니다. 그러나 부가가치세의 징수 및 신고, 납무의무는 세금을 부담하는 소비자가 하는 것이 아니라 재화 또는 용역을 공급하는 사업자가 대신합니다. 즉, 부가가치세를 신고, 납부하는 것은 사업자의 의무인 것입니다. 부가가치세는 매출액의 10%를 매출세액으로, 매입액의 10%를 매입세액으로 하여, 매출세액에서 매입세액을 차감해 계산하면 됩니다.

사업자 종류별 부가가치세 차이

구분	일반과세자	간이과세자	면세사업자
부가가치세 과세 여부	O	O	X
연간 매출액	4,800만 원 이상 과세사업자	4,800만 원 미만 과세사업자	
부가가치세율	10%	2~4% (10%의 세액에 업종별 부가가치율을 곱한 금액을 세액으로 결정)	면제
세금계산서 발행 의무	발행가능	발행불가	발행가능
부가가치세 신고기한	7월 25일/1월 25일	7월 25일/1월 25일	1월 1일~1월 31일(면세사업자 수입금액현황 신고 시)
업종	제조, 도소매, 건설, 음식, 숙박, 임대업, 서비스업 등	제조, 도소매, 건설, 음식, 숙박, 임대업, 서비스업 등	병원, 의원, 교육기관, 농산물, 축산물, 수산물, 서적

매입세액보다 매출세액이 큰 경우에는 부가가치세액이 마이너스가 되므로, 부가가치세를 환급받는 경우도 종종 발생합니다. 환급은 과세기간 단위로 이루어지므로, 예정신고 기간의 환급세액은 환급되지 않고 확정신고 시 납부세액에서 차감됩니다. 또한 조기환급은 영세율 적용대상이나 사업설비(감가상각 자산)를 신설, 취득, 확장 또는 증축한 경우에 해당합니다.

처음 사업을 시작할 때에는 판매상품 매입과 각종 비품 등의 고정자산 구입으로 인해 초기 투자비용이 많이 발생하는 반면, 매출은 초기부터 대량 발생하지 않고 점차 늘어나는 추세를 보이는 것이 일반적입니다. 따라서 사업 초기에는 매출보다 매입이 많아 확정신고 시 부가가치세 환급신청을 많이 합니다. 우리나라 부가가치세의 유형은 소비형 부가가치세를 적용하고 있어서 원가를 이루는 매입 뿐만 아니라 자본재, 즉 고정자산의 구입에 매입 세금계산서를 수취하면 매입세액을 공제해 줍니다. 그러므로 사업에 필요한 비품이나 기계장치 등 고정자산에 대해 정상적으로 매입 세금계산서를 수취하면 부가가치세를 환급받을 수 있습니다.

부가가치세 확정신고 시 환급신청을 하면 확정신고 기한일로부터 30일 이내에 신청한 사업자 계좌에 환급액을 송금해 줍니다. 부가가치세 환급신청은 별도로 있는 것이 아니라 부가가치세 확정신고 시 신고서상에 보면 국세 환급금 신청계좌란이 있습니다. 여기에 본인 계좌번호를 기재하면 그 계좌에 부가가치세 환급액이 입금됩니다.

> **일반환급** : 확정신고 기한 경과 후 30일 이내
> **조기환급** : 예정 또는 확정신고 기한 경과 후 15일 이내

부가가치세는 매년 두 차례의 예정신고(4월, 10월)와 두 차례의 확정신고(1월, 7월)를 통해 신고, 납부하게 됩니다. 단, 매출 규모가 일정 수준이 안 되는 경우에는 예정신고를 하지 않고 확정신고만으로 부가가치세를 신고, 납부하면 됩니다.

구분	제1기		제2기	
	신고할 사항	신고기간	신고할 사항	신고기간
예정 신고	1. 1. ~ 3. 31.	4. 1. ~ 4. 25.	7. 1. ~ 9. 30.	10. 1. ~ 10. 25.
확정 신고	1. 1. ~ 6. 30.	7. 1. ~ 7. 25.	7. 1. ~ 12. 31.	다음 해 1. 1. ~ 1. 25.

미 니 강 좌

부가가치세 예정신고
부가가치세 예정신고 대상은 모든 법인사업자와 일부 개인사업자입니다. 개인사업자는 원칙적으로 예정신고를 생략하지만, 직전 과세기간에 납부세액이 없는 경우, 올해 창업한 신규사업자, 올해부터 간이과세자에서 일반과세자로 전환된 경우, 사업실적이 전년 하반기 대비 3분의 1에 미달하는 경우에는 부가가치세 예정신고 대상에 포함됩니다.

부가가치세 확정신고
부가가치세 확정신고 대상은 모든 법인사업자와 개인(일반 및 간이)사업자입니다.

기타 세금
부가가치세와 종합소득세 외에 사업자 유형에 따라 특별히 부과되는 세금이 있습니다. 특별소비세 과세사업자는 특별소비세를, 부가가치세 면세사업자는 사업자현황신고를, 원천징수 실적이 있는 모든 사업자는 원천징수 이행상황신고를 해야 합니다.

영세율
수출장려, 외화획득을 주목적으로 도입되었으며, 과세대상이 되는 재화 또는 용역의 공급에 대해 0%의 세율을 적용함에 따라 매입세액을 전액 환급받게 됩니다. 영세율 적용대상 거래는 수출하는 재화, 국외에서 제공하는 용역, 선박이나 항공기에 의한 외국항행 용역, 농약/비료/농어민용 기자재, 방위산업 물자, 기타 외화획득용 재화 및 용역입니다. 영세율을 적용받기 위해서는 부가법상 사업자여야 합니다.

부가가치세의 계산 및 관리

부가가치세 납부세액 = 매출세액 − 매입세액 − 공제세액 + 가산세

부가가치세 매입세액 공제는 세금계산서 및 부가가치세가 별도로 기재된 신용카드 매출전표 등에 의해 확인된 것만 받을 수 있습니다. 즉, 실제 원재료를 매입했더라도 세금계산서나 신용카드 매출전표를 받지 않았다면 그에 대한 매입세액을 공제받을 수 없다는 것입니다. 또한, 세금계산서를 교부받은 경우라도 공제받을 수 없는 매입세액도 있는데, 사업과 관련 없는 지출에 대한 매입세액, 접대비 또는 비영업용 소형승용차 관련 매입세액 등이 그 대표적인 예입니다.

사업자가 부가가치세를 제대로 관리하지 않으면 내지 않아도 될 세금을 내게 되거나 향후 매출 누락으로 곤경에 처하게 될 수도 있으므로 매출, 매입과 관련된 세금계산서는 반드시 챙겨야 할 중요한 업무입니다.

세금계산서 작성하기

세금계산서는 거래가 성사될 때 쌍방이 나눠 갖는 것이므로 총 2장이 한 쌍으로 되어 있습니다. 상품을 판매한 사람이 내용이 동일한 한 쌍의 세금계산서를 작성하여 자신은 공급자 보관용 세금계산서를 갖고 상품을 구입한 사람에게는 공급받는자 보관용 세금계산서를 주는 것입니다.

도매상에게서 상품을 구입할 경우

도매상이 세금계산서를 작성하여 적색의 공급자 보관용은 도매상이 갖고, 청색의 공급받는자 보관용은 여러분이 갖습니다. 이를 위해 여러분의 사업자등록 정보를 도매상에게 알려 줘야 합니다.

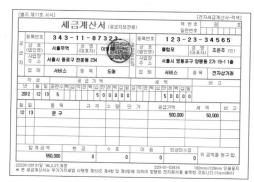

▲ 도매상이 갖는 매출 세금계산서

▲ 여러분이 갖는 매입 세금계산서

소비자에게 상품을 판매할 경우

여러분이 세금계산서를 작성하여 적색의 공급자 보관용은 여러분이 갖고, 청색의 공급받는자 보관용은 소비자에게 줍니다. 이를 위해 소비자의 사업자등록 정보를 알아야 합니다.

▲ 여러분이 갖는 매출 세금계산서

▲ 소비자가 갖는 매입 세금계산서

세금계산서의 효력

❶ 거래일자가 해당 부가세 귀속연도에 속해야 합니다. 즉, 2010년도 1기분 부가세 계산에 사용되기 위해서는 세금계산서상에 적힌 물품 거래일이 2010년 1월 1일~2010년 6월 30일 사이로 되어 있어야 한다는 이야기입니다.

❷ 사업자번호, 상호, 대표, 주소, 업태, 종목 등 사업자 관련 정보가 정확해야 합니다.

❸ 공급가액과 세액, 합계금액이 정확해야 합니다.

합계금액을 기준으로 하여 공급가액과 세액을 나누는 방법

❶ 합계금액 ÷ 1.1 = 공급가액

❷ 합계금액 – 공급가액 = 세액

※ 합계금액 9만 8,000원 = 공급가액 8만 9,090원 + 세액(부가세 10% 기준) 8,910원

  (소수점 이하의 숫자는 절상 또는 절하하여 공급가액과 세액을 더한 것이 합계금액과 정확히 일치해야 합니다.)

세금계산서의 보관 및 제출

여러분이 보관하고 있는 세금계산서 중에서 청색의 공급받는자 보관용 세금계산서는 여러분에게 매입증명이 되는 것이고, 적색의 공급자보관용 세금계산서는 여러분에게 매출증명이 되는 것입니다. 이 두 가지를 분리해서 보관하고 있다가 분기별로 부가가치세 신고시기가 되었을 때 해당 세무서에 신고하면 됩니다.

종합소득세

개인이든, 법인이든 일정 소득이 있다면 반드시 세금을 내야 합니다. 개인이 벌어들인 소득에 대해 내는 세금이 소득세인데, 개인의 각종 소득(이자소득, 배당소득, 부동산 임대소득, 사업소득, 근로소득, 일시재산소득, 연금소득, 기타소득)을 종류에 관계없이 일정 기간을 단위로 합산하여 과세하는 것을 '종합소득세'라고 합니다.

종합소득이 있는 사람은 매년 1월 1일부터 12월 31일까지의 소득을 합하여 다음해 5월 1일부터 5월 31일까지 신고, 납부합니다. 사업을 영위하는 개인사업자 역시 자신의 사업소득에 대해, 그리고 다른 소득이 있는 경우에는 이를 모두 합산한 종합소득에 대해 매년 5월 말까지 종합소득세를 신고하고 납부해야 합니다.

종류	내용
복식부기 신고	복식부기로 작성한 장부에 근거해 재무제표 작성 신고 소득금액 = 수입금액 − 필요경비(복식부기에 의함.)
간편장부 신고	영세사업자를 위해 국세청이 제공하는 장부를 작성하여 신고 소득금액 = 수입금액 − 필요경비(간편장부에 의함.)
기준경비율 추계신고	직전년도 수입금액이 일정금액 이상인 사업자가 장부를 갖추지 못한 경우 신고하는 방법 소득금액 = 수입금액 X (1 − 기준경비율X배율) − 주요경비(매입비용 + 인건비 + 임차료)
단순경비율 추계신고	직전년도 수입금액이 일정금액 미만인 사업자가 장부를 갖추지 못한 경우 신고하는 방법 소득금액 = 수입금액 − 수입금액 X 단순경비율

소득금액에 따른 세금

종합소득세를 납부할 때 소득금액의 정확한 계산은 매우 중요합니다. 소득금액을 어떻게 계산하느냐에 따라 납부하는 세금에 큰 차이가 나기 때문입니다. 소득금액을 계산하는 방법은 크게 두 가지인데, 사업자가 기장한 장부에 의해 계산하는 방식과 정부에서 정한 방법에 의해 계산하는 방법(추계)입니다.

1) 사업자가 기록한 장부가 기준이 되는 장부기장

'장부기장'이란, 세금계산서, 영수증 등과 같은 각종 증빙서류를 근거로 거래 내용을 일일이 회계장부에 기록하는 것입니다. 이렇게 장부기장을 하면 소득금액의 계산은 총수입 금액에서 수입금액을 얻기 위해 지출한 비용을 차감한 것이 됩니다. 즉, 사업자의 실질소득에 대해서만 세금을 납부하게 되는 것입니다.

절세에 도움이 되는 간편장부

간편장부는 중소규모 개인사업자를 위해 국세청에서 고안한 장부인데, 국세청 홈페이지(www.nts.go.kr)에서 신고납부–종합소득세–간편장부 작성요령에서 확인할 수 있습니다. 간편장부는 회계지식이 없는 사람도 가계부처럼 쉽고 간편하게 작성할 수 있으며, 이에 의해 소득세와 부가가치세 신고가 가능합니다. 거래가 발생한 날짜 순서대로 기록만 하면 장부를 기장한 것으로 인정받을 수 있습니다.

간편장부 대상자 기준

업종기준	직전년도 수입금액
도매업, 소매업, 부동산매매업, 농업, 축산업, 임업, 어업, 수렵업, 기타업종	3억 원 미만
조업, 건설업, 음식/숙박업, 전기가스 및 수도사업, 운수업, 창고업, 통신업, 금융보험업	1억 5,000만 원 미만
부동산임대업, 서비스업	7,500만 원 미만

작성요령

❶ 거래날짜 순서대로 기장합니다.
❷ 증빙 영수증, 계산서, 세금계산서는 별도로 원본을 날짜 순서대로 보관합니다.
❸ 일반과세자는 매출의 부가가치세를 별도로 표시합니다.
❹ 매입한 세금계산서에서는 매입가격과 그 부가가치세를 구분해 기재합니다.
❺ 재고상품, 감가상각비, 대손충당금과 같은 항목은 별도의 지시사항에 의해 작성합니다.

주얼리 쇼핑몰의 간편장부 작성 예

일자	거래내용	거래처	수입(매출)		비용(원가 관련 매입 포함)		고정자산 증감(매매)		비고
			금액	부가세	금액	부가세	금액	부가세	
3.4	컴퓨터구입	A컴퓨터					1,000,000	100,000	
3.5	목걸이구입	B공방			2,000,000	200,000			
3.5	반지판매	소비자	50,000	5,000					
소계									

2) 장부 기장을 하지 않는 사업자를 위한 추계신고

원칙적으로 소득금액은 수입금액에서 필요 경비를 공제하고 계산하는데, 필요 경비는 장부에 의해 확인된 금액만 공제해야 합니다. 세법에 의하면 모든 사업자는 장부기장을 해야 합니다. 직전년도 수입금액이 일정 수준 이상인 경우에는 복식부기에 의해 의무적으로 장부기장을 해야 하고, 이에 미치지 못하는 소규모 사업자는 쉽고 간편하게 작성할 수 있는 간편장부로 기장하도록 하고 있습니다. 하지만 현실적으로는 장부기장을 하지 않는 사업자들이 많아서 필요 경비를 계산할 수 없으므로 정부에서 정한 방법에 따라 소득금액을 계산하게 됩니다. 이를 '추계신고'라고 합니다. 추계를 나누는 기준은 기준경비율과 단순경비율입니다. 직전년도 수입금액이 아래의 표 이상인 사업자가 추계신고를 해야 하는 경우 기준경비율 적용 대상자가 되며, 단순경비율 적용은 직전년도 매출이 이 금액에 미치지 못하는 영세사업자와 장부기장을 하지 않은 당해년도 신규사업자에게만 허용됩니다.

기준경비율

소득금액 = 수입금액 − 주요경비 − (수입금액 X 기준경비율)

단순경비율

소득금액 = 수입금액 − (수입금액 X 단순경비율)

미 니 강 좌 ···

원천징수

급여소득자의 경우 매월 급여에서 일정한 세금이 공제되기 때문에 총 급여액과 실제 수령액이 다릅니다. 이처럼 회사에서 일정 비율의 세금 등을 미리 공제하는 것을 원천징수라고 하는데, 사업자는 기본적으로 직원의 근로소득세, 각종 사회보험료 등 여러 가지 원천징수 의무가 있습니다. 그러므로 직원이 있는 판매자라면 원천징수에 대한 개념을 잘 이해하고 의무를 이행해야 합니다.

오픈마켓 판매자를 위한 세무

옥션과 G마켓 거래의 세무상식에 대해 알고 싶어요.

옥션과 G마켓 같은 오픈마켓 판매자 활동을 염두에 두고 있는 분들이 혼동하지 말아야 할 것은, 오픈마켓에서 판매자에게 부과하는 각종 수수료가 자신이 낼 세금이 아니라는 점입니다. 막연하게 옥션과 G마켓에서 부과하는 각종 수수료에 세금이 포함되어 있다고 생각하거나 경매라는 특수성 때문에 세금과는 무관하다고 여기는 경우도 많습니다. 그러나 순수 경매목적(중고품 판매, 소량 판매)을 제외한, 사업목적의 판매자들은 세금을 반드시 납부해야 합니다.

판매자가 옥션에 지불하는 수수료는 옥션에 사업자회원으로 등록하고, 상품을 판매할 때의 매입자료로 들어갑니다. 즉, 옥션에 수수료를 낸 것은 단지 나중에 부가세 신고를 할 때 옥션으로부터 세금계산서를 받아 부가가치세를 낮추는 역할만 하는 것입니다.

쉽게 이야기하면, 일반과세자라고 가정할 때, 옥션에서 6개월 동안 옷을 팔아서 5,000만 원을 벌었다면 순수 부가세는 그 10%인 500만 원입니다. 하지만 옥션에 상품을 팔기 위해서는 도매상으로부터 물건을 사왔을 것이고(예를 들어 2,000만 원) 이것을 옥션에서 팔기 위해 지출한 각종 수수료(예를 들어 1,000만 원)를 납부한 것이 매입에 해당됩니다. 다시 말해 물건을 팔기 위해 들어간 금액의 10%를 공제하고 남은 금액을 부가세로 납부하게 되는 것입니다. 그러면 내야 할 부가세는 200만 원(도매상에게 세금계산서를 받지 않을 경우는 400만 원)이 되는 셈이죠.

간이과세자나 면세사업자가 아닌 일반과세자의 경우, 옥션에서 판매하는 상품가격에는 부가세가 포함되어 있으므로 구매자가 세금계산서를 요청할 경우 발행해 주어야 하며, 이때 10%의 부가세를 별도로 추가 요구하면 안 됩니다. 하지만 신용카드로 결제한 소비자에게는 신용카드 전표가 매출 증빙자료로 사용되므로, 세금계산서를 별도로 발행해 줄 필요가 없습니다. 현금결제 고객이 세금계산서를 요청할 경우에만 발급해 주면 됩니다.

옥션/G마켓 세무 관련 미니 FAQ

Q : 옥션/G마켓 판매 시 개인회원인 데도 세금신고를 해야 하나요?

A : 오픈마켓에서 물품을 판매한 모든 판매자들의 판매자료(현금영수증 발행내역과 카드결제내역)는 국세청의 요청에 따라 제공될 수 있습니다. 특히 과세기간(6개월)동안 판매대금이 600만 원 이상인 판매자는 반드시 사업자등록을 하고 관련 세금신고를 해야 합니다.

Q : 판매자가 옥션과 G마켓을 상대로 세금계산서를 청구할 경우 따로 드는 비용이 있나요?

A : 옥션에서 판매자에게 발행하는 세금계산서는 판매자가 판매활동과 관련하여 옥션과 G마켓에 지출한 각종 수수료(등록수수료, 낙찰수수료, 각종 부가서비스 수수료)에 대한 것입니다. 즉, 판매자 입장에서는 매입 세금계산서이며, 옥션과 G마켓 입장에서는 매출 세금계산서가 되는 것이죠. 따라서 판매자가 부가세를 신고할 때 매입자료로 사용되어 그 액수만큼 공제받게 됩니다. 옥션과 G마켓의 각종 수수료는 부가세가 포함된 금액이므로 세금계산서 발행에 대해 10%의 금액을 추가 지불할 필요가 없으며, 옥션과 G마켓은 사업자회원에게 세금계산서를 발행해 줄 의무가 있습니다.

Q : 회사를 다니면서(근로소득자) 부업을 위해 오픈마켓에서 물건을 팔고 싶은데, 이럴 경우 세금은 어떻게 되나요?

A : 직장에서 급여를 받으면서 사업자등록증을 내고 온라인 판매를 하면 근로소득과 사업소득이 발생합니다. 근로소득은 매월 갑근세 원천징수 후 연말정산을 하며, 다음 해 5월에 사업소득(온라인 판매)과 합산하여 종합소득세 신고를 하게 됩니다. 온라인 판매를 위하여 사업자등록증(별도의 직원을 고용하지 않는 경우)을 내면 국민연금이나 건강보험공단은 근로소득과 사업소득을 동시에 고려하여 보험요율을 적용합니다(국민연금과 건강보험의 자세한 사항은 해당 공단에 문의). 다만 종합소득세는 누진세율이어서 소득금액이 높을수록 높은 한계세율을 적용받습니다. 따라서 기존의 급여소득 외에 사업소득이 더해지면 더 높은 세율의 적용을 받을 확률이 높아집니다. 그러나 급여가 올라가도 더 높은 세율을 적용받는 것은 마찬가지이므로 사업을 한다고 해서 별도로 세제상의 불이익을 받는다고 볼 수는 없습니다.

온라인 판매자의 절세전략

부가가치세 절세전략

– 거래처 부도 등으로 물품대금을 받지 못하면 대손 세액공제가 가능합니다.
– 세금을 납부할 수 없는 상황이라도 일단 신고하고 자금의 여유가 생겼을 때 납부해야 신고불성실가산세(세액의 10%)를 물지 않습니다.
– 가공 세금계산서의 매입은 대단히 위험한 행위이므로 절대 해서는 안됩니다.
– 수출이나 사업 투자로 환급세액 발생 시 조기 환급이 가능합니다.
– 사업장이 둘 이상인 경우, 주사업장 총괄납부 또는 사업자 단위 신고/납부를 이용하는 것이 편리합니다.

소득세 절세전략

– 면세업자가 부담하는 매입세액이나 접대비와 관련해 공제받지 못하던 매입세액 등은 비용으로 인정됩니다.
– 올해 공제 받지 못한 세액공제액은 다음해에 공제받을 수 있습니다.
– 사업실적이 부진한 경우에는 중간예납(6개월 간의 사업 실적에 의해 신고, 납부)을 신고, 납부할 수 있는지 확인한 후 추계액에 의해 신고, 납부하는 것도 절세 방법입니다.
– 납부 세액이 1,000만 원을 초과하는 경우 나누어 낼 수 있습니다.
– 일정 한도에서 세법상 비용으로 인정되는 고정자산의 감가상각을 적절히 이용합니다.
– 세금 부담이 너무 무거우면 법인 전환을 고려해 봅니다.

: PART 6 :

인터넷 쇼핑몰
홍보와 마케팅

쇼핑몰을 시작할 당시에는 직원도 없이 혼자 대부분의 업무를 처리해야 했고, 혼자 벌어서 혼자 다 가져도 웬만한 회사원 월급 정도의 수익만 남았을 뿐입니다. 처음에는 회사원 월급 정도만 남아도 매우 고무적인 일이지만요. 하지만 상품을 판매하는 짬짬이 쇼핑몰의 상품구색과 콘텐츠의 내실을 기하고 고객관리에 정성을 기울이다 보면 처음과는 달리 부쩍 성장한 매출과 인지도에 콧노래가 절로 나올 때가 오게 됩니다. 지금까지는 경쟁이 치열한 업계에서 나름대로의 위치를 확보하기 위해 앞만 보고 달렸다면, 이제는 잠깐 가뿐 숨을 돌리며 그동안의 성과를 되돌아보고 다시 한 번 사업의 방향을 점검하고 보완해 나가야 할 시점입니다.

35 단계

ONLINE
SHOPPING MALL

꼼꼼하게 따져보고 키워드 검색광고하기

현존하는 인터넷 광고 중에서 인터넷 검색 키워드 광고가 가장 효율적인 광고 수단임에는 틀림없지만, 그것은 키워드 광고를 잘 알고 효과적으로 활용할 줄 아는 사람에게 해당하는 이야기입니다. 잘 모르고 덤볐다가는 상품을 구입할 소중한 돈 몇 백만 원이 광고 효과도 거의 보지 못한 채 물거품처럼 사라지고 말 것입니다. 광고하라고 전화로 매일 졸라대는 아웃바운딩 광고대행사의 애꿎은 먹이가 되지 않기 위해서는 여러분이 그들의 진의를 파악할 줄 아는 냉철한 눈과 지식을 가져야 합니다. 이번 단계를 통해 효율적이고 경제적인 검색등록 및 검색 키워드 광고 요령을 터득해 최저의 비용으로 최고의 효과를 거두기 바랍니다.

Q 키워드 검색광고란 무엇인가요?

키워드 검색광고란, 특정 검색어를 광고주가 구매하여 검색결과 페이지에 광고주 사이트가 나타나도록 하는 광고로, 해당 정보를 원하는 사용자들에게만 100% 타 깃노출 되는 효율적 방식이기 때문에 현재 온라인 광고에서 가장 큰 비중을 차지하고 있습니다.

키워드 검색광고의 종류

CPC(Cost per Click)

키워드 클릭당 요금을 지불하는 방식입니다. 실시간 경쟁입찰을 통한 순위 조정을 통해 광고비와 노출순위를 변경할 수 있습니다. 네이버 클릭초이스(파워링크, 비즈 사이트, 지식in 광고)가 대표적인 예입니다.

▲ CPC 방식의 네이버 키워드 검색광고인 클릭초이스(파워링크와 비즈 사이트)

CPT(Cost per Time)

일정 기간 노출되는 광고에 대해 고정비용을 지불하는 정액제 방식입니다. 광고계약 시 키워드별 가격과 노출순위를 결정하게 됩니다.

▲ Daum은 키워드 통합검색결과에서 CPC와 CPT 광고를 모두 보여줍니다.
　 프리미엄링크는 CPC, 스페셜링크와 스폰서박스는 CPT입니다.

▲ CPT 광고인 네이버의 디스플레이 광고입니다.

Brand Search

빅 브랜드를 가진 광고주에게 적합한 광고입니다. 검색포털 최상단에 단독노출되어 주목도가 높으며 동영상, 섬네일 이미지 등 다양한 표현방식을 사용할 수 있습니다. 해당 브랜드에 상표권을 가진 광고주(본사)만 광고집행이 가능하며, 포털사와 광고주가 개별적으로 계약합니다.

미 니 강 좌

키워드 검색광고에서 키워드 전략의 중요성

경쟁이 치열하고 금액이 높은 상위 개념의 검색어에서 탈피하여 유효한 세부 키워드 위주로 광고를 진행해야 회원가입, 구매로 이어지는 타깃 고객을 많이 잡을 수 있습니다. 세부 키워드에 대해서는 이 책의 '검색엔진 등록하기' 부분을 참고하세요.

▲ 현대카드 브랜드 서치 광고로 동영상, 이미지 섬네일을 사용하고 있습니다.

CPC와 CPT 비교

비교 항목	CPC	CPT
과금 방식	종량제(클릭당 과금)	정액제(노출당 과금)
순위 결정	실시간 경쟁 입찰로 순위와 금액을 수시로 조절가능	계약 시 순위와 금액 결정
노출 매체	네트워크 CPC : 구글 네트워크 관계의 검색포털에서는 동일한 광고업체 노출	포털사 별로 결과 페이지 상이하며 CPC에 비해 많지 않음.
	자체 CPC : 네이버 클릭초이스, 다음 클릭스	
광고 관리	지속적인 순위 및 키워드 노출 관리를 통해 효과를 측정하고 광고를 최적화해야 함.	일단 집행을 시작하면 특별한 관리가 필요없으며, 계약기간 중 광고 off는 불가함.

Q 키워드 광고를 진행하면 클릭률과 구매로 전환되는 비율은 어느 정도 될까요?

실제로 광고를 진행한 후에 키워드 노출수(조회수)와 클릭수를 이용해 클릭률과 구매전환율을 계산해 볼 수 있습니다. 같은 키워드로 같은 광고를 진행했다고 하더라도 진행하는 업체의 광고문구, 노출순위에 따라 클릭률이 달라지며, 두 사이트에 동일하게 1000회 유입되었다고 하더라도 사이트의 경쟁력 정도에 따라 구매전환율은 천차만별입니다. 따라서 클릭률을 높이기 위한 매력적인 광고문구의 작성, 구매전환율을 높이기 위한 사이트의 최적화와 상품 경쟁력 강화가 관건입니다.

클릭률(CTR : Click Through Rate)

클릭률 = 클릭수/노출수×100
(예) 사용자의 100회 노출 중에서 광고를 9회 클릭했을 때 클릭률은 9%)

구매전환율(CR : Conversion Rate)

구매전환율 = 구매수/클릭수×100
(예) 사용자가 1,000회 클릭해서 사이트로 유입되었고, 이 중에서 상품을 17개 구매했을 때 구매전환율은 1.7%)

미 니 강 좌 ········

광고 대행사를 잘 이용하자!

인터넷 광고방법과 효과 측정 방법이 날로 복잡해지자 인터넷 광고를 전문으로 하는 대행사가 생겨났고, 그 대행사의 광고 집행 노하우는 키워드 광고를 직접 집행해 본 적이 없는 초보 쇼핑몰 창업자에게 도움이 될 수 있습니다. 대행사에 광고를 맡긴다고 해서 광고비에 수수료가 플러스되는 것은 아닙니다. 특히 키워드 검색광고의 대행사 수수료는 10% 정도이고, 그 돈은 전부 네이버와 같은 검색광고 매체에서 지급하는 것입니다. 단, 초기에 광고비가 소액일 경우에는 큰 광고대행사의 경우 달갑지 않은 광고주로 취급할 수도 있으므로 '회사' 규모나 인지도보다는 꼼꼼하고 성실하게 광고를 대행해 줄 '전담 직원' 위주로 선택하는 것이 좋습니다.

PART 6

비용 대비 효과가 좋은 세부 키워드는 어떻게 발굴해야 할까요?

참고할 만한 사이트와 발굴 아이디어는 여러 가지가 있습니다. 어차피 광고를 진행해도 클릭을 하지 않으면 비용이 지출되지 않으므로 시간이 많이 걸리고 힘들더라도 최대한 많은 세부 키워드를 뽑아 광고를 진행하면서 우량 키워드들을 계속 걸러내는 작업을 하는 것이 가장 좋습니다.

세부 키워드 발굴에 유용한 사이트

네이버	키워드 추천 http://searchad.naver.com
	키워드광고 블로그 http://blog.naver.com/luckeyword
구글	키워드 도구 http://adwords.google.co.kr/select/KeywordToolExternal?defaultView=3
다음	키워드광고 블로그 http://blog.daum.net/daumad

내 사이트에서 발굴하기

내 쇼핑몰의 카테고리명, 인기 상품명 등을 목록으로 작성하고 사이트에서 제공하는 모든 콘텐츠에서 핵심이 되는 키워드, 상품검색 기능에서 자주 입력되는 키워드 등을 포함시킵니다.

경쟁사 광고문구에서 힌트 얻기

키워드 검색광고를 진행하는 경쟁사의 광고문구 중에서 업체 장점 홍보에 효과적인 수식어들은 세부 키워드에 포함하는 것이 좋습니다.

자동완성 키워드, 네이버 추천검색어, 다음 관련검색어 활용하기

검색포털의 키워드 입력창에 키워드 입력 시 자동노출되는 자동완성 키워드, 네이버의 연관검색어, 다음의 추천검색어를 활용합니다.

네이버 지식in 질문과 답변에서 힌트 얻기

지식in의 질문과 답변 내용에는 해당 키워드와 관련해 소비자들이 궁금해 하는 사항이 모두 포함되어 있습니다. 이 질문과 답변에서 자주 사용되는 인기 단어는 키워드 광고에 활용해도 좋습니다.

사이트에서 고객의 시선이 오래 머무는 곳

검색자가 키워드 검색광고를 인지하는 시간은 2초이며, 검색을 통해 방문한 사이트가 목적에 맞는지 판단하는 시간은 8초라고 합니다. 따라서 효과적인 문구로 광고를 하는 것도 중요하지만, 광고비용이 헛되이 쓰이지 않도록 하기 위해서는 광고를 통해 유입된 방문자를 사이트에 오래 머물게 하고, 구매까지 유도하는 것이 그에 못지않게 중요합니다. 인터넷 서핑을 할 때 화면에서 어느 쪽으로 사람의 시선이 이동하는지 아이 트래킹(eye tracking) 실험을 했는데, 그 결과는 'F'자로 시선이 스캐닝을 해서 이 공간의 구성에 가장 비중을 둬야 한다는 의미로 'Golden triangle'이라고 부릅니다.

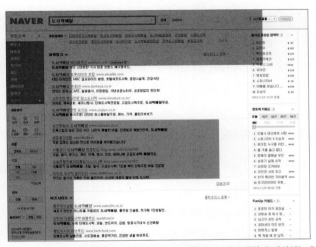

▲ 네이버 키워드 통합검색결과 페이지에서 F자(골든 트라이앵글)에 해당하는 영역

▲ 쇼핑몰 메인화면에서도 F자(골든 트라이앵글) 영역에 주요 정보와 메뉴를 노출하는 것이 효과적입니다.

클릭당 과금 방식의 CPC 광고를 진행할 때 주의해야 할 점은 무엇인가요?

클릭당 과금방식이 효율적이라는 것은 일면 맞는 이야기지만, 그것도 그 광고방식의 장단점을 잘 이해하고 있으며, 기능을 잘 활용할 줄 아는 사람에게나 해당하는 이야기입니다. '클릭당 과금'이라는 타이틀에만 현혹되어 광고관리를 잘하지 못하다가 생각지도 못했던 광고비를 지출하게 될 수도 있으므로 주의하기 바랍니다.

미 니 강 좌 ·······

초기 광고비 예산은 반드시 따로 책정해 두자!

많은 창업자가 쇼핑몰을 시작하면서 광고비를 따로 책정하지 않습니다. 하지만 검색 광고가 활성화되면서 광고를 하지 않는 쇼핑몰을 알리지 못하고, 높은 매출을 기대할 수도 없습니다. 광고비를 써서 유입되는 방문자를 구매자, 단골고객으로 만들어야 하고 매출의 10%는 항상 광고에 투자해야 지속적인 매출 상승을 기대할 수 있습니다. 쇼핑몰을 창업하려고 할 때 이러한 마케팅 비용까지 고려해서 사업계획을 세워야 현실성이 있습니다.

1등 콤플렉스에 얽매이지 마세요.

지나치게 높은 금액을 써서 1등을 고수할 필요는 없습니다. CPC 광고에서는 3~5위권만 유지하면 됩니다. 군이 3~5위권보다 가격이 한참 높은 1~2위권을 유지하려고 무리한 CPC 금액을 적지 말라는 것입니다. 물론 10~20원 차이라면 문제 없지만, 보통 1~2등은 과도한 경쟁을 하기 일쑤입니다.

읽기만 하면 뭐합니까? 실천을 해야죠!

필자가 앞에서 알려드린 계산법대로 반드시 CPT 광고와 1회 클릭당 단가를 비교해서 광고를 집행하세요. 예전에는 일반적으로 조회수가 많이 나오는 주요 키워드들은 CPT 광고의 단가가 저렴하고, 조회수가 낮은 세부 키워드들은 CPC 광고가 유리했지만, 요즘은 딱히 그렇지도 않은 것 같습니다. 오버추어의 인지도는 높아진 반면, 계속된 경기침체의 영향으로 검색엔진의 광고 경쟁률이 낮아지다 보니 조회수가 적은 아이템들은 특히 CPT 광고의 단가가 심하게 떨어져서 오버추어의 최저 입찰가보다 오히려 더 유리한 경우가 많습니다. 반드시 알려준 계산법대로 계산하여 비교한 후에 광고를 결정하도록 하세요.

물건을 살 가능성이 높은 방문자만 적극적으로 끌어들이세요.

여러분은 이미지 광고에 돈을 투자하는 대기업이 아닙니다. 여력이 있다면 물건을 사든, 안 사든 최대한 많은 사람들에게 쇼핑몰이 알려지는 것도 좋지만, 여러분은 한정된 자본으로 역량을 집중해야 하는 소호 쇼핑몰을 운영하고자 합니다. 따라서 CPC 광고에 제목과 설명문구를 적을 때에는 두리뭉실한 표현보다는 정확하고 구체적인 표현을 쓰세요. 지역성을 기반으로 영업한다면 해당 지역을 반드시 표기하고, 도매만 한다면 도매 키워드를 넣으세요. 이런 것들을 소홀히 하여 쓸데없는 클릭을 10배 가까이 만든다면 물건 살 돈이 모두 광고비로 소진될 것입니다.

광고 집행 전에 체크해야 할 사항이 있나요?

쇼핑몰이 구축된 후 운영자는 조급증에 걸리기 쉽습니다. '이제 쇼핑몰도 만들어졌으니 하루 빨리 광고를 진행해서 상품을 팔아야지' 하는 생각에, 내 쇼핑몰과 다른 경쟁 쇼핑몰을 냉정하게 비교해 보고, 여러 방면에서 경쟁력이 갖춰졌는지에 대해 분석하는 절차는 생략한 채 서둘러서 광고를 진행하게 됩니다.

물론 광고진행은 별다른 노력 없이 단시간에 방문자를 끌어들일 수 있다는 장점을 갖고 있습니다. 하지만 길거리에서 내레이터 모델을 쓰고 현수막을 거는 등의 홍보를 펼쳐 지나가는 손님들을 점포로 들여보낸다고 해도, 그 점포의 상품구색이나 가격, 고객상담이 미흡하다면 손님들은 1~2분도 둘러보지 않고 나와버릴 것입니다. 온라인 쇼핑몰도 이와 다르지 않습니다. 검색엔진은 많이 사람들에게 여러분의 쇼핑몰을 알려 줄 수는 있지만, 물건이 팔리느냐, 회원가입을 하느냐는 전적으로 여러분이 책임져야 할 몫입니다.

사전에 쇼핑몰 몇 개를 만들어서 운영해본 경력자라면 몰라도 초보 창업자는 쇼핑몰 운영이나 고객상담에 여러모로 미숙할 수밖에 없습니다. 광고비를 들여서 유치한 방문자가 그냥 나가버리지 않도록 철저하게 준비한 쇼핑몰만이 광고의 효과를 만끽할 수 있는 것입니다.

쇼핑몰 운영이 익숙치 않은 초보 창업자라면 1~2개월 정도 업무처리 워밍업을 하면서 검색엔진의 블로그나 카페를 돌아다니며 발품홍보를 직접 해 보는 것도 좋습니다.

아무리 급해도 광고진행 전에 체크해야 할 사항에 대해 알아보겠습니다.

사이트 완성도

검색엔진의 쇼핑몰 링크를 클릭하고 들어왔을 때 보게 되는 페이지는 소호 쇼핑몰의 경우, 특정 페이지가 아닌 메인 페이지가 될 것입니다. 메인 페이지의 상품구색이 빈약하지는 않은지, 소비자가 메인 페이지로 유입되었을 때 구매심리를 강하게 자극하는 상품이나 이미지가 적재적소에 넣어졌는지, 자주 클릭하는 메뉴는 눈에 띄는 곳에 배치했는지 등을 검토해 보기 바랍니다. 메인 화면만 1~2초 보고 바로 브라우저를 꺼버리는 방문자가 없도록 풍성한 볼거리를 준비하세요.

미 니 강 좌 ·········

광고 진행을 위한 쇼핑몰 하단 기재사항

검색포털에 쇼핑몰 키워드 검색광고를 진행하기 위해서는 쇼핑몰 하단에 주소, 사업자등록번호, 통신판매업신고번호, 연락처를 반드시 기재해야 합니다.

랜딩 페이지

고객이 키워드 검색광고를 클릭하여 쇼핑몰로 들어왔을 때 보이는 웹페이지를 '랜딩페이지'라고 합니다. 모든 키워드의 랜딩페이지를 메인화면으로 지정하는 것보다는 각 키워드와 직접 관련되는 페이지로 설정하는 것이 훨씬 효과적입니다. 예를 들어 특정 브랜드 키워드로 유입된 경우에는 해당 브랜드 카테고리의 상품들이 나타나는 목록 페이지가 바로 보여져야 한다는 것입니다. 광고관리에서 각 키워드마다 랜딩 페이지를 설정하는 것이 가능합니다.

상품구성 및 가격

메인 화면의 눈에 잘 띄는 곳에 가격경쟁력이 있는 상품, 사은품이 딸린 상품, 1+1 상품, 다른 쇼핑몰에서는 찾아보기 힘든 상품을 노출하여 쇼핑몰의 상품구성이 다양하고 가격대도 저렴하다는 인상을 줘야 합니다. 또한 고객들이 상품을 구경하고 고르는 재미가 있도록 각 카테고리마다 최소한 10~20개씩의 상품은 등록되어 있어야 합니다.

원활한 고객상담 지원

광고집행을 했고, 상품 경쟁력도 있어서 주문이 밀려드는데, 이에 대응할 주문처리 및 배송인력이 없어서 우왕좌왕한다면 모두 허사입니다. 전화문의나 게시판 문의에 최대한 신속하게 대응해야 하며, 결제확인 및 배송처리도 신속하게 이루어져야 합니다. 제대로 운영해 보기도 전에 게시판에 고객들의 짜증 섞인 불만 글들이 줄을 잇는다면 무너진 신뢰를 회복하기 위해 많은 대가를 치러야 하기 때문입니다.

잠깐만요! **키워드 검색광고 전략 요점정리**

❶ CPT보다는 CPC 광고를 통한 유입 클릭 비중이 더 높아서 타깃팅된 고객 모으기가 가능한 CPC 검색광고 중심으로 변화하고 있는 추세입니다. 따라서 CPC 중심으로 검색광고를 하는 것이 유리합니다.

❷ CPC 비용을 미리 예상해 보고 광고를 진행해야 하며, 자신만의 광고 노하우가 쌓일 때까지는 수시로 광고진행 상황을 모니터링해야 합니다.

❸ 월별로 유효한 키워드 그룹, 광고문안을 포트폴리오로 작성하여 매년 키워드 전략을 미리 수립해 극성수기 전에 좀 더 저렴한 비용으로 광고를 발빠르게 진행해야 합니다.

❹ 네이버의 경우 광고 효과(클릭률), 키워드와 광고 문안의 연관도, 키워드와 랜딩 페이지의 연관도를 종합적으로 평가하여 각 광고주에게 부여하는 광고품질지수가 광고 입찰가를 결정하는 데에 중요한 역할을 하기 때문에 이 광고품질지수를 높이도록 노력하세요.

36 단계

ONLINE
SHOPPING MALL

웹로그 분석으로 쇼핑몰 현황 파악하기

사이트 방문자가 남긴 자료를 근거로 사이트 운영 및 방문 행태에 대한 정보를 분석하는 것이 웹로그 분석입니다. 방문객이 사이트에 방문하면 웹 서버에는 누가 어떤 것을 읽었는지, 어느 사이트로부터 어떤 키워드를 통해 유입되었는지는 물론, 브라우저의 이름, 버전, 운영체계, 화면 해상도 정보도 제공합니다. 웹로그 분석에 의해 얻은 방문자수, 방문 유형, 각 웹 페이지별 방문 횟수, 시간·요일·월·계절별 접속 통계 등의 자료는 웹의 운영 및 마케팅 자료로 유용하게 이용됩니다. 이 자료를 얻으려면 분석 태그를 사이트에 삽입하면 됩니다.

Q 웹로그 분석을 하면 어떤 장점이 있나요?

키워드 검색광고를 하느라 돈을 썼다면 그 돈이 과연 여러분에게 얼마만큼의 값어치를 했는지 꼭 분석해 봐야 하지 않을까요? 광고를 해놓고 효과분석을 하지 않는다면 어떤 점을 더 보강하고, 어떤 점을 포기해야 하는지 알 수가 없기 때문에 의미 없는 비용만 계속 낭비하게 됩니다.

코드삽입을 통한 로그분석의 경우, 특별한 로그분석 솔루션이나 기타 로그파일의 생성이 필요하지 않으며, 로그분석 서비스를 제공해 주는 ASP 업체를 통하여 제공받은 코드를 로그분석을 원하는 웹페이지에 삽입함으로써 쉽게 로그분석을 할 수 있습니다. 코드삽입을 통한 로그분석은 웹사이트의 로그분석도 쉽게 할 수 있지만, 방문자들이 많은 웹사이트의 경우에는 오히려 로그분석 솔루션보다 비용이 더 많이 청구될 수도 있으므로, 이러한 코드삽입을 통한 실시간 웹로그 분석의 경우 소규모의 웹사이트에 적당합니다. 따라서 여러분에게 적당한 웹로그 분석 방식이라고 할 수 있죠.

로그분석 서비스 중에 대표적인 곳으로는 '에이스카운터'와 '로거'가 있습니다. 쇼핑몰 솔루션에서 자체적으로 제공하기도 하지만, 에이스카운터와 같은 전문 서비스가 아닌 대부분의 자체 로그분석은 '방문객이 내 사이트의 어디를 어떻게 활용하고 있는가?'를 파악하는 데 있어 한계가 있습니다. 이 때문에 자체적으로 로그분석 기능이 있음에도 불구하고 전문 서비스를 사용하는 경우가 많은데, 그렇다면 전문 서비스에서는 주로 어떤 통계를 제공할까요? 제공하는 통계는 다음과 같습니다.

첫 번째 : 방문자 수 분석

얼마나 많은 사람들이 사이트를 방문하고 있는지를 파악하는 것은 기본적인 사항일 것입니다. 그런데 단지 이것만 파악하고자 한다면 자체 로그분석 기능을 사용하거나 웹상에서 무료로 제공하고 있는 카운터를 사용해도 됩니다.

두 번째 : 방문자 유입경로 분석

사이트를 방문한 고객이 어디에서부터 오게 되었는지를 파악하는 것입니다. 이 기능은 매우 중요한 필수 분석 요소이기 때문에 만약 여러분이 사용하는 솔루션에 이 기능이 빠져 있다면 서둘러 전문 서비스를 사용할 것을 고려해 보는 것이 좋습니다.
어느 곳에 마케팅을 했는데 거기서 방문객이 들어오지 않고 있다면, 그 광고 사이트는 여러분의 아이템 특성과 맞지 않거나 광고방식 자체에 문제가 있다는 방증입니다. 광고매체를 변경하거나, 그곳에서 광고효과가 잘 일어날 수 있도록 광고방식 및 내용을 정비할 필요가 있습니다.

세 번째 : 방문자 시스템 환경 분석

방문객이 모뎀을 사용하는지, 초고속 인터넷을 사용하는지, 모니터 해상도는 얼마나 되는지, 윈도우 98을 사용하는지, XP를 사용하는지 등 사용자의 시스템 환경에 대해 분석해 줍니다. 이 기능은 일반적인 로그분석에서는 보기 힘든 기능입니다. 사용자의 시스템 환경에 맞게 사이트를 꾸며야 고객에게 최적화된 환경을 제공할 수 있으므로 이 역시 꼭 필요한 기능이라고 볼 수도 있지만, 우리나라와 같이 인터넷 인프라가 잘 구축되어 있는 곳에서는 사용자 거의 대부분이 비슷한 환경이고 뉴스 같은 곳에서 제공하는 통계치와 별 다를 바가 없기 때문에 그다지 필요한 기능은 아니라고 생각합니다.

네 번째 : 방문자 이동경로 분석

방문자가 사이트에 들어와서 주로 어떤 경로로 이동하는지, 어떤 메뉴나 페이지를 즐겨 찾는지를 파악하는 것은 사이트를 설계하고 리뉴얼 하는 데 있어서 매우 중요한 기능일 것입니다. 특히, 방문자가 어느 페이지에서 여러분의 쇼핑몰을 나갔는지 살펴보는 것도 매우 중요합니다. 만약 메인 페이지에서 종료했다고 하면 사이트를 자세히 들여다볼 것도 없다는 판단이겠지요? 결제 페이지에서 종료하는 비중이 높다고 하면 결제 페이지를 좀 더 보강해야 하거나, 또는 결제 페이지에서 오류가 발생할 수도 있으므로 점검이 필요할 것입니다. 이 기능은 전문 서비스 외의 일반적인 로그분석에서는 잘 제공되지 않는 기능입니다.

다섯 번째 : 회원가입 또는 구매자 분석

A 사이트에서 10만 원의 비용을 들여 100명의 방문객을 유입시켰고, B 사이트에서도 10만 원의 비용을 들여 100명의 방문객을 유입했다고 가정해 봅시다. 그러면 이 두 사이트에서의 마케팅 효과는 어떻게 나타날까요? 항상 같을까요? 전혀 그렇지 않습니다. 설사 같은 사이트, 같은 페이지라고 하더라도 광고 위치에 따라서 큰 차이를 보일 수 있습니다. 이는 과장된 이야기가 전혀 아닙니다. 일반적으로 광고효과는 얼마의 비용을 들여 몇 명이 들어왔는지를 기준으로 파악하게 됩니다. 그러나 이것만으로는 광고효과를 파악하는 것이 의미가 없을 수도 있습니다. 쇼핑몰에서 원하는 고객의 최종 액션은 역시 회원가입과 상품구매이니까요. 정확한 분석은 10만 원의 비용을 들여 100명이 방문을 했는데, 이 중에서 '몇 명이 얼마만큼 구매를 했느냐?' 하는 것까지 곁들여져야 할 것입니다. 이러한 고급기능은 쇼핑몰 솔루션에서는 제공되지 않을 뿐만 아니라, 제공하는 곳조차도 모두 한계를 지니고 있습니다.

에이스카운터와 같은 전문 서비스에서는 로그분석 서비스 사용료에 따라 차등을 둔 기능을 제공합니다. 에이스카운터의 서비스에도 네 가지 정도의 버전이 있는데, 일반적인 프로페셔널 버전에서는 앞에서 설명한 네 번째까지만 제공하고, 다섯 번째 회원가입 또는 구매자 분석 기능은 제공하지 못합니다. 다섯 번째 내용을 파악하기 위해서는 이커머스 버전을 사용해야 하는데, 가격적인 부담(최소 월 5만 원 이상, 프로페셔널은 월 2만 원 이상)이 많습니다. 만약 쇼핑몰 솔루션의 기본 로그분석 기능이 부실해 에이스카운터의 전문 서비스를 사용하고자 한다면, 프로페셔널이나 이커머스 버전이 유용할 것으로 판단됩니다.

지금까지 로그분석의 대략적인 기능에 대해 살펴보았는데, 다섯 번째 같은 구매자 분석을 하는 방법으로는 에이스카운터의 고급 전문 서비스 이용, 오버추어 이용, 사업자의 매출분석 등 몇 가지 방법이 있습니다. 물론 이 방법들 모두가 각각 한계를 지니고 있기 때문에 서로 보완해서 사용해야 가장 정확하고 객관적인 자료를 얻을 수 있을 것입니다.

◀ 국내 대표적인 웹로그 분석 서비스업체인 '에이스카운터'

에이스카운터 분석 스크립트 삽입과 로그분석

잠깐만요!

다음 화면은 에이스카운터에서 제공하는 로그분석 데이터들 중에서 사이트 유입경로의 분석자료 페이지입니다. 어떤 검색어로, 어떤 검색엔진을 통해 방문자가 유입되었는지를 자세히 보여주며, 1주 또는 4주 단위로 조회해 볼 수 있습니다.

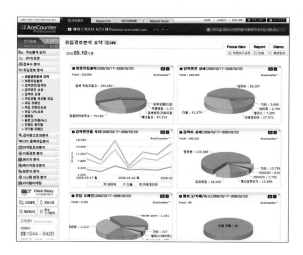

분석 스크립트 삽입

에이스카운터에 로그인한 후 로그분석 서비스 신청을 하면 에이스카운터에서 해당 사이트에 대해 로그분석 코드를 부여해 줍니다. 이 분석 스크립트를 모두 선택(Ctrl+A)한 다음 복사(Ctrl+C)하여 웹페이지에 삽입하면 됩니다. 자세한 삽입 위치는 에이스카운터 사이트의 설치 가이드를 참고하세요.

삽입 후의 로그분석

에이스카운터에 로그인하면 분석 스크립트를 삽입해 놓은 쇼핑몰의 로그분석 자료를 볼 수 있습니다.

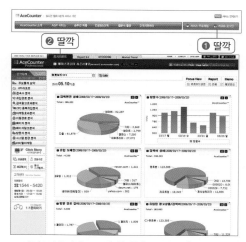

▲ 에이스카운터에 로그인 한 후 [통계리포트] 버튼을 클릭합니다.

무료 또는 저렴하게 웹로그 분석을 이용하는 방법이 있을까요?

에이스카운터 같은 유료 웹로그 분석은 검색광고 효과분석, 구매자 분석, 유입경로 분석, 방문자 분석, 제품 분석 등 고급 자료를 상세하게 제공하지만, 매출이 없는 오픈 초기 단계에서 서비스 비용이 부담스럽다면 무료 또는 저렴하게 제공되는 웹로그 분석을 사용해 보는 것도 괜찮습니다. 물론 무료면 무료인 이유가, 서비스 가격이 높으면 높은 이유가 있게 마련이므로, 이 점은 감안해야 합니다. 무료 또는 저렴한 가격의 웹로그 분석 프로그램을 사용할 경우에는 여러 종류를 사용하여 각 프로그램별로 빈약한 통계자료를 보완해 주는 것이 좋습니다.

로그분석 프로그램	특징
쇼핑몰 솔루션에 기본 장착된 접속통계	무료버전 : 해당 쇼핑몰 솔루션을 사용하는 모든 상점에 제공되는 접속통계 기능
	유료버전 : 무료버전보다 더 다양하고 상세한 접속통계를 제공
구글 애널리틱스 http://www.google.com/analytics	구글에서 제공하는 무료 웹로그 분석 프로그램 쇼핑몰, 설치형 블로그, 기타 사이트에 사용 가능
카페24 웹로그 http://weblog.cafe24.com	카페24 호스팅, 쇼핑몰 솔루션 사용자에게는 기본 제공되며, 기타 쇼핑몰, 설치형 블로그, 기타 사이트에 무료 삽입 가능
내가게 http://www.negagea.com/loganalyzer	내가게의 유료 이미지 호스팅 사용자에게 무료로 제공
오픈로그 http://www.openlog.co.kr	오픈마켓 전용 로그분석 프로그램으로, 무료이기는 하지만 옥션과 G마켓, 11번가만 분석 가능하며 인터파크는 제외됨.

37단계

ONLINE
SHOPPING MALL

블로그, 페이스북, 트위터... SNS 마케팅

소셜 네트워크 서비스(SNS : Social Networks Services)는 인터넷상에서 다른 사람들과 친구 또는 사회적 관계를 맺는 서비스입니다. SNS가 웹의 핵심 서비스로 적용되고 발전하기 시작했다는 것은 인터넷이라는 네트워크가 단순히 정보 취득을 위한 공간으로서가 아니라 사회적 성격을 지닌 네트워크 공간이 되었다는 것을 의미합니다. 상품구매 시 주변 지인들의 쇼핑몰에 대한 평판과 상품평가가 구매결정에 큰 영향력을 발휘한다는 측면에서 쇼핑몰의 SNS 마케팅이 온라인 마케팅에서 중요한 자리를 차지하게 되었습니다.

Q 소셜 미디어와 소셜 네트워크 서비스(SNS)의 개념이 무엇인가요?

미 니 강 좌 ·······

SNS
· 인맥 형성, 인맥 관리
· 사람과 사람을 연결해 주는 서비스
· 싸이월드, 마이스페이스, 페이스북, 링크나우

소셜 미디어
· 네트워크를 통해 뉴스, 정보를 효과적으로 공유하는 서비스
· 미디어에 소셜적 요소가 가미된 서비스
· 블로그, 트위터, 유튜브
· 블로그는 개인 미디어에서 소셜 미디어로 발전, 변화

소셜 웹
· 웹에 소셜적인 요소가 적용되면서 웹의 큰 트렌드가 됨.
· 웹과 소셜적 요소의 연계 시스템
· 사이트에서 페이스북, 트위터, 블로그와의 연계(Like버튼, RT버튼)가 활발히 진행됨.

소셜 미디어(Social Media)란, 사람들 간의 상호작용을 기반으로 하는 미디어를 의미합니다.

전통적인 미디어인 방송, 뉴스, 신문은 미디어가 대중에게 일방적으로 전하는 메시지나 정보였던 것에 비해 소셜 미디어는 사람과 사람, 또는 사람과 정보를 연결하고 상호작용할 수 있는 서비스를 기반으로 하는 것이 가장 큰 특징입니다. 대표적인 소셜 미디어로는 블로그, 트위터, 유튜브 등이 있습니다.

소셜 네트워크 서비스(SNS ; Social Networks Services)는 친구, 선후배, 동료 등 지인들과의 관계망을 구축해 주고, 이들의 정보관리를 도와주는 서비스를 말합니다. 1995년 국내 포털 '다음'이 처음 생기면서 활발한 마케팅을 펼쳤을 때의 광고문구는 '새로운 세상에서 다른 사람을 만나보라' 였습니다. 왕성한 카페 활동으로 성장하던 '다음'은 1999년 '프리챌'로 회원들이 대규모 이동하면서 쇠퇴했고, 이후 '프리챌'은 다양한 카페 활동으로 성장했지만 갑작스러운 서비스 유료화로 회원들이 대거 이탈했습니다. 이어 1999년 '싸이월드'와 학연을 기반으로 하는 '아이러브스쿨' 등이 등장하면서 인기를 끌었습니다. 2003, 2004년을 거치면서 블로그의 발달과 함께 서비스가 본격화되기 시작했습니다.

해외에서는 소셜 네트워크 서비스라는 단어보다 소셜 미디어라는 단어를 주로 사용하고 있습니다. 소셜 네트워크 서비스는 엄밀히 따지자면 소셜 미디어 내에 속하는 것이라고 봐야 하지만, 소셜네트워크 서비스 내에서 사용되는 형태가 미디어를 통한 관계 맺기이기 때문에 소셜 네트워크 서비스와 소셜 미디어를 구분하지 않고

SNS 또는 소셜 미디어라고 통칭하는 경우가 많습니다. 우리나라에서는 소셜 네트워크 서비스와 소셜 미디어를 하나로 인식하여 혼용하는 경향이 많으므로 두 용어의 개념 차이에 대해 그리 민감하게 생각하지 않아도 됩니다.

SNS 마케팅이 주목을 받기 시작하면서부터 쇼핑몰에도 이러한 트렌드가 반영되어 소셜 웹의 성격이 강화되고 있습니다. 쇼핑몰에서 블로그, 트위터, 페이스북을 함께 운영하거나, 쇼핑몰의 '구매하기' 버튼 옆에 트위터, 페이스북, 미투데이, 요즘 등의 'SNS로 상품 정보를 내보내기' 버튼을 삽입하고 쇼핑몰 안에 블로그가 포함되어 있는 형태의 사이트, 블로그 형태를 띠고 있는 쇼핑몰 등이 대표적인 예라고 할 수 있습니다.

Q 쇼핑몰의 블로그 마케팅 방법에 대해 알려 주세요.

쇼핑몰 홍보와 연계하여 효과적으로 활용해 볼 만한 소셜 미디어입니다. 기존의 개인 홈페이지를 대체하는 신개념 개인 미디어로 시작된 블로그는 구축과 유지보수가 쉽고 검색포털의 키워드 검색에도 노출되면서 전문성과 퀄리티 높은 콘텐츠가 누적된 블로그가 많이 생겨나게 되었습니다. 그래서 이제는 개인 미디어 차원을 넘어서 블로거와 방문자의 지속적인 소통이 이루어지고, 정보의 파급력이 크며, 다른 SNS와의 연동이 잘되어 있는 소셜 미디어로 발전, 변화함에 따라 기업들이 온라인 마케팅 수단으로 적극 활용하는 경우가 많아졌습니다.

신변잡기적인 일기 수준이 아니라 자신의 일과 관련이 깊은 전문 블로그로 인지도를 높이고, 간접적인 쇼핑몰 홍보효과를 거두고 싶다면 '인간미와 신뢰가 느껴지는 개인 공간+전문성이 느껴지는 고퀄리티 콘텐츠'의 적절한 조화가 포인트입니다. 따라서 블로그는 개인적인 메뉴, 전문적인 메뉴가 적절히 조화를 이루도록 사진과 글은 쇼핑몰이나 상품에 대해 적나라한 홍보의도를 드러내지 않도록 주의해야 합니다.

블로그의 주제

(1) 미디어 블로그/오피니언 블로그

기자처럼 관심분야의 사건사고에 대한 실시간 업로드, 세상을 보는 통찰력으로 여론을 주도합니다.

(2) 라이프스타일 블로그

취미정보, 일상의 즐거움을 나누고 공유하는 콘텐츠를 위주로 합니다.

(3) 리서치 블로그

특정 주제에 대한 백과사전을 방불케 하는 정보의 보고 성격을 띱니다.

(4) 리뷰 블로그

맛집부터 디지털기기, 각종 생활용품, 화장품 등 관심분야 체험후기로 소비에 영향을 끼치는 파워를 발휘합니다. 쇼핑몰에서 블로그 마케팅 대상으로 가장 주목해야 할 블로그 유형입니다.

(5) 알찬 정보 창고-수집형 블로그

자체적인 콘텐츠 생산능력은 없지만 정보의 바다 인터넷에서 수집한 알찬 정보로 방문자를 유치합니다.

블로그 운영과 쇼핑몰 운영의 상관관계

(1) 인터넷과 친해지는 매개체

컴퓨터와 인터넷에 익숙치 못한 40~50대가 쇼핑몰 창업을 염두에 두고 있을 경우, 블로그 운영이 인터넷 사용시간을 늘리고, 재미를 붙여 주는 매개체 역할을 할 수 있습니다.

(2) 쇼핑몰 운영 예비연습

블로그 관리와 쇼핑몰 관리는 유사성이 많습니다. 블로그의 방문자는 쇼핑몰의 고객과 비슷하고, 블로그 방문자가 남긴 댓글과 이에 대한 답글은 쇼핑몰의 질문과 답변 게시판과 유사하기 때문에 블로그 방문자(쇼핑몰은 고객)와의 커뮤니케이션 감각을 기르는 데에 도움이 됩니다.

(3) 인터넷 마케팅 감각 연마

효율적인 블로그 메뉴를 고민하고 방문자의 유입경로, 주요 유입 키워드 등 블로그의 방문통계를 분석해 보면, 쇼핑몰 인터넷 마케팅에 대한 기초감각을 체득하는 데에 도움이 됩니다.

(4) 상품 상세 설명 제작 연습공간

사진과 글 올리기 연습공간으로 최적입니다. 블로그를 운영하면서 하나의 이야깃거리를 가지고 여러 개의 사진과 글을 조합하여 설득력 있고 읽기 쉽게 게시물을 작성하다 보면, 쇼핑몰에서 매력적인 상품 상세 설명을 제작하는 것이 그리 어렵지 않게 느껴질 것입니다.

(5) 관련분야 인맥 형성과 전문 콘텐츠 누적

블로그의 테마를 전문분야로 정하여 운영할 경우, 해당 블로그 이웃들과의 교류가 활발해지면서 인맥이 넓어지고 커리어가 쌓입니다. 블로그에 꾸준히 누적된 사진과 글(콘텐츠)은 장기적으로 쇼핑몰 홍보와 고객 신뢰 확보에 기여하게 됩니다.

운영할 블로그의 선택

전반적으로 쇼핑몰 마케팅과 연관성 깊은 블로그는 네이버가 가장 활성화되어 있으며, 파워블로그가 많습니다.

포털 블로그 vs 독립 블로그	네이버 vs 다음
– 초보 또는 귀차니스트라면 포털 블로그(네이버, 다음) – html 지식 보유, 블로그의 자율성을 중시한다면 독립 블로그(이글루스, 티스토리)	– 생활 중심은 네이버 – 뉴스 중심은 다음

> **블로그 선택**
>
> 설치형 블로그도 있지만 호스팅료 부담, 설치 노하우 필요, 도메인 생성, 검색노출 등의 한계가 있습니다. 검색 유입률이 높은 포털사이트의 블로그를 개설하는 것이 유리합니다.

잠깐만요! 파워블로그 대상 마케팅 활동

홍보의 거점이 되는 블로그를 직접 운영하면서 쇼핑몰과 연관성 깊은 주제의 파워블로그를 대상으로 하여 마케팅을 전개하는 것입니다. 1일 방문자가 수천~수만 명에 이르는 파워블로그에 관련 내용이 소개되는 것은 검색포털에 광고를 하는 것에 버금가는 홍보효과가 있기 때문입니다.

> – 각 분야 파워블로거를 검색한 후에 최우선 관리대상을 취사선택하여 지속적인 방문과 댓글로 본인의 존재감을 파워블로거에게 어필합니다.
> – 방문하는 파워블로거의 댓글을 통해 인맥을 피라미드처럼 확대해 갑니다.
> – 파워블로그와 안면이 생기거나 어느 정도 친분이 쌓이면 시식이나 체험 등 블로그를 통한 소개를 조심스럽게 타진해 볼 수 있습니다.
> – 파워블로거에게 제품협찬, 활동비 지원을 고려해 볼 수 있습니다.
> – 블로그에 광고를 게재하는 것이 가능하므로, 블로그 방문자의 쇼핑몰 유입을 노린다면 네이버 애드 포스트, 다음 애드클릭스, 구글 애드센스를 활용해 볼 수 있습니다.
> – 블로그에 홍보성 댓글을 달 때 스팸 성격의 일방적인 홍보성 댓글은 오히려 역효과를 불러일으킬 수 있습니다.

파워블로그/파워블로거

블로그의 활동성과 인기도, 포스트의 주목도와 인지도를 집계하여 높은 점수가 나온 우량 블로그를 '파워블로그'라 하며, 그 블로그의 운영자를 '파워블로거'라 합니다. 파워블로그와 파워블로거는 원래 네이버에서 사용하는 용어이지만, 네이버 블로그가 워낙 대표성이 강해서 통상적으로는 네이버, 다음, 독립 블로그 구분 없이 방문자가 많고 주목도가 높은 우량 블로그와 블로거를 통칭하여 사용합니다.

포스트/포스팅

블로그의 게시물을 가리키며, 게시물을 작성해서 올리는 것을 '포스팅' 한다고 합니다.

블로그 꾸미기

– 블로그 이름이 곧 브랜드가 됩니다. 따라서 블로그 이름을 신중히 선택해야 합니다.
– 블로그의 신뢰도는 프로필사진 및 자세한 설명이 기본입니다. 정확한 상호, 유선전화, 휴대폰전화, 프로필 사진 등을 최신 것으로 업데이트 해야 합니다.
– 메뉴는 타블로그와 차별을 두어야 하므로 독특한 개성을 표현할 수 있는 키워드로 메뉴를 구성합니다.

블로그에 콘텐츠 올리기

– 방문률이 높은 검색 키워드를 찾아서 콘텐츠 제목과 본문내용에 키워드를 반복해 넣습니다.
– 제목에는 반드시 소재가 드러나야 클릭을 유도할 수 있습니다.
– 글쓰기 소재는 글을 시작하기 위한 것이며, 주제는 글을 마무리하기 위해 필요한 것입니다. 사건, 경험, 인물, 장소, 풍경 등의 소재를 제목에 사용합니다.
– 서술형 문장보다는 단어로 된 제목이 더 심플하며 강한 인상을 줍니다.
– 2개의 대비된 소재를 사용하면 호기심을 자극합니다(불쌍한 톰과 얄미운 제리).
– 쉼표, 느낌표, 물음표 등을 적절히 활용하면 제목에 생기가 느껴집니다.
– '이다' 또는 '입니다'를 통일합니다.
– 긴 글은 중간중간 소제목을 달아서 글의 흐름을 일목요연하게 정리해 줍니다.
– 사진과 동영상을 적극 활용합니다.
– 좋아하는 글의 스타일 모방하면서 자신만의 스타일을 구축해 나갑니다.
– 통계와 관련된 사실적 정보를 인용하면 설득력 있는 글이 됩니다.
– 꾸준히 규칙적으로 콘텐츠를 업데이트합니다.

교류와 커뮤니케이션

– 지역, 또는 관련 블로그를 검색하여 방문하고 덧글, 공감을 남깁니다.
– 타블로그에 방문했던 소비자 또한 내 블로그에 관심을 가질수 있으므로, 타블로그에 덧글을 달 때 읽는 사람이 호감과 호기심을 느낄 수 있도록 덧글을 답니다.
– 좋은 자료는 공유하고, 내 블로그에 스크랩하고, 안부인사도 나누면서 친분을 쌓아야 본격적인 블로그 홍보제휴 단계로 발전할 수 있습니다.

블로그 알리기

– SNS 친구에게 포스팅 업데이트를 알립니다.
– 트랙백(엮인글)을 활용합니다. 트랙백은 설치형, 포털, 전문 블로그 등 다양한 블로그와 자유롭게 소통할 수 있는 기능입니다.
– 다음뷰, 블로그코리아, 올블로그, 믹시 등의 메타 블로그에 가입합니다.
– '다음뷰 추천' 버튼, '믹시 추천' 버튼을 삽입합니다.

포털사이트에 블로그 등록하기

– 네이버 http://help.naver.com/ops/step2/mail.nhn?upCatg=264&catg=547
– 다음 http://cs.daum.net/mail/form/15.html

쇼핑몰 홍보에 트위터를 활용하는 방법에 대해 알려 주세요.

트위터의 가장 큰 매력은 불과 몇 초만 투자하면 실시간으로 서로의 생각을 공유하고, 정보를 나눌 수 있다는 것입니다. 상대방의 승낙 없이도 상대방을 친구로 팔로잉하면, 그 사람의 글을 볼 수 있도록 만들어져 있고, 검색포털, 모바일 검색 등에서도 실시간 검색, 소셜 네트워크 검색 등에 노출됩니다. 팔로잉, 리트윗(RT), 검색, 리스트 기능으로 정보 확인과 확산 속도가 무척 빠릅니다. 그러나 친구가 많으면 타임라인에 트윗이 너무 빠르게 지나가기 때문에 확인하지 못하는 정보들이 발생합니다. 또한 140자 이내로 한정된 트윗을 작성해야 하기 때문에 상세한 내용 전달에는 한계가 있습니다. 따라서 실시간 뉴스, 이벤트, 신상품 입고 위주로 짧으면서도 임팩트 있게 전달하는 용도로 적합합니다. 자세한 내용은 콘텐츠 용량의 제한이 없는 블로그나 페이스북에서 확인하도록 유도합니다.

◀ GS25 트위터

잠깐만요! 트위터 관련 용어

- **트윗(Tweet)** : 140자 이내의 단문 메세지를 트위터에 글을 작성하는 것을 말합니다.
- **팔로잉(Following)** : 내가 추가한 트위터 이용자. 내가 A를 팔로우하게 되면, 나는 A가 쓰는 메시지들을 받아 볼 수 있습니다.
- **팔로어(Follower)** : 나를 추가한 트위터 이용자. 내가 글을 쓰면 나의 팔로어들에게 글이 보내집니다.
- **타임라인(Timeline)** : 내가 팔로잉하는 사람들이 작성하는 메시지가 최근 등록 순으로 나열됩니다.
- **리플(Reply)** : 다른 사람의 트윗에 답장하는 것을 말합니다.
- **리트윗(Retweet · RT)** : 내가 팔로잉하는 사람이 쓴 글을 나의 팔로어들에게 재전송하는 것을 말합니다.
  정보가 트위터를 통해 단계계처럼 신속하게 퍼질 수 있도록 하는 기능으로 RT는 트위터 마케팅에서 제일 중요한 기능입니다.
- **즐겨찾기(Favorites)** : 중요한 메시지를 따로 저장해 둘 수 있는 기능입니다.
- **DM(Direct Message)** : 메시지 직접 보내기를 말합니다. 메시지를 받는 사람만 볼 수 있으며, 쪽지와 비슷합니다. 서로 팔로우를 할 경우에만 DM을 할 수 있습니다.
- **Lists** : 블로그의 카테고리를 나누듯 팔로잉의 메시지를 주제, 분야별로 나눠 볼 수 있는 기능입니다.
- **Home** : 내 트위터의 첫 화면

검색에 최적화된 트윗 작성하기

블로그 제목과 글쓰기처럼 쇼핑몰 홍보에 유용한 핵심 키워드를 가능한 한 가장 앞쪽에 배치하고, 한 트윗당 3~5개 내외로 핵심 키워드를 반복하면, 검색 정확도를 높일 수 있습니다.

@+사용자 아이디의 '멘션' 활용하기

멘션은 특정 인물에게 보내는 쪽지의 개념으로 생각하면 됩니다. 보통 트윗은 나의 팔로워들에게 공개적으로 보이는데, abc라는 아이디에게만 보이게 하고 싶을 경우에는 @abc를 트윗 맨 앞에 붙여서 멘션을 보낼 수 있습니다. 멘션은 서로의 타임라인에 글이 올라가게 되며 2인 이상에게 보내는 것도 가능합니다.

멘션은 팔로잉 또는 팔로워 관계가 아니라고 하더라도 글을 보내고 싶은 사람에게 나의 의견을 보낼 수 있습니다. @+아이디로 특정인과 대화를 주고받을 수 있기 때문에 특정인과 멘션을 잘하면 노출에 더 유리합니다. 따라서 트위터에서 랭킹이 높고 관심사가 비슷한 사람에게 가능한 자주 멘션을 보내는 것이 검색 노출에 유리합니다.

'해쉬(#)'태그로 관심트윗 모아 보기

해쉬태그를 단 트윗을 하면 관심 해쉬태그를 클릭해서 검색하는 사람들에게 자신의 트윗을 노출할 수 있는 장점이 있습니다. 트윗의 주제와 관련 있는 해쉬태그를 달게 되면 많은 사람들에게 자신의 트윗을 노출할 수 있습니다. 쇼핑몰을 홍보하기 위해서는 쇼핑몰 상품의 각각의 특징과 연관성 있는 내용들을 함축한 트윗을 작성하고 중요 키워드를 해쉬태그와 함께 트윗하여 좀 더 많은 트위터리안(트위터 사용자)들이 자연스럽게 쇼핑몰로 방문할 수 있도록 하는 전략이 필요합니다.

쇼핑몰의 페이스북 마케팅 방법에 대해 알려 주세요.

페이스북의 유형은 개인 프로필, 페이스북 그룹, 페이스북 페이지로 나뉘는데, 차이점 및 특징은 아래와 같습니다.

	개인 프로필	페이지	그룹
개설 가능자	이메일이 있는 개인	페이스북 계정 사용자	페이스북 계정 사용자
친구, 팬의 제한 숫자	5,000명까지 친구 가능	무제한 팬 가능	그룹 운영자의 친구 범위
연결방식	상호 동의방식	'좋아요(Like)' 버튼 클릭	운영자의 추가 방식
콘텐츠 공개 여부	페이스북 사용자에게만 설정된 범위에서 공개	페이스북 비사용자도 콘텐츠 볼 수 있음.	운영자의 설정범위에 따라 공개
공개범위	개인이 상세하게 공개 범위를 정할 수 있음.	공개형이며, 검색결과 반영	비공개/공개/허가제 설정에 따라 공개
개인 커뮤니케이션 관련	채팅과 쪽지	개인적인 쪽지 불가능, 채팅 가능	개인적인 쪽지 불가능, 채팅 가능
기타	페이스북의 기본이 되는 페이지	홈페이지와 블로그 중간 성격. 페이스북 어플리케이션을 활용해 기본제공 메뉴 외에 맞춤형 메뉴 생성 가능	카페 소모임과 같은 기능

개인 프로필은 친구들과 일상을 공유하고 관계를 맺고자 하는 개인들이 가장 일반적으로 사용하는 페이스북 유형입니다. 그러나 친구를 맺을 수 있는 숫자는 5,000명으로 제한되어 있고, 개인 프로필 페이지에 쇼핑몰 관련 내용을 올리는 것은 적절하지 않습니다. 따라서 페이스북을 공식적인 쇼핑몰 입장에서 장기적으로 운영하고 싶다면 페이지 유형으로 시작하는 것이 좋습니다. 특정 기업의 페이스북 페이지에 있는 '좋아요' 버튼을 누르고 팬이 되면 기업정보 및 소식을 전달받을 수 있고, 팬의 친구에게도 소식이 자연스럽게 노출됩니다. 블로그는 이벤트 페이지 스크랩에 대한 거부감이 있지만, 페이스북 페이지는 홍보 목적으로 기업에서 개설한 공식 페이지이므로 그런 거부감이 상대적으로 적습니다.

▲ 여성의류 쇼핑몰 '스타일난다'의 공식 페이스북 페이지

미 니 강 좌 ‥‥‥‥

페이스북 앱(App)

스마트폰 애플리케이션(앱)과 비슷한 개념으로 생각하면 됩니다. 수많은 스마트폰 앱들 중에서 원하는 기능을 가진 앱을 스마트폰에 설치하듯, 페이스북에도 각종 앱을 설치해 다양하고 막강한 기능을 가진 소셜 미디어로 보강할 수 있습니다.

페이스북의 특징이자 강점, 앱(App)의 활용

페이스북은 앱을 추가해 기본 제공되는 페이스북의 기능을 얼마든지 확장할 수 있습니다. 예를 들어 트위터 앱을 설치해 페이스북 페이지의 업데이트를 트위터로 내보낼 수 있으며, 블로그 앱으로 페이지에서 포스트를 확인할 수도 있습니다. 또한 유튜브 앱으로 동영상을 페이스북 페이지에 불러와 팬들의 관심을 모을 수 있습니다.

F-커머스를 위한 앱

단순히 팬들과 소통하는 공간으로 페이스북 페이지를 운영한다면 기본으로 제공되는 담벼락, 메시지 기능으로도 충분하지만, 좀 더 본격적으로 돈 버는 쇼핑몰 페이지를 만들고 싶다면, 이를 위한 앱도 설치할 수 있습니다. 바로 F-커머스(페이스북과 E-Commerce의 합성어)를 하는 것인데, 페이스북 페이지에 결제 기능을 가진 앱을 추가하여 비즈니스 상거래가 가능한 쇼핑몰(팬샵)을 개설할 수 있습니다. 미국에서는 페이팔 등의 결제 기능이 지원되는 앱을 활용하여 쇼핑몰을 구현하는 것이 보편화되어 있습니다.

국내 F-커머스 시장은 이제 막 시작되는 시장이기 때문에 바로 눈에 보이는 성과를 얻기는 어려울 수 있습니다. 당장은 팬 네트워크를 기반으로 잠재적인 고객 연결망을 확장하는 데 의의가 있지만, 일정 수 이상의 고정적인 팬을 확보하게 되면 그때부터는 강력한 온라인 시장으로 설장할 가능성도 배제할 수 없습니다. F-커머스를 지원하는 앱으로는 국내 결제 환경에 적합한 INIP2P, MyItems, FriendyShop 등이 있고, 해외에서 일반적으로 많이 사용되는 Etsy, Payvment, Amazon Items, eBay Items 등이 있습니다.

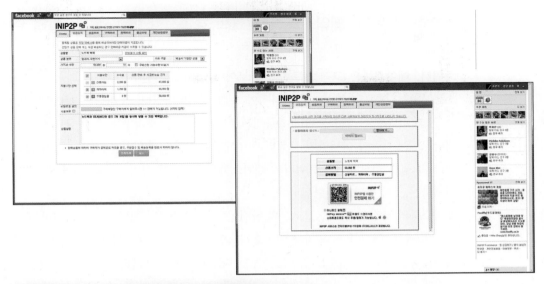

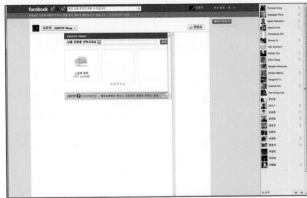

▲ 페이스북 페이지 개설하고 INIP2P에 회원가입을 한 후 상품 등록을 하면 담벼락에 게시할 수 있는데, 공유할 대
상은 조절할 수 있습니다. 페이지에 INIP2P 탭 메뉴를 추가하면 페이지에서 노출됩니다.

▲ ·페이스북을 기반으로 하는 소셜 오픈마켓인 프렌디샵. 상점 입점비, 상품 등록비가 무료이며, 상품판매 수수료는
판매 대금의 10%입니다.

Q 트위터, 페이스북, 블로그의 효과적인 병행전략을 알려 주세요.

트위터, 페이스북은 고객들(트위터 팔로어나 페이스북 친구 또는 팬)과의 실시간 소통, 뉴스, 이벤트 알리기에 효과적인 소셜 미디어입니다. 오피니언 리더의 성향을 띤 개인의 경우에는 트위터 활동만으로도 자신의 목소리가 높은 파급력을 가지지만, 그런 사람이 아니라면 트위터가 마케팅적으로 위력을 발휘하기는 쉽지 않습니다. 쇼핑몰 입장에서는 트위터와 페이스북을 두 개 다 하기 힘들다면 페이스북을 선택하는 것이 좋다고 판단됩니다.

페이스북의 장점인 '관계', 블로그의 장점인 '정보'에 초점을 맞추면, 각각 어떤 콘텐츠를 올리고, 어떤 용도로 활용하면 효과적인지에 대한 답이 나옵니다. 페이스북은 친구들과 일상의 에피소드(일반인에게는 다소 생소하고 궁금할 수도 있는 쇼핑몰 운영에 얽힌 스토리, 촬영 에피소드, 기억에 남는 고객 사연 등)를 공유하거나 이벤트를 소개하고 홍보하는 용도로 적당합니다. 한편, 블로그의 가장 큰 특징은 집중된 테마에 대한 심도 있고 장기적인 콘텐츠를 누적하여 검색포털에서 유리한 위치에 노출될 수 있다는 것입니다. 따라서 취급하는 아이템과 관련하여 블로그에서 꾸준히 다뤄 주면 홍보와 노출에 효과적일 것이라는 판단이 섰을 경우, 블로그를 운영하세요. 일단 블로그를 올리고 나면 트위터, 페이스북, 유튜브 등 기타 원하는 소셜 사이트에 블로그 콘텐츠를 연결해주는 플러그인과 위젯을 사용해 손쉽게 소셜 미디어를 통합운영할 수 있습니다.

▲ 풀무원 블로그는 풀무원 브랜드에 대한 신뢰도 향상, 친밀도 강화, 상품을 활용한 요리 소개 등으로 많은 방문자를 확보하고 있습니다.

▲ 스타일난다 페이스북 페이지에서 게릴라 이벤트로 홍대 플래그십 스토어 15% 할인쿠폰 증정을 알리고 있습니다.

Q SNS 마케팅 시 주의해야 할 점은 무엇인가요?

SNS 마케팅의 초점은 쇼핑몰이나 상품이 아니라 '사람'이어야 합니다. 무조건 쇼핑몰 홍보에만 치중하여 상업적인 내용과 사진으로 도배된 콘텐츠만 올린다면 사람들에게 스팸성 광고로 인식되어 외면받을 것입니다. 시기와 이슈를 반영한 쇼핑몰 아이템 추천, 사람들의 흥미를 유발할 수 있는 내용으로 소통해야 자연스럽게 쇼핑몰과의 친밀도를 높일 수 있습니다.

소셜 미디어를 결정하기 전에는 각 SNS의 장단점을 분석하여 여러분이 추구하는 마케팅 목표 실현에 가장 효과적인 것이 무엇인지 고민해 봐야 합니다. 또한 SNS 마케팅은 하루이틀 하다 말 것이 아니기 때문에 운영인력, 예산, 시간이 허용되는 선에서 꾸준하게 운영할 수 있다는 자신이 생겼을 때 시작하세요. 중간에 포기하면 아예 시작을 안 하는 것만 못하기 때문입니다.

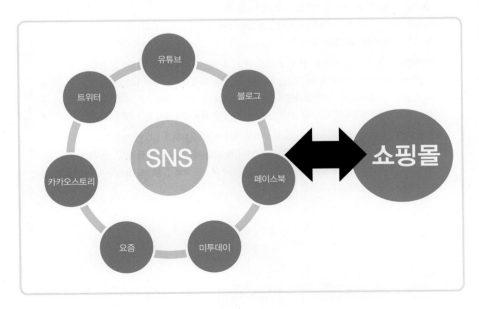

잠깐만요! 인터넷 카페 마케팅

블로그는 블로그 운영자 한 사람이 주도해 정보를 제공하는 1인 미디어라면, 카페는 회원들이 함께 정보를 교환하는 커뮤니티 개념이 강합니다. 쇼핑몰, 블로그 카페를 간단히 상품판매의 관점에서 본다면 쇼핑몰은 '가게', 블로그는 쇼핑몰을 소문내 주는 '홍보사원', 카페는 상품에 관심 있는 사람들이 모여 이야기를 나누는 '사랑방'에 비유할 수 있습니다. 장사할 때 이 세 가지가 모두 제 역할을 해야 판매가 많이 되듯이, 인터넷 쇼핑몰을 할 때에도 이 세 요소를 잘 융합하면 훨씬 강력한 시너지 효과를 거둘 수 있습니다.

네이버가 검색 점유율의 70% 이상을 차지하기 때문에 단순한 친목도모가 아닌 비즈니스 목적으로 카페를 운영하겠다면 네이버에 만드는 것이 유리합니다. 처음부터 비즈니스 목적으로 카페를 만들었으면 그에 상응하는 혜택(시중가보다 저렴한 가격의 공동구매)이나 콘텐츠(예를 들어 정보성 소책자 무료제공)를 제공하면 회원들의 충성도가 높아집니다.

카페는 초기에 회원 유치가 어렵지만, 일정규모 이상으로 커지면 그 가치가 급격히 증가합니다. 따라서 카페의 가치가 커지는 그 순간까지 꾸준하게 업데이트 및 댓글, 게시판 관리, 회원관리를 해야 합니다. 회원 수 1,000명이 넘으면 스탭을 고용합니다. 규모가 큰 카페를 관리하려면 적지 않은 시간을 투자해야 하므로 카페 스탭에게는 한 달에 한 번씩 전체광고 메일을 보낼 수 있도록 하는 등의 혜택을 주는 것도 좋습니다.

카페 카테고리 구성하기	커뮤니티, 정보제공/자료실, 상품/업체소개, 상담하기, 재미/휴식 성격의 카테고리로 골고루 구성합니다. 카테고리 만들기가 막막하다면, 관련 카페를 벤치마킹하는 것이 가장 좋습니다. 생긴 지 1년 이상된 카페는 시행착오를 겪으면서 카페 카테고리가 잘 정리되어 있기 때문입니다. 전반적으로는 활성화된 카페의 카테고리를 모방하되, 그런 카페들과 회원가입 면에서 차별화할 수 있는 운영전략이나 특정 카테고리를 하나둘 정도 추가하는 거이 가장 좋습니다.
카페 콘텐츠의 효율적인 확보	카페에 올라가는 콘텐츠는 회원들 제공, 관련업체 제공, 전문가 제공, 전문가 상담 등으로 구성됩니다. 카페 게시판에 콘텐츠가 빈약하고 업데이트도 뜸하다면 아무리 시간이 지나도 회원 가입률이 증가하지 않습니다. 따라서 사전에 관련 콘텐츠를 충분히 확보하여 각 게시판 성격에 맞게 업데이트를 해야 합니다. 또한 게시판 관리자(또는 운영자)가 매일 꾸준하게 콘텐츠를 올리는 정성과 노력이 카페 활성화의 밑거름이 됩니다.
카페 커뮤니티 활성화 방법	공통된 관심사를 갖고 한 카페에 가입한 회원들이라도 각 개인마다 거주 지역, 라이프 스타일, 취향, 연령대가 천차만별이므로 좀 더 친밀한 유대관계를 맺을 수 있는 소모임을 활성화합니다. 또한 정기 메일링으로 충성도를 확보하고 이벤트를 꾸준히 진행해 물질적으로든, 심리적 만족감이든 적극적으로 활동하면 플러스알파의 혜택이 있는 카페라는 인식을 회원들에게 심어 줘야 합니다.
카페 활용하기	카페를 직접 개설하여 운영하는 것이 아니라 카페와 제휴 마케팅을 하고 싶다면, 제품을 관련성이 높은 카페에 공급하면서 체험단을 운영합니다. 카페회원 데이터를 이용해 쪽지, 메일, 문자발송을 의뢰하거나 카페 매니저에게 수수료를 지급하면서 공동구매 이벤트를 진행해도 좋습니다. 카페에 배너삽입, 스크랩 이벤트 제휴도 좋은 방법입니다.

38 ^{단계}

ONLINE
SHOPPING MALL

생각만큼 어렵지 않은
온라인 언론홍보 마케팅

한국인터넷진흥원에서 2012년에 발표한 2011년 인터넷이용 실태조사 최종보고서에 의하면, 뉴스기사 획득 경로 부문에서 인터넷 사용자들 중 90% 이상이 인터넷에서 뉴스를 본다고 합니다. 언론마케팅을 계속 진행하면 기사 누적으로 인해 쇼핑몰 신뢰도와 인지도 측면에서 상승곡선이 크며, 유효고객 유입이 탁월합니다. 또한 검색을 통해 노출된 뉴스는 내용은 광고와 달리 기간에 상관없이 지속적으로 검색 결과에 노출됩니다. 돈이 드는 광고, 돈은 들지 않지만 상위노출이 힘든 블로그, 카페, 지식인 마케팅에 비하면 온라인 뉴스보도에 의한 노출은 주목성과 신뢰성이 높아서 일당백의 위력을 발휘하는 마케팅 방법입니다.

Q 검색포털, 온라인 매체에 기사로 소개되는 것은 가능성이 희박하지 않나요?

언론마케팅은 온라인 뉴스를 통해 쇼핑몰의 인지도와 신뢰도를 높여 주는 온라인 마케팅의 한 부분입니다. 온라인 뉴스에서 업체 정보와 업계 이슈거리를 기사화하여 영향력 있는 인터넷 뉴스 사이트와 각종 포털 사이트에 게재하여 노출하는 것입니다. 여기서 언론홍보 마케팅에 관심 있는 여러분이 알아야 할 것이 하나 있습니다. 엄밀하게 구분하자면, 온라인 매체에 노출되는 기사는 크게 기사와 보도자료, 이렇게 두 종류로 구분된다는 것입니다. 물론 검색결과에서는 기사와 보도자료가 같이 노출되기 때문에 일반 네티즌들은 이러한 구분을 알아채는 경우가 드물며, 설령 안다고 해도 온라인에서 긍정적인 메시지로 쇼핑몰이 언급된다는 사실이 중요하므로 보도자료이든, 기사이든 최대한 많이 노출되는 것이 좋습니다. 그런데 기사는 매체의 기자가 직접 취재나 확인한 내용을 기반으로 하여 작성된, 말 그대로 '기사'이기 때문에 기사 내용이 참신하고 현재의 이슈에 잘 맞아떨어지지 않는 한, 보도 확률이 낮은 편입니다. 이에 반해 보도자료는 언론사 광고상품의 일종이기 때문에 매체의 언론보도 광고상품은 광고영업 권한을 구매하는 대행사나 언론에 보도자료를 내보내는 플랫폼을 운영하는 회사에 일종의 광고비를 지불하면 언론보도가 보장됩니다.

▲ 네이버 뉴스노출

효과적인 보도자료 작성법에 대해 알려 주세요.

자신이 기자가 되었다고 생각하고, 기자가 매력을 느낄 만한 뉴스거리를 만들어 기자가 쓴 것처럼 작성하고 이를 읽는 독자에게 어떤 이익, 혜택을 주는지를 어필해야 합니다. 검색포털에서 여러분과 연관성 높은 보도자료를 많이 읽어보면, 글의 분위기와 흐름 파악, 소재 선정 등에 많은 참고가 될 것입니다.

- 최근 이슈, 현재의 트렌드를 반영한 흥미로운 뉴스
- 대중의 욕구와 기대를 채워 주는 뉴스
- 색다른 관점의 통찰력 있는 뉴스
- 배경설명과 사실정보, 통계자료 등을 첨부해 분명한 근거 제시
- 주제와 관련 있는 사진자료, 동영상 첨부
- 조회수가 많으면서 쇼핑몰과 연관된 키워드를 포함한 뉴스
- 쇼핑몰이 언급될 경우, 객관성을 잃지 않으면서 경쟁사와 차별화된 점을 명확하게 어필
- A4 용지 1장 정도 분량이 적당
- 가급적이면 전문용어를 피하고, 중학생 수준에 맞게 평이한 문장 사용
- 작성일, 보도 희망일, 작성자, 주소, 전화번호, 쇼핑몰 주소 명기
- 소리 내어 여러 번 읽어보고 어색한 곳, 오자 체크
- 동영상, 사진 파일은 용량을 최적화
- 사진은 가로형, 세로형, 전체형, 부분형 다양한 옵션으로 제공

 보도자료는 어떻게 배포해야 하나요?

보도자료를 배포하는 방식은 크게 세 가지입니다.

직접 배포

이메일, 팩스, 우편, 전문 퀵서비스, 직접 방문 등으로 보도자료를 직접 전달하는 것입니다. 퀵서비스, 직접 방문은 미리 기자와 협의를 하지 않는 한 불가능하므로 이메일이 가장 무난하다고 할 수 있습니다. 이메일과 함께 팩스로도 보내면 다른 기자들에게도 노출되는 효과를 기대할 수 있습니다. 물론 보도가 될것인지, 말것인지의 여부는 담당기자가 결정합니다.

배포 대행 서비스

연합뉴스(http://prlink.yonhapnews.co.kr)나 뉴스와이어(http://www.newswire.co.kr) 같은 보도자료 배포 대행 서비스를 이용하는 것입니다.

보도자료가 기사화될 가능성은 떨어지지만, 기자들을 일일이 찾아 접촉할 필요없이 한 번에 모든 언론사의 담당 기자들에게 보도자료를 배포할 수 있는 편리함이 있습니다. 또한 기사로 실리지 않는다고 하더라도 포털 사이트의 기사 카테고리에서 검색될 수 있고, 비용(뉴스 와이어의 경우 10회 배포에 29만 7,000원) 또한 또한 크게 비싸지 않다는 장점이 있습니다.

홍보 대행사 통한 보도자료 작성 및 배포보장

보도자료 작성대행을 포함 또는 제외하는 옵션이 있고, 노출매체의 종류에 따라서도 가격이 달라지는데, 업체별로 가격차이가 많이 나므로(통상 1건당 20만 원대) 미리 해당업체의 포트폴리오와 서비스 옵션을 꼼꼼히 검토한 후에 결정해야 합니다.

잠깐만요! 잡지에 쇼핑몰이나 상품이 소개되는 방법은 무엇인가요?

잡지는 사전에 이미 여러 언론매체를 통해 이슈가 되어 있는 상태가 아니라면 기사로 소개되기가 쉽지 않습니다. 적은 투자로 잡지에 소개되기 위해서는 기사에 들어가는 상품의 협찬 형식이 가장 가능성이 높습니다. 물론 상품협찬도 오프라인에서 잡지시장에 크게 형성된 패션잡지나 리빙잡지로 국한되는 경향이 있습니다.

매체광고 종류

(1) 무가지 광고(예 메트로, 포커스, 더시티)
유동인구가 많은 곳에 무료로 배포하여 출퇴근하는 직장인과 대학생(구매력 있는 고객)의 구독률이 높습니다.

(2) 잡지 광고(예 보그걸, 우먼센스 등 패션/라이프스타일 매거진)
정확한 타깃층을 공략하여 고객의 직접유입을 유도하는 데 유리합니다.

(3) 라디오 광고(예 SBS, KBS, MBC FM)
시간이나 장소에 제약이 없는 고정청취로 쇼핑몰의 반복노출에 유리하여 쇼핑몰을 알리는 효과가 있습니다.

(4) 지하철 광고(예 1~9호선)
지하철 하루 유동인구 10만 명을 대상으로 하는 광고로 규모 있는 광고입니다.

(5) 온라인 홍보기사(예 연합뉴스, 국내 주요 포털 사이트 뉴스)
인터넷 뉴스를 통해 쇼핑몰 신뢰도를 높이고 홍보에도 좋습니다.

39 단계

ONLINE
SHOPPING MALL

동영상으로 쇼핑몰 차별화하기

미국의 경우 쇼핑몰 랜딩 페이지에 동영상을 넣은 경우가 그렇지 않은 경우보다 매출이 10% 정도 증가하였다는 연구보고가 있습니다. 창업 초기 단계에 동영상 UCC까지 제작하는 것이 벅찰지도 모르지만, 아직까지 대기업 종합 쇼핑몰이나 홈쇼핑을 제외하고는 동영상을 상품판매나 쇼핑몰 홍보에 활용하는 것이 대중화되지 않았기 때문에 쇼핑몰 차별화에 유리하며, 홍보에 투자하는 시간과 비용 대비 효과가 높은 마케팅 수단이 될 수 있습니다. 이번 단계에서는 상품소개와 쇼핑몰 홍보를 위한 동영상 활용법에 대해 알아보겠습니다.

Q 동영상 하면 UCC가 떠오르는데, 동영상과 UCC가 같은 개념인가요?

우리나라에서는 현재 UCC라는 용어가 일반 개인이 제작한 동영상과 동일시되지만, 본래의 의미는 그렇게 협소하지 않습니다. UCC는 'User Created Contents(사용자 제작 콘텐츠)'의 약자이며, 여기에서 사용자란 인터넷 사용자, 즉 평범한 네티즌 개개인을 의미합니다. 따라서 UCC는 인터넷의 콘텐츠 중에서 동영상을 포함한 모든 형태의 순수한 개인 창작물이라 할 수 있습니다. 그 표현방식이 동영상이나 사진, 글 또는 음악이 될 수도 있는 것입니다. 예전부터 우리가 익숙하게 보아왔던 아마추어 창작의 인터넷 소설, 영화 포스터 패러디, 사진 등이 모두 UCC의 일종입니다. UCC라는 용어는 최근에 등장했지만, 우리는 예전부터 무수히 많은 UCC를 접하면서 인터넷을 사용해 왔다는 것이죠.

최근에는 단조로운 텍스트보다 이미지·동영상·음악 등 멀티미디어 콘텐츠가 UCC의 주류를 형성하고 있으며, 특히 동영상이 UCC의 중심에 있습니다. 서버·저장장치 등 각종 장비가 저렴해지고 동영상 플랫폼 기술의 진화, 웹캠의 대중화, 동영상 기능을 탑재한 휴대폰 보급 등 인프라가 좋아진 것이 큰 요인입니다. 그리고 무엇보다 사용자의 멀티미디어 콘텐츠에 대한 수요가 밑바탕에 깔려 있습니다. 생산자와 소비자의 구분이 없어지고 인터넷의 기본 속성인 개방·공유 정신과도 맥락을 같이합니다. 정형화된 틀에 얽매이지 않으며, UCC 세상에서는 누구나 주인공인 동시에 관객이 됩니다. 전통 미디어 또는 기존의 메이저 미디어에서는 도저히 해결할 수 없는 것들입니다. 영향력도 막강하여 인터넷의 특성상 일명 '펌질'을 통한 파급력이 강합니다.

최근에는 동영상이 단순한 오락거리를 넘어서 큰 사회적 파장을 일으키며 사회의 관심사를 만들기도 했습니다. 기능만 놓고 보면 사람들의 사고나 행동에 영향을 미치는 기존 미디어와 다를 바 없는 것입니다. 상황이 이러하다 보니 UCC를 비즈니스의 도구로 사용하려는 움직임이 당연히 나올 수밖에 없습니다. 그러한 흐름의 한 가운데에 쇼핑몰도 서 있으며, 상품판매에 동영상 UCC를 활용하는 추세가 늘고 있는 것입니다.

제작 주체	표현 방식	제작 방식
일반대중 사용자가 상업적 의도 없이 제작한 콘텐츠를 온라인상으로 나타낸 것입니다. 아래의 분류와 비교 사용되는 협의의 UCC 개념입니다.	텍스트 이미지 텍스트+이미지 멀티미디어(플래시 애니메이션, 오디오, 동영상)	순수창작 변형창작 단순조합
프로추어 UCC 생산자 중에서도 최상위 수준에 있는 소수의 준전문가 집단을 말하는데, 이들이 생산하는 수준 높은 콘텐츠를 PCC(Proteur Created Contents : 준전문가 제작 콘텐츠)라고 합니다. 이와 유사한 개념으로는 RCC(Reviewer Created Contents : 품평자 제작 콘텐츠)가 있습니다.		
판매자 판매자(쇼핑몰)들이 제품소개나 판매를 위해 제작한 콘텐츠로 제품판매라는 명확한 목적이 있습니다. SCC(Seller Created Contents : 판매자 제작 콘텐츠)라고 합니다. 보다 협의의 개념으로는 SSCC(Star Seller Created Contents : 연예인 판매자 제작 콘텐츠)가 있습니다.		
고객 일반개인 중에서도 소비자의 입장에서 제작된 콘텐츠를 의미하며, 쇼핑몰의 상품 사용후기, 도서 리뷰 등이 그 예입니다. CCC(Customer Created Contents : 고객 제작 콘텐츠)라고 합니다.		

▲ 아이폰 앱스토어에 올라 있는 수많은 애플리케이션 중에 평범한 일반인이 기발한 아이디어로 간단하게 제작한 무료 인기 애플들이 무척 많습니다.

▲ 영화 포스터와 제목을 패러디한 이미지도 UCC의 일종입니다.

◀ **프로추어가 제작한 콘텐츠(PCC)** : '군침도는 은빈이네집' 블로그는 요리에 대해 전문가(프로)급 실력으로 블로그를 운영해 일일 방문자가 수천 명을 기록하고, 블로그 이름으로 요리책까지 발행하게 된 케이스입니다.

◀ **리뷰어가 제작한 콘텐츠(RCC)** : 해당 제품군에 대해 해박한 지식과 사용경험을 갖고 있는 사람이 작성한 리뷰 콘텐츠는 고객에게 제조사의 상품설명보다 더욱 큰 신뢰를 주기도 합니다. 책까지 발행하게 된 케이스입니다.

국내외 주요 동영상 UCC 사이트

국내 사이트	해외 사이트
판도라TV pandora.tv	유튜브닷컴 youtube.com
아프리카 afreeca.pdbox.co.kr	메타카페 metacafe.com
엠군 mgoon.com	아이스팟닷컴 eyespot.com
디오데오 diodeo.com	크랙클 crackle.com
다음TV팟 tvpot.daum.net	구글비디오 video.google.com
	야후비디오 screen.yahoo.com
	비메오 vimeo.com
	마이스페이스 myspace.com

현재 동영상 활용이 쇼핑몰업계에서 어느 정도 활성화되어
있나요?

쇼핑몰에서 사용되는 동영상 UCC는 UCC 본래의 순수한 개념인 사용자 제작 콘텐
츠라는 의미보다는, 사이트 홍보와 상품판매를 위해 판매자가 제작하는 동영상 콘
텐츠(SCC : Seller Created Contents)로 그 개념이 약간 달라지게 됩니다. 예전
부터 동영상을 쇼핑몰에 업로드하여 보여 주는 경우가 없지는 않았지만, 이는 언론
매체에 소개되었던 상품소개 보도내용의 일부이거나 회사소개, 매장소개, 제조공
정 소개 등의 동영상이 대부분이었습니다. 그러나 전 세계적으로 UCC 열풍이 불면
서 마치 TV 홈쇼핑에서 쇼호스트가 상품을 설명하고 판매하는 것처럼 개별 상품의
판매에 동영상을 활용하는 사례가 등장하기 시작한 것입니다.

▲ 해외 수입상품의 경우 국내 판매자가 직접 제작하지는 않았지만, 외국에서 제작한 홍보용 동영상을 상품설명에
삽입하여 신뢰도를 높이고자 하는 사례는 이전부터 많이 있었습니다.

동영상을 만들려고 하는데, 막상 뭘 어떻게 찍어야 할지 막막합니다.

동영상 UCC를 만들기로 결정했다면 기획단계를 거쳐야 시간과 노력을 줄일 수 있고, 활용도 높은 동영상을 만들 수 있는 확률이 높아집니다.

제작용도 및 목적 검토

(1) 상품소개

가장 기본적인 동영상 UCC의 활용방법입니다. 고객에게 더욱 구체적이고 실감나는 상품설명을 제공하는 보조수단이 됩니다. TV 홈쇼핑에서 쇼호스트가 상품을 소개하는 것과 비슷한 내용을 담고 있습니다. 패션상품의 경우에는 모델이 직접 입고 여러 각도에서 촬영을 하여 사진과는 차별화된 정보를 제공할 수 있으며, 전자제품은 실제로 작동되는 모습을 보여 주는 것으로 고객의 신뢰를 얻을 수 있습니다.

(2) 사용법 설명

상품의 사용방법이나 사용 예를 보여줄 때 사용합니다. 조립이 필요한 상품의 조립법이나 전자제품의 작동법, 상품 시연을 동영상으로 제작하는 것도 유용합니다. 고객은 마음에 드는 상품의 이용법이 어려워 보이거나 조작법이 복잡하다고 생각되면 구매를 꺼리게 됩니다. 상품의 사용에 능숙한 판매자가 직접 시연장면을 보여준다면 고객의 구매유도에 매우 긍정적인 영향을 끼치게 됩니다.

(3) 회사소개

동영상 UCC는 쇼핑몰에서 특정 상품을 홍보하는 것이 아니라, 회사나 쇼핑몰 자체를 홍보하는 데에도 쓰일 수 있습니다. 판에 박힌 문장과 이미지로 구성된 회사소개 메뉴에서 탈피해 동영상으로 회사소개를 해 보는 것도 좋습니다. 동영상 회사소개는 고객에게 회사의 모습을 더욱 친근하고 현실감 있게 느끼도록 하여 신뢰를 얻는 데에 도움이 되고, 쇼핑몰의 이미지를 좋게 만들어 줍니다. 오프라인 매장이 있는 경우에는 운영하는 매장의 전경이나 손님들로 북적이는 모습, 고객을 친절하게 응대하는 모습을 촬영하고, 온라인 쇼핑몰만 운영하는 경우에는 상점 운영자와 직원이 열심히 일하는 모습을 영상으로 담는 것이 좋습니다.

(4) 보도자료 제공

각종 방송매체를 통해 방영된 적이 있거나 이미 동영상 홍보자료가 준비되어 있는 상품의 판매를 하게 될 경우에 적합한 방법입니다. 방송매체를 통해 소개된 업체라는 점을 쇼핑몰 방문자에게 알리면 자연스럽게 쇼핑몰에 대한 인식을 좋게 만들 수 있습니다.

(5) 흥미 유발

신선하고 재미있는 아이디어로 동영상을 통한 마케팅을 시도해 볼 수 있습니다. 재기발 랄한 입담과 톡톡 튀는 분장, 소품을 활용하여 동영상 자체가 이슈화되게 하면 키워드 광고 몇천 만 원어치의 홍보효과를 거둘 수도 있는 것이 바로 동영상 UCC입니다.

(6) 교육

판매하는 상품과 관련하여 정보성 있는 동영상을 제작하여 강좌의 성격을 띠게 하 는 방법이 있습니다. 전문적이고 정기적인 동영상 강좌의 업로드는 사이트의 전문 성을 크게 어필할 수 있으며, 꾸준한 방문자를 확보하는 데에도 도움이 됩니다.

 촬영한 동영상을 편집하려면 어떤 프로그램을 사용하나요?

초보자용 간이 편집 프로그램

일반인이 사진이나 동영상, 음악 등의 소스를 손쉽게 편집할 수 있도록 제작된 프 로그램으로, 전문 동영상 편집 프로그램인 프리미어, 베가스 등을 이용하기 어려운 경우에 유용합니다.

(1) 다음 팟인코더

다음에서 개발한 이미지와 동영상 편집 전용 프로그램으로, 편집한 이미지, 동영상 파일을 다음 카페, 블로그, 플래닛, TV팟에 바로 올릴 수 있습니다. 동영상 불러오 기, 동영상 구간편집, 동영상에 효과 적용, 2D/3D 장면전환 효과, 제목/자막 삽입 기능이 있습니다.

보다 전문적인 편집이 가능한 프로그램

(1) 윈도우 무비메이커

미국 마이크로소프트의 운영체제(OS) 윈도우의 무비메이커로도 동영상 편집을 할 수 있습니다. 영상 캡처, 편집 프로그램인 무비메이커는 윈도우xp에 내장되어 있기 때문에 따로 구할 필요가 없고, 무료인 데다 단순해서 사용하기 쉽고 기본기능에 충실합니다. 무비메이커를 익히면 다른 편집 프로그램도 이해하기 쉽기 때문에 초보자에게 좋습니다.

(2) 소니 베가스

간편 프로그램과 전문 프로그램의 중간 정도 난이도를 갖고 있습니다. 사운드포지와의 연계, 어도비 포토샵과의 호환성은 작업의 효율성과 미디어의 질을 높여 줍니다. wmv 압축은 괜찮지만 avi 압축률은 좋지 못합니다.

(3) 어도비 프리미어

어도비 프리미어는 그래픽 편집 프로그램인 포토샵 제작사에서 만든 동영상 편집 프로그램입니다. DV 캡처 지원 및 동영상 스트리밍 등 다양한 멀티미디어 파일에 대해서 편집이 가능한 전문 동영상 편집기로 사용하기 위해서는 어느 정도의 매뉴얼 습득이 필요합니다. 프로그램 사용을 위해서는 높은 사양의 시스템이 필요하며, 동영상 편집기를 찾는 사용자들에게 강력하게 추천해 줄 수 있는 멀티미디어 편집기입니다.

Q 완성된 동영상을 쇼핑몰에 올리는 방법을 알려 주세요.

동영상 서비스에는 동영상 자체를 다운로드하는 방법(다운로드 방식), 다운로드 하면서 플레이하는 방법(프로그레시브 다운로드 방식), 스트리밍 방식으로 플레이하는 방법(스트리밍 방식)이 있습니다. 동영상 서비스를 한다는 것은 프로그래시브 다운로드와 스트리밍 서비스를 말합니다. 프로그래시브 다운로드는 동영상 재생이 모두 끝나면 사용자에게 파일이 다운로드 되기 때문에 파일 보호에는 취약합니다. 반면 스트리밍 방식은 동영상 파일을 사용자에게 보여 주기만 할 뿐, 다운로드되지는 않기 때문에 스트링밍 방식이 가장 많이 사용됩니다.

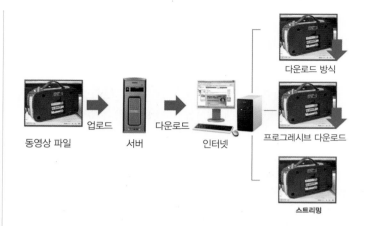

동영상 파일 → 업로드 → 서버 → 다운로드 → 인터넷

다운로드 방식

프로그레시브 다운로드

스트리밍

임대형 쇼핑몰의 경우

동영상 업로드 서비스가 지원되는 임대형 쇼핑몰의 경우, 쇼핑몰 관리자에서 동영상 올리기 기능을 이용해 쇼핑몰 상품설명이나 메인 페이지에 노출시킵니다.

미 니 강 좌 ·······

UCC 사이트의 활용

제작한 동영상을 유료 동영상 스트리밍 서비스를 받지 않고 쇼핑몰 및 기타 외부 사이트에 올리고 싶거나, 홍보를 위해 널리 유포하고 싶다면 유튜브(http://kr.youtube.com), 판도라 TV(http://www.pandora.tv), 엠군(http://www.mgoon.com) 등의 UCC 전문사이트에 올리면 됩니다. 올린 동영상을 외부 사이트에서도 보여주고 싶다면 UCC 사이트에서 제공하는 동영상 소스코드(URL)을 복사해 외부 사이트의 게시판 등에 붙여넣기하면 됩니다.

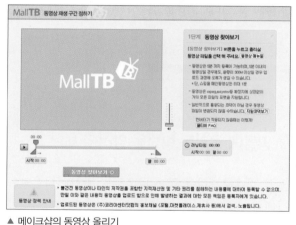

▲ 메이크샵의 동영상 올리기

▲ 후이즈몰의 동영상 올리기

독립형 쇼핑몰의 경우

홈페이지를 운영하려면 웹호스팅이 필요하듯이, 동영상을 서비스하려면 동영상 호스팅이 필요합니다. 웹호스팅용 서버에 동영상을 올릴 경우 파일 전체가 다운로드되어야 동영상이 재생되는데, 이러한 방식은 동영상 시청자가 불편해 합니다. 따라서 동영상은 일반 데이터와는 달리 다운로드하면서 재생하고 끊기지 않도록 하기 위해 동영상 전용 호스팅을 이용하게 됩니다.

동영상 호스팅을 하려면 우선 동영상을 서비스할 홈페이지가 있어야 하며, 동영상 호스팅 서버에 동영상 파일을 업로드한 후 홈페이지에 정해진 방식으로 동영상 파일을 링크하면 됩니다.

40 단계

ONLINE
SHOPPING MALL

결코 놓칠 수 없는 모바일 쇼핑 시장

모바일 쇼핑이란, 휴대폰으로 무선 인터넷에 접속해 쇼핑을 하는 것입니다. 이용자들은 휴대폰을 이용해 이동 중에도 쇼핑이 가능하고, 백화점이나 마트에서 물건을 살 때 인터넷 쇼핑몰에 접속해 해당 물건 가격을 비교할 수도 있습니다. 비약적으로 성장한 인터넷 쇼핑과 달리 그동안 모바일 쇼핑은 다소 멀게 느껴져 온 것이 사실입니다. 기존의 휴대폰으로는 인터넷 접속 비용이 부담스럽고 검색 또한 불편했지만, 2009년 말부터 스마트폰의 사용량이 눈에 띄게 증가하면서 모바일 쇼핑에 대한 관심이 부쩍 높아지고 모바일 시장 선점을 위한 관련업체들의 대응도 빨라지고 있습니다.

Q 현재 모바일 쇼핑은 어느 정도 수준인가요?

현재 우리나라에서 모바일 쇼핑은 이제 막 시작 단계이기 때문에 그 중요성이나 성장 가능성에 대해 크게 와닿지 않는 분들이 많을 것입니다. 현재 시점에서 모바일 쇼핑으로 실제 매출이 얼마나 발생하느냐의 근시적인 관점보다는, 좀 더 큰 안목으로 쇼핑몰 운영과 모바일 쇼핑의 연계를 생각해 보아야 할 때입니다. 가장 중요한 것은 '고객들이 모바일 폰으로 어떠한 것을 하느냐'입니다.

쇼핑과 모바일의 상관관계는 매우 높지만, 이러한 밀접한 관계가 모바일로 제품을 구매(Purchase)한다는 것을 의미하지는 않는다는 현실을 직시해야 합니다. 고객들은 지인들과의 신속한 의사소통 수단으로 모바일 폰을 활용하는 비율이 아직까지 높고, 리뷰나 상세 정보, 쿠폰 등의 부가정보를 검색하는 경우가 많다는 것을 감안하면, 쇼핑몰이 모바일 기기를 통해 제공해야 하는 고객 서비스가 무엇인지를 짐작할 수 있습니다.

▲ 쇼핑몰 운영에 또다른 과제로 다가온 스마트폰

쇼핑과 관련된 소비자들의 모바일 기기 사용 유형

(1) 정보검색/가격비교

구매 전의 상품 정보 수집과 탐색 단계에서 모바일이 활용됩니다. 상품의 정보나 리뷰, 가격비교, 지인과 관심 상품에 대한 의견교환 등을 위해 모바일 기기를 주로 사용하는 것입니다. 특히, 오프라인 쇼핑 중에 가격비교를 위해 스마트폰을 사용하거나 사용자 리뷰를 읽는 데에 많이 쓰이고 있습니다.

(2) 구매

아직까지 여러 가지 기술적·보안적인 문제로 인해 모바일로 상품을 구매하는 경우는 매우 적습니다. 사용자들이 모바일로 주로 구매하는 것은 책, 잡지(28.4%), 시디롬(CD-ROM), 디비디(DVD)(17.5%) 등 상품의 독특한 질과는 무관한 것이 대부분이며, 고가이거나 상품의 질이 상점에 따라 차이가 나는 상품들은 대부분 구매할 의사가 매우 낮은 것으로 조사되었습니다.

이미지 등을 포함한 상품에 대한 정보습득이 PC에 비해서는 아무래도 불편하기 때문에 가격이 저렴한 곳보다는 평소에 사용을 하거나 기존에 잘 알려진 상점을 선호하는 경향이 큽니다. 주로 낮은 가격대의 상품을 이미 익숙한 상점에서 이용하겠다는 것은 모바일 쇼핑에 대한 신뢰도나 편리함이 아직까지는 낮다는 것을 의미합니다.

이처럼 모바일 쇼핑은 기존의 인터넷 쇼핑이 모바일로 옮겨오는 것은 아닙니다. 모바일이 가지고 있는 장점과 단점에 따라 소비자들의 사용행태가 달라지고 변화되는 것입니다. 이를 잘 이해하고 쇼핑몰 운영에 접목해야만 성공할 수 있을 것입니다.

미 니 강 좌

인터넷 환경 대변화의 기수, 스마트폰

인터넷은 지금처럼 생활 속에 대중화되기까지 8년이 걸렸고, 휴대전화는 6년이 걸렸다고 합니다. 국내 스마트폰 보급은 과거 인터넷 회선 보급속도와 비교해 3~8배 빠르게 성장하고 있습니다. 스마트폰은 일상이 되었으며, 앞으로 인터넷 환경을 크게 바꿀 것입니다.

▲ 스마트폰에서의 상품 검색

모바일 웹과 모바일 앱의 차이점이 무엇인가요?

모바일 웹(Web)은 말그대로 모바일 환경에 맞게 만들어진 웹페이지를 말하며, 모바일 앱(App)은 애플리케이션(Application)입니다. 모바일 앱은 구글 플레이스토어나 애플 앱스토어에서 다운로드하여 스마트폰에 설치해야 사용할 수 있고, 한 번 다운로드하면 되면 그 후에는 인터넷 환경이 제공되지 않아도 사용할 수 있습니다. 하지만 앱의 내용이 변경되면 파일을 다시 다운로드해야 하는 단점이 있습니다.

모바일 웹은 홈페이지이기 때문에 도메인 주소를 입력하면 접속할 수 있습니다. 하지만 모바일 웹은 홈페이지이기 때문에 3G 또는 Wifi 인터넷이 되지 않는다면, 접속이 불가능합니다.

모바일 웹은 PC 환경의 웹페이지 제작과 크게 다르지 않기 때문에 제작비가 적게 들지만, 모바일 앱은 전문가가 투입되어야 하고 구글 안드로이드와 애플의 운영체제가 달라서 두 가지 운영체제별로 제작해야 하기 때문에 비용이 꽤 많이 들어갑니다. 일단 제작이 완료되면 등록신청을 해야 하는데, 오픈정책을 펼치고 있는 구글은 계정이 있다는 조건하에 1시간 정도면 등록이 되지만 애플은 등록절차가 까다롭고 등록시간도 길게는 몇 주가 걸립니다.

모바일 앱(App)과 모바일 웹(Web)의 차이

	모바일 앱(APP/Application)	모바일 웹(WEB/Webpage)
개발환경	구글 안드로이드, 애플 IOS 등의 각 플랫폼에 맞는 언어로 각각 개발	HTML, HTML5, Javascript, CSS 등 일반 사이트 제작용 언어 사용
업데이트	수정하여 서버에 적용되는 시간까지 시간이 소요됨	서버접속을 통한 웹페이지 수정이 가능해 빠른 수정이 가능
실행속도	빠름	보통(인터넷환경에 따라 영향이 큼)
배포(접근)	플레이스토어, 앱스토어에서 다운로드 후 설치	검색,URL 직접 입력을 통한 접근
구현	다양한 형태로 구현 가능, 화려한 인터페이스	웹의 한계를 극복하기 힘들기 때문에 구성이 단조로움
비용	고비용(운영체제별로 제작)	상대적으로 저렴
실행	스마트폰 내에 메모리 저장공간 소모 설치 시 아이콘 자동생성	인터넷 환경에서만 이용 가능, 아이콘을 생성하려면 '바탕화면에 추가'를 따로 설정해야 함

일부 쇼핑몰 솔루션의 경우 쇼핑몰 앱 서비스도 제공하고 있는데 쇼핑몰, e북, 매거진, 카탈로그, 라이브 방송, 동영상 등으로 활용할 수 있습니다. 모바일 웹은 단말기나 OS 종류에 상관 없이 누구나 서비스에 접속하고 사용 가능하다는 '범용성'이 가장 큰 장점이기 때문에 소비자에게 제품을 판매하는 쇼핑몰의 경우에는 앱이 아닌 웹 방식으로 가는 것이 일반적입니다.

모바일 웹은 어떻게 만들면 되나요?

크게 순수한 자체 개발, 쇼핑몰 솔루션에 탑재된 모바일 웹 간편제작 서비스 이용, 블로그 솔루션 이용으로 나눌 수 있습니다. 자체개발은 여러분에게 현실성이 없으므로 쇼핑몰 솔루션과 블로그 솔루션 활용에 대해서만 알려드리겠습니다.

쇼핑몰 솔루션 이용

메이크샵, 카페24, 가비아, 후이즈, 고도몰 등의 쇼핑몰 솔루션에는 무료로 모바일 샵을 구축할 수 있는 기능이 포함되어 있습니다. 모바일 샵을 사용하는 쇼핑몰은 스마트폰에서 쇼핑몰 주소로 접속하면, 자동으로 모바일샵에 접속됩니다. 모바일 샵 전자결제는 온라인 쇼핑몰의 PG서비스와 별도로 신청하고 설정해야 합니다. 모바일 결제 지원 PG사는 LG U+, 삼성올앳, 이니시스, KCP, KICC이며 신용카드, 가상계좌, 핸드폰결제로 상품을 주문할 수 있습니다.

▲ 메이크샵 쇼핑몰 솔루션 관리자에 들어 있는 모바일 샵 구축/관리 기능

▲ 메이크샵의 모바일 샵 예시화면

블로그/홈페이지 구축 프로그램 이용

블로그나 홈페이지를 구축하는 범세계적인 프로그램(또는 서비스)이 '워드프레스 (http://wordpress.org)'입니다. 2012년에는 서울시청 홈페이지가 이 워드프레스로 제작되어 국내에 많이 알려지고 관심을 끌게 되었습니다. 워드프레스는 웹 표준을 준수하는 사이트 제작용 무료 프로그램인데, 엄청나게 다양한 종류의 유료 또는 무료 스킨 중에서 원하는 디자인과 기능을 갖춘 것을 선택하여 마치 블로그 스킨을 바꾸는 것처럼 적용해 주면 됩니다. 워드프레스로 사이트를 구축하면 PC 웹과 함께 모바일 환경에 최적화된 모바일 웹도 겸비할 수 있습니다.

미 니 강 좌

웹표준

사용자가 어떤 브라우저로 웹 페이지에 접속하더라도 동일한 결과를 볼 수 있도록 하는 것이며 '크로스 브라우징'이라고도 불립니다. 앞으로 쇼핑몰을 비롯한 모든 사이트 제작은 모두 이 웹표준을 준수하는 방향으로 갈 것이 분명합니다.

잠깐만요!

모바일 웹 제작 시 주의사항

- 플래시는 가급적 사용하지 않는 것이 좋습니다.
- 액티브X는 사용할 수 없습니다.
- 각 스마트폰별로 화면 해상도가 다르다는 점을 감안하여 플렉시블 웹(화면 해상도에 따라 가로폭이 유동적으로 변하는 웹)으로 제작해야 합니다.
- 홈페이지나 쇼핑몰 제작 시 웹표준을 준수한다면 별도의 모바일 페이지 제작이 필요없습니다.

41 단계

ONLINE
SHOPPING MALL

판매채널 다양화하기

갈수록 경쟁이 치열해지는 쇼핑몰 시장에서 방문자 유입을 위해 전적으로 검색엔진 키워드 광고에만 의존하는 것은 장기적인 운영 측면에서 바람직하지 않습니다. 검색엔진 키워드 광고가 아니라고 하더라도 검색엔진에 노출될 수 있는 방법을 시도해야 합니다. 또한 상품판매처를 여러분의 쇼핑몰로만 국한하지 말고, 비용 대비 효율을 따져 보아 방문자가 많고 인지도가 높은 대형 오픈마켓과 가격비교 사이트에 상품을 노출하는 방법도 시도해 볼 만합니다. 여러분이 사용하고 있는 임대형 쇼핑몰 솔루션 회사들이 이러한 제휴 마케팅을 다양하게 지원하고 있으므로, 그들이 제공하는 서비스를 잘 활용해 보기 바랍니다.

Q 키워드 검색광고 외에 내 쇼핑몰을 홍보하는 방법에는 어떤 것들이 있을까요?

우리나라 인터넷 사용자들은 네이버, 다음, 야후, 네이트 등의 검색포털을 바탕으로 정보탐색 및 인터넷 쇼핑을 하기 때문에 여러분이 판매하는 상품이나 쇼핑몰의 존재가 일단 검색포털의 검색결과에서 자주 노출되는 것이 중요합니다. 이를 위해서는 유료 노출전략과 무료 노출전략을 병행해야 합니다. 내 쇼핑몰에서만 상품을 판매하는 것이 아니라 방문자가 많이 드나드는 외부 쇼핑 사이트에도 내 상품을 최대한 많이 자주 노출하면 매출을 올릴 수 있고, 방문자 유입 및 쇼핑몰 인지도 향상에도 도움이 될 수 있습니다.

이러한 사이트로는 네이버 지식쇼핑, 다음 쇼핑하우, 옥션 오픈쇼핑, 옥션 어바웃, 인터파크 오픈스타일, 야후 패션소호, 네이트 쇼핑박스 등이 있습니다. 단, 외부 사이트에서 판매하므로 판매수수료나 입점비, 광고비가 지출된다는 점을 알고 있어야 합니다. 쇼핑몰의 차별화된 상품구성, 경쟁력 있는 가격, 배송과 고객상담 서비스 여건이 차질 없이 갖춰진 상태에서 광고를 해야 노출효과를 제대로 볼 수 있습니다.

또한, G마켓, 옥션, 11번가, 인터파크처럼 방문자가 많은 오픈마켓에서 내 쇼핑몰의 상품을 판매하는 것도 쇼핑몰의 존재를 알리는 데에 도움이 될 것입니다. 내 쇼핑몰에서 판매할 때보다 판매수수료가 더 지출되지만, 이 비용은 홍보비로 생각하면 됩니다. 물론 오픈마켓은 판매자 간 경쟁이 치열하고 소비자들이 동일 상품의 가격을 비교하는 것이 쉽기 때문에 조심스러운 면도 있지만, 가격비교가 곤란한 제품, 기획생산이나 특가판매로 가격경쟁력이 높은 상품, 업체마다 판매가격 차이가 거의 없는 제품 위주로 오픈마켓에서 노출하는 것은 괜찮습니다.

오히려 전문 쇼핑몰을 운영하고 있는 오픈마켓 판매자임을 고객이 안다면, 다른 오픈마켓 활동만 하는 판매자보다 고객의 신뢰도가 더욱 높아질 수 있다는 장점이 있습니다.

그러나 오픈마켓 사이트 내에서 상품 직거래를 유도하거나 쇼핑몰 홍보를 하는 것은 금지되어 있으므로, 상품배송 시 쇼핑몰 명함을 넣거나 전단지에 쇼핑몰 회원가입 시의 할인혜택 등을 인쇄해서 넣어 주면 충분히 쇼핑몰 홍보가 될 수 있습니다. 오픈마켓에서 판매된 상품은 판매수수료가 차감되어서 수익성이 쇼핑몰보다 훨씬 낮으므로, 이후의 재구매는 자체 쇼핑몰을 이용하도록 유도하는 것이 매우 중요합니다.

내 쇼핑몰을 무료로 홍보하는 방법으로는 블로그와 미니홈피 운영, 카페 활동을 들 수 있습니다. 특히, 블로그는 최근 1~2년 사이에 급부상했는데, 인기 있는 블로그의 경우 단순한 개인 미디어 공간을 뛰어넘어 그 영향력이 엄청나기 때문에 블로그를 직접 운영하거나 파워블로그를 대상으로 마케팅 활동을 하는 것이 쇼핑몰 마케팅의 주효한 전략으로 비상한 관심을 모으고 있습니다.

 내 쇼핑몰 외에 다른 사이트에서 상품을 판매하는 방법은 어떤 것이 있나요?

네이버 지식쇼핑

네이버 지식쇼핑은 국내 1위 검색포털인 네이버에서 운영하는 인터네 쇼핑 미디어와 검색 마켓플레이스가 결합된 신개념의 판매채널입니다. 검색을 통해 지식쇼핑에서 노출된 상품 정보를 클릭하면, 운영 중인 내 쇼핑몰로 고객이 유입되는 것입니다. 네이버의 엄청난 방문자를 기반으로 하기 때문에 오픈 이후 급성장을 하여 현재는 쇼핑몰로의 검색유입에서 많은 비중을 차지하는 매체로 입지를 다졌습니다. 지식쇼핑은 상품에 대한 정보수집과 구매를 목적으로 검색을 이용하는 20~30대 실수요자층이 많이 방문하기 때문에 구매전환율 또한 높습니다.

네이버 지식쇼핑은 CPC 요금체계로 운영됩니다. 클릭당 단가는 상품 가격대별/카테고리별 수수료율에 의해 산정되는 CPC 수수료에 10원을 더한 값으로 산정됩니다. 지식쇼핑 카테고리는 가격비교 상품군(가전/컴퓨터 주변기기/기저귀/화장품)과 일반 상품군(가격비교 상품군을 제외한 모든 상품군 해당)의 수수료율, 두 가지 체계로 운영됩니다.

[가격비교 상품군]		[일반 상품군]	
상품가격대	수수료율(%)	상품가격대	수수료율(%)
1만원 미만	0.1	1만원 미만	0.1
1만원 이상 ~ 5만원 미만	0.01	1만원 이상 ~ 5만원 미만	0.01
5만원 이상 ~ 20만원 미만	0.005	5만원 이상 ~ 20만원 미만	0.005
20만원 이상 ~ 50만원 미만	0.001	20만원 이상 ~ 50만원 미만	0.001
50만원 이상 ~ 100만원 미만	0.00001	50만원 이상 ~ 100만원 미만	0.00001
100만원 이상	0	100만원 이상	0

네이버 샵N

네이버 샵N은 네이버가 만든 쇼핑몰 서비스로 개별 셀러의 쇼핑몰과 상품을 별도의 회원가입 없이 네이버 아이디로 접속해 구매할 수 있습니다. 네이버 지식쇼핑에서 샵N 아이콘이 있는 상품은 샵N을 운영 중인 쇼핑몰임을 의미합니다. 샵N의 최대 장점은 지식쇼핑과의 연동입니다. 그리고 상품이 판매되기 이전에는 소요되는 비용이 없기 때문에 테스트를 해 보거나 쇼핑몰과 상품의 노출확대에 활용하기 좋은 마켓입니다. 샵 관리 시스템도 다른 오픈마켓에 비해 단순하고 블로그나 카페처럼 샵을 쉽고 간편하게 꾸밀 수 있습니다. 물론 본인이 소유한 도메인도 연결할 수 있습니다. 기존 쇼핑몰을 계속 운영하면서 샵N도 개설하여 지식쇼핑에서 노출효과를 높이려는 경우, 신규로 쇼핑몰을 개설하되 구축비용 부담 없이 일단 지식쇼핑 광고비 정도만 투자하여 매출을 올리고 싶은 경우에 활용해 볼만 합니다.

▲ 여성의류 쇼핑몰 '오가게'

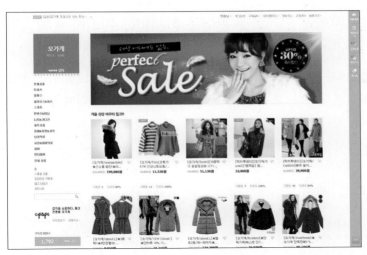

▲ 네이버 샵N 오가게

다음 쇼핑하우

네이버 지식쇼핑과 유사한 쇼핑검색 서비스입니다. 다만, 네이버 지식쇼핑과 가장 큰 차별점은 두 가지 수수료 체계 중에서 하나를 광고주가 선택할 수 있다는 점입니다. Daum 쇼핑하우는 크게 아래 2가지의 DB입점 방식으로 나뉩니다.

- CPC(Cost Per Click) 입점 : 쇼핑하우에서 노출된 상품의 클릭당 일정 금액이 과금되는 방식입니다.
- CPS(Cost Per Sale) 입점 : 쇼핑하우를 통해 판매가 성사된 건(취소 및 반품거래건 제외)에 대해서 판매금액의 일정부분(2~3%)를 '판매수수료'로 지불하는 방식입니다.

◀ 다음 쇼핑하우

미니강좌 ········

DB입점

판매하는 상품 DB를 네이버 지식쇼핑이나 다음 쇼핑하우가 정한 형식에 맞게 구성(개발)하여 전송하는 것을 말합니다. 전송된 상품DB는 각 쇼핑사이트의 검색과 카테고리에 노출됩니다. 이와 대비되는 개념으로 DB입점은 하지 않고 네이버나 다음 메인 페이지 쇼핑박스에 광고만 집행하는 경우가 있습니다.

PART 6

41단계 판매채널 다양화하기 **509**

쇼핑몰 판매와 오픈마켓 판매를 한꺼번에 관리하는 방법이 궁금합니다.

쇼핑몰 호스팅업체에서 제공하는 오픈마켓(G마켓/옥션/인터파크/11번가) 연동판매 서비스를 이용하면 됩니다. 쇼핑몰 등록상품을 오픈마켓에 연동하여 상품관리, 주문관리, CS관리, 정산관리 등을 한꺼번에 할 수 있는 것이죠. 이는 각 오픈마켓별로 회원가입을 해서 ID가 있어야 연동이 가능합니다.

전자상거래 시장의 숙적관계라 할 수 있는 오픈마켓과 쇼핑몰 호스팅 회사가 손을 잡은 이유는 양자 모두에게 손해될 것이 없기 때문입니다. 오픈마켓 입장에서는 더욱 많은 상품을 노출할 수 있고, 영세규모의 판매자보다는 안정적으로 전문 쇼핑몰을 운영하고 있는 업체의 상품을 등록하여 고객의 신뢰를 높일 수 있습니다. 쇼핑몰 호스팅 회사 입장에서는 오픈마켓과 쇼핑몰 창업을 저울질하다가 오픈마켓 쪽으로 기울어버리는 예비창업자나 기존 쇼핑몰 회원들을 잡아 두기 위한 노력의 일환입니다.

메이크샵, 카페24, 후이즈몰 같은 임대형 쇼핑몰 솔루션을 사용한다면 쇼핑몰 관리자 안에 해당 회사와 제휴된 오픈마켓에서의 판매활동 관리 기능이 들어 있으며, 각 마켓들과 제휴해 입점비 면제, 할인쿠폰 제공 등 좋은 조건을 내세우고 있습니다.

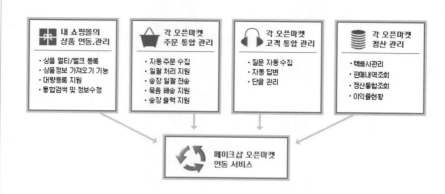

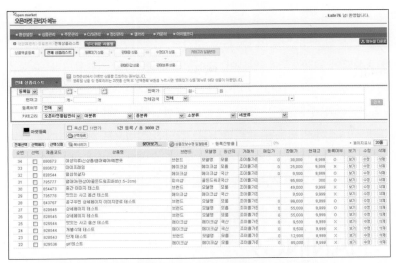

▲ 메이크샵 관리자 안의 오픈마켓 통합관리자 상품 등록 화면

Q 해외 판매를 겨냥한 외국어로 된 글로벌 쇼핑몰 구축은 어떤 방법으로 하나요?

해외 진출을 위해서는 해당 국가에 대한 시장조사, 경쟁사 분석 등 사전조사에서부터 국가별 환경에 맞는 사이트 및 결제·배송시스템 구축 등의 기술적인 문제가 우선 해결되어야 합니다. 또한 현지 고객을 대상으로 한 홍보나 마케팅 방법에 대한 고려도 필요해서 쉽게 결정할 사안은 아닙니다. 다행히 최근에는 쇼핑몰 솔루션업체가 전문 몰의 해외 진출에 도움이 되는 다양한 서비스를 개발, 제공하면서 이러한 문제들을 해결하는 데 많은 도움을 주고 있습니다.

메이크샵을 이용한 글로벌 쇼핑몰 구축과 운영

▲ 메이크샵은 사용 목적과 기능에 따라 DGG, 잉글리쉬HTML, 메이크글로비 등으로 해외 지원 서비스를 세분화하여 쇼핑몰에 적합한 서비스를 선택해 이용할 수 있도록 하고 있습니다.

1. DGG 글로벌

메이크샵 쇼핑몰 솔루션 사용 상점이 DGG를 추가로 신청하면, 기존 쇼핑몰 상단에 DGG BAR가 생성되어 3개(중국어, 일본어, 영어) 외국어를 자동 지원합니다. 쇼핑몰 전체가 외국어로 바뀌는 것은 아니고 장바구니, 결제 관련 페이지에서만 외국어로 자동 전환되며 회원관리와 주문관리도 국내 주문과 혼합됩니다. 메이크샵 물류센터와 연계해 배송대행 서비스까지 제공됩니다. DGG는 간단한 설정으로 해외 판매가 가능하므로 초기 해외 진출에 대한 두려움, 비용의 문제, 해외 담당 인력에 어려움이 있는 경우에 사용하기 좋습니다. 해외 진출 입문에 적합한 방식입니다.

▲ 메이크샵 DGG 서비스로 해외 판매를 하고 있는 여성의류 쇼핑몰 '난닝구'

2. 메이크 글로비

한국 사업자가 한국 또는 해외 현지에서 영어/중국어/일본어로 된 쇼핑몰을 운영하고자 할 경우 4개 언어의 쇼핑몰을 동시 제작 가능한 임대형 솔루션입니다. 1개 언어, 2개 언어처럼 언어별 개별 구축이 가능합니다. 메이크 글로비는 기존의 국내 소비자용 메이크샵 솔루션과 별도로 영어, 중국어, 일어 쇼핑몰 사이트를 개별 구축하여 운영합니다. 쇼핑몰 운영자는 메이크 글로비를 통해 하나의 관리자 페이지로 4개 언어의 쇼핑몰을 한 번에 통합 관리할 수 있습니다. 예를 들어 운영자가 하나의 상품을 등록하면 상품은 다국어로 자동번역 돼 각각의 해당 언어 쇼핑몰에 등록할 수 있고, 해당 언어 국가의 특성과 시장상황에 맞게 이벤트와 고객관리 등 세부설정도 따로 지정할 수 있어 국가별 고객관리와 마케팅이 가능합니다. 자체 담당 인력이 현재에 있거나 향후 배치가 용이한 상점, 해외 진출에 대한 경험이나 강한 의지가 있는 해외진출 중/고급 수준에 적합니다.

카페24를 이용한 글로벌 쇼핑몰 구축과 운영

▲ 카페24의 글로벌 쇼핑몰 솔루션은 회원 가입 후 솔루션 신청만 하면 무료로 사용할 수 있습니다.

▲ 여성의류 쇼핑몰 '스타일난다'의 일본어 쇼핑몰(좌)과 중국어 쇼핑몰(우)

카페24 쇼핑몰 솔루션을 신청하여 국내용 쇼핑몰을 구축하고 운영하는 것처럼, 무료 글로벌 쇼핑몰을 신청해 만들 수 있습니다. 국내 쇼핑몰과 해외 쇼핑몰은 별도의 사이트이기 때문에 해외쇼핑몰 생성하는 것도 가능합니다. 국내 쇼핑몰 디자인 그대로 해외 언어로 번역하고 디자인을 수정적용해 주는 것, 국내몰 상품을 번역하여 해외몰에 등록연동하는 서비스 등은 별도 비용이 청구되는 부가서비스입니다. 또한 해외 CS센터에서 전화, 게시판, 메신저 응대, 교환&반품 처리 등의 CS업무를 대행해 주는데 카페24는 이에 대해 월간 배송/환불금액을 제외한 실매출 기준으로 5%의 수수료를 받습니다.

한눈에 들어오는 온라인 마케팅 흐름

방문자(외부) × 구매율(내부)
= 매출 상승

방문자 늘리기

구매율 높이기

**저비용&구매전환율 높은
키워드 위주 검색포털 마케팅**

무료
- **통합검색** : 첫 페이지 노출을 위한 바이럴 마케팅

유료
- **검색등록/검색광고**
- **전문 사이트 광고/제휴**
- **오픈마켓 판매**

**상품구입은 객관적 품질보다
고객의 지각에 의해 결정됨.**

필살기
- **판매자 강점 어필**
- **콘텐츠**
  - 상품관련 정보
  - 상품 상세 설명
  - 구매후기
- **이벤트, 기획전**

검색어와 일치하는 이벤트 페이지로 랜딩

마케팅 검증과 보완 : 로그분석

온라인 마케팅 종류별 노출목표 설정하기

종류	노출공간
키워드 검색광고	주요 검색포털의 통합검색 결과 첫 페이지 상단의 광고 섹션에 노출
애드 포스트/애드 워즈	블로그, 전문 커뮤니티에 광고 노출
블로그 마케팅	검색포털에서 자체 블로그, 파워 블로그 포스팅 내용 노출
카페 마케팅	공동구매, 시식협찬, 카페 이벤트 협찬, 회원 이메일 발송
SNS 마케팅	트위터, 페이스북에서 노출
지식in	지식in 질문에 대한 답변에서 간접 노출
동영상, 이미지 작업	검색포털, UCC 사이트에서 노출
소셜 커머스 활용	쿠팡, 티켓몬스터, 위메이크프라이스, 그루폰에서 홍보를 겸한 판매
이벤트	쇼핑몰 내에서 이벤트 기획/진행
언론보도	검색포털 뉴스 및 온라인 뉴스 미디어에서 노출
판매 다각화	네이버 지식쇼핑과 샵N, 다음 쇼핑하우, 오픈마켓, 이베이, 해외판매용 외국어 쇼핑몰 개설과 운영

디자인에 힘이 되는
좋아 보이는 것들의 비밀

디자인에 힘이 되는
좋아 보이는 것들의 비밀

디자인에 힘이 되는
좋아 보이는 것들의 비밀

김정해 지음 | 20,000원 | 208쪽 | 범용

좋아 보이는 것들의 비밀, 컬러

컬러 차트없이 디자인할 수 없는 당신에게
반드시 필요한 컬러의 비밀과 클리닉 사례!

왕은실 캘리그라피 지음 | 26,000원 | 432쪽 | 범용

좋아 보이는 것들의 비밀, 캘리그래피

디지털 시대에서 만나는 아날로그 감성,
캘리그래피의 기초부터 심화, 실무 프로젝트까지!

최경원 지음 | 22,000원 | 336쪽 | 입문

좋아 보이는 것들의 비밀, Good Design(개정판)

다양한 디자인 사례를 보며 좋아 보이는 디자인의
비밀을 배우고 조형능력을 탄탄하게!

커뮤니케이션 디오 지음 | 25,000원 | 400쪽 | 범용

좋아 보이는 것들의 비밀, 편집디자인

이론, 툴 테크닉, 실무 프로젝트로 배우는 편집
디자인을 하기 위해 지켜야 할 10가지 절대법칙!

좋아 보이는 것들의 비밀, illustration
문수민, 김연서 지음 | 26,000원 | 424쪽

함영훈 지음 | 24,000원 | 344쪽 | 범용

좋아 보이는 것들의 비밀, 픽토그램

정보 디자인을 이해하고 예술로 승화된 픽토그램의
효과적인 커뮤니케이션 기능과 작업 방법까지!

"더 좋은 디자인을 만들고 싶어요"

500만이 선택한 무작정 따라하기!
디자이너를 향한 열정에
길벗 그래픽 시리즈가 힘을 실어 드리겠습니다.

매기 맥냅 지음 | 22,000원 | 296쪽 | 범용

좋아 보이는 것들의 비밀, Design by Nature

디자인에 적용할 수 있는 자연의 원리를 배우는
보편적인 형태와 원리, 풍부한 정보!

"독자의 1초를 아껴주는 정성"